独异性
社会

现代的

结构转型

*Zum Strukturwandel
der Moderne*

DIE GESELLSCHAFT
DER SINGULARITÄTEN

〔德〕安德雷亚斯·莱克维茨 / 著

巩婕 / 译

ANDREAS RECKWITZ

社会科学文献出版社
SOCIAL SCIENCES ACADEMIC PRESS (CHINA)

本书及作者获誉

2019 年莱布尼茨奖

2018 年莱比锡图书奖提名

2017 年巴伐利亚图书奖

关于我们这个时代的一种全局性理论。

——《时代周报》（*DIE ZEIT*）

一本伟大、沉邃的成功之作，以应对社会的无所适从。

——《南德意志报》（*Süddeutsche Zeitung*）

莱克维茨的理论很诱人。要建设框架性的社会话语，是绕不过它的。

——Friedhard Teuffel,《明镜日报》（*Der Tagesspiegel*），2017 年 10 月 23 日

简而言之，莱克维茨的《独异性社会》让我们一览晚现代经济、文化、政治进程中的关键问题。

——Dieter Schnaas,《经济周刊》（*Wirtschaftswoche*），2017 年 10 月 14 日

《独异性社会》第一次以清楚、可信的方式展现了那些决定我们共同生活的东西。

——Meredith Haaf，《南德意志报》（*Süddeutsche Zeitung*），2017 年 10 月 26 日

《独异性社会》是本季最热门的新书之一。

——德国电视二台（ZDF），"视角"栏目（aspekte），2017 年 11 月 3 日

《独异性社会》为一场辩论做了一番有作为的总结发言。这是一场关于晚现代普遍适用的规则、价值，以及综合情况解决之道的讨论。

——Mirko Schwanitz，巴伐利亚广播电视台（Bayerischer Rundfunk），2017 年 11 月 2 日

读莱克维茨的新书对读者是有挑战的。无可争辩的是，很多的见解，还有一些出色的描绘和杰出的叙述都摆在了他们面前。

——Wolfgang Knöbl, soziopolis.de，2017 年 11 月 14 日

莱克维茨写了一本特别的书，别出心裁地抓住了我们的时代。

——Tobias Becker，《明镜周刊·文学版》（*Literatur Spiegel*），2017 年 12 月 /2018 年 1 月

到处是冲突和新的阶级——因为文化！有位社会学家为我

们的时代提供了总体理论框架。

——Alexander Cammann,《时代周报》(*DIE ZEIT*),2017年11月23日

谁想了解我们的时代,就必须读安德雷亚斯·莱克维茨的书。

——Svenja Flaßpöhler, Deutschlandfunk Kultur,2017年12月30日

《独异性社会》中的理论具有很大的吸引力,它来自莱克维茨在劳动、数字化、生活方式和政治等领域所做的研究。这一理论可以解释未来几十年,因为它把以往互不相干的领域都综合起来进行思考。

——Michael Schikowski, immer-schoen-sachlich.de,2017年10月26日

目　录

引言：独异性的爆发

在如今的社会，不论往哪个方向看，人们想要的都不再是
普通，而是独特。不再把希望寄托给规范化和常规的东西，如
今的机构和个人，其兴趣和努力方向都只是追求独一无二，追
求独异于人。

就拿旅游来说，现在早已经不能满足于像以前那样，为大
众旅游团提供如出一辙的旅游产品。现在能引起出游兴趣的，
主要在于某个地方的特殊性，某个有"真"气氛的特色城市，
别具一格的风景，与众不同的日常生活，等等，而这还只是诸
多例子中的一个，因为这种发展趋势已经席卷了整个晚现代全
球经济。不论产品还是服务，以前都是些形质单一、批量生产
的商品，而现在的活动或设计不再千篇一律，而是要与众不
同，也就是要富有独异性。[1] 于是人们的热情就转向了非日常
的现场音乐会和音乐节，转向了运动和艺术活动，还有各种健
身文化和电子游戏的虚拟世界。有所谓的"有态度的消费者"，
他们对各种面包和咖啡都能进行不同的品赏，就像以前的葡
萄酒行家那样。人们不要"批量生产"的沙发而去寻求古董家
具，"苹果"这样的品牌提供的不仅是最先进的科技，还是一
套完整的、富有吸引力又独一无二的环境，这才是用户最看重
的。最后，还有各种各样的心理咨询服务，为客户量身打造治
疗产品。

晚现代的经济越来越专注于独异的物品、服务和活动，它
所生产的产品，也越来越不单纯强调功能，而是要兼有或独具
文化内涵，并能够在情感上吸引人。我们不再是生活在工业资
本主义社会，而是在文化资本主义社会。这一点对劳动和职业

领域也有深远的影响：在工业社会里，正规的专业技能和业绩要求绝对是居于主要地位的，而知识和文化经济所关心的，是主体要能够树立与众不同的"形象"。只有那些做出非凡之事的人或能够做到这一点的人才能得到赏识，从事常规工作的人不会受重视。

经济对社会的发展无疑有引领作用，但从普通向独异的转向早已在别的领域发生，比如在教育领域。[2] 学校已经不能像 20 年前那样，只要按国家规定的大纲教课就行了。每所学校都得，也都想要有点与众不同，必须并且也愿意精心打造自己的教学特色，还会帮助学生（及家长）安排特有的发展道路。而每个孩子在家长眼里——至少是那种新的知识中产阶层家长——都是有特殊天赋和特色的人，要把这些都发掘出来。

另一个领域也已经在相当长的时间里强调独异性了：建筑业。国际通行的一系列建筑风格看上去太单一，自 20 世纪 80 年代后现代建筑风格兴起以来，老风格已经广泛地被大型独栋建筑取代，于是博物馆、音乐厅、旗舰店和住宅楼的风格有时候让人惊诧，有时候个性得让人奇怪。这背后其实是空间结构在发生根本变化：以前典型的现代 * 的建筑提供可置换 ** 的空间，而如今全球化、城市化背景下的晚现代社会，要

---

* "典型的现代"在原文中为 klassische Moderne，是指现代社会的标准形式，例如第 20 世纪 50 至 80 年代。这一时代已经过去了，作者将之称为 klassische Moderne，以区别于当前的晚现代（Spätmoderne）。——译者注

** "可置换"在原文中是 austauschbar，这一点要在与独异性的对比中去理解。作者意指独异性社会中的主体或客体要求独一无二的特色，它们是不能被同类置换或轻易取代的。而在普适性社会中，物品强调功能性，例如一把椅子，可以轻易用另一把来替换，这就是普适性社会中的客体和主体可以被同等功能的同类置换的性质。而一把具有独异特色的椅子，是不能被轻易换掉或取代的，因为它是独一无二的。——译者注

的是一种辨识度高的、独特的地方，这些地点要具有独特的气
氛，与它独有的叙事及记忆联结在一起。相应地，在文化重建
（cultural regenration）的背景下，城市和大都市也在努力生
发出一套"自我逻辑"，只有它才能保证这个城市的生活质量，
保证这个城市的独门特色。新中产喜欢流向这些热点城市，其
他那些被看作没有吸引力的地方——美国、英国、法国、德国
都有——却有被荒弃的危险。

在这样一种背景下，身处其间的晚现代社会主体尤其要为
了自己和自己的生活而在独异性中去寻求满足感，就不足为怪
了。直到 20 世纪 70 年代，西方社会的主体主要是大卫·理
斯曼（David Riesman）笔下那种"适应社会的人格"，收入
中等，家庭一般，住在城郊。[3] 现在，这种主体形象在西方社
会被看成墨守成规的底色，在它上面，晚现代社会的主体形象
正欲凸显。乌尔里希·贝克（Ulrich Beck）等人在这一点上
谈到个人化问题，认为主体已经从社会的各种要求中解缚，被
释放到自决的状态中。[4] 然而，独异化的意思，要比独立自决
和自我完善更多。核心的一点是，独异化要追求独一无二和卓
尔不群，要达到这个目的当然不再仅仅取决于主体的个人意
志，它已经变成了社会的期望，其中又不乏自相矛盾的成分。
这一点在新的高知中产阶层尤其明显。教育的普及和后工业化
造就了这一阶层，他们已然成为晚现代社会的主导力量。生活
的方方面面都被放上了独异化这把尺子：怎么住，吃什么，去
哪玩，怎么玩，怎么保养身体，怎么维护交际圈。独异化模式
的生活不是单纯用来过的，而是要被策划展示的。晚现代主体
（根据要求）在旁人——他们在变成观众——面前展现独特的自
我。只有当主体显得"真"时，才是有吸引力的。无处不在的
各种媒体上的个人主页就是制造独异性的中央舞台。在这里，
主体就是处于一个无所不包的吸引力市场中，这个市场上进行

10 着可见度的角逐。只有不同凡响，才能获得瞩目。这说明晚现代社会是一种"真"文化，同时也是一种吸引力文化。

工业社会的普适性规律被晚现代社会的独异性规律所取代，最终还影响了 21 世纪初的社会形式、集体和政治领域，而且影响十分深远。被独异化的绝不仅仅是个人或物品，还有各种集体！正规机构、全民政党和科层制国家当然还将作为背景继续存在。然而它们变成了被动的一方，让位于少数派的或临时性的社会形式，这些能给人更多的认同感。它们不遵循普遍规则或标准流程，而是去耕耘有专属认同感的自己的世界。这些社会形式包括职业领域及政治领域的合作组织和项目，它们因自己的感性力量、特定的成员以及一定的时效而有各自的独异性。现实世界或虚拟世界中的各种圈子、政治亚文化、休闲及消费社团等也属此类，它们都有自己的审美和叙事，作为不能随意加入的圈子，它们有独特的利益和世界观，远离大众文化和主流政治。

最后，独异化社会形式还包括那些全球各处都存在的政治或亚政治的新共同体，这些共同体将自己历史上、空间上或伦理上的独异性当作成员共同的文化想象来维护。这是一个广泛的领域：它包括族群性共同体的身份认同政策，也包括在全球移民潮中形成的移民社团。此外，很多地方形成了新的宗教团体甚至是原教旨主义团体，尤其天主教和伊斯兰教，这些团体要求在正规教会体制之外奉行一种宗教例外主义。在同样的背景下，世纪之交形成的右翼民粹在呼吁维护本民族的本色，以及本国文化的纯粹性。与此同时，"文化多样性"以另一种方式在 21 世纪初成为自由主义社会文化政策的主导方针。

上面提到的这些缤纷杂乱的现代社会现象就像万花筒一
11 般，组成了一种图案，我这本书就是要分析它。我的主导论点是：晚现代发生了一种社会结构转向，即面对独异性的社会规律，原来普适性的社会规律失去了主导权。我想把那种独特的、与众不同的，也就是那种不可置换、不可比较的东西，用"独异性"这个概念来代表。[5] 在我关于晚现代和现代的理论论述中，主导的一点是普适性与独异性的区分。这种区分并不简单，但它会开辟一些新的视野，帮助我们理解当下。普适性与独异性之间的区别原本是哲学范畴的问题，康德对之进行过细致、全面的研究。[6] 而我却想把这个问题从认识论中解放出来，放到社会学中去。当然，在人的世界中，总是既有普遍性又有独异性的，这是视角的问题。康德认为，"概念"总是普遍的，而"观念"则总是瞄准特殊。因此，世界上的每种元素都可以被解释为具体的个体，或普遍类型中的个例。对社会学来说，这种区分过于通俗。社会学感兴趣的是另一个问题：确实存在一些社会机制以及整个的社会形态，它们就是要体制性地促进普适性的产生，并且以此为要务，同时抑制并贬低独异性；反之，另有一些社会机制和社会形态，它们就是要推崇并褒扬独异性，进行独异化这种社会实践——以普适性为代价。普适性和独异性都不是直接存在的，二者都是在社会中被制造出来的。

晚现代社会是指20世纪70年代至80年代开始发展的一种现代社会形态，说它是独异性社会，因为独异性的社会规律在这里占主导地位。而且——在这个进程中人们必须认识到——它也是第一个全面遵循独异性规律的社会形态。独异性的社会规律涉及所有的社会维度：物与客体、主体、集体、空间和时间。"独异性"与"独异化"是横跨多个领域的概念，描述的是一种横跨社会各个领域的现象。有一点，一开始人们可能还不适应，但还是要强调：虽然人作为主体肯定也是被独异化着的，但独异化绝不仅限于个人主体，因此，传统上专属于人的"个性"这个概念，在这里就不合适了。独异化包括了，而

12

且是在相当大的程度上包括了独特物体和客体的制造及取用过程。它还影响着人们对空间、时间乃至集体的塑造及感知。

独异性社会有不同寻常、令人惊异的结构，仿佛没有什么合适的定义或视角，能够把握它的复杂性。这样一个社会，看似汲汲于倏忽而过的东西，看似崇尚反社会的壮举，它如何自洽？独异性社会会造就哪些机制？它的经济、科技、社会架构、生活方式、工作、城市和施政都采取什么形态？社会学想要仔细研究独异性的社会规律，该怎么进行？重要的是，这种研究工作从一开始就要防范两种错误的取向：神秘化，或论空其事。

对独异性加以神秘化，在社会上的艺术评论者、宗教信徒、崇信神力的人、音乐迷、忠实的品牌粉丝以及挚爱家乡的人们中间，是很普遍的。它的前提是，这些人们眼中珍贵的、吸引他们的东西，就其天然本质来说，就带着某种实在的真，是独一无二的现象，与外部眼光无关。对于神秘化，社会学分析有开蒙启智的作用。独异性恰恰不能被看作先于社会就存在的，我们更应该做的，是回溯独异性社会规律的发展进程和机制。"社会规律"是指，独异性并不是简单直接地存在于客观或主观之中，而是从头到脚都是被社会制造出来的。凡是可以算作独一无二或被当作独一无二的东西来体验的，都只是在认知、评价、产出和施行 * 四种社会实践中并通过这四种实践才产生的，在这个过程中，人、产品、共同体、图像、书籍、城市和文化活动等经历了独异化。独异性产生，背后却有许多需要研究的普适的社会实践和结构在围着它转，这不是一对合乎

13

---

* 此处"施行"的原文为 Aneignung，在哲学和社会学话语中指"有目的有意识地去改造并加以利用"，很难用一个短词译出其含义。有些哲学著作将之译为"改造"。译者根据上下文，有时译为"施行"，有时译为"取用"。——译者注

逻辑的矛盾，而是真正的悖论。这正是本书的任务：找出社会制造独异性的模式、类型和格局。独异性绝不是反社会或前社会的，所以，想要把它单独地看待或分离地看待是完全不恰当的。相反，独异性正是晚现代"社会"运转的核心。

破除独异性社会逻辑的神秘化，却也不是要否认独异性的现实存在，不是要将它解读成一种简单的表象或意识形态构想。如今，这种"揭穿"的做法不时以文化批评的形式出现。人们自满地以为，能够证明别人所谓的特立独行不过是一些普通类型中的个案，是大众品位的个例，或者是永远不变的商品循环：苹果产品、科恩兄弟的电影、神童等并非真的不同寻常，这样那样的神奇背后，都只是千篇一律的普通类型。现在我们对独异性社会所做的分析，不是要这样将它论空了事。前面说过，康德认为每种特殊换个视角就可以理解成具有普遍性的个例，这并不奇怪。看上去特殊的东西，最后总能把它归入一个类。但最重要的是：说独异性是社会制造的，不是要否认它的社会现实性。在这一点上更应该想想社会学著名的"托马斯定理"："如果人们把某种情境定义为真实的，那么这种情境就会造成真实的影响。"[7] 在我们这里应该说，如果一个社会越来越向自认为独异的人、物、图、群、地点和事件看齐，并有意识、有目的地制造这样具有独异性的人和事物，那么独异性的社会逻辑就会为社会成员生发出一种现实，并且这种现实的影响是巨大，甚至不可撼动的。

否认个体独异性的特殊价值的评价本身也是能够并且必须被放在社会学视角中来看的：它是独异性社会评论话语的典型组成部分。这些话语自有其推动力和不可测性，因为商品、图像、人、艺术品、宗教信仰、城市或文化活动的独异性经常是受到争议的，是赋值与去值冲突的对象。[8] 总的来说，某种东西到底会被评价为独异的，抑或仅仅是普遍性中的一个特例，

14

是个很不确定的问题，晚现代在极大程度上就是在围着这个问题转，对，人们甚至可以说，晚现代理所当然地变成了一个赋值社会。今天还被看作卓异的东西，明天就掉了价，被扣上了千篇一律或平庸无奇的帽子。有些物或人极力想要获得瞩目却总也求而不得，而另有一些却在评价品味的变换中意外蹿红。于是，大件垃圾变成了收藏品，怪人变成了公认的奇才。这就是说，在独异化的社会里，赋值与去值总是并肩前行的。但它们也是以这样的方式，强调了什么才是有价值的：东西不是普通的，而是独异的。

必须明确地说：自 20 世纪 70 年代或 80 年代发展起来的独异性的社会规律，与近 200 年来实质上造就了现代社会的那些东西是完全相悖的。经典的现代于 18 世纪在西欧缓慢形成，20 世纪中期，美国和苏联的工业化现代是现代的顶点。这种社会形态的组织形式完全是另一种情形：占据统治地位的是普适性的社会规律，而且其强度与烈度史无前例。对此，马克斯·韦伯（Max Weber）有准确的阐释：典型的工业化现代从根本上来说是一种深刻的形式理性化进程。[9] 而且我想要补充说，这种形式理性的所有外在形式——不论是科学技术还是经济工业，抑或国家治理和法制建设，都是在提高和支持普适性的统治地位。一切都是为了规范化和程式化，要将世界的种种元素都造成一样的，一种风格的，并且是平等的：这个进程发生在工厂的流水线上，发生在国家社会中，发生在军事领域，发生在对少年儿童的"调教"中，也发生在意识形态和技术领域。

只要人们还固守着被工业化社会深刻塑造的现代概念，就容易倾向于把独异性和独异化简单地看作边缘现象或表面现象，将之轻轻弹去。但事实上，独异化的社会规律确实不是处在晚现代社会的外围边缘，而是它的核心。那么这种深刻变革的原因是什么呢？对于我在本书中要详细分析的这个问题，我的第一个回答是：推动工业化现代社会前进的两大引擎——经济和科技，于 20 世纪 70 年代、80 年代转而去推动独异化进程了。晚现代社会中，经济与科技在前所未有的广度上催生着独异化，也阴差阳错地为数量庞大的独异品服务。而我们正要从社会、心理和政治的角度去理解这一进程所造成的结果。

工业化现代和晚现代之间，发生了双重的结构性断裂。第一个是工业经济向文化资本主义和以创意产业为主导的独异性经济结构转型。知识文化经济的资本主义是后工业经济：它的产品本质上是文化产品，是"独异产品"，也就是说物品、服务、文化活动和媒体形式能否赢得消费者的欢心，取决于它们能否被当作独门产品受到肯定。随着产品的转型，市场和劳动也发生了根本的结构性变化。就是说，如果社会理论想要理解"现代"最高级的形态——追随上至卡尔·马克思的《资本论》下至格奥尔格·齐美尔的《货币哲学》等经典——就必须认真研究最高级的经济形态。第二个结构上的断裂是由数字革命引起的，数字技术不再单单进行普适化，而是主要进行着独异化——包括个人主页数据追踪、互联网的用户个性化，直到 3D 打印机。伴随着数字革命，这种"文化机器"性质的科技在历史上首次成了引领力量，这台机器生产和复制的产品主要是文化元素——图像、叙事和游戏。

观察经济和科技，也就是文化资本主义和文化机器，就能清楚地发现，有这么一个维量，在过去的工业时代它有沦于边缘地位的危险，现在独异化社会却将核心位置给了它：文化。在晚现代的自我架构中，文化扮演了极不寻常的角色。工业化现代致力于目的理性化和形式规范化进程，某种程度上它对文化活动和文化客体进行了去值，为此还招致文化评论界的诸多抨击。独异性的客体、地点、时间、主体和集体却不只是实现

16

目的的手段，并且也不被这样看待；人们赋予它们自身一种价值，一种审美或伦理上的价值，它们由此具有广义的文化性。本书后面还将对文化的内涵和它流转的方式进行详细分析，不过现在已经可以肯定地说，被赋值者即文化，有赋值过程发生的地方就有文化。重要的是要看到，赋值与独异化这两种实践是并行的。当人、物、地点和集体显得很独特的时候，它们就被赋予了价值，它们看上去对社会来说就是有价值的。反过来——这一点对社会来说也很重要——另一面也成立：当它们不被承认为独特的，它们就没有价值。简而言之，独异性社会在进行着深刻的文化化。它在宏大的社会游戏中，一边进行着赋值和独异化，一边进行着去值和去独异化，给客体和社会实践施加功能性之外的另一种价值。此外，文化在晚现代有独有的形态：它不再是被划定了范围的亚体系，而是转型成了一种全球超文化，原则上所有的一切，从坐禅到塑料椅，从蒙特梭利学校到 YouTube（优兔）*，都会在各个不断变动的价值市场上成为文化元素，在这些市场上，主体们往来穿梭，追求实现自我。

这样我们就谈到了独异性社会的第二个核心特征：情感的高度重要性。工业化现代社会，其普适性的社会规律及理性化进程造成了对情感的降约。而当人、物、事件、地点和集体被独异化，经历了文化转向之后，它们就在情感上吸引人（或被人拒斥）。是的，只有当它们具有感性力量的时候，才算是不同寻常的。晚现代社会在某种意义上是感性社会，典型的现代社会却绝不是。晚现代社会的各个构件都高度感性，而主体渴望在情感上被打动，也渴望在情感上打动别人，这样它自己才

---

* 文中有一些常见或著名的英文品牌，它们的中文译名反而比较生僻。译者仅在第一处写出中文名，下文沿用其英文名称。例如此处的 YouTube。——译者注

能被看成是有吸引力的，有一种"真"。简而言之：普适性的规律与社会的理性化和物化相连，独异性的规律则与社会的文化化及感性化密不可分。

到这里为止，我都在说晚现代正在围绕着独异化和文化化发生一种史无前例的结构转型。不过，这些进程确实如此之"新"吗？普适性的逻辑完全被独异性的逻辑排挤了吗？两个问题的回答都是"不"。听到这个词，马上就感到整个情形复杂了起来。首先，要对我们关于现代的观念进行一番回顾。把我们当下生活的这个时代称作晚现代，认为这个版本的现代取代了工业化现代，凡是持这种看法的人，都不能绝口不提现代。关于现代的社会学话语在这一点上却总显得有些单薄，它总是将现代化进程与形式理性及物化混为一谈。在我看来，用这么单一的视角去看现代是完全无法理解它的，因为从一开始，它就是由两种相反的维度构成的：一种理性主义和规范化的维度，和一种包括赋值、感性化和独异化在内的文化主义维度。19 世纪末的百科全书派学者，弗里德里希·尼采、格奥尔格·齐美尔等思想家，当然还有马克斯·韦伯，感觉到了这种双重架构。[10]

这第二个维度，即非理性的现代，它的主要推手在相当早的时候就已经出现了，它就是 1800 年前后，曾一度被边缘化的艺术浪漫派运动。正是浪漫派艺术家们在各个层面上"发现"并促进了独异性：艺术品和手工艺品的独创性，大量歌咏自然的诗作，某地风景的独特妙趣，瞬间的狂喜，特立独行的民族、文化圈和国家，当然还有卓异的、追求实现自我的主体。浪漫派艺术家编织的这条线，在 19、20 世纪根本没有中断，而是连续地贯穿了整个现代，比如在艺术领域、宗教，还有某些特定的政治观。后来，美学和艺术领域发生了一系列反抗理性主义现代的文化革命运动，浪漫派强调独异性的传

18

统，对这些运动产生了决定性的影响，20世纪60年代和70年代的反文化运动是最后一次也是影响最大的一次。这次运动撞击出了中产阶级的后物质主义价值观转向，其核心理念是实现自我和发展自我，而这些又是晚现代独异性文化的决定性前提。在我看来，发端于20世纪最后20年的大规模独异化和文化化，确实可以理解为三种互相促进的结构性要素的交汇：文化资本主义的兴起，数字媒体技术的高歌猛进，以及后浪漫时代新中产阶级关于"真"*的革命。本书将逐一梳理这三条线索。

细化之下就能看清楚，其实规范化与独异化、理性化与文化化、物化与感性化从一开始就在以某种方式塑造着现代社会。毫无疑问，现代的现代性在于，它将理性化推到极致，到了激进的地步；同时也在于，它以一种极端的方式发展着独异性。如果现代是这样一种双重面孔、各种极端共存的时代[11]，那么晚现代的新意具体是什么呢？它在什么意义上是现代的一种全新形式呢？在本书中，我们通过仔细分析过去40年普适性逻辑和独异性逻辑之间相互关系的演变，希望能够回答这些问题。当然，形式理性在这个过程中并没有消失，但它的地位在变。现在只能做这样的预设：工业化现代，两种逻辑组成了不均衡的二元格局，而在晚现代，它们一个成了前景，一个成了背景。

让人吃惊的是，形式理性的各种机制在晚现代大幅转型，变成了"后台"一套基础设施的样子，为系统生产独异化提供便利。[12]于是，原本是目的理性的技术，转而去为生产独异客

---

* Authetizität 这个德文词可指形容词派生出的名词"真"，即抽象名词的"真"，或指"真"这种性质。在汉语中，"真"在多数情况下是形容词，少数情况下是一个抽象名词。译者在文中，有时将此词译为"真"，有时译为"本真"或"本真性"，其意义内核是相同的，只是根据行文方便选择了不同词类，以免拗口。——译者注

体的体制服务了。基因技术就是一个典型例子，它促成了一种
医学视角，不再将人依疾病种类和标准数值进行划分，而是看
作不可再分的特殊个体。[13] 另一个同样典型的例子是搜索引擎 20
和数字企业的数据追踪功能，利用匿名算法记录每一个用户的
活动路径，以便准确定位用户的购物偏好或政治取向，并为这
位用户"个性化"他的互联网。目的理性的基础设施还以别的
方式被用来生产独异性，在复杂的赋值技术里，通过打分和排
行来比较餐馆、大学、教练或婚恋对象的特点。要之：晚现代
社会中当然还是存在规范化技术的，然而事实证明它们常常是
一种复杂背景的组成部分，这种背景就是为了保证独异化进程
的推进。

　　要理解独异化社会，就必须尽可能广泛地追问它的表现形
式、影响和内在矛盾。在西欧和北美社会中可以观察到它的基
本架构。这些区域曾是工业化现代社会的典型，现在它们正在
经历向后工业社会的转型，这也是本书要谈的内容。本书绝不
仅限于讨论德国或容纳了德国社会的那个"容器"的情况，而
是从一开始就要采取国际视角：独异性社会的经济模式、社会
结构和政治——尽管国家之间有很多区别——在美国、法国、
英国、意大利、北欧和澳大利亚都存在。如果仅将这种社会结
构看成西方独有的，就太短视了。全球化进程让发达国家和发
展中国家的绝对界限变得通透，文化资本主义、知识文化产业
的数字化、独异化的生活方式、创意城市、自由主义政治，还
有文化本质主义（这些都是本书要研究的内容），这种种形
态都在全球范围内流转，也出现在南美、亚洲或非洲一些地 21
方、行业或圈子中。[14] 发展中国家中有许多也开始了向后工业
独异化社会的转型，这种社会形态将在很大程度上决定世界的
未来。

　　晚现代的当下和未来是什么样的？它是容易的还是困难

的？现代人觉得如今的社会矛盾重重：一方面它是由设计产品、出国旅游、互换住宅、YouTube 热点视频、富有创意的加州生活方式、文化活动、城市创新型工程和景观社区（从上海一直到哥本哈根）构成的"美妙新世界"；另一方面则是积劳成疾、被社会边缘化的新底层，以及各种倾向的民族主义、原教旨主义和民粹主义。于是近些年来，针对晚现代所做的种种评论和论断也莫衷一是，甚至让人焦虑：有人乐观地寄希望于一个知识社会能祛除工业社会的劳苦；有人期待一个充满审美享受、注重体验的社会；还有人期望一个能好好利用电脑网络优势的数码社会；同时也有一些悲观的预言，认为社会不公会加剧，人们心理上会不堪重负，会爆发全球性的文化冲突。

面对这些纷杂的一时之论，本书想退后一步，先呈现现代的全景，然后在这个框架下，细致剖析晚现代特有的社会结构。这正应是人们对社会学的期望：社会学不会在变幻无常、一会儿让人激动一会儿让人沮丧的媒体辩论中发明一个又一个新词，而是会以长远的眼光分析社会数十年（甚至数百年）的发展结构和进程。如果采取这种（晚）现代视角，就不会看不出，当今社会的机遇和希望、问题和困境的结构性原因是相同的，即主导逻辑由工业社会的普适性转向了晚现代的独异性。

独异性社会无疑给一些特定的圈子——尤其是高素质、流动性强的新中产阶级——带来了相当强的独立性和满足感。独异性社会本质上带着自由主义的特点，它破除社会阻隔，允许个性发展，其广度和深度都是原先典型现代不曾有过的。但同样确凿的是，前面提到的困扰晚现代的种种问题，都因典型现代普适性逻辑的销蚀和独异性社会结构的发展壮大而产生，并且只能在独异性的逻辑框架内去找原因。首先，在晚现代文化中，生活对独异性和实现自我都提出了很高的要求，以致这种要求成了独异性社会固有的沮丧发生器，这就是为什么有那么多心理压力过大而产生的病症。其次，高素质知识文化阶层与去工业化之后的服务阶层之间有了明显的区分，这也是后工业时代的独异化经济体制造成的。在社会、文化以及生活方式上，这种区分导致了阶层之间的两极分化和不平等。最后，各有诉求的集体也经历了文化化和独异化，在此背景下，兴起了多种晚现代民族主义、原教旨主义和民粹主义，它们对自己的主张与反对都持激进的不调合态度。

不能指望通过科学分析独异性社会就能得出什么简单的定论或临时解决方案。当今社会，产生机遇的原因和产生问题的原因不能清清楚楚地一分为二，而是一致的。单凭这一点就不能抱有上面所说的那种指望。独异化进程本身说不上是好或坏。所以既不能马上高奏凯歌，为独异性的胜利举办浪漫的庆祝会，或者众口一词、不温不火地诵念进步；也不能反过来，到"深渊大酒店"*占个好座位，说晚现代反对普适性，它所强调的感性是非理性的、灾难的，对之进行全面的文化批判和否定。不过这一切并不是说社会学就能舒舒服服坐在高凳上，远远地当个观察者。我认为社会学必须批判地分析当今社会及其进程。批判的分析在我看来不是规范化的理论，而是要有一种对社会及其历史发展的敏感，发现占统治地位和主导地位的结构是怎样形成的，对这些结构，社会成员们可能只有笼统的了解。然后，应该找出主要的矛盾冲突，看看有哪些始料未及的后果以及防范机制。[15]本书希望能引起一些思考，思考人和政治能够从 21 世纪初的这种种社会情形中获得什么经验教训，

23

---

* "深渊大酒店"是卢卡奇批评法兰克福学派的话，他认为法兰克福学派的文化批评是高高在上的精英主义视角，仿佛一群知识精英坐在深渊边的高级酒店里，向下俯视并评论着苦难苍生。——译者注

但不会自己去得出什么结论。

第一章首先在理论上讲清楚如何理解独异性社会逻辑与普适性社会逻辑的区别，以及它们是怎样与文化、文化化和赋值相关联的。以此为背景，可以就独异化问题对不同的历史时期进行划分。这一章最后，要对晚现代特有的社会结构做一简单勾勒，它也是下面各章的主题。[16]经济和（媒体）技术的演变是本章的核心内容。第二章，我要描述工业社会向独异化经济及文化资本主义的结构转型。第一步，解释如何理解产品的独异化，第二步，阐述市场如何演变为独异品市场，以及独异品市场的各要素构成：关注度、可见度和赋值。第三章讲的是劳动领域的演变，说明创造力、天资、个人形象和表现这些独异化的指标以及它们的正反两面影响如何变得举足轻重。第四章专门用来讲晚现代的核心科技、算法的奥义、数字化与互联网，并研究这些科技是怎样在文化和技术两方面推进独异化的。

分析完独异性社会的经济技术基础之后，我将在第五章中讨论这些要素对生活方式和社会结构的影响。本书研究发现，"成功的自我实现"是一种独异的并且包含内在矛盾的生活方式，而这种生活方式最主要的承载者，就是新的知识中产阶层。晚现代社会结构的关键，不仅体现为新中产和新底层在社会性上的两极分化，还体现为这两个阶层在文化上的两极分化，总之是社会不公的文化化。最后，第六章用于探讨政治生活的独异化和文化化，即独异性的政治。本书发现晚现代社会存在一种特有的政治上的对抗，对抗的双方是自由主义超文化——经济自由主义和左翼自由主义都以它为基础——和各种社群性的文化本质主义。本书的结尾要谈到独异化社会抛出的一个社会 - 政治问题：普适性陷入危机了吗？

这本书可以说是续接我上一本书的，那一本谈的是社会的美学化进程。[17]那本书里我所说的"创意装置"*的结构特征，也存在于独异化经济和文化资本主义中，以及数字化文化机器和生活方式上。同时，本书的重点又与上一本书不同：上一本《发明创造性》（*Die Erfindung der Kreativität*）的核心是对创造性进行历史谱系的追溯，而这本《独异性社会》的主旨是想在社会理论上有所建树。所以，这本书在理论研究上更深入，也更加关注当下，经典的社会学理论问题——劳动、技术、阶层、政治——都被放在独异性社会转型的视角下加以研究。我觉得把研究重心从将创造性作为主要理念转移到以独异性以及独异化为主要理念，从美学化转移到文化化，既能扩展视野，也能深化视角。[18]

25

无论如何，这不是什么集大成的书，也没有集大成的理论。我在这本书里运用的社会学理论，实际上就是为了探索社会现实。在这种理念之下，理论与实证是密不可分地交织在一起的，是彼此蕴含的。这本书依赖于各种社会文化科学的诸多实证研究成果，我将在下文对之进行剖析。反过来，也得依靠理论才能给无数的实证研究一个可理解的框架。在创作本书期间，我自己就经常惊讶地发现，概念一旦解释得当——比如独异化和赋值——现实中的关联就会呈现全新的面貌，以至于晚现代看似各不相关的部分，就像拼图一样一点点地组成了一幅完整的图画。我不是想说工作已经做得尽善尽美了：这本书不是要做顶梁柱，而是要成为开放网络中的一个连接点。它希望能为研究现代社会这个大工程提供一些可用的阐释，这个研究

---

* 原文为 Kreativitätsdispositiv，而此处 Dispositiv 这个词应在福柯所提出的理论语境下去理解，有将之译为"装置"。本书参考中国人民大学文学院饶静对福柯的引用："装置是'支持，或为特定的知识类型所支持的力量关系的策略集合'。"具体参见饶静《技术、装置与意义：神话阐释的两条路径》，《文艺理论研究》2013 年第 1 期，第 209—216 页。——译者注

工程还要继续下去，也许还要在有待发现的新方向上发展下去。我认为最重要的是：社会科学和文化科学必须认真面对独异性社会的逻辑，必须认真面对文化化进程。

第一章

普适与独异两种社会规律之间的"现代"

现代社会中，普适性社会逻辑和独异性社会逻辑在互相竞争。这是本书的基本预设。普适性规律与社会的形式理性化进程联结在一起，独异性规律与文化化进程联系在一起。典型的现代，尤其是工业化现代，普适性占统治地位，独异化和文化化进程表现为它的对立面，并在结构上处于从属地位。而在晚现代，后者成了社会的主导并在结构上塑造着整个社会。同时，理性化也在变换着形式，在很大程度上转变成了独异化进程的背景架构。为了合理解释这一观点，有必要澄清几个概念，并总结出几个历史范式。在本章中，（1）概述典型现代社会中的普适性社会规律及其形式理性化过程；（2）解释独异性这个概念、独异性社会规律及独异性社会实践的特征；（3）要谈到独异化与文化化的关联，以及一种"强"文化概念的新解，其核心是关于"价值"的问题以及赋值的过程；（4）在此基础上，通过回顾社会形态从前现代到晚现代的发展历程，我将剖析总结"文化"这个范畴各演变阶段的范式，展现普适性与独异性的关系在这些阶段中的变化。

/ 1 普适性的社会规律

现代对普适化的"制造"

现代是什么？现代社会典型形态的核心特征有哪些？在 我看来，答案是清楚而确定的：典型现代社会的结构性核心，自它18世纪在西欧形成以来，首要的一点就是普适性的社会规律，它致力于社会所有单位的规范化、程式化和通用化。"现代"彻底变革了长期以来的传统社会，全面改造了它的社会实践、话语和制度体系，并不断地赋予它们新的普适形式。它大规模地——不妨这么说——制造着普适性（doing generality）*。

这样去理解典型的现代社会，可以与一种已有的现代性理论联系起来，并将之提高到抽象的层面上："现代"首先应被理解为一个形式理性化的进程。形式理性化是指：现代改造了社会，使之在传统的习俗之外形成广泛的、由可测知的规则组成的复杂体系，技术或规范遵从这些规则体系，借助它们，可以对行为方式加以调节。引导形式理性进程的根本目标是优化，其旨归在于有效地利用自然并创造透明的社会环境。如此将"现代"理解为根本的理性化进程，这种思路并非不言自明。如果去问社会学，标准的"现代"有哪些特征，会得到异彩纷呈的回答。经常——尤其在德国的社会学研究中——现代被等同于一个功能细分的过程，其根本特征就是各种专门的功能体系（经济、法制、政治、大众媒体、教育等）各有自成一家的逻辑和机制。尼克拉斯·卢曼（Niklas Luhmann）对这

---

* doing 在这里有主动作为的意思，即普适化的行为是一种有意识的行为，其实"化"这个汉字已经带有这层意义。为了区分和强调，译者采取了"制造"这个词。——译者注

一观点进行了最为系统的研究，其基本理念却仍可回溯至劳动分工理论。而在国际的学术讨论中，对"现代"的另一种诠释的影响力更大。这一诠释源自卡尔·马克思，它将资本主义理解为现代的核心机制，其表现是一种经济 - 技术体制，这种体制以资本的不断积累为目标，会带来巨大的财富，同时也造成阶级之间极为不平等的分配。毫无疑问，两种观点都能够抓住现代的重要特征，但两者做得都不够彻底。在我看来，只有从形式理性这个角度着手[1]，才能搞清楚现代的构造，马克斯·韦伯在这一点上分析得最清楚[2]。格奥尔格·齐美尔（Georg Simmel）、马丁·海德格尔（Martin Heidegger）、特奥多·W. 阿多诺（Theodor W.Adorno）和汉斯·布鲁门伯格（Hans Blumerberg）以及米歇尔·福柯（Michel Foucault）或齐格蒙特·鲍曼（Zygmunt Bauman）也都在作品中以各自的方式对此有所涉及。[3]

然而，我们必须比以往更加抽象、更加根本地将现代理解为一种理性化进程。因为理性化的背后正暗藏着普适性的社会规律：现代用实际行动对世界进行理性化，也是在努力将普适的形式加诸世界，并以普适形式为方向塑造着世界。从行为学上看，这样一种普适性的逻辑，它的"普适化"或曰制造普适性过程，包含着四种相互关联的社会实践行为，即观察、评价、产出和施行，它们之间实际上是开放的关系。如果社会性的东西被理性化和普适化，就总是这四种实践在起作用。

这里所说的观察世界（通过科学、经济、国家等）的目标明确而简单，就是普适性。这就是说，提出普适的概念及范式体系并加以应用，借助它们能够将世界的所有元素（人、自然、事物等）看作普遍模式的个例，可以对它们加以把握、测量和区分。所谓评价（比如法制或学校）就是说，那些符合上述普适性范式的元素会被作为完全积极的东西加以褒扬，即那些显得"正确"或"正常"的东西。[4]产出（比如工业或教育）在根本上是为了制造并普及那些符合普适性范式的——在极端的情况下甚至完全一样或可以互相代替的——成体系的元素（事物、主体、空间等）。与这样被视为标准的、可置换的实体实物及主体就事论事地打交道就是施行，比如就是在与二者打交道时，将客体作为功能、用处的承担者或将主体作为角色、作用的承担者来对待。

然而，将现代完全等同于普适性的社会逻辑及形式理性化，是一种错误的认知，这种认知可能被现代理性主义话语滥用，解释成普适性的泛化。其实这只是现代概念的一半。典型的现代尚且不能完全在普适性的逻辑下去理解，晚现代就更不能了。不过在研究占统治地位的普适性逻辑时，首先还是要研究形式理性"人为的"纯净模式有哪些特征，才能进一步将独异性的社会逻辑与之区别开来。

类型化与理性化

如果说历史上自18世纪末现代社会发端以来，普适性的社会逻辑也同时开始，或者说形式理性化模式是250年前才开始存在的，这当然是一种短视的说法。其实二者的某些方面早在前现代社会就已经存在了，即在远古时代（没有文字的游牧时代）和传统社会（发达文明）。但是要注意区别普适性逻辑的两种模式：类型化和形式理性化。

将社会组织在一起，总要基于类型化，就是说世界的单个元素要被当作个例，归入普遍的类或型——人、动物、物品、神等，这样才能理解和把握这个世界。如果"日常生活的世界"确实大部分建立在习惯和重复的基础之上，那么前提就是能够用自然语言和抽象知识进行类型划分，这样，人们日常面对的单个事物，通常就都能用普遍概念来涵盖了。[5]这里的个

31

例就是普遍的特殊。相比其他历史时期，在人们不断迁徙的远古，即无文字的前现代"冷社会"（克洛德·列维－斯特劳斯语），这样一种类型化逻辑的统治地位尤其明显，当然（晚）现代社会也在用它。但是，类型化所说的普适性一般来说不是理性化的对象，人们没有对之进行系统性的调整和反思。因而，也不能指望类型化模式中的通用概念都是清楚明确的。它们更多的是一种语义学上的分类，描述了"类似"的区块。[6]

32　　前现代社会中也产生过一些特有的行为，以目的理性或标准－理性化为目标，这些是偶发的理性化行为。它们的特点是有意识、有目的地按照明确的规则和原则将行动加以体系化。"技艺"就是目的理性的，它的基础是生活实践而不是理论知识。"技艺"是指有意识、有章法地利用自然，由此将自己从世界中抽离并驯化世界。至迟在高度文明的帝国出现的时候，行政和法制领域也开始了行为标准的体制化，这样不仅制定了社会规则，还开始了（尤其是宗教）世界观的知识系统化，文字是其重要媒介。[7]

　　历史上更早时期的理性化逻辑形式与晚些出现的更加精细的理性化逻辑形式有共同的成因：它们可以被理解为社会对"短缺"和"无序"这两个问题的反应。最初的时候，社会与自然的关系中最突出的特点就是资源稀缺和匮乏。在目的理性的实践中，社会争取通过节省物资、劳动力、时间和能源在一定程度上应对短缺问题。目的理性的行为因而遵循节约的原则，以便减轻短缺的状况，尽可能地满足需求。此外，还有一个基本的秩序问题，这也涉及社会与外部自然的关系，但主要还是主体之间的关系。自从游牧部落这种社会组织形式被定居和基本的社会分工取代，打破了居住地的边界，这个问题就存在了。规范化理性进程力争——比如通过法制体系——长效地保证社会的协调和管理。

现代超越了传统社会这些偶发的标准－理性化做法。现代发端于欧洲近代早期，18 世纪末在工业化、科学化、市场化、城市化及民主化的进程中真正形成，它本质上其实就是全部社会实践体系的体制化，这是个范围广大而且不断扩展的过程，在此过程中，行为、生产、物品、主体和知识都经历着系统性的、持续不断的理性化，普适性的社会逻辑随之得以运行。现代是一台既"外扩"又"深挖"的普适化机器。普适化的社会逻辑不再单纯意味着日常相似之物的类型划分（当然这依然还没有消失），它的要旨已经成了世界大范围的体系化，其表现形式为规范化、程式化和通用化。反过来也可以说：这台社会普适化机器的全面铺开，形成了我们称为"现代社会"的东西。其前提是现代社会有了自觉的分寸感，一步步掌控了全部的社会实践，让它们准备好迟早要为了一个明确目的而经历演变，这种演变总的来说只有一个方向：普适性。

从行为学的角度来看，可以认为"理性化"这个概念是在宏观和微观层面上发生着的进程。不是说到某一个确切的时间点，形式理性就一下子确立并从此固定不变了；相反，社会的各个要素——客体、主体、集体、空间、时间——都在特定的社会实践中成了理性化的对象，在"制造普适性"的过程中，它们就是通过观察、评价、产出和施行四种社会实践不断地被重新"理性化"。[8]这四种不同的理性化实践共同作用，就成了社会整体上的形式理性化。在现代，社会以及人与自然的关系经历了深度的理性化转型，在现代的理性化事业中，它们追求的目标是优化，也就是体系性的不断变好，语义学上经常冠之以"进步"这个词。[9]现代追求优化，仍然是为了应对人在自然面前的短缺问题，或社会的无序问题，但回答方式变得有些主动出击的意味了：不仅要避免短缺和无序状态，而且要系统地对社会所有领域进行理性化，从根本上解决短缺和无序的问题。

规范化、程式化、通用化

自 18 世纪起，现代社会的全面形式理性化在三个领域，以三种方式进行：技术理性化、认知理性化和规范理性化。每个领域内的实践活动，都在以各自的方式"制造普适性"。

技术理性化主要发生在制造业及改造自然的产业（机械化农业、原料开采）、投资品和消费品的工业生产以及城市建设和交通系统中。[10] 技术的理性化是指，为了提高产品生产和分配的效率，并优化此过程中不可缺少的行动协同，而有目的地重新组织行事方式，应用新工艺。这一领域的普适化实践就是规范化。要提高效率，就要将优化协调的行事方式统一在人与机器的配置中，让它们能够均衡一致，而且总要有一样的表现，这样就能依据一个可测的模式对这些行为彼此参照调整。而且这样的一种人机协调能产出规范的、一样的东西，也就是可以无限复制的一样的产品。

认知理性化发生在科学领域，以自然科学为主，但也包括行为科学。这一领域的普适化是指知识的普及，其目标就是获得通用的、经过实证验证的理论，用它们能够描述并解释现实世界，因而也就能对现实世界进行技术上的操控。这些通用的知识可以通过教育传达给主体。不论技术理性化还是认知理性化，都要对那个普遍的、通用的东西，那个作为它们的前提并由它们制造出来的东西，进行量化和测量。出于这个原因，规范化和普适化过程就与现代的一种量化理想联结在一起了，这种理想认为一切都必须是可测量的，不管是相互关系、发展进程还是数量。[11]

现代社会的规范理性化是指有目的地调控主体间的秩序，以现代法制在话语体系中的发展和在国家管理中的应用为典型代表。狭义上它可以表现为标准化甚至规范主义。[12] 普适化实践在这一领域的表现是程式化：在法制中，要尽可能树立普遍的规则，创建可完整推导的规则体系，使得单个的社会行为可以以某种方式得以引导（必要时还可以纠正）。现代法制一方面想使行为变得可测和透明，另一方面还想树立一种公正体制的信念，在这种体制中，同样的东西会得到同样的对待，不同的东西会得到不同的对待。法制以及随之而来的整个现代社会的规范理性化也将法制之外的民间交往和行为道德囊括在内，其目的是社会互动行为的可预测性和相互性。法制与规范理性化的前提是法律上的根本平等，但也要求主体有相似的心智水平，能自我负责，遵守规范。

规范化、程式化和通用化是普适性逻辑制造普适性的三种形式，它们自 18 世纪末起就相互交织在一起，合力"制造"着现代社会。它们共同带来了诸多影响：有了相对较高的可预测性、秩序和透明度，社会就显得更容易预测、更容易规划了。与这种逻辑同在的，是主体作为功能承担者具有可置换性，所以主体的功能性可以不受性格、家庭及组织归属状况的影响。同时，普适性的社会逻辑降低了社会的感性。从事某种活动从来都不是为了这种活动本身，而是因为它总是实现某一（别的）目标的手段，比如为了效率、为了征服自然或为了透明地协调社会行为。从这些普适规则中产生了一种客观性，它与控制情感和弱化情感是分不开的。在这里，社会实践的模式不是情感的活动，而是冷静地遵从规则。即使是道德规则也必须出于义务，而不是出于偏好。[13] 现代社会的普适性逻辑最终向往一种大同理想，向往对所有人永恒的有效性。即使这样的大同不可能在各处都实现——比如民族国家的分立就限制了这一点——但它仍然是普适化的最终目标。[14]

36

普适性社会逻辑中的客体、主体、空间、时间和集体

37 　　与现代的形式理性一同发展的普适性逻辑，涉及所有的社会元素。"社会逻辑"这个概念应指涵盖一切的结构形式，既涵盖了上述四种社会实践（观察、评价、产生和施行），也涵盖了所有的社会单元。同样，这一点对于独异性社会逻辑也成立。一般来说，要想合理地解释一种社会理论，就必须对社会的所有要素或元素都做出解释。[15] 我认为（至少）可以分出五种社会元素，它们都被普适性的社会逻辑以特定的方式格式化了：客体、主体、空间、时间和集体。换句话说，社会由社会实践构成，这些社会实践有客体和主体参与，集体在这些实践中组成，以某种方式架构时间和空间。在典型的现代，这五种元素都是"制造普适性"的对象。

　　对客体（包括物品）来说，这意味着它们作为一样的（可无限复制的同样的东西）或同样形式的东西（就是同样东西的多种变体）被生产出来并加以利用。[16] 它们是可置换的。工业机器制造出来的产品就是这种客体的典型例子，它们因一种标准化的使用价值被使用者应用或利用。如果客体之间有区别，那也是有用程度、功效或用处上的区别，但它们都符合通用的

38 客观标准。即使是符号客体比如文字或图像，在这个层面上也是为普适性服务的，也就是为了提供信息。即使客体流通，它们依然是稳定的：它们总是不变的（不会因时间的推移而具有文化性），至多随着时间的推移发生破损。它们是理性化的物体，像工具一样具有工具性——是达到目的的手段，目的一达到或工具不堪使用，它也就消失了。除了工业产品之外，机器也是一个普适性的典型例子。机器不仅会被按一个模子制造出来，它还能再按一个模子造出产品。机器这种客体类型是大规模生产普适性的基础设施。

下面我们来谈谈在典型现代普适化过程中被制造，并自我塑造的主体。他们统统被训练得要具有同样能力，要有同样的或看上去同样的行为方式。主体的能力和行为方式要服务于形式理性。这种普适化主体的一种型号，就是被道德或功利主义内在驱动的个性，要么遵循原则，要么遵循实用的算计。另一种型号即"适应社会的人格"，向大多数人的期望看齐，并且想要"正常"，在一种并非贬义的意义上普普通通。[17]第一种型号自带一种静态的、稳定的同一性；第二种主动追求同一性，不断地按社会要求调整自己。两种情况中的主体都是社会规约的对象。偏离标准将受到惩罚，会显得不正常。

典型的现代当然也有有特殊个性的主体。然而这些主体代表的并不是特别意义上的独异性，而只是普遍中的特殊，即普适性秩序中的一些特殊地位。[18]一般来说这些要么是专业上的具体差别，要么是业绩上的不同等级。主体被要求发展专门能力或扮演专门角色，这些活动主要在职业训练中得以标准化，并在职业中通过分工相互参照调适。在职业（或培训）活动中，典型现代时期的主体又被按"业绩"这种东西加以评价。在业绩这个层面上，差别被系统性地定义出来，差别能够按照一个质性标准区分好坏（典型例子：学习成绩）或按照量性标准区分多少（典型例子：计划完成度），并依据一个通用的客观标准对之进行偿付。在普适性社会逻辑中也有所谓"个人主义"，但这是指每个人都拥有同等权利和同等义务的个人主义，是每个人为自己的行为负责这个意义上的个人主义，它要求每个主体以同样的方式履行自己的义务，满足对自己的要求。普适性社会逻辑中的"个人化"其实是既定标准下业绩差别的个人化。[19]

在普适化理性主义逻辑中，社会空间性采取了不断复制相同或相似空间的形式。[20]在这个意义上，空间是大片的，成系列的，不论当地情况如何，都是同样的结构在不断扩大，形成相同的系列。理性主义空间观念在某种意义上将集装箱的空间模式转变成了社会现实，其做法就是明确指定哪种活动发生在哪种空间里。这种成系列和集装箱式的空间，其典型范例就是工业化城市。作为"系列建筑"，这些城市的某些部分甚至是一样的，以至于它们的的确确能够互换。[21] 空间在这里是功能性的，它服从技术理性的指挥（也包括规范理性）。与此相应，空间被严格按照活动类型（工作、居住、休闲等）加以区分。

普适性逻辑中的时间差不多也是这种情形。典型的现代社会中，时间也经历了理性化，即表现为标准化的、可彼此参照的时间间隔。[22] 其特点是，社会实践表现为：同样的行动在时间中的重复（以职业劳动为典型代表），以及时间被以同样的方式填充（比如按工作周去规定劳动关系）。因而，时间的架构模式并不依赖事件，而是依赖常规，时间在一时一事中如何被利用并不重要，其实时间在情感上被降约了。同时，时间观念是面向未来的："当下"只是为实现未来某个目标充当工具，而"过往"则显得封闭和过时。时间就这样成了规划未来的重要工具，未来则被看作进步之路上的不断改进或提升。与此相应，个人简历也呈现一种时间上的线性排列。

普适性的社会逻辑又会造就什么样的集体呢？首先要看这种社会逻辑反对的是以前哪种集体：它反对的是传统的、建立在个人关系之上的共同体。"机构"这种客观的、非人治的集体取代了它，它是形式理性主义普适化原则的体现。[23] 典型集体（机构）的根本基础包括：明晰的技术－规范准则，层级清楚的责任分配，集体内外行为的严格区分，成员和专业技能，以及可测的决策。科层制国家就是现代集体的典型例子，资本主义企业或社会主义企业也是。普适性社会逻辑中的机构，其突出特点是，不论它们本身追求什么目标，它们的构造形式都相同，身处其间的主体也将它们作为相似的单位（医院的组织结构与学校、政府机关、企业等类似）来体验。

理性主义普适化逻辑对社会的形式理性化最终在社会实践的总体形式上得以贯彻，主体、客体、空间、时间和集体是这一总体实践形式的组成部分。这是一个总揽一切的实践模式，在这种模式里，所有的社会实践都倾向于采取目的理性或规范理性的行为形式，它们明确的目标就是服务于某种目的，遵从社会规则。这个模式的两大范式，一是对待客体时那种目的理性的方式，二是（在场与不在场主体之间的）按照规则来加以协调的互动，因此"劳动和互动"这一对概念指的就是理性主义的整个实践模式。[24] 这导致社会行为在很大程度上不再基于习惯，而是基于常规，也就是说行动的基础是长期积累的各种规则，它们是明确的，被刻意遵循的，而且经过了优化或完善。

典型形式：工业化现代

总的来说，现代的历史可以分为三个阶段：市民化现代、组织化现代和晚现代。[25] 市民化现代是（典型）现代社会的第一个版本。在 18、19 世纪的欧洲和北美，它逐渐取代了传统的封建贵族社会。早期工业化，启蒙哲学[26] 和科学的普及，跨区域商品市场和资本主义生产方式的产生，逐步的法制化、民主化、城市化，要求自律、道德和成功的市民阶层形成并成为文化主导，这些使得一种普适化逻辑出现在社会各领域。各处都在逐步发生技术、认知和规范的理性化。不过这第一种版本的现代社会相对来说在当时还是特殊现象，市民阶层作为这一版本的唯一承载者，还是相对弱小的。

随着 20 世纪的到来，形式理性化进程在质和量上都有了飞跃。市民化现代被组织化或曰工业化现代所取代，开启了

42

（典型）现代社会的第二个版本。如果要研究普适化逻辑的典型形式并再现其在历史上的真实表现，就必须研究组织化或曰工业化现代，20世纪50年代至70年代，这一版本的发展达到了顶峰。[27] 普适化社会逻辑增强成了一股洪荒之力，全面而迅猛地迫使社会重新架构，也迫使人与自然的关系重新调整。认真分析这些结构性特征是值得的，因为它们代表了晚现代独异性社会的对立面，也深刻影响了直至今日的现代社会学和社会政治理念。

后市民时代的现代，其动力的核心在于美国和苏联。在我看来，西方资本主义和国家社会主义不是两种体制方案，而是激进理性主义现代的两种形式。而且，国家社会主义对整个社会的计划调控，对独异性的坚决摒弃，其实就是工业化现代及其普适化逻辑更纯粹的模式。然而以"福特主义"或"美国主义"文化的理想形式为代表的西方资本主义，却产生了更加长期的影响，并演变成了晚现代。[28] 工业化现代形成了集体秩序的范式，即"正规组织"这种目的性联合体，它在整个理性化时代都具有普遍的代表性。相应地，经济领域自20世纪初也普遍建立了大型法团，即内部有等级、有分工的矩阵式组织。这种背景下，"科学管理"意义上的劳动是由许多互相协调、高度专业的工作组成的一种体系，而劳动管理的基础，则是一套有明确专业技能要求和日常秩序的工作岗位系统。不论在资本主义还是在社会主义的实践方式中，组织化现代在经济领域的理想模型就是大规模生产产品的工业企业。[29]

于是，组织化现代就是社会学所谓的"工业社会"。[30] 因而也可以更直接地称之为工业化现代。它是一种强意义上的技术文化，不仅存在于大规模工业生产背后，而且也用工程、机械的模式塑造了整个社会，使社会看上去就是由完美协调起来的单个部分组成的系统。机械技术和社会组织水平共同发展，它们共同的目标就是建立高效秩序，消灭多余之物。这样一种技术主义下，社会主体的理想模型是技师和工程师。[31]

在福特主义社会里，大规模生产与大规模消费相辅相成。以前市民与贵族两个阶层的对立，让位于由职员和专业工人组成的扁平的中产社会，他们全员参与标准化产品消费。扁平中产社会能保证生活质量，尤其是 1945—1975 年所谓"辉煌三十年"（trente glorieuses）的"富足社会"代表了组织化现代的理想境界。国家看起来能有效调控社会，在政治层面上，它用高福利政策保护着这一经济 – 技术体制。这里所说的富裕国家奉行凯恩斯社会民主主义或社会主义观念，要求对社会进行调控，以保证社会的全面包容力。这种社会形式的典型特征是社会生活广泛的法制化，以及代议政治，主要由代表广大民众、要求实现普遍富裕的全民政党来实现。[32] 在空间理念上，功能性城市是组织化现代的体现形式：不论是郊区还是福利性高密度住宅区，工业化城市——如前所述——都是由成系列的功能性建筑构成的，劳动和居住分开在不同的空间。[33]

不论是经济、技术、政治还是空间观念，组织化现代都是由一个强大的社会词语引领的，即"受到管理的集体"。[34] 集体作为社会组织形式，要求独立、强大地存在——不论集体形式是大众、群体、政党、全体员工还是小家庭，个人都要从属于它。于是威廉·怀特和大卫·理斯曼将后市民时代的主体描述为"机构中人"（organization man）和"受外部引导的人格"。对于社会对"自己这种人"的期望，这种主体有一种很强的敏感性，并以很强的适应能力去满足这些期望。为了符合社会这种对"正常"的标准，主体会坚决抑制感情。正如我们前面已经提到的，组织化现代本质上是一个均等的社会，法律平等且社会形式相同。在这种文化中，均等与主体的同质化相关联：个人努力按照"正常的道路"去生活，每一段人生都有值得追求的既定目标。[35] 用齐美尔的话说，主体在组织化现代社会里将自我塑造成了"均等的个人主义"者。

前面已经提到，标准化、通用化和程式化等普适化逻辑形式催生了 20 世纪前三分之二的工业化现代，但这一进程有其反面影响，表现为对原生特殊性的阻滞、排挤和消除，而且这种做法的激进性和体制性是史无前例的。这涉及所有的社会单元，不论是物或人，还是集体、空间和时间观念。在组织化现代，特殊和异常只被当作不重要的、不受欢迎的甚至让人反感的，他们不肯服从普适的功能性秩序，是需要（在必要的时候甚至以暴力）加以克服的他者。这种他者被看作落后、过气的前现代社会的遗留，至多被看作现代社会中一种没人认真对待的、古怪又危险的伴生现象。

社会与所谓"非理性"的"他者"进行的斗争，最激烈的是针对前面所说的那种"不正常"的或在社会心理上被当作离经叛道者的反社会主体。[36] 这场斗争还包括更多的做法：不重视大规模工业生产范围之外的物和人，鼓励人们轻视或毁坏地方建筑以及历史建筑，破坏城市原有的生活节奏，好为城市的功能性让路。就这样，工业化现代在实践中推动着社会的去独异化。通过"观察"这种社会实践，发明了一个强大的普适性概念体系，以及一套指标体系，用来细分"普遍的特殊"，这样做的代价，就是在概念认知方面，对独异品的敏感度被边缘化了。在对这种社会实践的"评价"中，独特性被负面评价或被解释为病态，只要它不符合普适性逻辑规定的各种业绩指标。在"产出"这种社会实践的过程中，根本无人着意于独异性，即使存在独异性，也是不经意产生的，或者这样的特性会被看作前现代社会的遗存。相应地，在"施行"的社会实践中，主体会逐步习惯一种就事论事的行为方式，从而在很大程度上"荒废"与独异性有关的事。[37]

理性主义普适化逻辑在组织化 – 工业化现代达到了顶峰。此时的社会认为自己已经完全战胜了前面所说的短缺和无序两大基本问题。这一阶段的许多框架性决策对晚现代仍然有深刻的影响，但作为完整的社会形态，组织化现代已经成为历史。它的普适化逻辑成了底色，随之而起的晚现代以其独异性社会逻辑凸显其上。然而我们还会看到，一切变得更加复杂了：工业化现代也没有完全做到理性，没有彻底地去独异化；反过来，作为实现社会管理的基本条件，晚现代也自有其理性化版本。

/ 2 独异性社会逻辑

47　　要谈到的独异性社会逻辑，乍看上去像个悖论。"社会"本来不就是"独异"的反面吗？社会学家的"职业病"（déformation professionnelle）不就是要到处去了解大众、集体、规则和范式，其实不就是要确立一种普适性社会逻辑下的科学吗？社会学产生于工业化现代，而且还一直在沿用那时的诸多概念工具，这的确不是偶然的。[38] 如果要了解以独异化进程为中心的晚现代社会，社会学看上去不太适用于分析这个进程——这是个麻烦的弱点。要想恰当地以社会学眼光研究晚现代社会，必须从一开始就摒弃那种认为社会性与独异性势不两立的看法。我是坚决反对这种看法的。说到独异性，并不是说它是抽离了一个人的社会性之后"剩余的东西"，它也不是与社会性针锋相对的另一极。如果我们对这个问题持开放态度并抱着求知欲去探索社会是由什么样的联系和单元集成的，很可能让独异性这种本身就具有社会性的逻辑显现出来，并能对之加以分析。

　　如何理解独异性？在历史上少有类似于"独异性"的概念，它差不多是个新词。[39] 使用这样一个未被使用过的概念似
48乎也是必要的，这样在研究它的现象领域时，就不会掺和一些错误的先见。这是一个广阔的概念词场，包括各种表示独特和独异、非凡、特殊及特色的词。* 然而我并不想详述概念史，

---

*　作者在这里举出了一系列德文词，这些德文词在各种德文相关专著中出现过，所描述的是与独异性差不多的意思，将它们逐一翻译为汉语没有太大意义，且汉语中没有那么多的近义词可用。现将德文词抄录于此，读者如查阅原文时可供核对：das Besondere und die Besonderheit, das Außergewöhnliche, Außerordentliche und Außeralltägliche, die Individualität und das Individuum, der oder das Einzelne und die Eigenheit, das Einzigartige und das Einmalige, die Partikularität, das Unikat und die Idiosynkrasie, das Originelle und die Originalität, das Exzeptionelle, der Einzelfall und das Exklusive。——译者注

我想说的是事情本身——独异性的社会逻辑，它是晚现代社会的核心。

普遍的特殊、独特、独异

为了理解独异性，首先要精确区分三种形式的"特殊"：普遍的特殊（das Allgemein-Besondere）、独特（Idiosynkrasien），以及独异（Singularitäten）。

我们可以先来看看康德对普遍与特殊的区分[40]：人与世界打交道时，免不了要使用普遍概念。早在形式理性出现之前，已经有了以区分类型（当时尚非显学）为形式的普适性社会逻辑。同时我们总能随处发现特殊：单个的人，单个的物，单个的地方。这样的特殊并不是异常，而只是寻常。由此而产生了普遍与特殊的问题，人们也很快找到了解决方法：通过区分类型，借助普遍性来给特殊性归类，将它们作为普遍概念的个例。这件坐具是把椅子，那人是个信差，等等。这个意义上的特殊其实就是普遍的具体体现。也可以说这就是普遍的特殊。所谓普遍的特殊就是普适性逻辑中存在的具体个例，指的是形式不同、版本不同而本质上一样的东西，也就是同"类"的东西。

普遍的特殊不仅是观察世界时的对象（正如康德所进行的），也是塑造社会的产物，是施行和评价的对象。社会学对普遍－特殊的关注点在于，当普适性社会的总体秩序形成之后，要在这些架构里为特殊和差异留出固定或不固定的位置，让特殊嵌合于普遍之中。我们前面已经分析过的形式理性化进程中，这种做法就是有代表性的。比如普适的法律体系将一桩桩法律事件归入事先制定的类别，学校按成绩确认学习效果。在这个意义上，一个遵循普适性逻辑运转的社会，也在产生大量的"特殊"。但这种特殊总是普遍的个体表现，上面说过的标准化、通用化和程式化就是制造并理解它们的过程。普遍的特殊存在于清楚而确定的质性等级体系（比如学习成绩）以及量化体系（比如数量参数）中。

另有一种现象，不能将之与普遍的特殊混为一谈，我想称之为"独特"（Idiosynkrasien）。这里的出发点仍是普遍与特殊的区别，但"独特"是指世界上的实体所具有的那些不能归入普适性概念或指标体系的特质，也就是一些不能归类的、独特的余留。比如，有这么一把椅子，它有一种普通椅子不具备的特点——比如它是某个特定的家庭使用多年的，或者它寄托了某种记忆，是以前老祖母常坐的。这样一来，"独特"就不能套嵌于普遍性之中，而且还有悖于普遍－特殊秩序。

这样在"普遍"的基础上对"独特"（Idiosynkrasien）所做的保守理解，有可能反转成一种偏激的观点。偏激地说，人们可以认为世界上所有的实体本来都是独特的。[41] 它们确实是特殊的，因为本质上它们与其他实体没有可比性。没有什么东西与其他东西完全相同，没有一件东西能一点不剩地转换成另一件。在这个意义上，每个人都是独特的，每只动物、每株植物、无机自然中的每种元素、每间房子和每件工具、每幅图或每篇文字、每个地方、每种记忆、每个集体、每种信仰都是独特的。这种理解下的独特性不是有意识地塑造、推崇或拒斥的结果，它们只是林林总总地存在——独立于人的意识（石头、动物、宇宙等），或是人类行动无意的产物，即社会活动的副作用。不论人们偏激地或保守地看待"独特"，关键的一点是，它是普适性秩序之外的东西，而且没有在社会中被当作特殊来看待。它们"自有的"独特性对社会和（社会）科学来说，是边缘现象。它们随处可见，却几乎不被察觉。

我所指的独异性社会逻辑，既不是普遍－特殊意义上的体系，也不是独特。从某种意义上来说，独异性位于二者之间。

在普遍－特殊的体系中，相对特殊的一方被普遍的秩序重新塑造；独特则位于社会讨论范围之外；而独异性处于社会规则秩序之内，同时又不受限于普适性逻辑。独异性实体是指那些在社会实践中被理解为特别的，而且是作为特别实体被制造和对待的。独异品是社会文化独异化进程发展的结果。它们在独异性社会逻辑中获得重要性。在这样一种社会逻辑中，客体、主体、空间、时间和集体都在观察、评价、产出和施行四种社会实践中被制造成了独异品。这是一个制造独异性（doing singularity）的进程。[42]

在独异性社会逻辑中，"独异的"不能再以普适性范式来理解，而是要显得与众不同，也要被认定为与众不同。如果说，"普遍的特殊"指的是同类之物的具体个例，"独特"指的是非社会性的独有特色，那么独异性就是在社会文化中被制造出来的"与众不同"。这种与众不同最初的定义显得负面：是不普适的，不可置换的，不可类比的。一个独异的客体，一个独异的主体，一个独异的地方，一个独异的事件，一个独异的集体不是普遍规则的个例：斯坦利·库布里克的电影《发条橙》虽然可以算作科幻片一类，但其画面和叙事的复杂性，那种幻觉与恶心的特色旋混，都使它无法被归入这个或那个类型。观众觉得它是独异的，也体验了它的独异性。普适性逻辑下，功能性客体、承担某种功能的主体可以毫无困难地彼此置换，而一件独异品却不能由另一件同等功能的来置换或取代。20世纪60年代有各种摩登派亚文化（比如摇滚乐），在其各自的拥趸眼里，它们绝不能互换，而是要以其自有的活动、标识、情感和认同，各自壮大其亚文化天地。一种独异品最终也不能与其他实体在明确的指标体系上进行比较，因为不存在比较所必需的、细分刻度的统一标尺。将日本神道教神宫和耶路撒冷圣墓教堂的耶稣墓两相对比，对其各自的信徒来说产生不

51

52

了任何意义。

客体、主体、地点、事件和集体是在什么样的社会基础上被制造为独异品的呢？这个基础就是，上述这些社会单元在独异化过程中，被理解为"有其内在厚度的自复杂体"（Eigenkomplexitäten mit innerer Dichte）。也可以这样说：独异的客体（不论是艺术品还是设计品）、独异的主体（特立独行的人）、独异的地点或集体，在独异化的逻辑中都"自成天地"。"自复杂体"与"内在厚度"并不神秘。"复杂体"的意思众所周知：它有一系列的元素和联结点，关系、关联和交互作用就从中产生。如果这些组织关联都存在，就可以说它是一个"复杂体"，它的本质特性可被称为其"内在厚度"。[43]组成复杂体的各种元素与关联是什么样的，它们又有什么样的内在厚度，当然取决于这是哪种社会单元：一个客体（比如一幅画、一套理论、一道美食或一部手机）的组织理路，与人类主体（由身体和心灵组成）的组织理路不同，而一个地方（一间客厅、一处风景或一座城市）与一个时间单元（比如一个事件）或一个集体（比如一个圈子、一个项目或一个国家）有不同的元素和内在关联。但它们物质上的不同无改于一个事实，即社会单元的独异化意味着，它们将自己建构成"有其内在厚度的自复杂体"。

53　　独异性单元的复杂性与内在厚度是其内部结构——所以我才称之为有其内在厚度的自复杂体。然而独异性单元与外部也有一种特殊的关系。如果说独异性单元之间（比如旧金山和罗马的城市结构）只有一些无规律的差别，这种说法未免太无力了。当然，差别理论告诉我们，如果没有区别，社会文化领域的任何单元都不可能被识别，因为每个单元都是因区别于其他而建构的。[44]然而必须避免将差别理论泛化（其实文化科学倾向于这么做），因为泛化它会使分析独异性遭受两个明显的缺

陷：其一，就需要被加以区别的各个社会单元来说，它们作为
自复杂体的社会意义，会因为无处不在的"差别游戏"而被边
缘化；其二，我们有可能失去区分社会中缤纷万物的能力。

　　必须强调，独异性社会逻辑虽然也注意辨差别异，但主要
还是着意于产出和施行自复杂性。这句话的意思，可以通过美
国文学的例子来说明。要把伊迪丝·华顿、约翰·多斯·帕索
斯、约翰·斯坦贝克和斯科特·菲茨杰拉德的作品加以标记区
分，也许有无数种可能。不过我们如果以托马斯·品钦为例，
就会发现他的作品不仅不像上述几位的，也不仅在被动的意义
上与它们都"有别"。品钦的作品有自己的语义、句法、情节
架构、人物表现手法等，它们有主动意义上的不可简化的内在
厚度；在由读者、书评人以及作者本人共同进行的独异化过程
中，这种自复杂性位处于核心地位。差别理论总是将差异性置
于同一性之上，与此不同，独异性逻辑的关键在于，在某种意
义上，它将独异性单元内的自复杂性置于首要地位，而不是
该单元与外部的差别。

　　尽管如此，单元在独异性社会逻辑中获得特殊性，当然也
会通过"辨差别异"这条道路。但这种辨差别异有特殊形式。
差别理论认为，所有的猫（差异）在夜里都是灰色的，而我们
所说的辨差别异则是要区分差异的形式，而且根据不同的社会
逻辑。普适性逻辑也标记社会单元（客体、主体等）的区别，
我们已经说过，这是一种质或量的级别区分。而在独异性逻辑
里，所有的区分无一例外都是质性的；这里没有先后上下，这
里要的是一种质性的"不同"，它的特点就是不可比性。不可
比性 45 是指：各单元之间没有统一的标尺，它们不能被理解为
同类的两个变体，而是在严格意义上不能比较的。罗马之于旧
金山、俄罗斯之于中国、大卫·鲍威之于凡·莫里森，都是没
有可比性的。在独异性逻辑中，被标记的是显性区别。

如果社会独异化进程中的各单元仍要相互比较呢？即使在面对独异品的时候，"相互比较"这种社会实践也是不能停下脚步的，我们后面会看到，在晚现代，独异性逻辑的扩张怎样在很大程度上催生了各种用于"比较"的科技。[46] 对各种独异品，也就是各种自复杂体进行比较，其实根本就是——用一句有点用滥了的套话可以说得很清楚——消减其复杂性。比较的过程中要应用普适性参数，根据这些参数，独异品也可以从质或量上加以归类。这意味着，比较过程中只看那些可以用指标衡量的东西，其他的就都消失在视线之外。巴黎圣母院和威尼斯总督宫都是哥特式建筑，天主教和伊斯兰教都是一神教，比伯军曹芳心俱乐部乐队的专辑比《金发佳人》销量高，诸如此类。普适性范式消减独异品的复杂性，将之降约为一些挑选出来的特征，其间包含一些可比的东西。因而，普适性逻辑下的比较和独异性逻辑下的比较是根本不同的，即使表面上看着差不多：普适性逻辑下，社会单元的相互比较（比如通过数量、得分）完整地展现了社会单元；而独异性逻辑下的比较，则会消减复杂性，但它不会就此消失，而是——这才是决定性的一点——在这种社会逻辑中作为结构性力量继续发挥作用（例如在情感上打动受众）。[47]

上面所说的三种特殊性——普遍的特殊、独特与独异，它们之间是什么关系？首先可以肯定的是，对这三者进行区分，可能得到的结果，会比单纯地研究"独异性社会"这个概念所得出的结论要更丰富。三者都是社会中现实存在的。首先存在独异性社会逻辑，其次是普适性逻辑，它生产普遍的特殊，最后还有一些独特的人或物，他们虽然不是某种社会逻辑的组成部分，但总归（从"物自体"的角度来说）是存在的。有趣的是，这三个领域并不彼此隔绝，而是有活跃的交流和互通，尤其在晚现代。[48]

如果某个一直未被注意的"独特"之人或物，被抬高到绝无仅有的高度，他/它就可以转变为"独异"，比如古怪的电脑专家一变成为奇才，无用的东西被誉为艺术品。每个"独特"的人或物都有变成"独异"的潜质。反过来，如前所述，如果人们试图将原本不可比较的进行相较，甚至要给它分出等级（例如在艺术研究或宗教研究领域，电影的质量评级，等等），那么"独异"也可能暂时变为"普遍的特殊"。此外，一直被认为只具有功能性的东西也可能从普通中脱颖而出，成为"独异"的（例如批量生产的塑料椅被赞美成非同寻常的伊姆斯风格），这可能是因为人们受到了某种文化上的激发，或具有了某种眼力，从而发现了这件普通东西有其自复杂性。最后还有一种可能："独异"可能丧失其富有价值的一面而被"去独异化"，降格成不被人注意的有点"独特"的人或物（比如一些宗教的消失、艺术品的贬值等）。我们下面会详谈，晚现代独异性逻辑之所以变得重要，很大程度上要归结于"独特"以及"普遍－特殊"的个例向独异性的转化。同时，借助"普遍－特殊"的参数体系来发掘独异品，也是晚现代社会重要的一环，因为这样一来会使大量的独异品产生社会经济效应，并越来越兴旺。

前面的分析应该能够表明，要对各种特殊性进行社会学分析，需要做细致的阐释工作。社会学在这个主题下常使用的个体、个体主义、个体化和个性等语义概念体系对本书帮助不大，这一点我前面已经提过，现在想再简短说明理由。[49] 最核心的问题是这些概念的含义在不断变化，因此它们与"特殊性"这个现象领域的关系不是很清晰。"个体主义/个性"这个概念，有时候可以用来指称那些社会之外的"独特"或被社会认可的"特立独行"或普适性秩序下的"特殊"。有时候，"个性"被认定是"独特性"的意思。在另一些情形中，这些概念又被用来描述现代社会中"均等的个体主义"的种种表现：所有人有同样的权利，人类有同样的尊严，都要为自己的行为负责，要知道自己行为的意义。针对的是同样条件下的每一个个体。格奥尔格·齐美尔据此认为理性主义传统中的现代个体主义同时具有同质性和普适性，并将这种个体主义与浪漫主义传统中独特的个体主义相提并论。[50] 由于我们关心的是独异性社会逻辑与普适性社会逻辑的区别，所以不用去找一个能够同时表达二者的概念。

"个人主义"这个概念所面临的第一个问题是，它太宽泛、太多义。第二个问题是，从另一个角度来看它又太狭窄：一般来说它仅指人类主体。我已经多次强调，社会制造的独异性，绝不仅指主体的独异性，还包括所有其他的社会单元：客体、空间、时间和集体。如果只把目光集中在主体上，是无法理解独异性社会的。[51]

独异性逻辑下的客体、主体、空间、时间和集体

必须不断强调，普适性逻辑下产生的这五种社会单元，都可以成为独异化进程的对象：客体和物[52]、人类主体、集体、空间和时间。"独异性"这个总概念的一个重要功绩在于，它可以描述所有社会单元的社会文化特点，并将它们关联起来。下面我将借助以往和现在典型的独异化形式来说明。

尽管迄今为止，关于客体和物世界独异化的研究不太受重视，但其实在所有的社会形式中，都有实体客体被选择进行独异化，它们都是自有其内在厚度的自复杂体。[53] 代表性的独异性客体首先应是宗教中的圣物、其他文化崇拜的物品以及绘画、雕塑之类的艺术品，这些确确实实都是独一无二的，本雅明认为它们有一种"光晕"（Aura）。[54] 建筑物、家具和服装也可以被看作独异的，或被作为独异品生产出来，或被誉为

独异品。"只此一件"却不是这里所说的那种"独一无二"的必备前提。即使形式多样的在物体或技术上可以重复制造的物体，也可以被独异化。比如宗教、文学或哲学等篇章，它们的独异性经常是由于作者卓尔不凡。再例如一些乐曲或摄影、电影作品以及政治象征物。这些纷繁的物质形式中，理论、叙事或图像就是其独异性。[55]

特殊例子是同一商标下的多种物体，它们要么符合文化资本主义对独异性的要求，要么与某种特殊的美学风格有关。[56] 有机自然中的实体也可能被独异化，比如宠物、花园、荒野，或者阿尔卑斯山这个具有生物多样性的独异地方。[57] 无论如何，独异性的物或客体都不仅限于功能器具；它们还是，或者纯粹就是文化性的、有情感力量的实体。作为这样的实体，它们不会随着时间的流逝保持不变，它们有自己的流变史。总的来说，凡是自有其内在厚度的自复杂体，其构成元素和内部关联是非常多样的，这个很容易理解。起到重要作用的可以是材料、形式和颜色，而文字的语义、句法和叙事方式，音乐的和谐和旋律或理论的理据架构也都能起到重要作用。[58]

前面说过，以前一个人类主体的独异化，其形式很有可能只是将容易被误解的"个性"标签贴在了他身上。如果运用一些特定的技术，去努力追求并打造独异性，而且这种独异性得到了社会的注意和认可，主体才是被独异化了的。[59] 在这个意义上，主体化就意味着独异化：主体不能被归类（划分类型这种活动当然还一直存在），却获得了一种能被认可的自复杂性。[60] 被独异化的主体不能被降约为功能承担者，也不能按出身来划分类型。传统上，魔术师、预言家或韦伯笔下拥有"人格型权力"的政治家这样的主体，是不能与其他人等同看待的。在现代，一个典型的例子是艺术家和创意者圈子，"独异于人"在这里既是愿望，也是要求。[61]

60　　　主体所有的特性和活动都可能是独异的：他的行为、他的文化产品、他的性格特征、外表和其他身体特点，还有他的人生经历。但这些必须以某种方式"表现"（performed）出来，这样主体才会被认可为"独异于人"的，而不仅仅是"特殊"的。主体的独异化是一个过程，自我塑造和被他人操纵、自我独异化和被他人独异化同步发生。在晚现代，这样的主体独异化比比皆是，不仅职业领域要求人们要有非凡表现，私生活领域也一样。特别的是，主体化和客体化（即社会制造客体的行为）即人的独异化和物的独异化是紧密联结在一起的：主体将自己打造成无可替代的，所用的手段就是让从属于自己的客体（比如自己的网络形象，或者自己的创意家居）独异于人。[62] 这些都说明，以前"个性"那个老概念中所暗含的"不可再分"这一属性，并不适用于独异化技术，因为这里的独异性实际上是用各种不同的构件或模块组装起来的。[63]

　　　空间的独异化，就是空间的含义被抬高到空间理论中所指的"地方"那个高度。[64] 空间理论中对"空间"（space）与"地方"（place）的区分，无异于普适性社会逻辑与独异性社会逻辑对空间定义的区分。"地方"就是独异的空间，在这种空间

61 里，物体的摆放和字符的安置是有意蕴的，为的是与普适性逻辑下那种标准空间设置相区别，为的是让人能体验这种作为自复杂体的空间，体验它的内在厚度。这些空间不单纯是为了使用或路过的，它们对参与者来说是有价值和感染力的。威尼斯或巴黎的城市风景和街景，它们的气氛以及那些与它们关联在一起的文化联想、文化记忆，使它们长期以来都被看作"别具一格"的地方。[65] 此外还有祭祀场所、显示权力的建筑、祭神建筑、别致的风景或纪念场所，甚至居所或创意产业中别具氛围的办公室，都可能在这个意义上成为具有独异性的地方。普适性逻辑下，所有"空间"都以同样的方式被填满了各种功能，

而独异性逻辑下的"地方"则是具有辨识度的空间。从某种意义上来说，这种空间不是外延的，而是内延的。让人们感兴趣的是"这个地方"本身。空间厚重起来，变成了"地方"之后，就能成为一个有记忆的地方，或一个有"气氛"的地方。[66]

时间的独异化，是指它不再表现为作息习惯或日常安排的形式，而是瞄准了一个独特的时刻的内在厚度。这个时刻可长可短：可能是眨眼就过去的现在，也可能是有明确开始和结束的较长时段。因此，独异化的时间就表现为"活动"*的形式，需要主动地、深入地去体验。独特可以是绝无仅有的意思，但不一定非得是绝无仅有的：某种庆典形式（比如每年一度的节日）虽然是重复性的，但仍能作为独特的体验。事实上，节日和庆典是传统的独异性时间形式。在晚现代，独特的活动越来越多。活动（events）——包括庆典、体育赛事直至 TED 演讲——都可以作为独异性的时间形式来体验，职场或政治领域的项目也一样可以。

时间不再是为了现实之外的某个目标而按照习惯或常规去填充的东西，它超越了以前的观念，对于参与者它具有一种自身价值，要在它压倒一切的内在复杂性显现的瞬间被体验和体会，就在当时当下[67]。普适性模式下的时间观念在当下的行动中不被重视，只是服务于未来的工具，而在独异性模式下，它是关注当下的。同时它可以与过去发生关联：对过去某一事件的回忆或历史关联能使当下更加丰富。因此，历史叙事，对过去的事、时间、地点或人物的"文化记忆"，甚至怀旧心理都是独异性逻辑下时间观念的玩法。[68]

独异的集体不是那些普通的目的性联合体，也不是由出身

62

---

*　德文原文为 Ereignis，直译为"事件"。但结合文意，其实应指英语的 events，即各种组织起来的活动，特别是文化性活动。——译者注

决定的天然（特殊）群体。对于成员来说，独异的集体有文化上的自我价值。有一种现代化进程理论将这样的集体称为"少数派群体"（partikulare Gruppen），"少数"这个词凸显了一种贬义，表明它们相对于大的普适性组织或社会，只是一个范围有限的小部分。然而这里所说的集体却不只是"小部分"，在成员眼中，集体有自己一套完整的文化观，而且在交流、叙事和情感上都有其复杂性和特殊意味。带有集体意识的家族谱系就是一个例子，一些行会和同业公会也是，它们不仅仅是为了实用目的。在（晚）现代，集体的独异化可能发生在文化－审美亚文化中，或自愿参加的宗教团体中，以及——虽然不止这一种方式——一些国家或地区性的身份共同体中。

总的来说，传统上"共同体"与"集体"这两个概念原有的区别，并不太符合独异性与普适性模式下"集体"概念之别。传统的群体是依据出身确定的，人们生来就属于某种出身共同体，而现代人们所说的"新共同体"与此相反，是人们选择加入的集体。这样，独异性集体一般都表现为高度感性的社会集群，不仅有共同的行为，还有共同的叙事和想象。普适性逻辑下的集体外表看起来都差不多，而独异的集体与之不同，它们可能给外人造成怪异的印象，甚至引起激烈的排斥。正是在"集体"这个层面上，独异性会成为文化冲突的对象。[69]

我方才展现的独异性社会单元就像个万花筒，也许该问：是否任何一个客体、主体、集体，任何一种时间或空间架构都是可以独异化的？所谓的"自复杂性"和"别具一格"会不会根本就是一个关于社会架构的问题？对于社会学研究来说，这个问题不太重要，因为社会学关心的是独异化是否在发生以及如何发生。不过在研究过程中，我还是倾向于采取社会建构主义的态度而不是激进的建构主义态度。是否"独异"是由前面所说的观察、评价、产出和施行四种社会实践决定的？原则上

似乎并没有为独异化设的门槛，但可以认为，有一些单元比另
一些更容易独异化，比如客体和主体有一种"可供性"[70]*。它 　64
们本身就在不同程度上呈现一种多面的自复杂性，可以或多或
少地适合被独异化。与一块砖头相比，希罗尼穆斯·博斯的画
作《人间乐园》更容易被理解为带有自复杂性，《尤利西斯》
相较于罗莎蒙德·皮尔彻的小说，麦当娜相较于"穿灰围裙的
立陶宛助理导演"[71]都更容易被看作带有自复杂性。不过，这
些当然不是自动划定的——石头（比如遗迹）、廉价小说或灰
围裙也可能在某种条件下变成崇拜的对象，而公认的艺术品
或世界著名的流行歌星却可能被人遗忘。无论如何有一点很清
楚：不能满足于笼统地谈论独异化，而是要研究独异化过程得
以发生的那些社会实践。

独异化实践一：观察与评价

独异性社会逻辑不仅包括上述五种社会单元，还包括上面
已经多次提到的四种社会实践：观察、评价、产出和施行。[72]
在"制造独异性"的过程中，独异性从来不是固有和一成不变
的，而是不断被制造的。

这四种社会实践在阐释上有所区别，因为它们可能是紧密
结合或联结在一起的（甚至同一种实践既制造又接受），它们
也可能是高度专门化而互相并列的，共同组成集成机制。总的

---

　*　原文中的 Affordanz（作者在后面紧接着写了一个近义的德文词
　　Angebotsstruktur），即英文的 affordance，这是美国学者詹姆斯·吉布森（James
　　Jerome Gibson）自创的一个词，其含义相当复杂，学界也有一定的争论。译者参
　　考一些哲学领域学者的译法，将之译为"可供性"。很粗浅地说，它是指人造的
　　物或自然界中的物有一种属性，这种属性唤起对它的使用，比如椅子的可供性就
　　是"坐"（参考 https://www.spektrum.de/lexikon/psychologie/affordanz/320）。关于
　　其更加完整和科学的解释可参考罗玲玲、王磊《可供性概念辨析》，《哲学分析》
　　2017 年第 4 期，第 118—133 页。——译者注

来说，独异化的社会实践存在于各个时代的各种社会形式中，不过在晚现代，它们一方面获得了一种高度体制化的规模，另一方面独异化（和与此同时发生的去独异化）有很多争议和冲突。现在我要具体来看这四种社会实践，并看一看它们在独异化逻辑中如何运作。

观察。[73] 观察是指在独异性社会逻辑中，某对象被说成具有不可替代的独特性。要具有这样的独特性，就要首先被识别和发现。于是在观察这种社会实践中，最根本的就是对独异品那种"有其内在厚度的自复杂性"产生一种文化上的敏感。普适性逻辑的前提是进行分类、归类和抽象的知识和能力，而要理解独异的客体、主体、空间等，必须产生一种敏感，一种既有智识维度又有感官维度的感受力。尤为重要的是人们不仅要有对独异品的专门的知识，而且要能"一下"就"领会"一段乐曲、一个人、一个城市或一种信仰的内在厚度和自复杂性。[74]

对独异品自复杂性的敏感度，这是一种绝对无法要求提前具备的，却能在社会环境中加以学习、修炼，或荒废的能力。[75] 如果没有能力把握独异性——独异的可以是任何东西，宗教、文化、日常审美或建筑——就没有独异性的社会逻辑。对独异品进行"观察"的能力可以通过模拟或熟习等一套社会化做法来传授（比如对古典音乐、青少年文化、某种宗教信仰以及对客观世界的感受力），也可以在机构中专门训练（比如在建筑师、艺术研究者这样的职业里）。"赋值"这种社会文化过程（即某种对象被理解为独异的），某些时候可以明确而绝无争议（比如传统社会的圣物），某些时候也可能引起极大的争议，引起关于评价标准的争端（现代的典型例子：什么才算艺术品？）。此外还有，在特定的社会文化语境中，参与者认为某对象具有自复杂性，但它可能对外人来说只是普通类型的一个特例或完全无法理解的东西：艾灵顿公爵的音乐、米歇尔·塞尔的文字、罗蒙湖的风景、兽迷文化中各种毛茸茸的扮相。不具备相应观察感受力的圈外人就会感到莫名其妙。

评价。[76]观察与评价是不同的两种实践，却经常彼此关联。评价并不单单是中立地去理解一个对象的过程，在此过程中被理解的对象还会被加上一种积极或消极的标签。在社会中，评价随时都在发生；独异性社会逻辑与普适性社会逻辑中，评价的过程却有不一样的形式。在普适性社会逻辑中——前面已经讲过——评价是为了确认某物是否符合期望的标准，某物是否正常，是否可以被接受。特殊的东西会遭受负面对待，评价就是通过评估，将事物归类于二元体系、高低序列或指标体系。

在独异性社会逻辑中，评价是指一种强意义上的价值赋予。它是指赋值这种实践，在此过程中，独异的实体获得（或不能获得）一种"宝贵"的身份——评价在这里意味着认定。以前"值得追求"的标准都失去了价值：有价值的是独异的东西，以前普适性的东西现在显得平庸，被认为是低价值的。理性主义的基础是正确／正常（普通）与不正常（特殊）的两分，而独异性逻辑的基础，却是神圣（独异）与平庸（普通）的两分。[77]不过这里的"神圣"不能直接放在宗教的意义上去理解，它是指某物被评价为本身固有宝贵性，天然带有一种自我价值。从非常宽泛的意义上来说，形式理性化进程当然也会为各种元素赋值，但这是一种功能性或工具性的价值，指的是一个实体在秩序、排序或指标体系中的用处或作用（所以这里不用"价值"这个概念）。与此相反，独异性逻辑在一种独特意义上为实体赋值，让它们带上自身的价值，所以它们本身就显得宝贵并重要。[78]

"赋值"这种社会实践最核心的任务就在于评价，评价究竟哪些实体——物、人、地方等——可以被看作独异的。这个过程中可能形成完整的赋值话语体系和复杂的赋值技术（比如现代社会的艺术评论）。[79]在赋值过程中，要将差别标记出来，而且（起初）是一种显性标记：一方面，标记独异与平庸之间不对等的差别；另一方面，标记各种独异实体之间绝对意义上的（不是程度上的）质性差别——实体因为这些差别而显得各有特色。然而晚现代恰恰有一个突出特点，就是前面提到过的那种做法：为了消减复杂性，将独异实体的绝对差异转译为普遍-特殊实体之间的差异（比如以排行榜的形式）。所以赋值的形式有很多层次。

重要的是，赋值不仅是独异化，也是去独异化。它不仅给予价值，还去除价值。独异化不是一个单向的过程，也绝不是不被操控的，这一点非常关键。在赋值过程中，有的被抬高，有的被踩低，有的被嘉奖，有的被推入无人问津的境地。赋值的进程与去值的进程平行发展：曾被赋值为"独异"的单元，也可能失去这种身份。也有可能（而且确实经常发生）一些单元努力想要成为独异的，或有这样的潜质，却没能达到这个地位，最终泯然于众人（有时候甚至被负面独异化）。在那些把"与众不同"当作夹缝现象的社会里，这种情况没有多么严重的后果，但在晚现代独异性社会里，后果却是严重的，因为去独异化一般来说就意味着贬值（虽然不是变得百无一用）。所以正是在现代社会里，赋值可能变得极具争议性。

独异化实践二：产出与施行

产出。独异品是被设计和加工的，是工作和创造、表现与展示的结果。社会以一种很直接的方式产出它们，它们是被生产和制造出来的。社会的这种制造活动，这种"独异化工作"，可以根据独异化对象的不同（客体/物、主体、地方、事件或集体）采取各种不同的形式。

如果一种特异性（一般特殊性）已经存在了，可以通过再构造——也就是某种二次生产——使之成为独异性。另一种情况是，某种社会单元从一开始就是为了成为独异品而被制造的。这两种情况有根本的区别。特殊之物的再构造，比如说一种迄今为止未被关注的对象忽然被发现，成了圣物、艺术品或古董，古怪的人或物被追捧为"真本色"，自然界中的一处空间被解说成具有珍贵的生物多样性。在这些例子中，几乎无法把"产出"与"观察"和"评价"区分开来。[80] 另一种情况下，独异性是被刻意制造的，目的就是制造出新创意或特别的物品、主体、地方、事件或集体。这种情况可以有很多实现形式，比如手工制作一件物品，专意打造个人形象（通过发展兴趣爱好或维护脸书账号），细致准备、精心安排庆典或现场音乐会，甚至悉心安排、混搭或自制一顿晚餐。

　　这种制造独异品的方式与生产普通之物有根本区别吗？毫无疑问，制造独异品的过程中也有标准化形式理性的做法。比如制作一部电影就要协调多种高度专业化的工作。不过在独异化的语境下，制造独异品总是与一些特殊的做法联系在一起：布置。布置的意思是：要把各种异质的物品、文字、图像、个人等聚到一起，将之交织成最大限度的和谐整体。于是，独异化工作就经常（尤其在晚现代）意味着管理异质性。除了功能性的元素，布置的过程也包括叙事－阐释、审美（比如视觉上的）和乐趣元素。这种工作要求与物质打交道，但因为这些叙事和审美上的关系，它本质上又是一种"非物质性的工作"，不过这里是指一个宽泛层面上的"非物质性"。[81] 以前，对独异性的布置不一定是为了产出什么新东西。[82] 现代社会中，布置独异品的意义经常是调配规划各种创意品（创意装置）。新型独异化产品的制造也不是凭空发生的，而是经常要借助已经存在的特殊元素或标准元素，还要借助叙事与符号组成的体系。标准化的生产活动依靠的是产品本身的指标：可用、实际、功能性。因此不用考虑观众反应也能生产。而独异性的生

产活动原则必须把观众以及其他参与者的真实看法或他们可能
会有的看法考虑进来。

　　施行。[83] 一个社会元素只有通过情景化取用才能被独异化，
才能是独异的。与普适性逻辑下目的理性的"使用"和常规的
社会互动不同，独异性逻辑下的"施行"本质上是体验[84]。一
个独异的客体／物品，一个独异的主体，一个独异的地方，一
个独异的事件，一个独异的集体，所有这些都是要被体验的，
而且只有当体验也确实别具一格的时候，它们才真的具有了独
异性这种社会真实性。体验是指一种心理上，同时也是身体上
取用世界的过程，在这个过程中，人通过各种感官去感知自己
注意到的对象。与目的理性下的"接受"不同，这种被称为
"体验"的感官上的感知，并不是为了获取信息。体验是为了
体验本身——是一种有关自我的体验。在普适性逻辑下，施行
意味着为了一个既定目的去改造世界，而这里所说的体验则是
一种理解世界的模式，是一种接受。

　　体验的核心是——不论是看歌剧还是坐禅，是高空定点跳
伞还是城市漫游，是参加开幕式还是观看世界杯足球赛，抑或
在广播里听国歌——独异品要在情感上打动受众。[85] 独异性逻
辑强调感性的一面，要以特殊的方式让施行成为一种体验。当
独异的客体、主体、地方、事件或集体被"施行"时，经常就
有深度的——正面或亦正亦邪的——情感在起作用：激情和崇
拜，痴迷和觉悟，感觉安全、骄傲、美好、和谐、惊诧，害怕
又喜欢或厌恶又迷恋。即使情感的强度减弱，比如某种有趣、
酷或扣人心弦的东西不那么吸引人了，情感依然是决定性因
素。在施行的实践中，独异品在情感上打动人，引发了一种心
理－生理上的激动，但不能认为这是行为上的刺激－反应模式，
它是一种体悟，比如只有当人对大自然有感觉时，才会有对大
自然的体验。[86]

体验可能有多种形式：可能是人群或公众聚集时的那种人际交互形式，也可以是独自面对一件客体时的私人体验。体验可能侧重心灵的一面，而身体保持静止；也可能是身体的剧烈活动。产出与体验有可能是同时发生的（比如一场比赛）。总的来说，主观的体验不是纯粹内在的事，而是社会实践的一个组成部分，是施行的一个组成部分，在这个过程中，体验被冠以特殊的形式。普适性逻辑下的施行比较平稳（虽然也经常出"毛病"），相比之下，独异性逻辑下的施行，因具有精神－生理的因素而难预料得多，风险大得多。它有可能失败，对某种情境的体验可能不会发生，也无法强求其发生。

表演性作为实践模式特征及产业式独异化

关于普适性逻辑，我在上面提出了一种通用的社会实践结构，一种涵盖了观察、评价、产出和施行的实践模式，即目的理性、社会协调的行动模式。普适性社会实践的本质是劳动和互动。独异性逻辑下的社会实践又是怎么样的呢？什么是独异性逻辑的总体模式？独异化的社会实践基本上都采用一种表演性的结构，所以表演性就是其模式的典型特征。独异性模式中，社会活动将自己置于一种情势之下，仿佛要在公众面前展现某种事物，或展现自己，通过展现，事物或自己在参与者眼中会获得一种文化上的价值。独异实体的首要意义不是被当作工具来使用或利用（这是目的理性的做法），也不是以标准化流程来对待（标准化行为），而是以表演性模式呈现：独异的主体或地方要呈现自己，独异的时间表现为各种"活动"的形式，本身就具有表演性，独异的集体依靠的就是集体性的表演。独异品就是在社会观众面前的独异展现。[87]

展现独异性会触动情感。这是独异性社会实践模式与理性化普适性模式的根本区别。普适性逻辑下的情感成分是极低的。而在展现独异性的过程中，情感的强度是其支柱。这里所说的情感不是主体内在的情绪或感情，这里更重要的是情感触动的过程和关系。这意思是说，独异的客体、主体、地方、事件和集体有一种特质，能在情感上触动参与者。[88] 独异的社会单元唤起的情感波动，多是正面的，比如兴致或兴趣，但也可能引起亦正亦负的情绪，比如同时感到害怕或愤怒。这种触动可能通过一种特殊的方式存在于施行独异性和体验独异性的过程中，产出、解读式观察和赋值的过程中也会有这种情感触动。情感触动整体上对独异性社会逻辑有决定作用。换句话说，没有情感触动，就没有独异性，没有独异性，就不会发生情感触动（或只发生弱度的）。

然而在晚现代，人们却会遇到另外一种独异化方式，它与情感表演的方式有根本的不同，可以称之为"机械式独异化"。在这本书里，我们还将细究这一点，[89] 不过在这里先提一提它也是很有意义的。自 20 世纪 90 年代起，我们可以在各个领域见到这种独异化方式，而数字化在这个过程中扮演了非同寻常的角色。通过数据追踪，以算法获得互联网用户的个人网络信息，就是产业式独异化的一个例子。基因分析技术也是一个例子，它使一个人独有的基因构成变成分析的对象。再例如晚现代经济领域中的人事管理制度，它用一套体制来发掘个人的天赋和潜能。机械式独异化不仅关注主体，也关注集体，例如有时市场营销只关注小众用户的品位和意见，再如在竞选时，一些政党面向特定的选民群体。

乍一看，人们可能会认为，这几个例子就是普适性逻辑下的目的理性做法。这里也确实用上了目的理性的技术——但不（再）是在普适化社会逻辑框架内！在工业化现代，理性主义科技是用来制造标准化的物和人的，而在晚现代，科技被广泛用作"独异化的基础设施"。也就是说在这些基础设施内，在 74 体制－技术方面形成了一种关切以及一种能力，要使独异性能够显现出来，并自动化地生产独异品。这里所说的这种体制和技术上的关切不是普适化理性主义的，不是为了将特殊个体归入普通类型，而是要切实地就其独异性重新构建单个的独异品。比如，传统的医学理念将单个的病人看作普通病类或健康标准的个例，而基因分析技术则能够并且想要了解一个人独一无二的基因结构。

　　这些机械式的独异品也是一种制造流程的结果，这种制造流程也具有观察、评价、产出和施行这四种实践形式。这四种实践却是非产业性的技术，它们只是被技术自动地加以运用。另有一个更重要的情况：机械式生产的独异品，不一定采取在观众面前表演、让观众体验，并在情感上触动观众这样的形式。机械式独异品经常成为目的理性活动的对象，比如医疗活动要依靠相应的基因分析，个人的消费决定取决于电商平台为他自动总结的个人喜好。这种独异化不是用来体验，而是为了利用的。在另一些情况下，机械式生产的独异性也完全可以转变为技术生成的表演——比如社交媒体为用户个性化推送合适的照片和文字，以个性化的方式让用户感兴趣、有想法或感到激动。

　　总的来说，分析晚现代的机械式独异化，有一个非常重要的发现：智能技术不再像以前工业理性化时代那样，只进行标准化，它们也进行独异化，并因此大大推动了目的理性活动向独异性关切的转变，也推动了为展现独异化服务的大规模技术基础的建立。

/ 3 文化与文化化

　　独异性社会逻辑与一个社会维度紧密相连，即一直被称为"文化"的那个传统概念。可以肯定地说，如果我们从普适性逻辑与独异性逻辑之间的区别出发，就有可能对"文化"这个多义的学术及政治概念，即社会的文化维度进行全新的、更具启发性的审视。重新研究文化概念，还可以与独异性研究联系起来，并突出它在社会学理论上的重要性。决定性的一点在于：文化从核心来说是由独异品构成的。那些被认可为"独异"的社会单元——独异的客体和主体，独异的地方、事件和集体——与相应的观察、评价、产出及施行活动一起，组成了一个社会的文化范畴。独异性逻辑是文化的一部分，正如普适性逻辑是形式理性的一部分一样。如果说普适性社会逻辑表现在社会的理性化进程上，那么独异性社会逻辑就表现在社会的文化化进程上。理性化与文化化是两种相反的社会化形式。

文化是赋值与去值的场域

　　文化化这个概念可能会让人觉得奇怪：我们不是这样学的吗，一切都是文化，所有的社会性都是由各种意义的关联塑造和编码的，而且是由此而获得方向和意义的？那么所谓文化化又从何说起呢？这样一种升级概念或者说深化了的概念似乎首先需要一些前文化因素，然后才能将它们文化化。

　　文化是人文科学的代表性概念，而且从一开始它就是现代意识的核心。[90] 19世纪，"文化"的概念起初被理解为一种精致的、"有修养"的，即一般来说值得追求的生活方式，其目标是和谐圆满（一般意义上的文化）。后来这个概念被用于专指社会的一个亚体系，主要包括艺术和知识圈（差别理论下的文化概念）。同时，文化这个概念的边界不断被突破，文化被用来指代各种各样的生活形式及其差别（整体的文化概念），最后——理论性很强——文化被用于指代社会的象征 - 意义维度（意义导向的文化概念）。这时文化就是指知识秩序和分类体系，它们是各种社会实践得以成立的基础。[91]

这四种文化定义对我们都不怎么有用，它们要么太宽泛要么太狭窄。根据整体的文化概念或意义导向的文化概念，每种社会现象都要被理解为文化现象，而一般意义上的文化概念或差别理论下的文化概念却又专指现代高雅市民文化及其结果。还有替代说法吗？我建议先区分两个层面的问题：一个是弱的文化概念亦即广义的文化概念，它囊括了一切文化性的东西；另一个是强的或曰特指的文化概念，它是指社会中被赋予特殊"性质"的那些单元。广义上，所有的社会性都是文化活动或属于社会的整个知识秩序。特指的文化却只指那些有特殊性质的社会单元（客体、主体、空间、时间、集体等）：它们不仅有实用性或功能性的社会意义，而且被赋予了一种价值。除了价值这个特性之外，这些文化单元还有另一个突出特点：它们有情感力量，它们在相当高的程度上制造（正面）情感。文化单元由此构成了一个"文化场域"，赋值与去值的社会进程就发生在这个场域中。

在广义的、弱的文化概念下，文化是指所有社会意义的关联总和。[92]所有社会实践都内在地含有这些知识秩序，它们将世界上的所有现象以特定方式加以分类，并赋予它们一定的意义。它们决定了世界的表现方式，以及哪些活动是可能的，哪些是必须的，哪些是有意义的。在这个意义上，社会总是文化的：社会实践总是文化实践。从这一理解出发，普适性社会逻辑和社会的理性化也表现为文化的。技术、智识和标准的理性化依赖于文化上高度专业的指标，比如效率、平等或真实。这是"制造理性"的进程，它不断地把理性与不理性区分开来。

在此广义文化的海洋中，狭义的强文化概念形成岛屿突出其上。这种文化概念是指社会的一个特定领域，即文化领域，具有特殊性质的客体及其他单元就在这个领域里流转。要问这种性质是怎么产生的，可以联系我们对独异性逻辑的思考，同时还要结合传统的文化概念来探究。我们要架向传统文化概念的这座桥梁，是建立在价值这个概念上的。我的预设是：只有某些社会单元，即那些被社会独异化了的客体、主体、空间、时间和集体，才会获得某种特质，从而成为这种社会语境下的"文化"单元。独异的社会单元变成了文化单元，它们独异化的过程就是它们的文化化过程。这些社会单元会在上述四种社会实践中得以独异化：观察、评价／赋值、产出和施行／体验。就文化性质而言，这四种实践中的一种是主导者，即赋值，也就是价值赋予或剥夺这个关键的过程，在此过程中要认定什么才能算作独异品和文化单元，不能算的就被排除于独异性和文化之外。

我们已经看到，赋值这种独异性逻辑特有的社会实践，与理性主义普适性逻辑中的评价（其功能在于归类）有怎样的不同。在普适性逻辑的评价过程中，社会单元被按照用处和功能归类，而在独异性逻辑的赋值过程中，社会单元被赋予一种强意义上的自我价值，就是说不是派生而来的价值。它们是有价值而且宝贵的物、客体、人、地方、事件和集体。它们的自复杂性得到了认可，它们因此而显得宝贵。作为价值载体，它们不再是实现目的的工具，而在某种意义上是目的本身。[93] 文化单元因此组成了一个价值场域，无价值的东西会在这里遭到摒弃。因而文化场域也是这些价值流转的场域。

在社会结构转型之后，文化概念的界限已被破除，而现在却要谈一个关于价值的有限文化概念，这可能有点让人吃惊。我们该不是要倒退回去，再提出一个窄化的、标准的文化概念吧？我认为，自 20 世纪 70 年代以来文化科学破除文化概念的边界，无疑是有意义的，因为这使越来越多的现象得以显现它们的文化特征，越来越多的现象被文化科学发现。但同时也放弃了传统文化概念中的一个观念，即文化意味着社会某些特殊的性质，这种放弃也带来了明显的缺憾。放弃文化与非文化的概念区分，会给现代性理论研究带来问题。我想进一步说明：将现代等同于形式理性进程，将现代描述成一幅单维图画，画着普适性社会逻辑这台大机器，这样做的前提，就是不区分文化与非文化，不区分价值（及情感）流通场域与作用功能体系。只有当人们能区分这两个维度时，现代的两面结构——理性化与文化化，才能显现出来。

价值的概念突破了传统的文化概念，并与之有悖。以前，文化被窄化为 19 世纪市民阶层的高雅文化，后来又被作为“艺术与文化”亚体系来理解，如今有理由认为这二者都是褊狭的。传统的一般文化概念与市民阶层的某些高雅活动联系在一起，与教育修养或欣赏艺术之类的活动联系在一起，并认为可以从这一角度进行文化批评。[94] 直到这个文化概念被抽象化，价值的概念在文化理论中得以更新之后，它的遗产中有趣的一面才被发掘出来。此时人们发现，文化单元的价值不应在于文化评论家认为它们值得保留，从而认定它们有一种“客观价值”，而应在于这些单元本身在社会中对于参与者来说是有价值的。赋值发生的地方，就是文化之所在。

因此，使用以价值为导向的文化概念，能以抽象的形式区分社会单元的两种社会化途径：要么作为文化性质获得赋值，要么作为功能性、标准化和普适化的社会单元而具有使用意义。文化单元被认为本身就是目的，它们被看作一种内在价值的载体。相反，功能性单元——功能性客体、主体、空间、时间和集体，则只是实现某种目的的手段，它们因而具有一种外在的、工具的性质。在社会活动中，不知道具体哪些社会单元会被赋值，哪些不会。一幅画作有可能会成为文化单元，篮球赛或小便池（比如杜尚的那个*）也同样有可能。值得一看的地方、宗教圣物、一种亚文化或一个民族也都有可能。在独异性社会逻辑中，就是要打造那些可以算作"特别"因而"有文化价值"的东西。相应地，社会上也存在一个文化的"外围"，由那些被认为没有价值的社会单元组成。

综上所述可以得出结论，不仅有必要更新文化这个概念，而且价值的概念也要更新，如果当今的社会学和文化理念关注这两个问题的话。不应将价值理解为新康德主义所说的那种指导现实的、先在的价值体系。这里并不是说，单个的人或一个社会具有某些价值。价值这个概念更应该结合行为来研究，这样才能看清单个客体的赋值活动。[95] 价值必须被理解为动态的社会流通的一个部分。这种流通的结果是开放的，而且经常引起争议——文化冲突就发生于此，它们本质上就是赋值冲突。在赋值的过程中，社会单元被独异化或去独异化，它们的自复杂性获得认可或得不到认可。"特殊"或"普遍的特殊"可能会在这个过程中转化为独异，但也可能会重新失去它们的独异性价值。

81　　如果大体上将文化实践理解为赋值和去值，就会明白人们怎么去破除原有文化概念的保守含义，并从价值理论的角度，从丰富的阐释学角度去审视文化所拥有的权力机制和统治机制：在社会赋值过程中，价值被给予或去除。在去值或曰贬值，亦即去独异化的过程中，可以清楚地发现文化这个场域中多多少少有隐含的排除机制在起作用。[96] 有些社会单元被认可

---

* 法国著名现代艺术家杜尚有一件命名为"泉"的作品，是一个真实的陶瓷小便池。——译者注

为有价值的、独特的，有些则根本不被看到，一直无人问津，它们被当作"普遍的特殊"冷眼看待，或在消极意义上被独异化。开宗明义地说，文化这个场域中流通着的不仅是艺术品、魅力都市或富有吸引力的人，它还产生垃圾、"飞越之地"* 和穷苦白人。不仅物品/客体、地方、事件可能被去值即贬值，主体和集体也可能被去值。所以不难理解，在现代条件下，赋值与去值的循环不是一成不变的，它还会造成价值不断相互转化，以及赋值指标的重新调整。

相应地，文化场域不仅通过赋值制造正面的独异性，还在一定条件下制造负面的独异性。当然，大多数社会单元都不会获得独异性——比如缺乏特色的物品和平庸的人——在文化场域中他们都不会被看到。他们所处的不是负面，而是"无异"[97]。而对于普适性逻辑和规范理性化来说，负面恰恰是标志性的：在那些人或物面前，人们将自己与不符合普适模式的东西隔绝开来，将特异的当作（仍是类型化看法）不正常。不过在文化场域中，除了"无异"，在某些条件下还会发生去值，有些东西被看作是没有价值的，看作一种"负值"（Unwert），也就是被看作是有问题的、危险的或价值很低的。关键的一点是，被人们排除的"他者"，确实看上去是独异的，具有自复杂性，却明显带有负面性。

负面的独异品出现时，会引起强烈的文化兴趣，主要是叙事和审美方面的兴趣。负面的独异主体比如连环杀手、暴徒或恐怖分子，为现代的文化想象增添了很多工作。一些不太出格的独异人物比如政治领域的麻烦制造者，也会引起关注和负面

82

---

* "飞越之地"（flyover country）是美国的一个新词，表示东西海岸之间广大的区域。因美国精英阶层基本上分布在东西海岸，中间的广大区域他们只在坐飞机时飞过，却很少真正涉足。飞越之地因而成为一个带有贬义的词。——译者注

的认可。另一些主体，比一般不正常的人更严重一些，他们也可能被当作污名化的独异者。[98] 地方、事件和物品也有可能被负面独异化：大都市中有一些"不能去的地方"，某些成问题的农村地区（比如西弗吉尼亚被看作乡巴佬文化的大本营），有一种危险的吸引力；令人嫌弃或恶心的客体、含有暴力的仪式或历史上的流血事件（比如大屠杀）因绝无仅有而显得独异。不同的集体也可能认为彼此是负面独异的（比如原教旨主义与自由主义都市文化的对立）。以降值为表现形式的去值过程通常很复杂。那个"他者"，那个负面的独异者——用朱丽娅·克里斯蒂娃（Julia Kristeva）的话说——变成了"卑鄙者"，具有卑鄙的独异性，令人不齿。[99] 负面独异性与深刻的负面情感紧密相关，但也经常带有两面性，比如一种吸引人的恐怖。

这样我们就接触到了另一个元素，如果要符合时宜地提出一种文化与文化化理念，就需要从传统的文化概念中把这个元素重新发掘出来，即文化的感性因素。有一种传统的理解，将文化看作文明／社会的对立面，[100] 认为文化是反对形式理性的逆流，它带有不理性或非理性的能量，会引起强烈的感情，这种感情无法用文明社会中理智的调节规则去控制。现在将文化与文明对立的看法无疑已经过时了，但文化与非理性、与感情的想象关联，以及它不可预估的潜质仍可被用于研究工作中。如前所述，带有文化特质的客体、主体、地方、事件和集体都有感性的力量，它们能引起强烈的情感。[101] 此处我们可以联系关于独异性社会逻辑所做的分析：独异化的客体、主体等，它们的核心特征就是感性力量；而普适性逻辑下的社会单元则都很少或完全没有感性的一面，在对待它们时也几乎没有感情因素。

总而言之，在强意义下的文化领域，独异体带有价值和感性性质。人们被它们吸引或打动，为它们着迷，又向往又抗拒，感到恐怖或安全。正面的独异体引起强烈的正面情感，负面的独异体引起强烈的负面情感。情感触动的过程却不是不理性的。它们自有其社会学上可理解的逻辑。客体、主体、地方、事件和集体被赋值为独异体，与它们的感性力量密不可分。它们都是文化流通场域及文化的独异性逻辑中的结构性力量：显得有价值并独特的，就有情感力量，因为它有价值而且很独特；能打动人的，就显得是有价值而独特的，因为它能打动人。

文化化 vs. 理性化

强意义上的文化，因其赋值和感性结构，它的形式总是 84 某种不理性或超越理性的东西，是产品有用性或人际有用性之外的东西。当年，社会学学院的一些学者，如乔治·巴塔耶（Georges Bataille）、罗歇·凯卢瓦（Roger Caillois）等人的文化理论史研究曾涉及这种文化理念。[102] 这个视角下的文化不再被看作人类生活形式的总和或整个表意的世界，而是理性主义的对抗者，而且从古代到现在一直都是。理性主义总是为了生产和积累，为了保存和再投资社会能量，为了效率和调节。文化却在某种意义上是非生产的。它的活动是无条件的，即没有目的或功能，文化活动有一种价值，是主动从事的、带着强烈的感情尽力挖掘内心的活动。理性主义的基础是劳动和征服自然，文化则基于独立自主，通过与必要之事拉开距离，从而超越了工具性活动。文化不同于清醒、冷静的形式理性，它是有温度的。

将理性与文化的对立当作所有社会形式的基本结构，这种想法是有启发性的。然而它真正最有启发性的地方在于让人看到了独异性社会逻辑与普适性社会逻辑的对立。如此，理性化与文化化作为体制和理念可以被当作两种对立的社会架构原则，它们在两个不同的方向上塑造着社会。我们已经讲过，形式理性按普适性逻辑的既定指标将各种单元标准化、通用化和格式化。而社会的文化化进程却将客体、主体、空间、时间和集体以上文描述过的方式加以独异化。社会的文化化是指：越来越多地生产那些独异的，即被赋了值并具有感性力量的客体、主体、地方、事件和集体，为此而进行的观察、评价、产出及施行四种社会实践也越来越频繁，规模越来越大。这种量的激增，对社会架构产生了质的影响。

因此可以将文化化放到宏观的社会层面上来看，但这一点的前提是，文化化能在微观的层面上对各个社会单元起作用。某种食品或一顿饭如果超越了其使用价值，而被赋值为价值的载体（"健康""原生态""神圣"等），或在情感上能打动人（"注入精气神""味道好""不寻常"），就成了文化化的对象。文化化同时也是独异化，反之亦然：这顿饭被从日常饮食的规律中抬出来，发展出自复杂性和内在厚度（特有的烹调方式或有情调的地点、宗教话语的铺垫等）。食品本属于日常生活中"饮食"这个类型及理性化领域，现在却跨入了独异性逻辑，进入了赋值与感性的文化场域。

通过制造这样的情感单元，在文化化的过程中发生着一个"制造文化性"（doing culture）的过程。[103] 理性化进程总是为了消减复杂性，把社会单元约减为几个参数，使它们可以计算，可以与其他的单元配合。复杂性原则上是被看作干扰因素的。而文化化则通过独异化，允许一些选择出来的客体、主体、地方、事件和集体发展自复杂性和内在厚度。自复杂性和内在厚度是吸引力的来源，它们正是意趣所在。

为什么除了形式理性之外，还有社会的文化化呢？上面我已经明确指出，社会的理性化实践是为了应对短缺和无序的问题。理性化在这方面保证了效率和稳定。社会的文化化则是为了应对社会的意义和动机问题。它关注的是，生活的各种形式是为了什么。文化活动——从神话故事、集体仪式到远游，再到电子游戏——都是为了回答一个问题：如果消除了短缺和无序，那么（共同的或个人的）生活是为了什么？理性化回答的是"怎么办"，文化化回答的是"为什么"。文化活动和文化场域不按理性参数消减复杂性，而是允许它的发展，这才使得人们能与日常生活的必要性 * 和形式理性拉开距离。复杂性的特质保证了它的价值和感性力量。

文化社会理论清楚地认识到，确实存在意义与动机的问题，并通过研究古代社会和传统社会的魔法、神话和宗教，它们的图画、仪式、游戏和节日，对这个问题进行深入的探讨。目前主流看法将现代理解为形式理性，认为文化化在某种意义上是属于传统社会的，正如理性化是属于现代社会的。因此，似乎必须要以文化中立的理性化取代过去"不理性"的文化化。[104] 简言之：过去在乎意义，现代在乎效率。这种解读方式却只能让人看到一幅单维的图景。且不说前现代社会也有其理性化形式，而且比现代人所认为的要理性得多，而且即使是现代社会，也发展出了自己的文化化形式和自己的独异化逻辑。包括马克斯·韦伯在内的一些明智的理性主义理论家，认为现代社会所谓的理性取代文化的看法是一个社会问题，它在"祛魅"和"意义丧失"的标签下变成了各种文化批评的对象。[105] 文化的赋

87

---

*   原文为 Notwendigkeit，确实是"必要性"的意思。但汉语的"必要性"三个字似乎不能完整传达德语原意，因为即使在文化化过程中，日常生活也是"必要的"。Notwendigkeit 所指的必要性，有一种不追问深层原因、必须如此、生活就是这么过的意味，即形式理性时代人们对日常生活的态度。所以，与"必要性"拉开距离，就是指在文化化背景下，人们不再只是为了外在目的过日常生活，而是要追问、思索、刻意安排并展示自己的生活。希望读者理解文字背后的这层意思。——译者注

值和感性，它对独特性的推崇根本没有从现代社会中消失，更不可能从晚现代消失，它正要在晚现代经历前所未有的大发展和结构转型。文化化所要回答的意义和动机的问题，总的来说与效率和秩序的问题一样是现实存在的，只要效率和秩序的问题一缓和，意义和动机的问题就会走上前台。所以，真正的问题并不在于文化化进程是否仅仅是上层建筑或奢侈，而是文化范畴会采取什么存在形式，在各种不同的社会形式里，理性化与文化化之间究竟形成了什么样的关系。

文化实践的性质：意义与感官之间

社会单元在怎样的条件下才能具有文化性质呢？要回答这个问题，还需再次回顾关注独异性文化单元的文化理论，我想把这种理论用于对社会文化化问题的分析。有价值且富有感性力量的客体、主体、地方、事件和集体是可以造就的，共有五个方面也就是五种性质与之相关。这五种性质分别是审美、叙事－阐释、伦理、设计和乐趣。它们适用于所有独异性单元，比如说客体可以具有一种审美上的性质，也可以被赋予一种伦理上的性质，也可能它们所具有的性质是叙事和阐释性的，或它们是设计品或游戏性的客体。它们可能具有其中一种性质或综合了多种性质。独异性的地方、事件、主体和集体也可能同样如此。上述性质在赋值的过程中被赋予或被去除，这些性质体现在其情感力量中。如果我们认为，文化实践中始终存在两种维度——意义与感官，那么这五种性质是有内在结构可言的。一方面，文化单元具有意义或意思，或描述，或讲述，或解说，或理论。另一方面，它们还特有一个感官的维度，因为它们会以某种特别的方式激发人的感官知觉。许多文化理论都只突出了这一面或那一面，要么从阐释的角度要么从审美的角度去理解文化的性质。其实应该将两方面放在一起考虑。

文化在"意义"层面上的性质经常让人联想到神话、宗教信仰或世界观。从根本上说，它指的是客体、地方、事件和集体可能具有的叙事－阐释性质。文化在"感官"层面上的质量又经常被理解为——从艺术中抽象出来的——审美性质。文化单元的叙事－阐释性质提供对自然世界和社会的讲述，讲述历史和未来、人、物和神；这里的关键是理解世界、地方和主体在这些关联中的相互关系。[106] 具有审美性质的社会单元，就会表现为能强烈刺激感官的物体。审美可以激发想象，也就是说那种超出感官知觉之外，想象出其他世界和关联的能力。[107] 如果独异性是被表演出来的，一般来说采用这两种方式。上面各例中独异的客体、地方、事件、集体和主体（也是本书中要不断提到的）总是以各种方式被审美化并／或被阐释。旅行目的地会被审美化或阐释，宗教团体、食品、个人形象、身体、文化活动、城市、国家和媒体报道也同样如此。这些例子中，具有内在厚度的自复杂性被发展出来，它们可能审美的一面更突出，也可能阐释的一面更突出，也可能两方面同样突出。

文化实践在叙事－阐释的性质上，也在审美－想象的性质上彻底地重塑着生活世界的架构，重塑着目的理性实践的根本机制。同样地，对世界的表达以及对世界的感官知觉，这二者原有的定位也受到了影响。现实生活的世界中，尤其在它经历了形式理性化之后，对世界的表达和感知都带有（工具性）信息的特征，认为自己能描述现实。理性化进程中，表达和感知具有某种智识性，它服务于"节约"原则下的现实观，以尽可能高效、有序地对待自然和人世为目的。文化化实践并不提供这样的信息，而是制造复杂的关联解读，即通过一些故事来完整描述世界（比如个人经历、政治往事、宇宙结构等）的多面性。这样的故事可能由一个地方来承载，也可能由事件、共同体或小至艺术品大至天体在内的各种客体来承载。感官知觉的情况与此类似：在文化性实践中，重要的不是客观地去理解信息，而是要在所有感官维度上深度感知，关注感知本身。这种审美感知的对象仍可以是所有社会单元。总的来说，信息要的是"使用"和"功能"，叙事及审美感知要的是"价值"。信息中情感元素贫乏，就事论事；叙事和审美感知却会调动情感。

90

除了叙事－阐释和审美这两种性质，还有三种文化性质——伦理性质、设计性质和乐趣性质，虽与前两者有关，但也有各自的特点。[108] 任何单元，即客体、主体、地方、事件和集体，也都可能具有这三种性质。乍一看会让人有些吃惊，怎么这些单元会具有伦理性质呢？伦理不是标准理性化范畴内的事吗？回答是否定的，这就要说到道德和伦理的区别。简单地说，道德属于（标准）理性化范畴，伦理却属于文化逻辑。[109] 道德之所以是普适性逻辑的一部分，是因为它是作为其原则和律令普遍存在的，具有最大的普适性，（因而）能够成为标准化体制的基础。它严格反对感性，要求不折不扣地落实它的原则，必要时得强人所难，而且尽可能不触动感情。而伦理则是独异性逻辑的一部分，与生活方式联系在一起，而生活方式被看作各种实践活动的交织，参与者认为这些活动是一种内在美好的外在体现。伦理不是面向所有人的，它是独异化的一个维度，它的形式可能是个人伦理和特殊群体的伦理。它可能极端崇拜"善"，而且——与道德相反——通常是用叙事和审美性质编织而成的。在这个意义上，不仅主体和集体可能获得伦理性质，客体、事件和地方也有可能带有伦理质性，成为"善"的承载者。

下面我们来看看设计性质。上面我们已经指出，产出和制造是独异化逻辑中不可或缺的一套活动。这套活动却不单单制造独异品，而是本身就可能显示出独异性，就是说它本身就带有自我

价值，能感动它的参与者：创意活动就是自带价值的。[110]只要
它在这个意义上有其内在结构，不是一种单纯的"制造"，而
是一个设计过程，将各种元素以一种方式安排在一起，从中生
成新颖、艺术的形式。如今"设计"这个概念至少能部分描述
这种设计活动。它指两方面内容：运用各种物质（比如各种材
质和媒介），以及运用意念（比如象征或叙事）。这样一种活
动在某些情况下可能被理解为"表达性"的，是一个主体（或
集体）在某件物体上的表达。也可以表现为一种独特的艺术行
为，还可以是日常生活中，独具匠心地改造某件事物。[111]

最后是乐趣性质，即游戏或游戏活动的性质。外部日常世
界表现为游戏的形式，它们遵循自己制定的规则，打开发挥的
空间。乐趣性的实践包括严肃的仪式、严格的比赛，也包括开
放的游戏和纯粹探索式的活动。每种文化单元都会创造出一个
自己的世界，而带有乐趣性质的文化单元创造出的世界，是让
参与者主动加入，并时刻保持积极性的。游戏具有一种开放的
行动性和实验性，会引起特有的紧张感。它被从日常世界及理
性化进程中解放出来了。简言之，"游戏"活动这个例子，绝
佳地体现出看似"无用"的文化盖过了理性世界。[112]单个的游
戏客体、游戏性活动及乐趣性团体都属于游戏的范畴。

叙事－阐释、审美、伦理、设计和乐趣性质，并不是客
体、主体、地方、时间和集体固有的，而是在独异性逻辑中通
过赋值或去值才具有的。单个的单元被赋予这些性质，或不被
赋予。在微观层面上，社会的文化化因而表现为社会的叙事
化、审美化、伦理化、创意化和乐趣化过程。[113]

/ 4　文化范畴的演变

　　社会的发展经常被描述为非线性的形式理性化进程。按照这个理路，社会总是以技术化、科学化和通用化的形式，向着无所不包的普适性规律前进，而独异性、赋值及感性，则是被人类抛在身后的。可如果我们调转目光，将社会的转型理解为独异性和文化化进程的发展，会怎么样呢？从现代到晚现代，独异性逻辑及其文化范畴是怎样发展的？

　　我认为，社会理论须从社会化的双重结构出发。社会化是指形式理性化和文化化。这意味着，理性化进程不是孤立的，就是说不能与同时发生的文化化进程割裂地看待。同样，文化范畴也不能被人为地与理性化进程分开。所以就要平行地、关联地看待普适性社会逻辑和独异性社会逻辑。在这样一种社会进程中，"现代"有特殊的地位，因为这个阶段理性化和文化化都成了被主动推动的、结构性的进程。"现代"将二者——理性化和文化化——都激化了，自 18 世纪末起，形成了强度上前所未有的普适性逻辑和独异性逻辑，彻底改变了生活世界。在市民化现代、组织化现代和晚现代，二者的关系有不同的配比方式：在典型的现代社会（市民化现代和组织化现代），独异性文化是从属性的，到了晚现代，它成了社会架构的主要形式。

前现代社会：独异性的定型和重复

　　前现代社会一方面指古代无文字部落社会，另一方面指传统的发达文明社会。在古代社会，普适性逻辑与独异性逻辑的区别，可以表现为"类型"和"异常"，是由普通与神圣之间的明显区别决定的。[114] 相对来说，古代社会的社会结构高度稳定，它们本质上与生活世界是一致的，这个生活世界由习惯和复杂的典型化决定，这正是普适性逻辑的基础。这些社会中，一些活动已经以"技艺"的形式得以形式理性化。生活世界的典型化又为相似性和不精确性留出了空间，因此就有异常主体、客体和集体的存在。如果把前现代社会的这些异常当成被看重的，甚或体制化产出的独异性，未免太超前了。比较合适的看法是，古代社会为异常提供了一种空间——也许比其他社会更大的空间——它们不以异样的眼光看待这些异常。[115]

与此同时，在这个生活世界的平庸底色上，产生了一些强文化意义的、神圣的活动，即情感含量和价值都很高的仪式，在这些仪式中，叙事与神秘、审美与乐趣的维度相互交叠，吸引了从埃米尔·涂尔干（Émile Durkheim）到维克多·特纳（Victor Turner）的一众文化人类学家。[116]在这些集体仪式中，古代社会将一些单个的物品独异化，并以极端的方式赋予它们阐释或审美的意义（例如图腾崇拜）。在这里，地点也会被尊崇为神圣的，一些主体凸显为具有独异经验的人（例如法师），而仪式则是表演性活动。这种仪式化的文化活动中的文化场域是相对平稳的，是包容神圣性的：神圣性得到了社会定型。

新石器革命引起了古代社会即狭义传统社会的转型。农业社会产生了，形成了跨地区的国家中央权力机关及法律秩序；渐渐地，在农业人口之外形成了一个占统治地位的贵族阶级，他们有自己的生活方式；神秘魔幻的世界观逐步被严格管理的宗教所取代，承担这一职能的是机构化的教堂和神职人员，而且要求从事者有读写能力。传统社会因而发生了某种形式理性化。与此同时，这种偶发的形式理性仍建立在未被改变的、广泛的日常生活惯性之上。

传统社会的文化化发生在由宗教／教会、宫廷社会／高雅文化及民间文化组成的三位一体的文化领域中，中世纪欧洲就是这种情况。随着教会与宫廷社会分为两途，文化领域也产生

了阐释 – 叙事维度与审美维度的分野。世界性宗教的实践发展出复杂的本体论、宇宙论和灵性论，形成了程式化的集体仪式，宫廷文化则将一些实践体制化，在这些实践中，精致的世俗生活和高级奢华的审美合而为一。两者之中——宗教文化和贵族文化——文化都服从于国家；文化是集权控制并有等级的。在二者面前，民间文化还保有一定的独立性；尤其在城市中，集体性的独异品（例如公会和行会）有时会复杂地交织在一起。一些地方和农村集体也可能在传统社会中获得某种独异性，使得它们——在外人看来——显得与众不同，给人一种文化异质性的印象。

　　不断有人尝试将传统文化领域的三个分区中的一个解释为核心的，比如马克斯·韦伯认为是宗教，诺伯特·埃利亚斯（Norbert Elias）认为是宫廷社会，米哈伊尔·巴赫汀（Michail Bachtin）认为是民间文化。可实际上三者并存看上去更能代表传统文化领域的特点。[117] 传统社会文化领域的特点是独异性与重复性的结合。在这种社会形式里，独异性不必与创新／创造力同在。传统文化领域的导向性元素，并不以"新"为最高要求，重要的是那些在不断重复的活动中被认可为"宝贵"的人或物。例如教规条文、宗教仪式、经典艺术和建筑、宫廷 – 民间的交际规则，以及民间文化中的节日。

　　与古代社会类似，传统社会中仿佛也是物的独异化比主体的独异化更多。得到承认的独异主体只是例外情况[118]，比如宗教上的先知，再就是居于统治地位的主体。而物的独异化在两个领域，即教会和宫廷中都有。建筑作为重要表达物，获得了特殊的独异性地位。[119] 独异之物得到了固定的安放地点，好散发出一种"光晕"（瓦尔特·本雅明语）。媒体技术（文字、图像技术）的发展也使独异品越来越多地在文字和图像层面上被制造出来。总的来说，在传统文化领域中的三个分区情况都一样：独异实体的价值——宗教性文字、贵族的宫殿、宗教或世俗的艺术品、节日——基本上都得到了社会的承认，很少有争议。

市民化现代：独异性的浪漫主义革命

传统社会与现代社会的割裂以市民化现代的形式出现于18世纪末，延续至20世纪初。这是一个明显的割裂。技术、智识和标准的形式理性化进程此时开始得以迅速发展，这个我在前面已经谈到了。[120]众所周知，早期现代已经通过工业革命、资本主义化、科学化、民族国家或全球化进行了大规模的"制造普适性"实践。社会结构的文化转型同样意义重大。它将市民阶层生活方式和艺术领域推上了前台，还催生了激进的美学运动——浪漫主义。早期现代，不仅以激进的普适化逻辑为突出特点，史无前例的独异化逻辑也是它的突出特点——不过是处于从属地位的"逆流"。

要求文化具有普适性，却又以独异性为导向——这种矛盾体是市民阶层生活方式的突出特点，我们将之理解为个人性。市民阶层的生活方式对文化概念有很强的诉求。[121]审美活动——比如从事艺术、体验自然等——以及阐释 - 叙事活动（通过学习文字来接受教育）在他们的生活方式中密不可分。市民性依赖一个根本理念：被认可为有文化价值的东西，要获得普遍的效力。个人的教养、个性及道德修养，是必需的文化熏染。生活中要创造一种非功利的氛围，就是为了"无目的的喜悦"（康德语）和教养本身。教育机构是市民阶层生活方式的体制支柱，新生的艺术领域（文学、美术、戏剧、音乐）也是一个支柱。

现代艺术领域形成于1800年前后，是"现代"第一个专门生产独异品的社会领域。艺术品一出现就要求具有独异性，独一无二或天才艺术家就是其代表性词语。[122] 现代艺术与前现代艺术的区别也正在于此。现代艺术的重点不再是常规审美理念下，被认可的形质如何完美呈现的问题，而是要打破常规，不断创造独特非凡之物。独异性因而与创新之美的硬性要求挂起钩来。艺术家作为主体也因其激进的独异性，因其"个性"获得了魅力：他应当，也想要在自己作品中表达自我、实现自我。这样，市民社会的艺术领域才能将文化独异品的关注度市场体制化。同时，市民文化也通过将美学与教育理念挂钩，力图对独异性有一定的限制，向正常普适性靠拢。[123] 他们认为艺术品应表现出一种正常的普遍性，一种大义（人道、理性等），而在教育中，则将普遍认可的前代艺术品作为榜样。

独异与普适的复杂融合是市民文化的标志性特点。带有文化革命性质的"独异主义"与浪漫主义的反向文化运动一起形成，大大地加强了这一特点。浪漫主义对现代独异性文化的重要性怎么高估都不为过。[124] 这是历史上第一次激进的独异文化运动。"独一无二"与"真"的理想结合在了一起。浪漫主义的意义首先在于，它使人类主体第一次迅速全面地转向独异性，当时的表述是"个性"这个词。为了个性，世界上所有的元素都被全面独异化。艺术体验在此也扮演着一个重要角色；在艺术体验中形成了一种热切关注当下的审美意识和时间意识。接触自然（不是那种机械理念下的自然，而是独异风景的总和）、体验如画的风景、在浪漫的友情和爱情中体验其他主体、独创性地架构物的世界（比如在手工艺中）、关注历史叙事和记忆、体验宗教场所、将自己作为某一民族的成员体验认同感，在所有这些领域，浪漫主义将世界置入了全面的独异化进程。

多有人指出，浪漫主义是将世界复魅的一种尝试。更准确地说，这是一个世界的文化化进程，其后果就是，所有的平庸都可能一变而成为神圣的。最后可能连农夫的一双鞋子或爱人的胎记都具有了文化价值。如此给世界赋上浪漫的价值，是全面独异化造成的；世界被看作并且被改造成各种迷人的自复杂体的存在空间。其根本要求是：一个主体如果想要"真"，就必须在体验世界上所有独异事物的旅程中，完成自己的本真化经历。浪漫主义时代，全面独异化带来的另一个结果是明确反对普适的现代性——自启蒙哲学到工业化——的斗争。从一开始，浪漫主义独异文化就在影响着四平八稳的市民文化，以一种完全不可预估的方式。

19 世纪的民族主义运动最终也与浪漫主义独异化及文化化的一个方面有关，即现在被称为民族国家的"集体"。民族这种集体作为"想象的共同体"（imagined communities），被激进地理解为一种独异品。当然，社会集体中也有独异品，比如部落或宗教，村庄或贵族领地，在传统社会中也存在。然而只有到了现代，集体的政治化不仅催生了集体在"自由和平等"意义上的普适性，也催生了集体的独异性意识以及对自身历史的独异性意识。[125] 自 19 世纪末以来，这些不仅发生在欧洲，也发生在世界其他国家的反殖民民族运动中（印度、中国、近东）。民族主义常常自带一种文化主义，这种文化主义认为，各国社会实质上就是彼此之间没有可比性的、内部均一的文化体。

通过这番回顾我们清楚地看到，市民化现代为现代独异性文化奠定了多么重要的基础，直到如今仍在发挥决定性作用。此外，浪漫主义的"真"文化及其全面的独异化进程、以美学独创性的原则来要求艺术、市民生活的文化导向以及民族主义对"真"的政治化，同样影响深远。

100

组织化现代：大众文化

大约从 20 世纪 20 年代到 70 年代中后期，是组织化、机械化现代。它是现代的一次断裂。它的一个版本是国家社会主义*，其特点是激进地反市民、反浪漫主义。而影响更为深远的是西方版本，以美国为代表，表现为福特主义与美国主义的结合。如前所述，在工业化现代，现代形式理性化进程及成熟的普适性社会逻辑达到了顶峰。[126] 不过，如果将之仅仅如此理解，又有些太片面，因为它有自己迅速文化化的进程，尤其在消费领域和视听媒体领域。市民－浪漫主义独异性文化并未就此消失，但此时它也完全从属于普适性逻辑之下，在传统的市民文化看来，其存在方式甚至是一种反个人主义的大众社会。

福特主义的基础是大规模生产和消费。自 20 世纪 20 年代起，消费就发展成了一个新的文化领域，发生了一场消费革命[127]：在那之前，产品还只是为工具性目的服务，到那时却越来越被文化化，获得了某种叙事、审美、表达或乐趣的自我目的。随着消费的发展，除了市民化艺术和教育领域之外，还可以算作文化、可以赋值的那些领域都在明显扩张。关键是：由于产品在商业市场环境中努力取悦消费者，文化便不再与国家绑定而是与经济绑定在一起。在个别领域，已经有了"时尚循环"式的文化创新机制和差异化机制。[128] 然而，组织化现代有两个限制。一方面，与晚现代相比，产品的文化化是有限的。大部分产品仍出于目的理性被使用，或作为身份标志物而带有社会使用价值。另一方面，客体的独异性价值通常是有限的。在福特主义时代，它们一般都是标准化的客体；这是一种大众文化。[129] 组织化现代消费主体的目的基本上也不是显示自己的卓尔不群，而是展示出一种普遍的标准：其理想是"与你的富

---

* 这里并不是指纳粹德国的"民族社会主义"，而是一种主张全面调控的社会主义国家体制。——译者注

裕邻居保持同样的生活"（Keeping up with the Johnses）。[130]

　　视听媒体在后市民时代文化中有特殊的地位，尤其在以电影为核心的所谓"文化产业"中。[131]新生的消费领域与原有的艺术领域在此交汇。电影无疑是文化化的产品，提供叙事－阐释和审美价值。同时，每部电影都是新的，因为它追求与众不同，因此，围绕着电影的价值和吸引力形成了一个全面的赋值体系。相比市民化艺术的其他领域，美学创新原则对电影艺术的控制更为明显，于是就不断地要求电影独树一帜、带来惊喜。电影这个社会领域形成的标志是，自20世纪20年代起，围绕着一种文化产品形成了一个广阔的超强竞争市场，而单个产品的价值又是不确定且有争议的。

　　文化产业也大量进行主体的独异化，这些主体就是明星（不过在市民文化准则下，他们很快又被指为"人造"的）。[132]不论如何分类，一致的是：如果明星想要散发吸引力，就必须让人觉得他是独一无二的。这里的明星在一定程度上继承了艺术家的遗风：社会对二者的独异性都做出了认可，并加以赞美——当然不是因为作品的出众，而是主体的表现及其个人魅力。在组织化现代，明星仍然是特别的、不可模仿的人物，无法顺理成章地将他们纳入扁平的中产社会现实。

　　组织化现代就这样进行着自己的文化化。如果说市民社会的文化化是市民阶层及浪漫主义教育和艺术实践的深化，那么组织化现代的文化化就是文化的扩散，也就是说文化通过消费和大众传媒得以广泛传播。市民社会的文化深化主要是指主体内心的审美－叙事维度受到了重视，而福特主义下的文化扩散则主要发生在主体与客体的视觉表面上。

晚现代：独异品竞争、超文化与极化

　　文化化与独异化进程在各个社会形态都以不同的比重

102

存在。在晚现代，它们获得了新的质和量。要展现独异化的爆发式增长，可以借助一幅图，想想美国国家航空航天局（NASA）那张名为"地球之光"的卫星照片，照片上是各个大陆的夜景，大都市的夜间照明使它们明显突出。我们可以想象，获得认可的独异品也是类似的，那些独异的客体、主体、地方、事件和集体散布在全球社会实践的海洋上，它们的情感热度让它们像光点和光束一样闪耀。如果分别从公元前后、1200 年、1800 年、1900 年、1950 年、1980 年和 2010 年各拍一幅照片，一定也能看到一些光点和光线——古代仪式和法术、教会和宫廷、浪漫社会，以及市民的剧院、影院和明星——但人们发现亮光自 1980 年开始暴增：越来越耀眼的独异品不断扩张。当然，并非所有的东西都亮了，普适性逻辑仍然作为背景存在。但迄今为止一直是例外的东西，如今反转成了规则——变成了独异性社会。

在晚现代，独异化逻辑（同时也是文化化与感性化）对整个社会形成了塑造之势。自现代社会开端就存在，却从属于普适性逻辑的独异性文化，在晚现代即 20 世纪 70 年代或 80 年代以后，成了大规模架构的力量。形式理性及其普适性逻辑也相应地改变了地位和形态：正如前面反复说过的，它们日益成为背景框架，作为独异性的基础设施。全球化晚现代"制造普适性"的进程，特别是全球市场和现代技术的扩张，是显而易见的，但仔细观察会发现，在很多方面这种普适化进程只是在为独异化进程和独异品舞台创造条件。

是哪些原因导致了独异化逻辑的强盛？组织化现代向晚现代的转型要归功于三个因素的历史性聚合，这三个因素自 20 世纪 70 年代以来就是不断互相促进的。它们是：承载着社会文化"本真性"革命的新中产阶级生活方式，经济向后工业独异化经济的转型，数字技术革命。三者的关系值得仔细分析。

自 20 世纪 70 年代以来，工业化社会发生了根本性的结构转型，这同时也是一种文化和价值转向。"新中产阶级"处于这一过程的核心 [133]，它的产生归功于教育普及，形式上以高等教育学历和高文化资本为特征。这个意义上的新中产是一个学术中产阶层，在后工业社会主要从事知识和文化产业领域的工作，也是这一社会最重要的支柱。这一社会文化转型与价值转向一同发生，在这个过程中，代表工业社会的物质主义价值，以及注重义务、适应社会这样的价值，都被后工业社会实现自我、发展自我的取向取代了。[134] 主导生活方式的标准，从普适和功能，转向了独异和文化。原有的理性主义"生活标准"这个标杆，被新中产的"生活质量"这一标准所取代。自我的"真"获得了极强的重要性：发展与众不同的自我，寻找相应的"真"的经历（在职业中，在私生活和休闲活动中）成了主要动力。这就是晚现代的本真性革命。这一价值转向，上承现代文化美学的反向运动，从浪漫主义开始，经过生活方式的变革运动，一直延续到 20 世纪 60 年代和 70 年代的反文化运动（Counter Culture）。反文化运动（经常被放在"1968"这个标签下浅显地理解）标志着浪漫主义与新中产阶级主导的反向文化运动之间的历史转折点。全面文化化与独异化的事业在以前的浪漫主义时代终究只是一种次要现象，此时第一次上升成了社会主导阶层生活方式的核心力量。

20 世纪 70 年代，关注本真性的新中产崛起，与此同时并交织着一起发生的，是资本主义经济的结构转型，经济的核心从工业产业转向知识文化产业——这是一种以创意经济为中心的独异性经济。数字技术革命与之一同发生，历史上它第一次提供了一套基本设施，用于体制化地制造独异品和文化，而且其规模史无前例。经济和科技一起构成了一个全球性的文化 - 创意复合体。典型的现代时期，经济与科技是理性化与标准化的引擎；现在从某种意义上来说，双方互换了位置：理性化、标准化下的产出、观察和评价等实践，变成了生产文化独异品的引擎。文化资本主义和电脑网络借此对经济和技术进行全面文化化。它们创造体制性结构，主动迎合以往属于浪漫主义、现在属于新中产的理想——世界的独异化和文化化。当然，主体形式和生活方式也不能不随之改变。

导致工业化现代向晚现代转型的三个因素，一方面具有自主动力和相对的独立性，另一方面它们也互相影响和促进。促成新中产及其价值转向的因素主要是 20 世纪教育本身的动力，还有自市民社会及浪漫主义以来的文化运动和生活方式。后工业经济和后福特时代独异性经济的发展一开始也遵循经济自有的逻辑，可以认为它是对 20 世纪 70 年代初标准化产品市场饱和、工业生产自动化，以及福特主义经济积累和商业逻辑的根本危机的一种反应。[135] 最后，数字革命也是沿着技术领域内计算机和数字网络发展的路线展开的（尤其受到了军事工业的推动）。[136]

三个因素是互相交织在一起的：新中产主要在知识文化产业中工作，他们要满足自己对"真"的愿望，就需要丰富多样的独异性文化产品。文化资本主义不单单应对这种需求，而且通过不断扩大独异品供应，增加赋值话语（比如教育、城市、宗教），不断刺激这种欲望。最终，为了交流、表演和消费，晚现代主体及文化资本主义以一种特殊的方式对数字化技术加以利用和发展，同时，新的技术手段又在促进主体和产品的独异化与文化化。

三种因素在相互扶持之中，也改变了它们的面貌：独异性经济、数字化文化机器、新中产要求"实现自我"的生活方式，这三者都在交织配比中形成了其主要形式。它们的汇聚不无历史的嘲讽意味：浪漫主义所想象的文化和独异性，似乎只

能在经济与技术的同化作用及功能性之外，作为其反对者存
在。在晚现代，这种浪漫的独异性导向第一次成了社会上的主
导，可它要成为这样的主导，就必须让扩张的经济和媒体技术
来架构自己。在这个过程中，后物质主义的形式也在变化。

　　文化资本主义与数字网络技术一起，对独异品进行体制
化，形成一种特殊的形态，即文化性独异品市场。在这种市场
上，客体、主体、地方和事件，有时也包括集体在内，都在彼
此竞争，希望作为具有独异价值的文化产品受到认可。独异品
因而被安置进一种竞争性独异品体制中。这种体制下的市场无
法按照工业社会和标准化市场的准则来理解。在这种市场上，
各种表演在寻找着关注度和可见度，它们努力地想要打动公众
的情感，好在赋值环节中被评价为独异的。这种市场本质上来
说是可见度市场、赋值市场以及情感市场。在它们的推动下，
社会自身在经历一场深刻的文化产业化*，参与其中的不仅有商
品经济和数字网络，还有绝大多数的社会领域（媒体、教育、
城市、宗教、婚恋等）。我们下面还会看到，这种市场是吸引
力市场，其中进行着专门的独异性资本积累。客体和主体，还
有城市、学校、宗教团体等，都忙于建设自己与众不同的形
象，这成了晚现代文化的一个重要表现。

　　文化独异品市场并不是晚现代社会独异品活动的唯一社会
形式。我们将会看到，另外两种社会上层建筑形式也具有独异
性结构：异质协作与新共同体。异质协作不是把独异性放在公
共市场中，而是把参与者（主要是主体，此外还有客体）作为
多元的独异品安置在一起，使之在异彩纷呈的同时结成同伴，

107

---

*　在这里理解"文化产业化"，应将"文化产业"算作一个词，而不是将"文化"算
作一个词，"产业化"算作另一个。作者的意思是，经济整个被作为一种"文化产
业"来重整了，因而经济有了一种文化产业的性质。——译者注

一起合作。比如项目或网络这样的晚现代社会形式就属于异质协作。与之不同，新共同体作为整个集体是一个独异品，就是说形成了一个相对均质又与众不同的组织。比如宗教性、政治性或族群性团体就属于这种情况。独异品市场、异质协作和新共同体都以历史上存在过的社会形式——以前表现为传统市场、共同体和网络——为基础而又发展了它们，形成了晚现代社会三种独异的社会形式。它们互不相容，却又一再地、出人意料地彼此联系在一起。

如前所述，晚现代的独异化生活方式，主要是由新中产引领的。与组织化现代墨守成规、一成不变的中产生活相比，它有根本不同的基本公式：它追求的是成功地实现自我。后物质主义时代发展起来的"自我"这一价值，在这里被与"成功"和"名望"这些愿望挂起钩来。生活的方方面面——住、吃、行、身体文化、教育等，都在经历深刻的独异化和文化化，与之相辅相成的是新中产不断增加个人名望投资以提高独异性资本，以及不断在外人面前展现自己别样的生活。在某种程度上，这里追求的是"偏离即准则"，换个积极的说法就是 [137]：展现个人的"真"，在社会面前表演自己的无可替代，这就是准则。

总的来说，在新中产那里，晚现代文化有自己独特的总体形式：超文化。在超文化中，地球上现有的和过去的一切都有可能被灵活地赋值为文化。不论是高雅文化还是通俗文化，地区的还是全球的，现在的还是过去的——文化所有的潜在元素原则上都是同等的，都可能成为进一步丰富生活方式的源泉。超文化的典型特征是文化大同主义，在这一理念下，文化元素似乎可以无限地组合。独异性产生于"编曲式独异品"模式：各种各样不同的、新的成分不断被安排、策划到一起。的确，正是依靠这种编曲式的逻辑，晚现代文化能够大规模生产独异品。

　　独异性社会的体制必然带来一系列的两极分化，有社会意义上的，也有文化意义上的，我们将在下面几章中详谈。关键的是，极化不是额外、偶然的，而是独异化规律的直接后果。一旦独异性逻辑从社会夹缝中脱身出来，变成了社会的架构力量，极化就不可避免。什么才算有价值的"独异于人"，什么不算——社会对此的评定，就会造成极化的结果。在评定中，发生着晚现代特有的赋值与去值。在此要区分五个层面。

　　独异性市场上，产品的两极分化，是其他分化的前提。独异品市场作为关注度市场和赋值市场，有强烈的不平衡倾向。在这个市场上，少数产品"赢者通吃"，它们尽可能地吸取可见度、情感力量和价值认可，另有很多产品却不能获得这些。因此在某种意义上，文化独异品市场对产品过度褒扬和过度贬抑的倾向是同等的。

　　相应地，也存在劳动关系层面上的两极分化，它包括两个方面。一方面，知识文化产业中的高端职业与低端的服务业及其他程式化工作的两分，这是根本。高端知识性工作生产文化独异性产品，能够在晚现代要求获得正统地位、名望和资源。而功能性的"平庸"工作则失去正统地位、名望和资源。另一方面，高端职业内部也存在两极分化的倾向：高端职业领域本身就具有文化独异品市场的特征，许多个人表现、个人形象和天赋流通于其中，它们都想被看作卓越的，因而这里也会以特有的方式，显示出不平衡的"赢者多吃"的市场趋向。

　　由此产生了第三个层面的两级分化，即阶层和生活方式的两极分化。一边是文化上崛起的新中产，另一边是社会地位和文化上都在没落的新底层，这个层面上的两极分化特别指二者的关系。新中产能将自己看作文化大同主义理念下文化化进程和独异化进程的承载者，而新底层则在经历社会和文化上的双

109

重贬值。扁平的中产阶级社会已成为过去，如今社会上的阶层之间多多少少存在隐性的文化冲突和隔离趋势，从教育、居住到健康，各个方面都受到了明显影响。

产品、劳动形式和生活方式的两极分化，汇聚于第四个层面：社会空间的两极分化。形成了地区性、国家性和全球性的空间吸引力市场，导致"吸引人的"地区和"没落的"地区各自炎凉。创意经济产业和新中产向前者聚拢，而后者则面临贬值的危险。

最后，晚现代还在形成政治上的两极分化，某种角度上这可以被理解为对其他层面两极分化的反映。一方面，是晚现代占主导地位的开放－分殊自由主义政治范式，倡导自由竞争和文化多样性的结合。另一方面，是众多反自由主义的（亚）政治文化本质主义和各种社群主义（族群性、民族性、宗教原教旨主义、右翼民粹），它们反对超文化及其市场，寻求本集体的身份认同。这种身份认同运动自然也是在独异性社会逻辑之内发展的：它们也强调文化和独异性，但不把这些放在活动的市场上，而是要将它们放在独异的（宗教的、民族的、族群的或民间的）集体中。其结果就是独异性社会非常典型的文化冲突。

第二章

独异品的后工业经济

工业社会之后

自 20 世纪 80 年代起，西方经济从标准化大众产品经济向着独异品经济转型。独异化同时也意味着经济的文化化，其核心是功能性产品转型为被消费者赋以文化价值和文化质量的产品。创意产业因而变成了推动力。与产品的独异化及文化化共同发生的，是市场、劳动形式和消费的独异化与文化化。自 19 世纪末到 20 世纪 70 年代一直代表西方社会的工业经济与工业化现代的结构性特征，至此被后工业经济特有的结构特征取代了。

社会学界经常根据产业结构的转型来认定传统工业社会与后工业社会的巨大断裂：产业工人人数迅速缩减，服务业人数明显上升。[1] 这种变化是传统工业社会终结的一个重要指标。但如果就这样得出结论，说后工业社会本质上是一个服务业社会，却会流于浮泛。晚现代经济的后工业特性更多地体现在商品的形式（服务也是商品）以及相应的劳动形式、流通和消费普遍发生了根本变化。[2] 现代工业经济与后工业文化独异品经济的结构性区别涉及四个层面：第一，商品的形态；第二，商品的生产方式及相应的劳动和组织形式；第三，消费形式；第四，商品流通的市场。

着眼于这四个层面，我们可以对现代工业化经济做以下论断。[3] 第一，它以生产功能性大众产品为目的，是一种"数量经济"（皮奥里/塞伯语），其核心是物性的商品。第二，生产活动主要发生在等级分工制的矩阵式机构中。生产活动主要是在物体上进行技术工作，以及重复性的日常劳动。职员和工人受过标准化的专业培训，生产活动的空间安排基本上与地方差异无关，因而可以置换。第三，工业化现代的消费主要是受种种规范调节的、相当标准化的消费行为，其对象为消费制成品

（或身份性商品）。消费主要由文化和经济上比较均一的中产阶级来承担。第四，商品流通市场（以及劳动力和人力市场）是所谓的标准化市场，在这样的市场上，流通的商品和人力竞争的是业绩和价格。这样的市场相对稳定，风险较小，对市场表现可做部分预估和规划。

具有决定性的是：工业化现代的经济在所有四个层面上都遵循普适化逻辑，普适化逻辑是其"矛尖"。工业化普适性经济的主导地位自20世纪70年代起渐次被文化化独异性经济所取代，而且，如前所述，在所有这四个层面上。

第一，后工业经济中居于核心地位的商品，是那些对消费者来说具有文化质量和文化价值的商品，这些商品的诉求也是独异性（原汁原味、地道等）。[4]在这一意义上，这就是指独异品经济，也就是文化资本主义。这些产品可能具有物或客体的特点，但越来越多地表现为活动、文化形质或量身打造的服务产品。这些都是情感产品，情感力量和认同体验是它们存在的根本。

第二，文化性独异产品的生产所要求的组织形式和劳动形式中，创意工作——不断加工新颖、无可替代的文化产品，具有关键作用。这是一种文化性生产。独异品经济的基础是灵活的专业化工作，主要通过数字技术来实现。对于这样一种工作来说，矩阵式组织不如项目的形式合适，项目形式在时间上的有限性、社会构成以及情感厚度都使它成为独异性的社会形式。此外，文化性生产对地点是敏感的，这就是说，它对地点有要求，尤其要求处于城市空间。同时，工作主体也相应地被独异化了：除了标准正式的专业技能之外，他们还因特色的形象、能力、天赋和个性这些尽可能与众不同的"表现"而被需求，并被按照这些标准加以评价。

第三，文化性商品的消费也有其独异性结构：在消费活动中，晚现代主体致力于精心营造的、独异的生活方式，一种让人感觉很"真"的生活方式。大众消费已被多元的消费模式取代。此时的消费本质上是文化消费，就是说对文化产品、文化服务和文化活动的消费。消费者富于创意，他们不再只是尽量使用商品，而是将它们以自己特有的方式组合起来，"策展式"地加以利用。

第四，独异品市场取代了功能性大众商品的标准化市场。独异品市场的特点是新颖产品的过度生产，这些产品带有惊喜值，因而具有一种超竞争力，就是说其独异性具有一种突出的、不可估量的竞争力，去获得关注和赞赏。这是依靠关注度和文化赋值而存在的高度感性的吸引力市场，而不是价格或功用市场。这种市场是投机性的，符合极不平衡的"赢者通吃"模式。[5]

"创意经济"的扩张

独异化与文化化的机制性核心是所谓创意产业、文化经济或创意经济。[6]创意经济是后工业经济的驱动力。可以先结合一些行业来理解这个概念。以前这些行业在工业化大众生产的外围发展，不论与经济总量进行绝对比较还是相对比较，它们所创造的价值和从业人数自 20 世纪 80 年代起都显著增加。[7]根据一种官方统计数据常用的狭义概念，创意产业包括建筑业、广告业、艺术、手工业、音乐、影视、设计、时尚、表演艺术、电子游戏、软件开发和电脑服务，还有各种媒体，比如纸媒、广播、电视或在线媒体。另有一种比较宽泛的定义，认为创意经济也包括旅游业和体育（大众体育和单项运动）在内，这个定义就又进入了体验经济（experience economy）范畴。[8]

就这个仍然相对狭小的"创意经济"概念来说，还可以对另一段现代经济史做一概述，它并不产生于工业化的重工业基地，而是产生于文化化的小众创意产业。⁹文化产业中这样地区性的、长期发挥重要影响的孕育地可以举出好几例：意大利中北部以设计为导向的手工业企业，自20世纪70年代以来，其文化企业的地区性网络一度以"第三意大利"的称号经历了惊人的复兴；20世纪60年代至70年代伦敦的时尚界，是青年文化资本主义的诞生地；加利福尼亚州的创业潮，自1980年起，这里的IT业以令人瞠目的速度发展。¹⁰晚现代创意产业的成长早已经超出了这种亚文化式的、地区性的孵化中心，变成了稳定的经济分支，建立在全球化的生产网络上。文化-创意产业的生产在空间上集中于美国、欧洲、亚洲和澳洲一些大都市组成的网络中，而它们产出的产品则被全球消费。除了大量的中小企业之外，创意经济还包括国际大企业如苹果、谷歌、国际旅游联盟集团（TUI）、托迈库克（Thomas Cook）、耐克、沃尔特·迪士尼、时代华纳、贝塔斯曼、任天堂、路易威登以及开云集团（古驰、圣罗兰等）。¹¹

要强调重要的一点：晚现代文化资本主义远远不止从软件设计到电影业这些有限的著名产业。经济文化化与独异化的意义其实在于，组织化现代的工业化消费品生产以及传统服务业这些分支，也都在转型为文化性独异产品。换句话说，西方经济的整个产品制造产业和服务产业越来越后工业化，越来越富有创意经济的特点。它们也超越了具体的文化类产业，整体上变成了一种文化性和独异性经济。农业、汽车制造、建筑业，以及功能性产品（比如钟表或跑鞋）的生产、餐饮等传统悠久的服务业，甚至医疗都越来越抛却以前大规模功能性产品的生产逻辑，而转向了后工业的文化性独异产品逻辑；它们的形象越来越多地构筑在诸如以下这些因素上：有机产品的原生态诉求、提供优质体验的汽车品牌、充满设计感的计时器或跑鞋、独栋大型建筑、地道的美食或量身打造的保健方案。[12]

约翰·霍金斯（John Howkins）正确地指出，创意经济 117
的扩张，其中一个指标就是有著作权的商品在国际上越来越受
关注。[13]独异品经济的产品一般都有著作权归属，有（个人或
集体）作者，他们创造了这些商品的新颖之处和独特性，并
引发了各种复杂的（有时带有争议的）著作权要求——不论是
以版权许可，还是以专利、商标或设计的形式。对于创意经济
的产品来说，原来传统经济中生产者、产品和消费者的三角关
系，现在成了作者、作品和受众 / 观众的三角关系，这原本是
艺术领域中的情况。[14]艺术品能作为特殊产品，是因为艺术品
能够具有独异性和文化价值，也会因为作者而增加价值。现在
创意经济的商品越来越像一种广义的作品。顶级厨师或设计师
的作品、足球队的风格或独栋建筑都是这样的例子。

后工业经济的确立与社会学常说的"知识经济"的扩大
密切相关。资本主义理论中相应的词是"认知资本主义"，现
代主义理论中则用"知识社会"这个词。[15]毫无疑问，工业社
会的后继者，其特征是要求多数成员必须具备较高的学历，专
业教育、专业技能因此更加重要，同时还要求知识，尤其知识
创新以及与之相应的"人力资本"成了核心生产力。而在我看
来，关键的一点是，只有对产品的形式也加以关注，才能了解
后工业经济的特殊结构。这时的产品是新型的：它们经历了独 118
异化和文化化。知识经济本质上也是文化经济和独异品经济。[16]
这样一来，认知资本主义就不能恰当地描述它了，因为这个词
与工业社会的普适性逻辑、工业社会的技术化科学化模式的关
系太过紧密。后工业经济生产最多也消费最多的，不是功能性
知识或认知信息，而是在叙事、意义、认同、情绪和感情上独
具特色的文化产品，是审美体验，有伦理价值的产品、游戏和
设计品。

艺术这个社会领域，在以前传统的经济社会学和劳动社会学中最多只能做个注脚，对独异品经济来说，却在很多方面是范式性的，21世纪初的文化资本主义被打上了艺术领域结构特征的烙印。为了了解艺术的范式性质，必须克服对它的理想化（美学哲学常倾向于这样做）。[17] 艺术能成为范式，是因其作为社会领域的特殊性质：它极度注重新颖和惊喜效果，作品的过度生产也是一个重要特点。其中，大多数作品都被证明是失败的，只有很少数能够成功。艺术创作之所以成为范式，是因为它有艺术家那种内在的、以创意理想为目的的工作动机，而且遵循百折不挠的艺术竞争理念。最后也是最重要的一点：如果现代社会中有一个领域，它以客体的独异化为己任，争取并尊重自复杂性，遵从赋值和去值逻辑，那么它就是艺术领域。

晚现代就这样完全变成了独异品经济吗？当然不是。独异品经济虽然大幅占据了晚现代经济的中心地带，但仍有一些新老产业在遵循工业化逻辑，生产标准化产品和服务：虽然经历了去工业化，但一方面传统的采矿业、生产资料加工业（例如机械制造）和原料加工业依然存在；另一方面还存在原来的、被重新规划过的功能性服务业（比如环卫、运输、安全）。[18] 在商品、劳动形式、市场和消费四个层面上，这两个领域依然遵循工业化现代时期的逻辑。文化经济与工业生产及功能性服务之间的关系，是独异品经济与标准化经济的区别。文化资本主义及其独异性产品能在前台发展，标准化经济在某种意义上是其基础设施和背景架构。[19]

/ 1　文化资本主义社会的独异性产品

产品的文化化

晚现代社会的消费对文化独异性产品的需求在增强。独异化的生活方式也因取用独异化产品而具有了自己的结构、魅力和意义。相应地，经济领域的重心在于，将这种形态的产品以尽可能多的样式提供出来，并对内不断刺激对这种商品的需求。经济客体的独异化（广义上）与主体的独异化一同发展；谁作为主体期待客体具有独异性，谁就会对主体（包括自己）有同样的期待；谁认为自己作为主体能具有独异性，谁就会寻找那些能让自己的主体独异性得以表达和发扬的客体。

什么是产品（Gut）？是什么使它成为文化性产品？怎样才能成为独异性产品？产品的一般特征是，它们被供应于市场上，由消费者取用。产品首先可以是物品，人们使用它、利用它或展示它（食品、钻机、画作、房屋等）。其次它可以是服务（美发、心理辅导、财务咨询等）。再次它可以是事件（Ereignisse），即发生的一些活动（度假、现场音乐会、外出就餐）。最后它还可以是媒体形式，虽然经常有物性的（如今是数字化的）载体，但相对于文字、图像或声音符号这些内容面（报道、小说、社科书籍、电影、音乐），载体形式是次要的。"商品"（Ware）这个概念强调经济现象中的交换价值——包括价格，"产品"则强调使用价值。援引乔治·沙克尔（George Shackle）的定义，"产品"是指"一个物体，它能提供某种表现"[20]。更好的说法是：产品本身已经是表现（Performanz）。此外，对于消费者来说，产品还包含某种特别的"好处"，能满足某种目的，或具有某种价值。工业经济下，大众商品可以彼此替代，这样就很容易将商品可量化的交换价值置于主要地位，而隐去使用价值。可是在晚现代经济中，对商品质量的评价和体验非常复杂，所以就得使用"产品"这个词，以突出商品的表现力和价值特征。[21]

121　　　为了理解一件产品是怎样成为文化产品的，必须先把功能性产品和文化性产品区别开来。二者的区别与产品的物质性没有关系，而是取决于观察者和使用者。一件产品是功能性的，主要因为它有具体的用处，它遵循的是目的理性逻辑。而一件产品能成为文化性产品，则是因为它在消费者那里获得了自我价值赋值，因而具有了文化性质。[22] 消费者变成了接受者，产品则变成了赋值的对象。人们利用产品的"用处"时不带感情；而文化性产品则通常带有感性力量。文化性产品感动主体，准确地说，它们能带来正面的情感（欢乐、紧张、丰富自我，感到做了有意义的事，等等）。简言之，文化性产品是情感产品。除了功能性用途或文化价值之外，产品经常还能带来第三种好处：社会名望。因为功能性产品和文化性产品都能带来名望，所以一开始就要强调，不能将文化价值和社会名望因素混为一谈。[23] 消费者通过使用产品而体验其文化性（还有功能性），社会名望则是发生在第三人那里的效应。

文化性产品具有叙事–阐释、审美、设计、伦理及/或乐趣性质，因而具有我们上面分析过的文化活动的性质。[24]

以讲述为形式的文化性产品有一种叙事–阐释的性质，对接受者有重要的意义。文化性产品经常是有故事的，这一点要不断强调。[25] 一种叙事可以直接成为一件产品——比如以小说的形式，或科普书、电影、报道文章等。或者围绕着产品阐发出一种复杂的讲述（不论是不是营销行为），比如某件东西包含某种设计风格或某位设计师的故事，与一个特定的地点有关；或者到访一座城市就能听到它的许多故事。产品也可以承载某种含义丰富的风格，比如酷、时尚或经典这样的风格。[26] 文化产品还可以具有伦理价值，其形式表现为某种"善"的承载者。比如符合宗教教义的清真食品，或者有机食品。产品可能符合一种健康理念，让人联想到它是生态的，或对社会有好处的（比如本地出产的产品、不穿"便宜货国家"来的衣服等）。[27]*

能在感观上带来满足或兴趣的文化性产品带有审美－感观性质。[28] 一件东西可能通过视觉、听觉、触觉或嗅觉具有这样的品质，比如老物件、交响乐 CD、葡萄酒或电影都可能产生这样的品质；也可能通过一个事件的美感，比如现场音乐会、庆典、度假或一次外出就餐。如果文化性产品除了本身的外观之外，还能为受众提供发挥空间，让他能创造性地安置自己生活中的各种物质和意义，那它就带有设计维度。[29] 这样它们就具有了一种激发性。比如讲课、治疗等活动就属于这种创造性的设计，在这些活动中，可以获得或转化能力及情感，比如安排休闲时间、布置居室或重新调整生活状态。文化性产品还经常带有乐趣性质。游戏本身就可以是一种文化性产品，既可以是受众亲身参与的（比如电子游戏、使用手机应用、团体运动或极限运动、虚拟游戏等），也可以是被受众观看的（比如竞技体育）。还有可能，事件或服务带有游戏的性质，但没有固定的比赛规则（比如拉练式度假）。[30]

产品从工业化向后工业化现代的结构转型当然不是绝对的断裂，而是重心的转移：在组织化（及市民化）现代也有文化性产品在流通，而晚现代也仍然存在功能性产品。然而在晚现代，文化性产品不仅在范围和数量上大大增加并广泛地影响了经济生产，关键的是，对产品类型的社会评价也发生了转向。"平庸"

123

---

* 发达国家有一种理念认为，"便宜货国家"的服装都是在所谓"血汗工厂"里生产出来的，拒绝穿这样的服装，让人觉得似乎对减轻那里的劳动剥削有贡献。——译者注

与"神圣"之间的区别，对文化化进程有普遍的效力，[31] 对产品也一样。在晚现代，功能性产品就是平庸的。它们只是有用处，有时候是用过就作废的。常规服务业受到的冲击最大。文化性商品则被看作神圣的，因为它们带有价值和情感维度。市民化现代及组织化现代有一种趋势，即在"实用"的名义下，将文化性产品贬低为腐朽、"无用"的，[32] 而在晚现代，评价转向了：功能性产品平淡乏味，文化性产品是有价值、有吸引力的。

文化化涉及所有四种产品类型：物品、媒体形式、服务和事件。不能认为经济已经全面非物质化，而是必须强调，物性产品的生产和消费在晚现代仍居于中心地位。[33] 文化性产品经常有"物"性，比如规模庞大的时尚界、室内装潢和娱乐电子业。物世界的"工具"范式被一种"偶像"范式或"崇拜"范式取代了。于是物品的设计被置于中心位置，它不仅指美观的表面，还包括整件东西的架构。[34] 物在三维空间里的布置，以及物作为三维空间在此也变得重要起来。在这种文化性空间里，气氛比功能重要。[35] 在晚现代文化经济中，对空间的气氛——不论是度假地、图书馆、私宅、店铺还是餐馆——的利用及布置成了一种引人注目的文化性产品，带有特殊的复杂性。

同时，另外三种产品类型也变得极其重要。常有人说在晚现代服务业变得越来越重要。[36] 在晚现代，功能性、平凡的（"简单"的）服务也并不少见，如前所述，它们使文化消费成为可能，并为之提供背景架构。然而，位于文化化进程中心的却是高端服务业，即肖沙娜·朱伯夫（Shoshana Zuboff）所说的"支持型经济"[37]。这些服务本质上是在提供并创造故事、形象、竞争力和情感。心理、教育以及审美导向的各种咨询活动都可算在内，其目标是为客户的生活带来改变。此外还要提到与身体有关的服务业，其核心是提升外表上的吸引力和身体健康。

媒体形式在晚现代经济中呈爆发式增长，也是因为数字技术革命使媒体形式的生产和传播都变得更加简便。书籍、电视、电影、录像、音乐以及数字网络上流传着的各种文字、声音、图像形式（包括非商业的）都属于此类。[38] 媒体形式数量的增长与媒体的大范围文化化密不可分。当然，媒体内容也完全有可能像以前一样仍是功能性的。功能性内容与文化性内容之间的区别在于，媒体形式提供的是信息还是故事，主要是智识性的还是叙事性的（以及审美的）。晚现代媒体形式的增长是叙事性和审美性媒体内容的增长。包括虚构（或音乐）形式，还有非虚构类书籍、博客、脱口秀甚至新闻报道，这些内容都越来越不属于信息媒体，而是成了情感媒体。

事件或曰活动在文化资本主义中有特殊的意义。[39] 比如全球性体育赛事（世界杯足球赛、奥运会等），其吸引力来自独特性和过程的不可预测性，有大量跨地区观众参与。此外还有一些艺术活动，依靠现场体验来吸引观众，比如流行音乐节或古典音乐会，有明星出场的戏剧节或电影节。有些活动只在有限的时间举办，比如博物馆举办的巡回展览。再例如一些小圈子的文化活动，不论是正式的还是私人的，比如昂贵盛大的婚礼或毕业典礼。最后，全球运作的旅游业尤其要通过组织一些活动来吸引游客，让他们获得感到满足的情感体验。活动从性质上来说不是功能性的，而是文化产品：消费者需要它们，不是为了使用，而是为了（在当下）去享受。活动是典型的文化性产品。

126

独异性产品：独特与稀有

晚现代生产和使用的文化性产品，主要是独异性产品。当然，那种大规模生产和消费的文化性产品，现代社会一直就有，它们还会继续存在。但这些产品已退居被动地位，沦为平凡一类。[40] 是什么使得文化性产品成为独异性产品的呢？一件产品要想显得独一无二，需要两种不能互相替代的品质：独特与稀有。常规产品，即不具有独异性的产品，则是大量存在而且千篇一律的。

首先谈谈独特性。一件产品要被认为是独一无二的，必须显得独特。这包括两方面我们已经说过的品质[41]：这件产品不能只是在一定程度上与众不同，而是要根本地、本质地与众不同，它必须有自己的内在结构。也就是说：内在地看，独特的东西有自复杂性和文化（叙事、审美、乐趣、伦理、设计）厚度；外在地看，要显得根本地与众不同。独特性总是同时具备二者：自复杂性的厚度及"绝对的"、根本的与众不同。因此，"独特"这个概念18世纪末从艺术理论中生成，就没什么奇怪的了。[42] 现代艺术品是典型的独异品，它是其他所有独异品的范式。现代艺术品（小说、画作、戏剧、音乐等）总是要求独异于其他作品。这里的独异不能理解为与他者之间任意、细微的差别，而是绝对的、质性的差别。这种质性使得作品刚一问世，就引起惊异。就独特性必需的内在结构即自复杂性来说，现代艺术品也是范式。形象地说，它成功地创造了一个自己的世界。作为作品，艺术品是一个有内在厚度的系统，是情节、叙事风格、旋律、和谐、节奏、表情、动作、信息、舞台情景等独特性的总和；其内部结构越有厚度，它就显得越独特。[43] 因为其自复杂性，文化性产品显得不可降约、不可比较。"与众不同"使得该产品引起惊异，而内在厚度与自复杂性使它显得有趣。

独特是质的特性，"稀有"在严格意义上来说是一种量的特性，却是以质的形式赋加的。在此，量在一定程度上转变成了质：一件文化性产品之所以独异，还因为它稀有而唯一。也就是只有当它作为"只此一件"存在时，或发生在以前、以后都绝无仅有的一次活动中时，它才是独异的。因此就有独一无二的客体、地方和人，以及独一无二的时刻和活动。[44] 除了"唯一"这种绝对的稀有之外，当然还存在不同程度的稀有。比如某物只有少量几件，或只存在于一段时间中，或只有一小撮受众可以接触到。在这最后一种情况中，稀有之物有排他性。在这种情况下，独异性与排他性是这样结合的：一件产品只对有限的社会群体开放，这个群体要满足一定的前提条件（社会地位、经济条件、人际网络、教育水平、"街头信誉"等）。

独特与稀有的关系是什么样的呢？我已经说过，它们是彼此独立的，像坐标系的两根轴。而且我也认为，它们的重要程度不同。独特性在我看来是独异性的必备条件，而稀有只是一个影响因素，可以有，但不是必需。一件产品不被看作独特的或不能体验其独特性，它就不能是独异的。而稀有只是可选的，能影响独异性，但一件独异性产品不一定稀有甚至唯一。最好的例子就是文化产业中"技术上可复制的文化产品"：一部电影、一部小说或一首乐曲有千百万个副本，很多人在不同的时间可以拥有它。但这并不会影响它作为独异品获得赋值，并因此确保自己的独异性。总之：现代社会使得独异品在技术上可以大规模复制，因而处于附属地位的第二条标准——"稀有"，能够大大影响晚现代对"独异"的评定。[45]

作为独异产品的物

所有文化性产品的独异化都要遵循两个指标：独特和稀有。物品、服务、媒体形式和活动都是如此。独特与稀有在这四种类型的产品中，有不同的表现形式。先来看看物品。

现代"物"的世界是对独异化进程最大的挑战，毕竟在标准化产品的大规模生产中，现代普适性逻辑体现得尤其突出。

在工业社会大众产品平凡的背景中，晚现代"物"世界的独异化显著突起。[46]上文说过，物品可以成为独异的，只要其可被感知的材料具有特殊的审美架构，并被置入叙事－阐释之中。典型的例子是时尚（服装）和设计业（日常用品），它们都以独特的方式致力于架构物世界可感知的"物质性"。[47]时尚和设计是继艺术之后晚现代文化产业的结构性力量。

　　物品的独异化有多种可能。单个的对象可以因其感官之美而具有独异性：伟士摩托车、巴塞罗那椅、香奈儿服装、伊夫·克莱因的《蓝色单色画》。这样的独异品在技术上完全可以复制，完全不必是唯一的。独异性也可以是一种独异的风格，贯穿不同的对象。[48]独异风格经常与作者的名字联系在一起，例如雷姆·库哈斯的建筑或颜·卡思的地毯。作为群体风格它可以只针对某个人群，或符合一时的潮流——比如装饰派艺术风格、英国青年艺术家风格、球鞋风等。这些整体风格经常表现为品牌。确实要将别致的文化性品牌设计当作一种晚现代独异化进程有效的形式来理解。苹果、雨果·博斯、写意空间这样的品牌设计不仅涉及消费品的外观，还包括旗舰店、网页的风格或客服说话的方式。品牌代表着自己的叙事－感官世界，与突出的自复杂性表现一致，消费者通过使用 iPad，穿品牌外套或坐品牌沙发，参与这种自复杂性。

　　尽管物品的美学设计对独异性非常重要，但外观之美还要被置入一种原则上可以无限延展的叙事情境中——关于生成史和起源地，关于精益求精的工艺、著名的用户，再加上与其他物件和风格的关联，这样，感官上并不惊人的产品，比如钟表、葡萄酒或休闲电器才能变成独异品。因此，普通的塑料椅在与伊姆斯夫妇的人生道路及设计历程结合并被置入第二次世界大战后的现代派风格话语之后，也就是情节化地进入美国艺术史之后，世上才有了传奇般的"伊姆斯塑料椅"，自世纪之

130

交以来，从西雅图至阿姆斯特丹再到墨尔本，这种外形特殊的椅子装点着全世界知识家庭的开放式厨房。[49]

此外，自复杂性还可能因伦理因素而构建起来。晚现代经济中，物世界大量的独异化以所谓"伦理消费"的方式发生，最典型的是食品。某种食品要成为伦理典范，得先有一个传达意义的语境，首先是关于它的历程，可能涵盖这种食品从动物或植物养殖，到加工、运输再到消费的所有环节（人性化的养殖、自然的耕种、加工环节注重社会公平、本地出产等）。文化性物品的独异性常常是通过其特有的"物之生平"获得的。[50]一件功能性产品被无名地生产出来再加以使用，而文化性产品有完整的故事，可能还有专门为它而设的情境：弗里茨－汉森灯具、清真食品等，都因其"生平"而独异起来。

除了特殊化手段，将物品稀有化也有助于制造独异性。我们已经看到：绝对罕有的物品是孤品，是严格意义上的绝无仅有，比如艺术品尤其绘画或雕塑就是这样的典型范例。1900年以来，艺术品市场迅速扩张，证明晚现代人们对孤品（至少那些买得起的）的兴趣有多大。[51]这里的孤品，是指为不知名的公众产出的单件作品。而物品因稀有而独异的另一种可能是"个人订制"，比如一些家具或服装，其传统早在工业社会之前就存在于手工业中。[52]

物品可以有两种稀有化途径：时间或地域上的局限。过去生产的物品，到了一定的年限数量自然就很少了（又为赝品和仿品提供了便利）。比如广义的古董：老旧家具或手工艺品，还有汽车（老爷车）、眼镜或服装（所谓"古着"），以及老宅院。当然，这里所说的产品首先也要具有独特性，才能被当作宝贵的（老旧的废物就不是这样），但古董有天然的稀缺性。地点的局限性也能使产品稀有。特别是老宅院，自1990年以来，大城市里的老房子在不动产市场上很抢手：旧金山湾区的

131

132

海景房，巴黎旺多姆广场旁边的住宅都很稀有，能让生活富有都市怀旧气息。[53] 还有一种人为的稀有化手段，主要通过手工制作或限量版的方式。如果产品是手工制作的，而且还是在特定的环境中完成的，比如那不勒斯某个作坊的手编地毯，那么它的数量就有限（个人订制也可能是这种情况）。现代的设计行业有一种趋势，让某种产品一开始就是限量供应的（或只在某一季节、某一时间点、某些店铺供应）。物性产品的稀有化还有一个通俗（但总是奏效）的手段：价格。毕竟只有少数人才买得起奢侈品。

作为独异品的服务、媒体形式和活动

服务、媒体形式和活动如果具有了独特性和稀有性，也能被独异化。不过其起点却是完全不同的：晚现代"物"的独异化进程，突兀地发生在工业化现代生产过度标准化和规模化的背景之上；而文化资本主义社会中蓬勃发展的服务、媒体形式和活动，则与历史上一直都有的独异化传统有较强的关联。

当然服务也可以是标准化的，尤其是那种无关提供者身份的、纯粹功能性的服务。然而一旦服务者与顾客之间建立了个人联系，即一种服务关系，顾客（Kunde）变成了客户（Klient），这种关系就有了特殊性。[54] 对客户的关系可能带有情感色彩，这种类型的服务就是阿莉·拉塞尔·霍克希尔德（Arlie Russell Hochschild）所说的"情感工作"。[55]

在晚现代经济中，文化性的服务关系主要存在于咨询和教育领域，以及与身体有关的服务中。大体上它们在三个方面可以进行独异化。第一个方面是服务者的个人风格，包括个人的专业形象在内。比如某位治疗师或导师显得与众不同，因为他有独特的治疗方法，或某位美发师有独特的审美风格。这时，独异性依然是因自复杂性和独特性而产生的。第二个方面是，

服务者对客户有一种特殊的关切，比如为此人量身打造的、个性化的服务，这要求服务者善于理解他人。第三个方面是服务者与客户之间的关系，可能成为一种私人的、不可替代的，甚至极端情况下成为一种绝无仅有的关系。如前所述，晚现代（服务）经济中，普遍存在极不平衡的文化性高端服务和功能性简单服务。但后者可以通过某些方式进行文化化和独异化，从而由简单功能（而且廉价）一变成为昂贵的（"物有所值"）。[56]

两次世界大战之间的那段时期，大众文化理论认为，媒体内容因其能够在技术上大规模复制，也因为它们太常规，所以不会具有独异性。[57]媒体形式其实不是这样，而是在很大程度上能够独异化的，而且正在晚现代大规模发生。现成的例子有虚构文学、电影和音乐。电子游戏、软件或手机应用也有独异化的潜力，同样的还有脱口秀主持和喜剧演员、博客作者、Instagram 上的照片以及报道文章、电视剧或网剧——到处都有独异性的表现，在"粉丝"或"用户"的眼里，这些产品是无可替代的。观察媒体形式可以很好地发现，为什么稀有性不是独异性的必要前提，因为媒体内容正好是"稀有"的反面，它们是大规模生产又尽可能广泛传播的，因而是非常廉价的东西（或者压根就是免费的）。能够成功独异化的媒体形式，完全在于其独特性。[58]

这样说来，媒体形式这种产品与艺术领域有特殊的关系，就不足为奇了。有些媒体产品被认可为带有自复杂性的作品，而且一般都有一个作者（小说、非虚构读物、电影、博客、YouTube 视频），这些产品是媒体形式中相当重要的一部分。此外，媒体形式也可以因个性化的风格而具有独异性，这风格并不只存在于一件产品中，而是贯穿了多件产品，集中地看就能显示出某位作者或展示者（或作者兼展示者）特有的风格，比如阿黛尔或德国 Tocotornic 乐队的音乐，伍迪·艾伦或安

134

姬拉·夏娜莱克的电影，哈拉德·马滕斯坦的专栏，加利·格兰特或蒂尔达·斯文顿主演的片子，颜·波梅尔曼的午夜放送，张三李四的 YouTube 视频。高辨识度的个人风格可能塑造出明星。

同样的还有世纪之交以来不断增加的所谓"系列独异品"。[59] 这初听上去有点矛盾：系列不就是同样的人物、同样的设置之类出现在每个剧情中，不断重复，这不是独一无二的反面吗？回答是否定的。《火线》或《唐顿庄园》那样的连续剧，正是作为自有的世界，带有叙事 – 审美上突出的、自成一体的内在复杂性被人体验并品味的。它们的独异性在较长的时段内一再被激活，因而能够具有稳定的辨识度。媒体形式独异化的另一个来源是媒体用户的互动，他们能够，甚至必须自主地介入媒体进程。电子游戏就是这种互动式独异性的典型代表。[60]《刺客信条》的玩家将这个游戏看作高度复杂的叙事 – 审美世界，每次沉入其中，都能获得不一样的、出乎意料的体验。电子游戏具有叙事、审美、设计和乐趣性质，因而可以被看作晚现代媒体形式领域文化产品的范式。

在所有的独异品中，媒体形式受到的争议最多。粉丝们（就是那些体验了某件产品自复杂性和独异性的人们）和质疑者（认为只看到了千篇一律的廉价货）互不相让。[61]《绝命毒师》、甲壳虫乐队或西蒙·贝克特的粉丝，被这些影片、音乐或文字的内在厚度深深吸引，认为这些作品是独异的，而另有一些人却觉得这些作品是拙劣的。关于一件东西究竟是独异还是常规的争论，是独异性文化中的固有的组成部分，在媒体内容这一分类中，这种争论特别典型。

最后我们来谈谈活动这种文化性产品，上面我提到过，它注定是要被独异化的。首要的决定性因素是，活动的稀有程度比其他产品都高。活动——不论是足球赛还是体验之旅——

的特色就是唯一性，即一次性。物品的独特之处可以表现为不同程度，极端情况就是孤品；服务的独特性间接地体现在服务者与客户的关系上；而活动的根本特性则在于它的一次性，这是由它的时间特性决定的：我观看的这届巴西奥运会、这次柏林展览馆以安东尼奥尼的电影《放大》为主题的特展永远不会再有，正如五年前我那次以色列之旅，或者我朋友 H 和 G 的豪华婚礼，都不会再有。时间上的一次性又有不同的形式：它可能是集体性的公开活动（体育赛事、展览），我和其他许多不知名的人都以相似的方式来体验；[62] 可能是集体性的私人活动，其"人员"和过程（比如婚礼）都是特定的；也可能是一种个人活动，比如我在某个时间去了某个特定的地方（度假）。

　　不过，只有一次性，还不能成为独异的。还是那句话：没有独特性，产品就不能被认可为独异的。要让人赞赏某一事件的一次性，它就得让人感觉到印象和意义的特别厚度。在独特性方面，活动本来就有优势：面对一个活动，人是全神贯注的，人们用所有感官去面对一个活动，活动在某种意义上是一种综合性艺术品，包括它的场所气氛在内。既然活动要求调动所有感官，它就很容易被当作带有自复杂性。在全神贯注的情况下，相互关联的许多元素和联系能被感觉到、联想到，一种内在的复杂性便轻轻松松地产生了。一次以色列之旅，1981 年西蒙和加丰克尔在纽约中央公园举办的音乐会，那种感官上、感情上的饱满和丰富，让旅客或粉丝觉得这是一种无可替代的体验。在活动中起作用的，是汉斯·乌尔里希·古姆布莱希特（Ulrich Gumbrecht）所说的"当下之美"。[63] 就在这一瞬间它是珍贵的，或无价值的。此外，活动有特殊的时间架构：它纯粹是当下的，一种即时产品，事后只能保留在记忆中（当然在记忆中也会被大力重构）。活动这种文化产品因此不仅是过眼云烟，还可能有值得重视的回忆价值，这使它具有长期效应。

137

独异性产品的特征一：表演"真"

对于功能性产品，消费者希望它们能具有某种用途；而对于文化性独异产品，他们想要的是"真"。度假地要真，政客、瑜伽课、音乐和食品也要真。产品的独异化过程也是本真化过程，就是说观察、评价、产生与施行四个环节都是真的。晚现代经济是本真性产品经济。

"真"是一个多义的概念，它产生于浪漫主义话语，并非偶然。[64] 在浪漫主义时代，独特性与本真性就是紧密相连的，让·雅各·卢梭已经对"真"下过定义，直到今天仍是有效的："真"是人工的反面，被当作真正的（卢梭也称之为自然的）来加以推崇和感受，而不真的就是假的，假装如此的。针对我们所研究的问题，可以这么说：如果在一种社会实体中——不论是人、群体、地方还是物品——存在一种独异的、自有的结构，那么这个实体在观察者眼中就是真的；可如果它只是遵循普遍的规则，与他物无异，那它就不是真的。"真"是一个情感和体验层面上的定义：某件事物被当作"真"的加以体验和感受，它是能打动情感的，是显得"真"的。对"真"的印象经常像是自然而然产生的，然而其背后仍是实体的自复杂性、厚度和特殊性。

"真"是指一种可以无限阐释的真实性表象，在晚现代文化中它成了一个"空洞的能指"[65]，即其间起作用的，是一个基本为空的符号形式，它对整个晚现代有决定性作用。[66] 从社会学角度来看，这种"真"基于一种悖论，因为在社会这个空间里，一切都是人为的，从严格意义上来说都是"假"的——没有什么是天然的。产品的世界也正是这种情况：它们都是被制造出来的，而且一般都在市场上流通。因此，"真"对于社会性的（特别是经济性的）世界来说，总是一种"真"

的表演，而且也应该照这样去分析：它不是天然就有的，它是演出来、展示出来的。对此，理查德·彼德森（Richard Peterson）举例分析了摇滚乐队或乡村乐队如何通过服饰、演出场所等来将自己"本真化"，并被他们的听众"当作本真的"。这种本真化做法也可见于文化产业中的所有产品。[67]"真"在此获得了审美和伦理上的双重内涵，二者互相交织在一起。从审美角度看，"真"是内在的"正当"，同时也可以理解为某一实体与其环境之间的协调；从伦理的角度看，"真"是信任感和可信度。产品的独异化完全可以被当作本真化过程来看：如果一件产品能够被评价为独异的，它就显得"真"。反之亦然：一件产品如果不能满足独异性的标准，它就不真。

在这个意义上，如果某个城市不具备所期望的特殊性，只有寻常的店铺和街景，那这趟旅行就不能被证明是"真"的。一个乐队如果"缺了点什么"，他们的歌只是被包装出来，那么它也不"真"。一位心理咨询师如果显得不可信任，或不善解人意，只是照本宣科，那他就不"真"。更为广义上的"真"完全可以通过自觉展示其人造的一面来体现：后现代流行音乐人可以将他在舞台上的"真"用讽刺的方式展现出来（比如20世纪80年代的反摇滚运动），却因为这种自嘲式的表演获得了一种"真"，可以称之为"超真实"。[68]

我们必须再次将特别的注意力放在艺术领域的文化性独异产品上。如前所述，它们对独异化经济有范式作用，但存在一个问题：在这个"一切都要独特"的时代，艺术品与其他的文化性产品还有本质区别吗？随着文化资本主义的扩张，本来专属艺术品的独异性也同样适用于其他产品，会不会因此而发生一种"艺术的去艺术化"（阿多诺语）？会不会每件客体都不仅有可能被文化化，还有可能被"艺术化"？既然带有内在厚度的自复杂性和独异性不再专属于艺术品，那么这些问题大概要用"是"来回答。但是，它有一个反面因素，我想称之为作品的"可正可负的情感触动"作用。有很多理由证明，晚现代艺术作品的赋值及认可过程与其他产品不一样。每件文化性产品都会在情感上触动受众，但在文化资本主义中，只注重营造正面情感，而艺术品的感性化过程却在本质上是包含矛盾的，因为它们也能引起负面情感。

对艺术品来说，它们很显然不能完整地被代入晚现代的正面情感文化。它们更多地会引起不适或怀疑、困惑，可能显得晦涩、臃肿或歪斜。这并不是说它们是负面的独异品——它们确实会获得（积极）认可——而是说，它们是矛盾的独异品。[69]市民时代的艺术——体现和谐与美是其天然义务的一部分——绝对不是这里所说的这种情况。在晚现代文化化产品和消费世界的激流中，艺术作品与其他产品的区别可能正因为这一点：装置、电影、音乐或表演可能让人觉得困扰。晚现代（包括后现代）艺术品因而是"超真实"的：它们不明确也不均质，而是多义的，不贴伏任何指标体系。很显然，这样一种接受和赋值的过程，有时候会非常具有争议性。

独异性产品的特征二：瞬间与长效

141

独异性产品有特殊的时间性，与功能性产品完全不同。后者是被使用或消耗的，随着时间的流逝，使用价值会逐渐消失。物品、信息、服务都是这种情况，比如电器总有坏的时候，信息会过时，昨天打扫过的住宅，下周又得打扫。然而文化性独异产品的时间特性却完全不是这样：它们注重的是极短时间的当下体验和极长时间的文化保值。这种时间上的长短两面架构正是文化世界的普遍特点。工具性理性与功能性产品的世界在时间上是中等长度的，产品会停留一段时间，但长时间后会用坏，或技术会过时。文化领域则基于价值的瞬间消失和长期存留。

从结构上说，这种长短期的结合主要是由于体验与赋值两种活动的区别，这就是文化性独异客体制造过程的特点。[70] 体验是指身体 – 生理在当下瞬间的活动。每件文化性产品都是要被体验的，所以它的应用具有一过性。"活动"类的文化性产品在这一点上很有代表性，比如一场音乐会、棒球赛或一次度假的体验。[71] 因为文化性产品同时获得了赋值，所以它们也可以具有明显的长期性。被赋加的价值并不会像功能性产品那样被消耗掉，而是在一定条件下能保持几年或几十年。正是这样的品质成就了经典。[72] 这种意义下的经典主要是耐久的物质性产品，不过媒体形式 / 内容、家具设计、老宅院、城市和整个品牌也有可能是经典。

问题在这里变得有一些复杂了。一方面，文化性产品的体验可以因为个人或集体的记忆而获得第二层面的长期性。另一方面，赋值也可能是极为短暂而多变的，比如时尚就是这种情况。文化性产品与功能性产品的区别也在于此：功能性产品与回忆和时尚无关。

总体来说是这样的：文化性产品不是被使用的而是被体验的，所以它们能够被回忆。人们永远不会回忆日常用物，而只会回忆情感体验。确实，在很大程度上正是回忆让以前的某次经历有了价值，以至于这种经历长久以后还是有效的，甚至能引起人的认同感。在不少时候，回忆甚至比当时的真实经历更复杂。一些著名的、感人的公共活动——比如1968年的伍德斯托克音乐节，2006年德国在世界杯足球赛上夺冠——可能进入集体记忆，一些人对此津津乐道，而他们当时却根本不在现场。[73]

然而，赋值并不能保证文化性产品的长期性和经典地位。文化性产品的体系其实首先极端强调标新立异。晚现代经济以

142

这种方式参与创意装置，即一种标新立异的体系，以连续不断地生产创意新产品为己任。[74] 这些产品一旦作为独异品被体验并得到认可，赋值可能也只是暂时的价值承认。只要有新的、以其独异性触动人心的产品推出，吸引了人们的关注，原有产品的贬值可能会相对迅速地发生。今秋的小说、这个演出季的戏剧、最新的流行歌曲，还有正在走红的度假地都可能是这样。时尚的循环正符合这样的特点，且并不局限于服装界。[75] 短时间内有价值的产品中，只有少数能成为经典。不过这也就是说，（几乎）所有的经典都曾红极一时，长期的文化价值一般来自过去的红极一时。如今的经典，是过去的颠覆性事物。

独异性产品的特征三：流通与超文化

晚现代经济中流通着的文化性独异产品决定着人们的生活方式。它们是怎么产生的？诚然，"创意经济"的任务就是规模化制造新的文化性产品，但如果说创意是凭空产生的，则不是一个令人满意的回答。具有叙事、审美、伦理、设计和乐趣性质的独异产品，创意经济是从哪里把它们采购来的呢？对此有两个答案，都与独异品的社会流通有关。一方面，人们不断地将"独特"以及"普遍的特殊"转译为独异指标来生产独异品；另一方面，人们从局地或过去的经济文化活动中获得独异品。后者是指晚现代的文化性独异品流通在全球超文化中。

我们已经说过，社会上有三种特殊性并存：普遍的特殊、独特与独异。[76] 现代社会，它们并不彼此隔绝，而是有活跃的互通，即通过转译，普遍的特殊变为独异，或独特变为独异。社会上流通的独异品，其储备库不断地从这两个渠道得以补充，它们为文化提供新鲜的独异材料。

普通产品变成独异品的过程，与以前工业社会大量功能性产品文化化的过程是一样的。摩托车、手表或国际通行风格的

楼房可以借助叙事 - 审美的铺垫而得以独异化。韦士伯踏板车（Vespa）的历史就是一个典型例子。这是意大利生产的一种摩托车，1946 年见诸市场，1990 年随着对"第三意大利"的怀旧之风而得以独异化。[77] 国际通行风格的楼房，在柏林、罗马、巴西利亚都一个样，本来代表了僵化的标准建筑风格，嵌入一个新的叙事框架之后，它们在晚现代的建筑爱好者和城市旅游者眼中就成了高度复杂、非同寻常的独异性建筑。

独特性的独异化是广泛的。无价值的、不起眼的独特性被转化成宝贵的独异性。前面已经多次提到：极端情况下，一般被看作别扭古怪或毫无价值的东西，会突然变成艺术品。美术、音乐和文学领域有大量这样的例子，比如"涩艺术"（Art Brut）。[78] 独特性转化为独异性最好的，也许是最有经济效益的例子，是自 20 世纪 70 年代以来西方大都市老旧住宅的升值（并推热了当地的房地产市场）：维多利亚时代或经济繁荣年代 * 的房屋、居所，第二次世界大战后因其老气过时，有不少遭到荒弃，现在却被当作独特和宝贵的。

目的理性时代"普遍的特殊"与迄今为止未受瞩目的"独特"，源源不断地补充着晚现代文化性独异品领域。但许多独异品不是这样绕路来的，而是直接从文化场域中产生的——只不过是从前经济、非市场性的文化场域。这里不需要发生文化化，转型其实发生在文化客体流动的社会框架方面。具体地说是这样：一种文化性独异品，曾是与某个地方或过去某个时候相关的文化性活动的一部分，被从它原来的语境中抽出来，变成了全球流通的文化产品，与其他产品一起竞争，被各种来历的消费者发现并收取。[79] 这一过程中产生了晚现代特有的文化形式，我想称之为"超文化"。在超文化中，一切都有可能——不论是

145

---

* 　Gründerzeit，指 19 世纪的最后三分之一，是经济繁荣的年代。——译者注

从民间文化、流行文化还是高雅文化中来的东西，不论是现在的还是过去的东西，不论它来自哪个地方——获得文化价值。在超文化中，产品离开了它出产的环境，它开始流通——经常是全球性的或跨行业的——并有可能因其与众不同的一面被发现而被当作独异性产品，在别的语境中被人重新收取。

晚现代经济中的许多产品是这样的。来自意大利、中国、墨西哥或非洲的"世界食品"出现在全球都市的餐馆中，它们原本是当地人的日常饮食。莫桑比克、巴西或古巴歌手和乐队的"世界音乐"本是当地的音乐亚文化，比如青少年文化的一部分。这些文化客体和活动原本与文化资本主义没有任何关系。它们的产业化以及变成产品的过程意味着一个商业化过程：家庭饮食或青年人唱给自己听的音乐变成了有交换价值的商品（变成了餐馆菜品、光盘、音乐会）。在一种抽象的意义上，它们也意味着各种不同来源的文化客体被无差别地供应于消费：人们在它们之间进行挑选，可以要也可以不要，还可以把它们组合起来用在自己的生活中。这种选择的态度，正是晚现代超文化的典型特征。

决定性的一点是，构成文化的那些东西，其形态在改变。在超文化中，客体与文化性活动都经历了去环境化，这会产生很多影响。客体与文化性活动被从它们得以产生的环境中抽离，置入一种跨地域、跨历史的流通中，在这里受众才能看到它们与其他文化客体及活动的不同。克里奥尔食品本是加勒比地区日常饮食的固定的部分，变成了众多特色美食中的一种；只有这样，它才能显示出与南欧饮食不同的特色。这意味着，文化性客体所经历的全球性的去环境化，使得人们容易对"比较"产生敏感，这才能把客体变成独异品，因为人们对不一样的东西敏感，这些客体本来具有的自复杂性——比如食品的味道和来历——才能为人所知并获得推崇。[80] 从全球超文化经济的角度来看，这样一来确确实实是整个世界——包括过去和现在，以及所有时代所有地方所有生活方式——都成了一种文化资源，一种用于生产独异产品的文化资源。

总而言之，后工业经济生产从功能性大众产品转向了文化 147 独异性产品，这不仅是一个经济问题，而且涉及晚现代主体与世界的关系，进而关涉整个晚现代文化。独异性社会的主体身边满满地围绕着物品、空间、活动、媒体形式和服务，它们都追求独异性，带着叙事、审美或乐趣性质，在情感上富于吸引力。主体认识到，这是社会的必然：如果某物是有趣的、有价值的，就能（才能）在社会上立足。这也就是说，只有当某物具有独异性、能触动情感而且外表美观时。当然，晚现代主体期待别的主体也要具有独异性——自己也一样。

/ 2 文化性独异品市场

吸引力市场即关注度市场和赋值市场

工业现代化经济向独异性经济转型的过程中，产品流通市场也发生了深刻的结构转型。标准化市场日益被文化性市场取代，产品在这个市场上为了获得"独异"认可而互相竞争。在这个独异品市场上，进行着一种别开生面的吸引力竞争。它是吸引力市场。

总的来说，经济与市场的关系比看起来复杂。必须摒弃一种看法，即经济与市场是超越时间的实体，结构永远不变，遵循着天道一般的交换规律或劳动规律。其实，经济与市场形式根本就是历史现象，是社会文化现象。"经济"是一种不断演变的实践：物品、人、时间和空间可以被经济化（正如它们能够被文化化、审美化、政治化一样）。经济化不必非得是市场化。在特定的历史条件下，正如法比安·穆尼萨指出的，它与计算、标准化、定价和投资联系在一起。[81] 而在文化资本主义主导的晚现代，经济却具有了一种特别的结构。经济的核心区确实是"市场"这一社会形式，但这是一个非常专门的市场，它已经有了专门的名字：独异品经济的吸引力市场。这种市场的特点是：文化产品之间的吸引力竞争和认可度竞争建立在不可预测的情感之上。这种市场结构形式的元素直到晚现代才全面显示出其特色，这个特色我想称之为文化产业化。[82]

马克斯·韦伯的形式理性化理论自然与此相反，他认为市场的结构性特征主要是——遵循长期以来的传统——卖方和买方的交换这种二价关系。他认为这种关系是完全标准化的，以双方理性的、可计算的经济利益为导向。韦伯认为市场是非人性和即时的，就是说，市场只在交换的瞬间起作用。[83] 对于主导工业化现代的标准化功能性市场来说，这种理解是准确的。

然而晚现代的吸引力竞争却是由三价关系决定的：至少两个竞争方，在争夺处于观众立场的第三方的喜爱。[81] 这种三角关系改变了一切。与理性交换模式中的市场不同，现在的市场格局确实主要是多种产品的相互竞争。

　　但这是一种特别的竞争。那么被争夺的是哪种"稀缺性"呢？答案是（前面也提到过）观众的关注和认可。文化性市场上，具有叙事、审美、设计、伦理和乐趣性质的产品在互相竞争，希望被发现，希望吸引观众的关注。它们也是在争夺观众对自己的认可，希望观众将它们看作"有价值且与众不同"的产品。许多产品失败退出，这就是说，它们没有被认可为非凡的，而是被看作千篇一律的重复。获胜者只能是那些成功确立了自己独异性的产品。简言之，独异品市场是吸引力市场，该市场具有双重结构：以可见度问题为中心的吸引力市场，和以文化独异性评价问题为中心的赋值市场。吸引力的竞争因而有了一种直接意义上的表演性，甚至可以说，独异性经济是一种表演性经济。[85] 产品在观众面前表演，力图吸引他们。[86]

　　消费者在文化性市场上处于观众的地位。[87] 观看者和观察者形成了公众，会给出或取消关注及认可。消费者在这里是受众，面对互相竞争的独异品，他们要做出选择。选择的文化性指标是体验和价值。韦伯所说的那种不带感情的价格算计不是——或者至多在次要层面上是——这种市场的标志。市场更多地意味着高度感性的活动场域：产品与观众的关系多多少少是以情感触动的形式为标志的（喜悦、紧张、惊险、享受、自我塑造、道德抚慰、安全感）。这些情感触动最后归结为吸引或迷人的能力，因此才有了吸引力竞争和吸引力市场一说。"吸引"在日常用语中常指短时的、表面的吸引，"迷人"则多指生理上的吸引。而我们所说的吸引力有更为根本的含义，指产品的正面感染力。相应地，迷人则指这些产品专门的

149

150

吸引力，指它们触动情感、能吸引人的能力。吸引力市场因而也就是产品以各自迷人的力量相互区别，再获得评价的市场。[88]

经济与社会的文化产业化

如前所述，经济在晚现代经历了结构转型，我称之为文化产业化。仔细审视之下，必须承认这一点并不仅限于经济领域。事实上，有两个进程在平行推进、互相交织：一个发生在经济领域，一个发生在整个社会。

如果将现代经济领域视为以货币为媒介的产品生产、流通和消费的总和，那么上文所说的朝向吸引力市场的结构转型就影响了两个方面：首先，发生了经济的全面市场化，这就是说市场形式在经济世界内部得以扩张；其次，市场的形态也完全改变了，这是指在晚现代社会，市场化进程本质上是被文化性市场推动并塑造的！这种说法可能让人迷惑：现代——至少资本主义——经济不是必然采取市场的形式吗？对这一问题可以如此反驳：不论过去还是现代，经济从来都不是必然地确立在一种坚定的市场逻辑上的。就算是工业化福特主义的现代，虽然也有市场形式的结构，却也存在影响力强大的、独立于市场的规范性调控机制。[89]组织化现代，产品市场经常是受到调控的，那时有寡头市场、单极市场或直接的国家专卖。[90]这种市场调控行为与劳动领域的科层制组织结构相辅相成，这种组织形式是以国家机构的架构为样板的。这种福特主义生产模式的内部结构之所以能与市场逻辑脱钩（其极端形式是国家社会主义），就是因为功能性大众产品市场的可预测性和可调控性。功能性产品的标准化市场本来就没有独异性市场那样强的竞争性。[91]

自20世纪80年代起，产品的流通、生产和消费各环节都形成了市场格局。市场于是不再仅存在于交换发生的瞬间，而

是对于生产者和消费者来说几乎随时存在。这一点在产品市场 152
的去杠杆过程中表现得很清楚，比如大众媒体或住宅的市场化
（二者成为全球文化产业化的推手，并非偶然）。但根本还是
在于，晚现代发生了经济的市场化，某种意义上来说是一种经
济的经济化。其推动力来自经济的文化化，即经济的文化产业
化。因为只有文化独异品市场能发展出一种极端的超级竞争体
制，组织化现代的功能性产品市场是不具备这种能力的。在此
背景下，灵活多变的独异品市场要求各种机构转而采取一种经
营式的姿态：对它们的要求是，它们需通过产品创意和劳动形
式的不断创新，在市场上不断争取新的成就。这就是它们的导
向。[92] 我们将会看到，经济以文化化的方式经历快速的市场化，
也影响了消费者和劳动主体的地位：消费者活动在吸引力产品
市场上，要不断地做出选择；劳动主体则活动在职业形象和个
人表现市场上。[93]

　　与经济的文化产业化平行发展的，是整个社会的文化产
业化。独异品市场上，文化产品在竞争着可见度和认可度，这
种极其特殊的结构不仅深刻影响了经济领域，也越来越多地在
结构上影响着晚现代社会的其他领域。比如在教育领域就可以
看到这种趋势：幼儿园、中小学和高校都变成了文化性独异产
品，或提供这样的产品，它们活跃在地方的、跨地区的或国际
性吸引力市场上。教育市场越来越脱离国家在可调控的框架下
的学位分配。在婚恋领域，自世纪之交以来，恋情和婚姻（包 153
括艳遇）的达成也通过数字化婚恋平台而具有了跨区域独异品
市场的形式——表面上是个人外表的竞争，但普遍地说更是个
性的竞争，人们竞相争取别人的注意，争取被别人认可为宝贵
的、独特的。[94]

　　此外，文化性独异品之间的竞争还深刻影响了在地区和国
际上都蓬勃发展的宗教市场，在这种市场上，各种宗教教义、

精神活动和宗教团体相互竞争。这种市场之所以形成，是因为 20 世纪 70 年代以来宗教团体与其起源地之间紧密的联系被打破了。相似的情况发生在城市之间及地区之间的独异性竞争中，它们互相争夺居民和劳动力。这种竞争之所以加剧，是因为新中产阶级的地域流动性增强了。最后，政治领域也越来越像市场，政治作为文化性产品（政党、候选人、社会运动）竞争着可见度和赋值机会，并自 1990 年以来在欧洲以广泛的政党政治形式，供应着叙事－阐释、伦理、审美等方面的身份认同。在组织化现代，政党与相关利益团体的固有联系是当时的典型特点，现在之所以发生此等转变，是因为这种联系已被消解。[95]

再强调一次，有些评论家倾向于将所有这些领域（包括经济领域）的结构转型都当作"社会的普遍经济化"来描述，这未免太表面了。晚现代的经济化采取的是一种非常特殊的市场化形式，即围绕文化性产品和独异性产品展开的吸引力竞争，就是文化产业化的形式。所有这些狭义上的经济领域之外（以及之内）被交易的产品，都不是功能性大众产品，而是文化性独异品——包括教育、婚恋、宗教、居住地，乃至政党和候选人。

因此，经济和社会的文化产业化不能被简单归结为新古典自由主义政治。[96] 虽然新古典自由主义确实在 1979 至 2008 年通过市场的去杠杆化（媒体、金融）和模拟竞争（教育、文化），为破除国家社会主义性质的各种标准，为经济和社会的市场化做出了贡献，但仅靠它则既不足以描述也不足以解释这场席卷晚现代的深刻的市场化进程。要对之进行描述和解释，人们必须认识到，晚现代有极其特殊的市场逻辑，其核心是独异性产品的关注度市场和赋值市场在经历大规模体制化。文化产业化的核心动力是带有情感因素的市场，观众在情感上受到产品的感染（或不受到感染），对之给予关注和认可（或不给予），并给它赋值（或不赋值）。把经济与文化看作对立的两面——商业与价值、效率与感情、市民与艺术家——这是现代时期的老调。晚现代独异性经济中，文化化与经济化不再是冤家，而是结成了强大的同盟。文化化作为主导形式，与市场化进程紧密交织在一起，市场化进程包含文化化进程。[97] 在文化产业化进程中，独异品的竞争格局就这样形成了。

过度生产与赢者通吃式的竞争

独异品市场是另类的。它与功能性产品的标准化市场不同。它重新以艺术为范式——首先对于创意产业，其次对于广义的创意经济，最后对于吸引力市场，它都是范式，正如它对于整个晚现代社会都是范式一样。艺术领域成了晚现代社会的结构蓝图，听到这个观点，可能很多人会大摇其头，不仅经济学家和社会学家会摇头，文化哲学家也不会同意。长期以来，经济学及经济社会学、组织社会学和劳动社会学对艺术甚至文化产业都未曾措意，认为那是另类的边缘现象，资本主义关心工业市场和工业生产，艺术和文化不懂这些严酷的现实。对于传统的工业社会来说，这种看法自然是正确的。然而随着晚现代经济的文化化与独异化，情形反过来了。社会学和经济学是与工业化现代的形成交织在一起的，所以对于这两个学科来说，要让他们改变视角，不是一件容易的事。他们应该认识到，来自艺术领域的叙事－审美产品，其特征、市场形式和产品形式在晚现代独异性经济中起着结构性作用。[98]

艺术哲学家会表示更加强烈的反对。因为德国自理想主义哲学以来就有一个典型的思想传统，认为艺术品和艺术根本就是现代社会的另类，是资本主义经济的反向力量。从社会学角度来看，必须指出这种看法含有艺术的神秘化倾向。[99] 事实正好相反：如果现代存在那么一个社会领域，它早早地，也就是说在 18 世纪就带有独异性经济的特征，那就是艺术领域。艺

155

156

术不需要事后——比如依靠 20 世纪 20 年代以来的文化产业或 20 世纪 90 年代以来的全球艺术市场——被经济化，它从一开始就是极度市场化，即文化产业化的，现代社会没有其他任何一个领域可与之相比。[100]

不论在艺术领域、创意产业或整个创意经济中，还是非经济领域，文化市场首先表现出一种特别之处——产品的过度生产，将它与功能性产品的标准化市场根本区分开来。[101] 不论是哪种产品——小说也好，手机应用也好，或是电影、旅游目的地、科学理论、服装时尚、精神活动——过度生产是指很多的新型文化产品不断地被生产出来并被放到市场上，数量远远超过最终能被观众注意到，并被认可为独异的量。大多数新产品没有获得独异性认可——要么它们显得太无趣、太保守或没必要，要么它们一开始就不具备引起注意的条件。因此，传统经济中的短缺问题，在文化市场上是不存在的，至少在产品这一层面上不存在。文化市场上不存在短缺，而是存在过剩。因而"浪费"不是独异品市场的缺陷，而是其固有的特点。[102]

157 过度生产与独异性经济强制性地"出新"紧密相关，跟"创意装置"紧密相关。[103] 文化性市场以无可比拟的速度不断推出新产品，这是它的结构性特征。但这并不是说，先出现的产品必然消失——如果被赋值为"经典"，它们有可能长期存留。不过总的来说，那种激进的、反传统的，对文化产品"出新"的必然要求是压倒性的，所以文化性产品的独异性一开始就与新意联系在一起。文化性产品要求以新的方式独异，这就是说它要提供一种前所未有的独异性。

既然大多数文化性产品最终不能获得认可，为什么要——有时候还很费力气——生产这么多呢？因为新的独异性产品有一个显著特征：它们能否获得认可是不可预估的，在这一点上它们是高风险的。如果人们知道哪款手机应用、哪部电影、哪家餐馆或哪种理疗能获得反响，能被认可为独异品，可能人们就都去生产这一种了。但人们不知道，独异性产品本质上是没把握的产品，文化性市场是"无人知晓"的市场。[104]

这种不确定性的根源首先在于对"新"的必然要求。一件新产品原则上必须找到对它感兴趣的人。因此，售卖熟悉的产品、有可靠用户的市场，比新品市场好预测得多。但一件产品是标准化产品还是独异性产品，在决定它的新意方面是根本不同的。新的功能型产品可能有技术和实用性上的创新。依靠技术进步，它们要求一般意义上的进步，所以市场风险小。文化创新则不建立在普通规则上，而是游戏于独异性中。它要求一种叙事、审美、设计和 / 或乐趣的独异性，以此打动受众，获得价值认可。它们必须引起惊异。对独异品自身价值的认可，就像它的情感力量一样，是不确定的——确切地说，它们的价值不能从现有的文化公式中，从已有的赋值方式和情感文化中加以推导。谁能有把握地说，哪部小说能引起热潮，哪部会被漫不经心地丢在一旁，哪部电子游戏吸引人，哪部让人提不起劲？晚现代经济是一种意外经济。

此外还有，争取独异性的文化新品之所以数量极多，也有数字技术的推动。这个数量问题还引起了另一个问题：显示屏上的哪些产品能吸引观众有限的关注？因为没有被看到，就绝对不可能有机会去打动人并获得价值认可。单纯的数量差别对关注度系统有明显的影响。独异品市场基本上必须被当作关注度市场来理解，即一种社会空间，其根本挑战来自公众关注度的不确定流动。[105] 能否获得关注度必然是选择的结果，所以社会活动和秩序总是看起来像是对关注度的管控，就是说以引导、强化或过滤关注的形式。独异品市场的显著特点就是，这里对关注度的刺激和操控是史无前例的，而其具体分配是不能预言的：在这里，观众的关注度成了一种稀缺资源。总的来

158

说，如果晚现代社会也存在短缺问题，那就不再是指产品的短缺，而是关注度的短缺（以及价值认可的短缺）。

原则上可以想象，这些大量的文化性产品各吸引一小部分观众的兴趣，它们各自获得的关注度比较弱，但分配较均衡。这样一种平均主义观念却不符合实情。独异品市场有一个特殊情况：一边是新（老）产品——电影、度假地、家具、发型——的过剩，另一边是一个地区、一国或全球的观众。虽然不能肯定哪部电影或哪件产品能获得观众的关注，但分配是有可能极不均衡的。有超强竞争的市场很容易两极分化。[106] 少数几件新产品可能引起巨大的关注，大部分无人问津。比如每年新出的商业片中，只有少量能够进入院线，能放映几周、定价不菲的就更少了；大多数会失败，很快就被遗忘。量化实证研究已经多次证明，不管哪类独异品，都呈现"帕累托分布"：20% 的产品吸引观众 80% 的关注度[107]，其余 80% 的产品只迎合 20% 的需求，很多产品一无所获。[108]

独异品经济这种极度不平衡的关注度市场，就是罗伯特·弗兰克（Robert Frank）和菲利·普库克（Philipp Cook）所说的"赢者通吃"（或至少是"赢者多吃"）市场的范例[109]，即两极分化的市场，一边是获得巨大成功的少数赢家，另一边是不太成功的多数输家。也可以说这里有一种明星经济。它遵循的模式，是经济及整个晚现代文化的明星化，艺术领域很早就有这种做法，近年的文化产业和体育产业也一样。[110] 不仅主体，任何一种文化性产品——不论是物品、服务、媒体形式或文化事件——都有可能成为明星，获得非凡的关注度。YouTube 视频可能成为明星，某品牌手机或一家热门餐馆同样可以。进而，整个品牌或整个机构（比如世界著名的博物馆、著名的足球俱乐部）都可能具有明星品质，能产生明星创意的个人也是如此：明星建筑师、明星作家、明星大厨等。明星化是独异性经济固有的。

"蜂鸣效应"及可见度之争

文化性市场的特点总的来说是高风险和不可避免的投机性。说到风险，如果将原因一概归结为现代社会的市场化，就有点太含混了。毫无疑问，就是文化性市场及其特殊商品，就是与可预测的工业化资本主义完全不同的后工业独异性资本主义，造成了极其明显的、不可消除的不确定性结构。吸引力市场本质上是风险市场，因为它提供的是独异性不确定产品——会造成很多影响，不仅对产品和经济机构，也包括从业者以及晚现代劳动结构。工业化社会通过限制市场形式，通过对功能性产品以及经济领域的劳动形式进行标准化规范，保证了较高的安全性和可预测性，消除了不确定性，晚现代却通过产品市场的文化化和独异化变成了风险社会[111]：关注度的流动、成功地引起惊异、独异性的价值认可，都不可能在严格意义上进行规划和操控。所以，风险防范策略也被提上了日程。

文化性市场的高风险使它带有明显的投机性。投机这种活动策略，玩的就是不确定性，将宝押在认为有可能，但不一定的事情上，事情有可能不发生或彻底失败。投机活动在一些领域比如金融市场和股市上很常见。[112] 对于独异品市场，投机是其根本特征：每一首新曲子，每一家新餐馆，每一款新应用都是对未来的下注，赌的是那些标新立异的东西会不会被观众发现并认可。同时，输掉赌博的风险也很高。这就是说，投机不再只是某些精明的（股票）投机者主体针对大众的行为，而是远远超出了这个范围，成了晚现代独异品市场结构的一部分，以至于每次推出意在争取吸引力的、新颖的产品，都有投机的成分。

一件文化性产品在独异品市场上成功或不成功，这个过程是多层面的。根本的不确定性既存在于制造者方面（着眼点：能不能成功），也存在于消费者方面（着眼点：哪件产品值得

注意），这就促使了一种特有模式的形成：消费者让自己的关
注度被引导，制造者则努力减少风险。关键的是，独异性产品
总要通过两重过滤，它们是先后启动的，却又在某些部分紧密
相连。它们是：关注度过滤和赋值过滤。显而易见，如果某件
东西不能引起注意，它就不能获得正面赋值。但是，成功地引
起注意不会自动带来正面赋值，更不会自动带来长效赋值。

原则上，因为文化性产品的过度生产，以及新产品在吸引
力方面的不确定性，社会学认为它获得的关注度不如久经考验
的功能性产品。这一弱势却被关注度市场上的一个优势抵消掉
了，即情感产品有所谓"传染性"。如果一件产品——一部电
影、一家餐馆、一支乐队、一个旅游地、一场喜剧表演——在
几个受众那里引起了狂热，它光凭这一点就有了吸引力，从而
很容易吸引更多人的兴趣——只要具备相应的社会渠道和媒体
渠道，好让这些狂热传播开来。这就是有魅力者的魅力。人们
称之为"蜂鸣"效应，只有独异品能够引起这种效应。[113] 这种
蜂鸣也解释了关注度分配不均衡的问题。过度生产的海洋中，
少数的文化产品被看到了，显示出了情感力量，它们就能很快
吸引更多的关注。正面情感会得到某种加强，形成某种大众吸
引力，至少形成短时间的马太效应。谁引起了注意，谁就有人
给关注，如果一段 YouTube 视频有 50 万次访问量，再得到 50
万次只是小菜一碟。

如此，显见一件独异性产品的开始阶段，即它刚见诸市
场的那个短暂的阶段，对其成功有怎样的决定性作用。一般来
说，这个阶段总是事关"全局"：文化性产品身处激烈的可见
度之战中，而可见度——当然不是指狭义的、仅限于视觉的可
见——是独异性社会一个相当普遍的指标。如果一件独异性产
品（不论是客体、集体或文化事件）能够吸引旁人的关注，它
就是可见的。哪个人或哪件产品无人喝彩，就是不可见的——

这意味着其社会生命的终结。[114] 一件新品的起步阶段在某种程度上可以说是关注度的"原始积累"阶段，一个"初始独异化"阶段。一件单独的产品是这样，一家机构也可以是这样，比如企业的初始阶段（初创企业、"地下室公司"）。还有艺术领域和创意经济的其他分枝，在初始独异化阶段，其创造者的称号是"新人"，比如新人作者、新人导演或新人设计师。产品、机构或称号在产品的初始阶段，还是一张白纸。一切都有可能。而且，一般来说这个阶段在吸引关注度时有一种显眼的"不可逆"性，虽然在不同领域，这一阶段可能稍长或稍短，但新产品或新称号只在有限的时间内有机会引起关注。之后要么因蜂鸣效应而上升（可能平步青云），要么永远失去机会。[115]

初始阶段的这种不可逆性，根源在于创意装置的结构性特征。创意装置从根本上将公众的兴趣引向新生事物，其结果是：没有比上一季的冷门货更无聊的东西了。昨天"出线"的产品，一般没有第二次机会产生蜂鸣效应。这对于文化性产品来说有些让人心痛；这里的原则可以说是"新游戏，新运气"。对机构来说，情况会更加糟糕，因为如果初创阶段没有发好力，在市场上取得成功就会很成问题。这种不可逆性对"称号"（即一开始就与作者效应绑定的产品）的生存威胁最大。新人的失败将是其一生的污点。失败的新人必须退出，或接受"怀才不遇"的命运。

反之，极度不确定的起步阶段也意味着：如果能迅速积累关注度，那么文化性产品、初创企业或新人称号就能平步青云（这种经历也可以说是独异的）。这样，一件文化性产品的起步阶段就有可能成为独异性社会中常见的神话，比如爆红明星及其被"发现"和"强势出道"是"地下室乐队"或"地下室电影"的常备要素。乍看上去，这有点像市民社会时代"白手起家"的人，比如谚语所说的洗碗工变成百万富翁（rags

164

to riches），但二者有明显区别。[116]"白手起家"叙事的理念基础是勤奋工作会让人不断提高成绩，在社会上取得成功，而爆红明星的神话则以公众的关注度为特征。一首新曲、一次出场、一段 YouTube 视频或一个反响热烈的时装系列就可以引起爆红，这就是说，成功不是缓慢逐步的，而是不连续的、突兀的，实际的劳作在这里不再是决定因素，而是"惊异效应"在关注度市场上取得了成功。

一件文化性产品在起步阶段引起关注，引发蜂鸣效应，在很多方面取决于偶然因素。同时也有一些机制和部门，在努力对可见度施加影响。它们有各自关心的文化产品种类，也有各自的观众群体（地方性的、国别范围的，还是全球的；专业观众、普罗大众还是二者兼有）。在塑造、影响可见度方面，起决定性作用的无疑是现代传媒技术，数字技术位于前列。适合的媒体渠道能大大影响一件文化性产品的初期关注度。同样重要的还有社会网络 *：专业的、私人的或二者兼具的。独异品市场是"社会网络市场"[117]：文化性产品因口口相传而广为人知（worth-of-mouth），有熟人推荐，也有同事和媒体的推荐。不论是大众媒体还是专业媒体，"媒体把关人"（gatekeeper）的影响不容小觑。有些产品必须依靠机构的推广，比如唱片公司推广单曲、画廊推广画作、出版社推广图书，有时还包括城市演出场所以及演员的经纪人，这些推广机构的声望（这也使它们更容易进入大众媒体的道路）能够提高产品的可见度。[118]

---

* 这里的网络并非专指互联网，而是交际意义上的人际关系网络，可能借助各种形式实现，包括互联网，也包括线下的各种联络方式。因为"网络"一词现在基本成了互联网的代名词，故译者特意在此处使用"社会网络"一词而不用"社交网络"，因为后者在日常汉语中几乎已经是专指基于互联网的社交平台了。第三章中还会谈到网络，作者也会专门谈到基于互联网的社交网络问题。——译者注

赋值技术与名气

独异产品吸引关注度的机制以及赋值的机制往往是紧密相连的。[119] 在关注度的原始积累阶段，一件产品的可见度就不再是价值中立的了。一部电影或一家博物馆的关注度可能通过网络或印刷媒体上的评价来调动，它们使新品得以为人所见，并同时评价它们的质量。高关注度一般是与强烈的情感触动连在一起的，而且大多是正面情感（比如产生蜂鸣效应的产品），最后甚至使一件产品成为"必看"或"必备"之物。不过，如果某些事物的评价极为负面，被认为是倒退或可耻的，也能引起极大关注。

虽然初始阶段的关注度已经与赋值有关，但许多产品有长期赋值和短期赋值之分。从这个方面来说，有三种不同的产品。第一种是本来就瞄准短期市场的产品，比如报纸文章、数字媒体上的新闻报道等，互联网对 YouTube 视频和电视节目等一般也只给予短期的关注度。第二种是正在进入市场的产品，可能长期也可能短期受关注，比如电影、时装。这类产品市场本来是瞄准短期成功的，比如每周推出一部新片或每季推出新款时装，但有些电影、导演、演员或设计师也能获得长期认可。第三种文化性产品从一开始就是瞄准长期市场的，乃至短期成功对它来说并不重要。比如建筑物、学术书、餐馆、博物馆或精神治疗师，以及整个城市。[120]

我们在时装和经典等例子中已经看到，认可度有长、短时效之别，这凸显了文化性市场的时间特性。[121] 独异产品总有两种可能：要么是短时吸引，要么是能不断产生吸引力的长期魅力。独异性经济中，两种关注模式、两种价值是并存的。在这种文化性框架中，长期魅力更为宝贵，因为这种关注是可持续的。长期魅力的前提是，产品随着时间的推移获得一种（积极的）文化声望，形成一种文化资本——独异性资本，这种资本可以长期积累，不断提现，成为经典、名人或品牌。名望，意味着某件文化性产品长期被看作宝贵的，而且它自己必须在长时间内被认为是独一无二的。与功能性产品的赋值不同，独异性产品的赋值是麻烦的。在艺术领域，它一直都是麻烦的，在独异性经济与数字媒体（媒体为这样的赋值提供了工具）同时扩张的阶段也很麻烦。[122]

功能性产品的用途，一般可以通过数量（多或少）或质量（优或劣）较为容易地获知。独异性产品的评价却要依靠复杂的性质赋值话语和赋值技术。[123] 在艺术领域，艺术评论及与之相通的艺术科学是传统的赋值场所。独异性经济中的产品比艺术品丰富得多，所以其赋值形式也要丰富得多。典型的赋值形式主要是评价，它也被普遍化和大众化了，成了独异性经济中一种主要的媒体形态。不仅图书或歌剧会被评价，对餐馆、酒店、城市、手机应用、电子游戏、旅行社和牙医也都有评价。[124] 从某种意义上说，独异性经济运行在一种"持续评价"模式上。正统的艺术评论是少数专家的势力范围，他们活跃在一些高端媒体平台上。而现在由于有了数字媒体，文化性产品的赋值权限被大大扩散，这种赋值权限——不同的视角有不同的说法——有人说是民主化，有人说是扁平化。

关于赋值机关，在次要层面上存在一个评价和关注度的问题：哪些评价机关是可靠而且值得关注的？这里仍有声望高低、关注度高低的区别。传统的内行与外行之分，在区别独异性经济赋值机关时仍是重要的，但形式变了，外行不再是不懂专业知识的人。外行与内行的区别更明显地在于他们评价产品独异性时的方式，而这又牵涉独异性的特点：它们要被体验并赋值。[125] 外行与内行的评价在这两个元素上是有区别的。

外行在评价产品的自复杂性时，主要基于自己的体验。因此在他的赋值中常能看出他是怎样体验一件文化性产品的，又受到了怎样的情感触动。内行的做法完全不同，但也在向这个趋势靠拢。他与体验成分拉开距离（虽然从中产生的情感触动永远不会完全消失），从能凸显产品自复杂性和独特性的单个要素或构成关系中选择一个来作为分析抓手，并且经常借助比较：只有对其他曲子、其他地方的其他布置也同样了解，才能对这首曲子的特色、这个地方的这种布置进行评价。质性对比的艺术在于，它并不因此而（过度）降低独异品的自复杂性，而是会保留它。对于任何一种文化性产品，即使是高雅文化领域之外的，这种知识化的评价都是内行评价的特点。内行评价不再局限于传统媒体或学术机构，而是也发生在数字媒体中：谁是专家不再依靠身份，而是依靠受众的信任。

169

独异性资本

一旦文化性产品在通向成功的道路上进入了外行和内行们的赋值话语，它们就有可能被赋予文化价值，关注度也会在起步阶段之后得以继续保持。这种价值可能稳定下来，保证不断有人关注。所谓长效独异化就是指这个过程：一件被赋值的产品积累着独异性资本，这种资本（尽可能）长期起效。一些出色的产品是这种情况，而其他大量的产品只能（如果有运气）在受到短期关注之后被人遗忘。长效独异化的结果，就是产品可能成为现代的经典、品牌或名人。[126] 不但家装设计、时装设计会成为这样的产品，而且风格、位置独特的房子和居室，小说，非虚构作品，音乐作品（包括古典和现代风格），电影和旅游地也有可能会。还有庆典或重复举办的体育赛事、大学或博物馆都有可能成为"经典"。各种品牌也是如此。[127]

皮埃尔·布迪厄（Pierre Bourdieu）以 19 世纪的文学为例，将文化区分为流行和高雅两派，这种做法对独异性经济似

170

乎已经行不通了。[128] 如今在文化资本主义背景下，广泛的关注度与专家评价之间，能看出一种高度动态的来回转换。它们不再彼此隔绝，而是经常互相增强。总而言之，以前文化领域有高雅与通俗的分野，它们各自有不同类的产品和完全不同的评价机制（一个靠专家评语，一个讲流行程度），而在晚现代文化领域里，双方已经有了互通。

这种差别的消除发生在两个方面：一方面是经典的流行化，另一方面是流行的知识化。自 20 世纪 90 年代以来，传统意义上高雅的客体和文化事件——比如博物馆、古典音乐会或艺术类事务——通过组织活动和举办庆典也具有了某些流行性，它们的情感力量和本真价值得以凸显。而一些本属于流行文化的东西变得专业了，也就是说有了知识含量。《指环王》或《哈利波特》等商业大片，流行音乐、动漫和游戏的新趋势，这些都被微妙地置入了某种文化科学的语境。如此，整个文化产品领域变成了大众关注度走向（以及短期有效的赋值）和内行长效赋值的对象。流行文化和专业高雅文化不再标志着产品的两个等级，而是变成了两种评价形式，而且这两种形式适用于大多数产品，甚至还会交织在一起。

这里要谈到晚现代文化在关注度和评价方面特有的"溢出效应"：文化性产品获得的极高关注，经常能决定性地推动专家赋值。当然，高关注度并非必然是专家好评，但多数时候，专家也不能对"现象级"事物置若罔闻，他们需开动对它的赋值机制。因此，艺术评论不能无视流行的，即媒体关注而且价格高昂的艺术家（及其作品），比如达明安·赫斯特或杰夫·昆斯。有些来自流行文化而又成为专家赋值对象的产品（比如电视连续剧）尤其是这种情况。反过来，专家好评也能推高关注度。常有一些受众面广、由大众媒体包装的赛事和评奖是这种情况。[129] 这些活动可以看作一个赋值争执的过程，最后，由专家委员会嘉奖获胜者。典型的例子是各种电影大奖（奥斯卡、金球奖、金熊奖等），颁奖礼被当作全球性的媒体大事。赋值过程本身成了文化事件。颁奖不仅能让获得认可的独异品再次提高声望，还能给新品一个无可比拟的露脸机会。于是，已被认可的吸引力就有可能转变成大众魅力。[130] 有趣的是，"争议"能够推进这一过程。独异性经济中，文化产品不一定要获得专家的一致好评。相反，有些时候，带点争议是好事，因为产品可以在争议中充分展示其自复杂性，从而变得更加有趣。有争议的常是获得极大关注而评价又两极分化的产品。争议进一步加热赋值话语，引来更多关注。[131]

概括地说，产品的关注度和名望都成了文化资本，这是文化性产品吸引力市场的特性。[132] 独异性资本以这种方式得以产生并获得了根本的重要性。文化资本主义是一种非常根本的资本主义。在商品化和经济利益的问题提出之前，独异性就可以成为资本，这就是说，它能成为可积累的资本，根本不需要更多劳动就能有收获。独异性在这个市场上变成资本，其条件是某件产品不仅要有单次的、短时的吸引力，还要具备长期魅力。如此看来，独异性资本作为关注度资本与名望资本的结合，是独异品的文化资本。由于产品的独异性成了资本，所以文化资本主义是一种独异性资本主义。

关注度资本是指，一件产品目前获得的关注，能让它以此为基础获得更多的关注。一件产品因独异而著名，人们就会对它感兴趣，这就会使它更出名。因为消费者的注意力是分散的，他们会把注意力放在有名的东西上。关注度可以积累。这里不仅会发生短期的马太效应，还会发生长期的。像任何资本一样，关注度资本也可以让人不劳而获，理想情况下它任何时候都能变现，就是说随时变成收益：独异性产品不必做任何事，只要它著名的独异性已经确立。仅凭这一点，它就能获得更多的关注，甚至过多的关注。

173 　　名望资本的意思是，一件产品迄今为止（通过专家）得到的赋值，足够给它继续带来名望。独异性资本作为名望资本是可以累积的。建筑师、演员、设计师、音乐人、文人等，谁已经得到了某种嘉奖，谁就很有可能获得更多嘉奖。于是就可能发生这种情况：抛开对作品自复杂性的了解不谈，只要重量级人物组成的圈子认定某人卓尔不凡，仅凭这个事实，就会让更多的人也赞赏他。在名望问题上，也有可能发生长期的马太效应。[133] 而且，名望资本同样可以毫不费力地带来收益。过去的名声可以继续发挥作用，只需加以管理（不过它也可能褪色，如果"某人的好日子已经过完了"，或者某人已经是"明日黄花"）。

　　名望资本通过受众不断更新的关注度来兑现。这种情况下最成功的是"活的经典"，因为它们一般会再产出新的文化性产品，因而一直活跃在创意装置中。活的经典，它们以前的产品连同现在的产品都是活跃的。他们的新作品在关注度市场上有相当高的、高得几乎难以企及的起点，因为受众在面对新产品的时候，一般会将注意力放在熟悉并获得认可的（尤其包括受争议的）名字和品牌上——知名导演 X 的新电影、品牌 Y 的新产品、著名都市 Z 新落成的博物馆。

　　从社会学上看，经典与活的经典可以将它们的名望资本变成双重的关注度优势：一方面，它们以前创造的产品，当下仍

174 在文化领域内多多少少吸收着一部分关注和认可度；[134] 另一方面，活的经典因为已经为人所知并受到认可，在新品领域占有上文提到的那种高起点优势，因为独异品本身就带有让人失望的可能，而活的经典产生的新品能够降低这种可能性。活的经典是对质量的保证，因此它们常能预支关注和赋值。如前所述，在独异性资本主义的条件下，独异性资本的两种形式即

关注度资本与名望资本，经常联结在一起。说得更直接些：在市民时代，艺术领域要么只能在人有生之年为某人提供知名度，要么在此人暮年（甚至过世之后）。而独异性经济中，赢者会在当时当场就获得名声和荣誉。明星作家、明星建筑师、明星设计师、演艺明星、艺术明星、厨艺明星、明星主持人等，都是这样，创意经济的顶层就是这样。[135]

独异性的量化

文化性产品的赋值过程就是质化过程，即对其价值的认定和赞赏。但这并不意味着量化这种结构性力量会从独异性经济中消失。恰恰相反，关注度市场上的产品号称是"不可比较"的，然而正是这个市场催生了复杂的量化技术。自20世纪90年代起，特别是数字革命之后，可以明显看出量化的对比指标和测量手段通行起来，它们经常采用的形式是排名或打分。[136]

自19世纪下半叶起，社会的量化技术成了形式理性和普适性逻辑的核心工具。国家机构要用统计数据来了解人口信息，经济组织借助财务账簿对内部流程进行自我监督。既然理性化与量化有这样的关联，人们会吃惊为什么独异性经济会给量化技术带来新的动力。决定性的是，这里所说的量化并不带有，也不分配普适性特征，而是研发、推广以展示独异性为目的的量化技术。这里也发生了——正如独异性社会普遍发生的——"目的理性"的结构转型：目的理性成了为独异性而存在的普适基础设施。

怎么会这样？为什么会这样？独异性的量化，可以说为独异性的比较这个问题做出了理性回答。[137]严格地说，独异性是不能互相比较的，然而独异性经济对比较有必然的要求，不仅从生产者的角度，而且从消费者的角度：二者都想知道关注度的走向，了解关于赋值的信息。人们想知道哪件产品确实是独

175

异的，却又没有足够的时间和金钱——生产者和消费者都是——去一一尝试。因此，本来不可比较的东西——文化性产品——之间的相互比较对于晚现代独异性经济来说就是一个核心的，但又不好完成的任务。要把不可比之物相互比较就意味着，独异品的自复杂性不能再位于前台，而是要根据特定的、精选的对比参数来加以审视，并且（迫不得已地）被消减。

176　　在质性的、非竞争的基础上对不可比的文化性产品进行比较，这种做法自独异品市场存在以来就有。18世纪末的艺术评论和艺术科学在对比各种艺术风格时，做法并无不同。这样一种质性－理性的比较将对比的对象放在平等的位置上，也不明确区分等级高低。比较是为了更好地理解一个对象，如果将它与另一个对照地看，它的自复杂性和独特性能够最大限度地得以保留。与此不同的是质性－竞争的比较方式，所用工具是排行榜或决出胜利／失败。这种做法的关键，就是（上文中说过的）文化性产品市场上发展起来的竞赛和颁奖机制。

　　独异性竞争中的比较有个前提：要对"什么是独异性"进行全新的解读。独异性在此被转换成了"普遍的特殊"。我前面提到过，（晚）现代条件下，特殊性的三种社会形态（独异、独特和普遍的特殊）之间有大幅度的流转。[138] 随着对比技术的发展，独异性在一定程度上被暂时搁置，"普遍的特殊"指标体系又被起用。这样，不仅单个的文化产品在被孤立看待时有价值，而且根据特定的标准，这件产品显得比其他的更有价值，这样就产生了一个质量排行（高／低），比较就成立了：某物能够显得比另一物更独特、更复杂、更绝。这种赋值的目的不仅是认定或理解质量，而且是通过对比来排序。

　　通过竞赛得出的质量排序，可以随后被量化——自20世纪90年代以来，这种做法以排行榜的形式得以广泛应用。质177 性排行的量化，其里程碑式的例子是1926年就产生的米其林餐厅星级制度。餐厅的质量差别不再只是被简单指出，而是转译为一套打分（星级）体系。这种范式使比较变得简单了，也容易形成质量群体。[139] 米其林星级是一种很权威的评价机制，星级是由专家评定的。另有一种排行是与频率相关的，即以数量多少定先后的排行。外行评价时常用这种做法，人们通过频率的高低，向上或向下对比不同的评价。就评价文化性产品的数字平台来说，排行与频率的结合是其根本特征。[140] 这里会算出每一件产品的平均分值，根据平均值就能得出排行。

除了排名之外，有一种更简单的将质性赋值进行量性转译的方法，用以测量文化性产品关注度的分布。赋值必须通过复杂的从质性变成量化的转换过程，而关注度层面上的量化相对简单，因为关注度可以依照简单明了的参数加以测量。一般来说，这里不是在测量受众真实的关注度本身，而是要引入外部指数。最简单的做法是计算一件文化产品被需求的数量：图书的销售量、观影人数、电视剧的收视率。经由数字化途径，关注度被自动量化，而且应用很普遍。新闻网的一篇报道、一段 YouTube 视频、一个 Facebook 或 Instagram 页面、一条维基百科词条的点击量，甚至互联网上所有与某明星（或某家企业、某件文化性产品）有关的帖子以及所有这些帖子的访问量，都在经历实时测量。[141]

这样通过量化技术来展现独异性的效果就是，量化从关注度层面开始就已经加剧了上文说过的那种极度的不均衡。不均衡分配的关注度从此变得可见了——不论是通过清单还是可视化手段——消费者更容易将关注度投给那些已经拥有观众的产品，从而开启马太效应：人们读畅销榜单上排名最高的书，听金曲榜榜首歌曲，在网上只看点击量多的（尤其是"朋友圈"里点击量多的）帖子和视频。排行赋值技术还有另一种自我增

178

强的效应＊：人们会去获得米其林两星的餐厅吃饭，看戛纳或柏林电影节的获奖电影。文化性产品市场最终不仅在生产者眼中成了一个不确定的市场 142，而且在消费者眼中也是，他们永远不确定自己是否会被某首新曲或某家餐厅打动，不知道这些是不是有质量价值。除了单独的赋值行为之外，比较－量化的赋值方法，以及直观的、量化的关注度分布成了行之有效的手段，让受众容易做出选择。

就这样，关注度的测量和质量排名都变成了工具，推动着关注度和名望的进一步资本化。矛盾的是，通过分级手段，以量化－比较的形式来体现独异性，进一步加深了明星（以及后来的经典）与广大平凡产品之间的绝对差异。这里发生着某种双重转译：量化比较技术（比如排名或打分）先将文化性产品之间绝对的质性差别转化为不同级别的质性或量性差别。然而由于文化性市场上的这种分级会导致与关注度市场同样的两极分化，并且推动着关注度资本和名望资本的积累，不同级别的差异就被转化成了绝对差异，尽管是在另一个层面上。这是因为，最显眼的产品与不可见的产品之间、少数明星或经典与平淡无奇的产品（它们很快就会被遗忘）之间被"坐实"的绝对差异，才是最终起决定作用的。

总而言之，关键的一点是：产品的独异化过程与赋值过程并不是某种商品市场内部的事，而是已经成了其他竞争领域的结构性特征，比如教育机构、城市或政党。关注度的变化，打分形式或质性形式的日常赋值，赋值争端通过媒体传播变得直观可见，这些事实就能够深刻影响主体的行为和整个晚现代文

＊　此处"自我增强"是指，如果某件产品获得了一种赋值，比如被评出高星级或获得电影节大奖，那么这各种赋值本身就会进一步增强它的价值，吸引更多关注，而不需再在它上面投入更多努力。——译者注

化。在独异性产品的文化性市场上，主体首先作为消费者（有时同时也是生产者）不断活动着，他就会学会当今社会的一个常规：客体和主体如果能够在永恒的关注度竞争和赋值竞争中保持不被湮灭，保持情感上的感染力，那么它就是有价值并独异的。深刻影响晚现代文化的因素，并不仅仅是消费者出于安排自己生活方式的目的而偏爱独异性产品。产品之间的独异性竞争对晚现代文化也有同等，或许更为深刻的影响。

第三章

劳动领域的独异化

劳动的文化产业化及两极分化

后工业经济时代，随着产品和市场的结构转型，劳动领域也发生了转型。这个进程不仅涉及劳动活动本身和机构组织方式，还涉及劳动主体的能力、愿望和要求。在所有这些层面上，都发生了劳动形式的文化产业化和独异化，脱离了工业化现代标准化的劳动结构。

过去的 20 年里，针对工业化逻辑的销蚀，社会学有人提出了不同的概念表述："非物质性劳动"这个概念是指，为物质性产品付出的劳动远远少于为通信、符号和情感等付出的劳动；"灵活的专业化"侧重研究如今的生产方式相比规模化生产有了哪些变化；"劳动的主体化"论点强调，劳动主体各种去程式化的特性意义非凡，以至于在"劳动去边界化"的过程中，工作与生活的分界线变得模糊了；"项目"这种组织形式也被多次关注。还有人分析了晚现代"自我经营的劳动者"以及"经营的自我"所处的竞争环境，指出他们相应地学会了不断提高自己的就业能力（employability）。[1] 关于后福特时代 劳动形式的这些研究，在我看来都是准确的。但我想将它们综合起来并提炼其精髓，提出"劳动领域的独异化"这个提法：劳动关系在经历结构转型，在这个过程中，力度空前的独异性导向是其决定性特征。这一独异化进程与文化化进程遇到了一起，更准确地说，是劳动形式的文化产业化。这就是说，劳动领域越来越具有创意经济的特征，为文化性市场生产独异品，劳动力本身则变成了文化性（劳动）市场上的独异性产品。

在科学文化领域，劳动的独异化包括许多方面：劳动不再是为了产生标准化产品和服务，而是转向不断制造新的（或已有的）独异的、有吸引力的产品，劳动本质上已上升成为一种文化性生产和创意性劳动。这里劳动的独异化是指为独异性而劳动。在组织层面上，也能看出独异性逻辑压倒了普适性逻辑，因为科层－分工式的矩阵组织，被项目式架构和网络取代了。最后，劳动主体也是非同寻常的独异化对象——被自己或别人独异化：以前要求具备普通的正规专业技能，现在要求具备独特的"形象"，体现其个人能力和潜质。晚现代劳动主体被要求独异，自己也想独异——想有一套能力和天资，做出别人无法替代、尽可能与众不同的表现。于是，独异化进程就使原本客观的现代劳动领域带上了极强的文化和情感色彩。

21世纪初期，独异化与文化化当然没有涉及所有劳动关系。非物质性劳动或曰创造性劳动主要的从业者是知识文化经济领域具有特别专业技能、受教育水平普遍较高的知识阶层。在所有从业者中，这一知识阶层大约占三分之一，还有增加的趋势。莫拉利奥·拉扎托拉（Maurizio Lazzarato）正确地称之为"智识大众"[2]，他们因20世纪70年代的教育普及而产生，正在成长为创意经济的核心生产力。除了不断膨胀的知识文化经济，以生产资料制造和原料加工为目的的工业生产当然依然存在，还有简单、日常（现在变得更加简单和日常）的服务业。同时，在文化产业内部，并非所有活动都是独异化了的工作，这里还需要——虽然越来越自动化——以工业生产为支撑的服务业。丹尼尔·贝尔（Daniel Bell）及其他一些学者对未来的知识社会报以极大的期望[3]，与之相悖，工业社会向后工业社会的转型，并不意味着劳动关系整齐划一地向着高端知识性劳动发展。后工业经济及其劳动关系其实是很不均衡的，劳动领域有两极分化的趋势，一极为高端人才的文化知识性劳动，一极为所谓"新服务阶层"（service class）的常规式服务。[4]经济学家马尔滕·古斯（Maarten Goose）、艾伦·曼宁（Alan Manning）和安娜·所罗门（Anna Salomons）直白地指出：后工业经济中，"令人愉悦的工作"（lovely jobs）和

"糟糕的工作"（lousy jobs）形成了对立的两极。[5]

必须强调，这不是单纯的教育程度之别，而是两种劳动形　184
式及其所获得的认可都是对立的，这是晚现代社会的一个根本
特点。劳动形式的这种两极分化最终反映在文化－独异性产品
和功能－常规性产品的对立中。如前所述，独异性经济中，两
种产品类型的区别体现了价值的区别[6]：独异性产品（包括服
务和文化事件）显得有价值、有质量，常规产品（包括服务和
文化事件）显得平淡乏味，只能等着被使用。关键是，这两种
产品类型的两极分化也体现在相应的劳动形式上。生产文化性
独异产品要求有一种不同的劳动类型，即创造性的劳动，以追
求新异和文化元素为导向，经常表现为项目形式，有很强的内
动力，要求参与者全情投入。简单服务和工业化劳作的特点则
与之相反：通常是重复性的常规工作，是功能性的劳作，不需
要强的内动力，对个人也不要求太多投入。简单的服务性工作
本质上尤其是常规性的，这就是说，只要维持运转，最好不被
人看到。[7]创意性劳动却是强烈要求可见度的，要求制造差别。

劳动形式这种结构性的两极分化，在社会和主体对二者
的评价上，也体现为相互对立的：晚现代社会和主体自己都觉
得高端的创意性独异性工作带着一种光环，在社会上显得有价
值，能带来成就感；而常规的工作显得越来越平淡无味，不能
给人什么成就感。"高端人才"与"低端人才"两个对立等级　185
的高下之别已成通识。[8]相应地，创造性的"价值"劳动和重
复性的"功能"劳动在声望、个人价值感上也是相反的。劳动
社会学专家施特凡·弗斯温克尔（Stephan Voswinkel）分析
指出，旧有工业化劳动的认可体系以勤奋和成效为基础，现在
它在日益被一种全新的认可体系所取代，在这种新体系中，能
带来非凡表现的劳动才能获得"崇拜"。[9]常规的功能性工作
与创意的价值性工作之间的对立正契合了这种区别。简单明了

地说：如果劳动者是可被替代的（并且他本人也这么认为），那么他的工作就是平庸的；如果不是这样，那么他的工作就是独异的。这种不可替代性在劳动等级的最高层体现得最清楚，也就是创意明星所在的层级。卡尔·马克思认为，产业工人阶级是社会生产力和（经济）价值的根本源泉，这种观点在工业社会中是理所当然的，然而在独异性经济中，它反了过来：现在，独异性产品成了（文化）价值的产地，而高端人才组成的"创意阶级"——一个略带自夸意味的概念，这并非偶然——是独异性产品的生产力。

不断扩张的创意经济中，知识－文化工作领域却以明显的不均一性为特色。以狭义的"创意产业"为例，不断有人指出这一领域的结构是"沙漏"形的 [10]：一边是量少但规模巨大的跨国企业（比如谷歌、贝塔斯曼等），它们有固定的员工，员工收入水平相对较高；另一边是员工数量很少的众多小企业以及初创企业，还有一些个人公司和自由职业者。

经济的文化化和独异化不仅发生在创意产业，还把整个高端知识劳动即罗伯特·莱奇（Robert Reich）所说的"信号分析员" [11]包括在内。如果这样放眼去看，会得出不一样的结论：不仅大企业越来越多，"创意产业"中较窄的中部——有固定员工的中型组织——也在变宽。整个知识－文化经济并非二元的，而是三者并存：首先是大企业，多为跨国公司；其次是中型组织，一般在一个地区结成网络；最后是小企业和自由职业者。在创意经济中，有极为成功、声名卓著、带着国际光环的工作；也有中等的职业形式，在继续发展常规的劳动关系；还有收入微薄甚至处境艰难的劳动关系。即使在高端人群内部，晚现代劳动领域也是有层级的。

/ 1 创意经济中的劳动与组织

文化性生产即创意性劳动

现代的劳动是一个目的理性进程，一般来说（虽然单人企业不再是这种情况）都是在组织的框架内进行的。创意经济中，针对文化性产品的劳动也是这样，它也处于形式理性化进程中，生产独异性产品时，劳动形式是有目的、有体系的，而且遵循长期以来对"优化"的根本要求。这样继续存在的普适性逻辑，构成了创造文化性独异产品的背景。在工业化生产向文化性生产（我想以这个概念称之）转型的过程中，劳动也在改变着它的形式：产生了"创意劳动""创意工作"这个类型。[12]

从晚现代劳动主体的角度看，创意劳动这个概念绝对是积极的，像一种标准：要有创意，能在工作中创造性地发展自己，是后工业劳动文化的一个理想，这种文化是受了后物质主义价值转型的影响而产生的。[13]"没有创造性"的重复性工作显得没有价值，与之相反，创造性劳动在劳动主体眼里自带一种价值，这种劳动关键是要有内动力，即便它也是谋生手段：晚现代高端专业人群认为他们工作不仅是为稻粱谋。创意工作因而成了一种强文化概念上的文化活动 [14]——劳动要么具有某种阐释 – 叙事意义（有意义、有趣的工作内容），要么能带来某种美的感官体验（创意时的"心流"体验），或者工作中产出某种有乐趣性质，或者工作带有伦理价值（"能改变点什么"），通过设计新品体现出来。

创意劳动是指创造文化性及独异性新品的劳动，包括新的物品、媒体形式、服务关系以及文化事件。虽然文化性生产不仅限于制造新品，还包括对经典和品牌的长期维护，然而"不断创新"仍是它的核心任务。与"创新"概念暗含的意思不同，创意经济固然不再以技术 – 物质性的新意为第一要务（这种技术－物质的创新产品以普遍使用为目标），而是关注于独异的文化性新品的创造。创意劳动的根本问题是：新品怎么产生？怎么才能创造出独特、惊人，同时又打动受众的东西？文化性生产有所谓"双重焦点"：一方面它关注那些未定的、等待被设计的产品（物品、文字／图像／声音、服务、文化事件），另一方面它关注那些与客体打交道、会在情感上被客体触动的受众。在最宽泛的意义上，创意劳动是一种设计性劳动，是的，"设计"这个词能准确地挑明这层关联[15]，就是指带着受众的眼光，借助材料对客体及文化事件进行独异化。

基于这种本质特性，创意性劳动与工业时代的规范化劳动是完全不同的。客体——物品、媒体、服务、文化事件——在创意劳动中成了某种"认识论的客体"[16]，它们不再是稳定的实体，也不是标准化的物品或服务，而是开放的、可以进行设计的文化体，通过创意性劳动得以独异化。制造新的独异品——不论是电视节目、大学学科、坐禅冥想，还是台灯、派对、小说、个人辅导、研究项目、博物馆——要求发现并尝试各种可能，是一种实验性的活动，要创造出样品，检测人们给它的反响。[17]创意劳动的核心是，它必须有多种多样的通向各个文化世界的通道，从这些通道中要能找到想法和灵感，去创造出独异的东西，因为独异性不能凭空产生。我已经指出，新的独异产品经常由"独特"和"普遍的特殊"转化而来，或由非市场形态的文化客体及活动转化而来，比如某个地方或过去某个时候的文化客体或活动。[18]因此创意团队就必须拥有直接或间接的通道，通向各个文化世界。创意劳动作为文化性劳动因此也总是带有广义上的探研性质：创意劳动的目的是找出新意，发掘传统，理解特定关联或探明需求。

在某些情况下——通常是在文学创作、绘画或作曲过程中——独异性劳动是指一个人做一个项目。而创意经济的大部分劳动是由创意团队完成的，与传统的工业企业员工相比，他们另有一种互动方式以及对工作的情感。罗布·奥斯汀（Rob Austin）和李·德温（Lee Devin）通过案例分析指出，文化性生产团队是怎样将探究活动（exploring）体制化的：人们有目的地以合作工作的形式，打开了个人施展的空间（release），在这种合作工作中，人们不是互相监督，而是把彼此当作动力来源，以产生更多的创意（collaboration），以此产生一种集体（ensemble）增值，并且结合一种游戏（play）的姿态。[19]

工业化矩阵式组织中，专业人员的角色是可替代的，创意团队却不是那样的体系，而是某种"独异品的合力"。团队成员要有多样性[20]，要为团队带来尽可能多样的文化资源（来自不同专业、出身背景等）和人格特色，使他们能够在生产力上互补，并提供足够的摩擦面。因为在团队合作中，多样性能提高新创意产生的概率。团队的劳动主体应当是独异的，要让个性突出的人们在一个创意团队里工作，而不用放弃个人特色。理想的团队管理，不是为了给一个层级式组织制定好节奏并领导它，而是想着如何组成一个喜欢标新立异的团队，并维护好它。[21]

在创意团队中研发独异的文化性产品，没有科技是不行的。有一种看法从文化与科技长期以来的二元对立出发[22]，认为以科技创新为导向的工业社会已经被文化性生产取代，后者只生产纯粹非物质的东西，比如意义、叙事或经验，这种看法是完全错误的。相反，创意劳动非常需要科技，而且很需要媒体和电脑技术。[23]电脑专家、工程师或其他技术专业人员也是创意工作不可或缺的成员，在某些行业甚至是尖端人物。科技并不为文化性生产提供既定的框架条件，而是作为其物质环境，为其打开各种可能的空间，比如在电脑技术中。此外，它们还能让人看到，一个创意在多大程度上是可实现的（比如建筑业），不过这些边界也总是处于不停的摸索尝试之中。"设计"这一实践模式一直是将文化与物质放在一起考虑的，可以作为整个文化性生产的一个范例。

求索并研制新的独异品及文化事件只是独异性工作的一面；另一面是瞄准受众和消费者（即观众），并与之打交道。因为产品只有在打动受众，并获得外行或内行的赋值之后，才是独异的，所以文化性生产必须想办法预估受众的喜好，而这一点在传统的工业生产中是完全不必要的。创意团队因而也必须成为文化企业人（culture preneurs），对受众的研究和吸引受众占了文化性工作的很大一块。[24] 不仅要对关注度进行经营，潜在的受众仿佛在产品研发阶段就已经出现在创意工作的监视器上了，比如通过趋势预测（trendscouts）和猎酷（coolhuntings）这样的手段。[25] 在与受众的关系中，一般来说可以实施三种战略：追踪、预测或合作。追踪受众，即趋势战略，意味获取消费者的特殊愿望和要求——比如通过大数据或趋势预测——并将之转化为流行的、客户喜欢的产品。预测，即先导战略，是有意识地坚持推行自己看准的东西，以期吸引半信半疑的受众——要么失败，要么大获成功。在合作即合作战略中，创意工作者与受众共同研发出一件产品。受众在此变成了共同创意人。趋势战略、先导战略和合作战略是用来对付独异性市场不确定性的三种方式。

项目：异质协作

知识文化经济中的劳动一般在项目中进行。项目由有创意的个人来跟进，但主要还是由创意团队来跟进。卢克·波尔坦斯基（Luc Boltanski）和伊芙·齐亚佩罗（Ève Chiapello）勾勒了以项目为导向的社会性，它被解读为资本主义晚现代精神的典型特征。针对知识文化经济中的项目式劳动也出现了大量社会学研究成果。那时人们就已经意识到了这种社会形式的特点和挑战，它们不仅在独异性经济领域，而且在其他领域（政治项目、社会项目、教育项目，个人关系也成了项目）不断发展壮大。[26] 如果说科层式劳动分工的矩阵组织是工业化社会的典型体现，有固定的职位、角色、权责以及专门的流程，那么项目就是独异性经济，甚至整个独异性社会在组织层面上的体现。

随着劳动形式和组织形式的不同，项目的情况也会千差万别：单人公司可能只跟进一个自己的项目，或同时从事多个自己的项目，也能参与属于一个组织或多个组织的一个或多个（集体）项目；小型企业可能一个项目就够它做了；大企业则总有许多不同的项目，可能是平行的，也可能是交叉的，而且除了项目架构之外，还继续存在一些形式理性化的、相对扁平但仍算科层式的组织架构。项目可能落在已经存在的组织中，也可能组成新企业，以全新的框架开展。创意经济有一个普遍特点：它总是大规模地催生新企业、初创企业。

理查德·A.古德曼（Richard A.Goodman）和劳伦斯·P.古德曼（Lawrence P.Goodman）从组织社会学的角度将项目理解为一种临时的体系，认为"可以将之定义为一群能力各异的人，在有限的时间内为一项复合性任务工作"[27]。从本书的角度出发可以认为：项目是一种独异的、与众不同的社会形式，它取代了普适性社会逻辑下的科层矩阵式组织。这种独异的社会形式也涉及时间、主体和集体层面，三个层面都值得仔细分析。

传统的组织追求长期性和重复生产，项目的突出特色却是其时间上的有限性。项目是有开始和结束的一个时间段，广义上具有文化事件的特性。此外，项目对新鲜事物及意外效果持高度开放的态度（同时也可能出现空转和"死胡同"），它形成了一道叙事张力弧：开始于初期探索，继以往复的研究、尝试和反馈，收尾阶段尤其紧张忙碌；然后就是集体放松、成果展示，可能还有一个快乐的、放空的后生产阶段。[28] 成员在经历每一阶段时，总能有意识地体会它的现时性。虽然每个项目都不可避免地包含很多常规工作和类型化工作，但每个项目的进展都是不同的，人们认为每个项目都有高度的自复杂性。开端、高潮和结尾组成的叙事结构，使项目在成员眼里有了情感厚度。如果说，项目单方面就有一种激情的光环，这就是它与单调的常规工作的根本区别，这种说法肯定是不对的。项目里的感性成分毋宁说是矛盾的：有些项目阶段无疑能让集体或个人产生激情，但它也是社会的舞台，有明争暗斗，也有失败和落寞。

独异性的项目式架构也延伸到了主体和集体层面上。如前所述，项目是"能力各异的人"构成的组织，他们组成创意团队，能形成独异性的合力。与旧有的劳动分工逻辑不同，项目要集体"一手"操作复合性的任务，因此它要依赖各种个性不同的人产生的合力，这些人个性互补、互相启发，有各自不同的文化资源和心理素质。项目里的主体不是功能或角色的承担者，而是独异品，也是因为他们不仅要有教育资质，而且要把"整个人"连同自己的文化素质、社会素质和情感素质以及经验都放在项目里。所以，独异性的合力并不是个人品质的简单相加，而是一种合作的，或者说协作的集合。成员一起从事同一个任务。这样的项目也代表了一种社会形式，我想称之为"异质协作"。[29] 这一社会形式对整个晚现代文化都是极为重要的。"协作"（Kollaboration）的概念是指一种共同的活动，人们有明确的目标，并且在一起合作时感受到文化上的自我价值和情感厚度。因此，协作即共同发挥作用，也就比社会学传统上常用的"互动""沟通""合作"等概念更强、更特指。[30]
项目一方面是短时的目的性组织，一般是为了一个目标而工
作；另一方面在项目中工作对于其成员来说又有一种自我价
值。在强文化的意义上，项目是一种带有叙事、设计、伦理、
乐趣和审美性质的活动。作为异质协作，项目必须依赖成员的
异质性以及独异性的合力。异质协作在某种程度上就是游戏于
短期成员的独异性与多样性之上。

　　项目之所以具有独异特色，是因为它作为集体性单元本
身就是独异体。它绝对不只是各部分的简单相加，绝不仅是人
和物的数量相加。它作为集体的独异性，可以用戏剧中的"剧
组"这个概念来指代。[31] 剧组是由各具特色的人组成的，同时
他们从事的工作又是彼此合作产生的一种独一无二的事业。在
协作中，还存在第三个层面的社会形式：正如项目中的这些个
人和项目发生的这个时间点一样，项目的实践过程也是独一无
二的。项目类似于一种剧组工作，有剧组式的体验。[32] 当然，
项目永远面临一个风险：也许它不能满足独异性逻辑的要求。
正如客体、人或地点一样，去独异化的风险也在威胁着项目。
如果它不再显得独一无二，就会失去价值，被去独异化，至多
只会有些使用价值。这样它就不再是项目，而是形式理性化的
目的性组织。这样的去独异化在三个层面上都有可能发生：首
先，项目的时间架构变成了常规的重复，缺少张力，因而变得
单调；其次，因主体个性太相近，或因集体思维而变得墨守成
规；最后，在集体这个层面上，虽然没有故意追求，却不经意
地产生了普适性组织的特征，并以固定的任务分配和上下等级
形式固定下来。

机构文化与网络

　　通过对项目这种异质协作的分析，我们完成了经济领域

分析的重要的一步。因为有一个根本问题：在一个独异化的社会里，社会是什么形式？"独异性市场"是这个问题的第一个答案，"项目"是第二个。我们已经看到，关注度市场和观众赋值市场是怎样成为一种特殊的独异品社会平台的。我们又了解了项目，它是另一种，但在架构上又完全不同的独异性社会形式，即异质协作。异质协作也是独异品活动的社会平台，但活动的模式不是关注度竞争，而是合作。此外，与普通市场不同，在项目这种异质协作中，社会单元自己就具有独异的形式。项目不仅是为独异性而存在的平台，而且本身就是独异品，因为它将自己塑造得像剧组那样与众不同，并因此而具有文化的、情感上的价值认同。[33]

吸引力市场与异质协作分别在经济领域内外形成了两类独异性的社会形式。它们不必相互矛盾，而是互相联结在经济领域之内（并且超出经济领域，比如在政治领域），因为项目中产生的独异产品经常活跃在吸引力市场上。项目之于市场，总处在一种矛盾的关系中：对内，项目是有情感厚度的合作架构，而面对市场则较为独立自主；但作为生产独异品的机构，项目又要将自己的文化性产品展示在市场上，让它们作为产品去争取关注度和赋值。同时，项目的成员也是从劳动力市场上招募的，而劳动力市场本身也有了个性竞争的特色。异质协作这种社会形式的繁盛，并没有改变上文已说过的一个事实，即晚现代知识文化经济也多半发生于组织架构之内。但组织的科层式架构已经处于另一种地位上，它现在变成了机构性的背景框架，为项目团队提供诸如财政、场所和人员方面的资源，并协助对外联络，提供管理服务。在此，遵照普适性逻辑的机构组织方式是为独异性逻辑开花结果提供方便而存在的。[34]

除了文化性独异品市场和项目，晚现代社会还有两种独异性社会形式在发展：一个是机构的文化化，不仅涉及狭义的机构文化，还涉及它与所在地的关联；另一个是除了项目之外的第二种异质协作，尤其值得关注的是网络。

在晚现代，机构也努力将自己文化化并独异化——不仅对外，就是说不仅通过维护品牌，而且也对内，即针对自己的运作和员工。它们所发展的东西，可以用20世纪80年代以来的"企业文化"这个词概括。[35] 尽管"企业文化"经常被当作宣传口号，却不能忽视其现实的运作。晚现代企业希望通过这些运作，能让自己以独异性组织的形象示人，具有专属的辨识度。在这方面，企业可以有很多做法：组织集体仪式或非常规的文化活动；维护集体的文化记忆或讲述企业自己的故事，比如讲著名人物或发展历史；还可以美化办公区域，为员工提供专门的关怀措施和培训机会，注重多样性管理，提供时间让员工发展自己的创意项目；等等。企业通过这些做法，将自己与众不同的一面展现给员工，如此就被赋予了一种内在价值。[36]

此外，地点的选择也是晚现代机构文化得以独异化的因素。大型工业企业一般不固定在一个具体地方，也不与所在地有意义上的关系，而知识文化产业中的机构与所在地的关系要紧密得多。"创意产业集群"是由不同机构组成的地方性劳动联合体，地点的不可替代性就是它的特色，它们与所在城市或地区的关系、所在地的氛围和环境、公办设施（教育设施、文化设施）及地理位置都是不可替代的。[37] 创意产业集群为文化企业提供这个地方专属的沟通机制，并提供战略性空间，让当地不同的办公室能相互协作，与"媒体把关人"取得联系，并能不断建立有建设性的新关系。知识文化经济是否具有创意潜力最终取决于他们能不能建设性地把握社会上关键的文化潮流，这些潮流又总是集中在一些都会地区。因而地方的独异性也是创意产业劳动方式的一个固定组成部分。

提到创意产业集群，就要提到另一种社会形式：网络。它也是独异性经济和独异性社会的一个核心特征。已有各种社会学研究证实，应将网络作为一个独立的社会形式来看待，它与科层式架构和市场式架构都有根本区别，在晚现代社会具有极强的重要性，而且在后福特主义经济中也具有极强的重要性。[38] 如前所述，网络也可以被理解为一种异质协作形式，不过它与项目的侧重点不同。独异性经济中，有两个层面的网络：机构网络和劳动主体的网络。晚现代的机构和项目并不是单打独斗，而是结成复杂的企业网络或机构网络，以各种方式在一起合作，这一点已经得到多番证实。[39] 对于自由职业者、单人创意企业和想要换工作的员工来说，社会网络很重要。网络是各种关系的交织，有了关系就有了了解和赏识，例如新项目需要员工，就可以调动这些关系。[40] 项目不仅从所有机构组成的网络中受益，而且也从单个员工组成的网络中受益。网络作为社会形式，因此便具有了多重特性：它意味着不同单元（主体、机构）之间的合作关系，而这些单元都包含潜力；它可以被更新，但不是必需的。著名的"弱联系的力量"（the strength of weak ties）在这里起主导作用[41]，它的意思是，松散的联系可能产生巨大的影响。网络是动态而不可闭合的：只要有新成员加入，或潜在的合作可能变成现实，它就可以轻易发生变化。这些关系并不排他，而且各个连接点之间本质上也是合作的，而非等级式的。

　　这样就能清楚地看出，网络为什么能成为一种社会形式，而且这种社会形式从两个视角来看都具有独异性的特征。一个视角是异质协作视角，另一个视角是独异性的背景架构。社会网络之所以重要，正是因为相互联结的各种元素并不是普通的个例，而都是与众不同的——只有这样，它们才可能作为潜在的网络伙伴引起关注。因此，社会网络的根本就在于成员的多样性。此外，每个机构或每个劳动主体都会组建自己的网络，每个都与众不同。网络能成为一种异质协作，也是因为它与项目一样，互相协作的各构成元素都是具有独异性的。网络里也同时存在工式式的目的性与文化性的自我价值。网络与项目又是不同的，因为相对来说它的情感厚度较小，也不要求太多的关注度。这样就导致了一个重要的结果：项目是一种独异性的集体，成员认为它是由独异性的单元组成的；而网络则多半不具有集体辨识度和集体认同，所以不能成为一种独异性集体，它更多的是一种用于产生独异品的背景架构[42]，也就是说，它是产生独异的项目、主体或产品的基础设施。

/ 2　主体自独异化与被独异化

程式化劳动之后

201　　知识文化经济的项目式劳动方式中发生了一种结构转型：劳动主体塑造自我，也在被别人塑造。[43] 其中一个重要的方面我们已经提到了：此时的劳动有更强的内动力，而且主体需形成这种内动力。因而晚现代的（高端）劳动在主体看来能给人很强的认同感：人们希望工作不仅是谋生手段，而且是一种有特殊质量的劳动。[44] 所以，内动力并不是成员的私事，而是文化性劳动的前提条件和固有成分。内动力盖过了工业时代的外来动力，那时劳动被看作一种为了达到目的——比如获得收入、安全和地位——而采用的手段。当然这种情况还是继续存在的。[45] 劳动动机的结构转型带来了主体化机制的根本转变。工业社会的程式化机制越来越多地被主体的独异化机制所取代。简而言之，工业时代的劳动机制依托专业技能、绩效和职位 / 职能，而后工业时代的劳动机制依托的是能力 / 潜能、个人形象和表现。

202　　劳动领域的形式理性化从 20 世纪初直至 20 世纪 70 年代是社会的主导，决定了劳动主体（即传统意义上的现代雇员）的基本特征。那是一套完整的劳动规范化、标准化体系。一个人在工业性机构中的定位，取决于他的正规技能。招聘和聘用以此为基础，起决定作用的是中学、大学或培训机构的毕业文凭以及以成绩形式做出的评价。于是主要的筛选手段，即雇员进入职场要跨过的门槛，就是考试，它证明了专业能力。

　　而后，劳动主体在机构中占据符合其正规技能的固定职位。职位包括明确的、通常固定不变的任务描述。雇员接受一种功能角色，其他具有相同正规技能的人一般也能扮演这一功能角色，于是每个角色承担者通常都是可置换的。绩效依赖的不是个人的特色，而是客观的劳动结果（产品、服务等）。传统的"绩效社会"中，对工作成绩的评价和报酬是等级式的：更高的专业技能、更好的绩效或更多的产出会得到相应的酬劳。在这种背景下，职业生涯也呈现相对可预测的时间历程：教育经历之后多多少少是一个——根据绩效——连续的、一般来说正规的岗位升迁过程。

规范化和程式化劳动体系正是现代普适性逻辑的范式。劳动主体在此框架内完成与专业和职位有关的普通任务。原则上认为相同的专业背景和相同的劳动时间会带来相同的劳动结果。这一框架下，劳动主体之间的差别是级别性的。当然，"绩效社会"的规范化劳动也只是一种理想模型。即使西方福特主义和东方的国家社会主义到达顶峰时，现实中的机构也要比这个理想模型复杂得多。[46] 不过仍然可以认为，这种劳动体系是典型现代社会的一个基本框架。在"扁平的中产社会"中，它是每个阶层职业成就感的基础，也是确定社会不公程度的基础。

自 20 世纪 80 年代以来，晚现代独异性劳动体系在知识文化产业及整个高端劳动领域不断扩大，它与上文所描述的情况完全不同。在这一新的评价体系中，劳动主体的特色得以显现，主体塑造着自己的独特性，同时也被机构和网络塑造成独特的。雇员（Arbeitnehmer）变成了"同事"（Mitarbeiter）*，他因个性独特而获得赋值，并因此而被需求。与众不同的个性不再被当作困扰，也不再被视而不见，而是得到了系统性的开发。人们要的不是履行义务或中规中矩，而是非同一般的个人表现，要能"制造一点不同"。一方面，主体

---

* Mitarbeiter 这个词相较于以前的 Arbeitnehmer，更强调合作关系而不是雇佣关系。
　　——译者注

的独异化由机构、项目、网络或市场开启。要做一个独一无二的同事，取得不同凡响的成就，社会对主体的全部要求就集中于此。另一方面，晚现代主体自己经常希望能够独异于人，于是自己会推动这一过程：他们不想再作为等级制度中的职员或雇员，而是要作为具有创造性的个体，将自己的潜能发挥到淋漓尽致并尽情享受它。被独异化与自独异化就是这样交织在一起的。

形象主体：能力与天资

独异性劳动体系中，正规技能的意义降低了，换成了晚现代话语中频繁提到的"能力"这个词。[47] 正规技能当然还是有用的，在知识文化产业的许多工作中还是要求具备一些正规技能（高中毕业、大学文凭）的。然而它们已经变成了必要的条件，在此基础上进行第一轮筛选。它并非充分条件，因为聘用、地位和成就取决于非正式的个人能力。人们的根本看法是，项目工作中真正重要的能力不止证书上体现的那些，还有社会和情感方面的能力、合作能力、对新鲜事物的感知能力、商业能力（指能敏锐把握有利的情况，能操纵机会，或创意能力）。除了一般的"必备能力"之外，劳动主体还应独异于人。主体必须具备一套能力，也就是他能将各种有价值的能力以一种特殊的方式结合起来，换句话说，他必须有无可替代的、可见的形象。[48]

"形象"这种必须具备的东西，对晚现代个人的主体化具有根本的重要性。[49] 独异性经济中的主体也是，或者说正是形象主体。"形象"一词来自面相上的比喻：有"形象"的主体，轮廓清晰分明，就像他的面部侧影。引申的"形象"表示一个个体各种特征的独特组合，这种组合构成了一个具有辨识度的整体。也就是说，形象对内具有高度的自复杂性，对外则保证了主体的与众不同和辨识度，因而它具有独异品的特征。形象因而也是一种社会赋值，而且既是被赋予的，也是自我赋予的。要承认它是独异品，构成形象的能力组合必须具备两种相反的特性：多面性和统一性。反过来说，晚现代劳动领域的个人形象如果单一或不统一，就有遭受去独异化的危险。

"多面性"是对主体各种能力的核心要求，同时也是后物质主义价值观中，主体主动赞赏并追求的，体现主体的理想主义"全人"观念。机构文化要求主体具有多样性，在某种意义上，多面性指的是主体的内在特征。只有当主体不仅具备正式技能，而且具备多种非正式能力的时候，才能有这种多面性。相反，如果某位同事表现单一，是个"扁平人物"（flat character），就会被当作有缺陷。如果某人仍遵循工业时代雇员的那一套模式，就会被当成单一的，是个虽然具备正规技能，但毫无灵气的"专业呆子"（Fachidiot）。

理想情况下，一套能力是智识、社会、创意、商务和文化方面的各种能力以独特的方式统一起来的结果。某种智识上的专门技能——比如懂日语，对艺术史了如指掌，或对某种亚文化很在行——完全可以在整体形象的框架内变得重要起来，成为全套能力的一个补充，成为一个尽可能不同寻常的组成部分。这样的专门技能，主体通常不是在学历教育中学来的，而是通过某种实践或真实经历习得的——可能在工作之外，也可能在工作中（training on the job）。要形成独特的形象，相应的实践机会以及/或者职业内的经验是至关重要的，但职业之外的经验也是至关重要的。晚现代职业文化中"高潜力人才"的简历充斥着这样的经历，有时候会让这样的人才显得不同寻常，带有"别具一格"的特色。这里所说的能够提升形象的经历可以是从事各种不同领域项目工作的经验，在国外学习或工作的经验，参与社会公益活动，或者特殊的、主动从事的爱好。所有这些活动以及与之相关的经验都会使劳动主体的个性丰满起来。对于工业时代的"组织人"（organization man）来说，这些经验都没什么重要性；对于独异性社会的主体来说，它们是不可或缺的。

然而仅有多面性是不够的。要想具备独异于人的个人形象，还必须能让人感到主体的个性是统一的。如若不然，人们可能会觉得某个主体太没谱了，变化无常，任性随便——觉得这个同事让人没法捉摸，这人可能没有明确的目标。只有当主体将各种异质的能力组合成统一的整体时，人们才能发现他的这种特性，并且机构才会觉得他是个合适的人，他能给这个机构带来重要的、那种具有决定性的推动力。换句话说，独异的劳动主体必须有一条清晰可见的"红线"——比如某种个人观念、某种生活理念或某种极强的动力。

晚现代高潜力人才的职业文化中，不仅总有能力的竞争，而且有天资的竞争。除了能力之外，主体因为"潜能"而显得独异于人，人们想把这些潜能发掘出来。"天资"这个概念本来只常用于艺术领域。在独异性经济中，它却变成了一个通行的标准，人们不仅照此标准衡量主体已经具备的能力，还要探测他的发展潜能，看他将来能不能取得卓越成就。因此，晚现代的高潜力人才经济在很多方面看来是一种"天资经济"。[50]工业时代，天资、潜能这样的词对于职业领域来说显得有些像旁门左道，而独异性经济时代却不仅口头上强调"天资"——汤姆·彼得斯（Thomas Peters）有个被广泛引用的词"天资战争"（war of talents）[51]——和"潜能"（high potential）这两个词。这种话语还与主体化过程紧密相关，这个主体化过程是以潜能为导向的。这是自然而然的结果，因为现在的经济追求新异产品，因而也总是要关注未知的、将来会出现的新项目和创意团队，并不断聘用年轻人。

因此，个人形象和潜能开发都具有自独异化和被独异化的双重结构。劳动主体要在文化资本主义的劳动市场上、网络和项目中发展出个人形象，因为只有这样他们才能有机会被认可为独异于人，才能符合对就业能力（employability）的要求。他们这样做，也经常是因为——在后物质主义劳动价值观的背景下——他们希望积攒经验，习得能力，在这些过程中实现自我。另外，知识文化类机构也希望员工能具备特殊的形象和潜能。在具体案例中，机构对个人形象的期待可能是更为开放的（比如希望找到一个人，能决定性地推进创意工作——"不过他必须出色"）或更专门的（希望某些指定的技能以令人信服的方式统一在某个人身上）。这样，就存在各个"形象"之间的竞争，看谁能最大限度地满足一套复杂的形象要求。高端劳动主体如果想要在劳动市场上取得成功，除了积攒独异性资本之外，别无他途。[52]

劳动即表现

对于独异性文化中的形象／能力以及潜能／天资，人们期望它们能被体现出来——体现在个人表现中。形式理性化逻辑中，主体要在固定职位上产出客观的绩效，而在独异性逻辑中，主体则要有与众不同的表现。表现这个词，在晚现代经济中到处都有：市场，比如说金融市场要谈表现，企业也要谈表现，项目，最终到劳动主体也一样要谈表现。[53]晚现代的职业文化，至少对于知识文化产业高端人才来说，确实总是以"表现"为旨归的，而不是客观绩效。在讲求绩效的模式中，劳动结果看起来是客观的，因为它是根据切实的指标比如是否正确、数量或质量来分级确定的；不论观众怎么样，都不会对此产生影响。人们认为劳动结果与劳动过程有直接的关系——比如以劳动时长的形式，或有章法地采取必要的工作步骤，以及

208

身体或心理上的产出——只有这种直接关联才能使劳动有可比性。绩效是普适性逻辑的题中之义。

而讲求"表现"的劳动模式则不是这样。[54] 人们测量的不是客观的正确程度，而是成功程度。它是独异性逻辑的题中之义。一种表现得以认可的前提，就是（正如前面对独异性产品的分析）它获得了观众的正面赋值。[55] 这一点，放在劳动主体这种特殊的产品身上也是相似的。个人表现将被展示于广义的观众面前；观众并不评级，而是要在情感上受到触动，并做出赋值。如此而获得成功的表现，即在观众面前成功的表现，就是观众眼中独异于人的表现。劳动绩效可能被评价为好的，甚至可能是超出平均水平的好，而表现则是独特的因而与众不同的。独特的甚至与众不同的个人表现会获得正面赋值，而一般的表现则会遭受去值。

观众作为赋值机关，在劳动表现这件事上的态度，与市场之于（其他）独异性产品一样是难以预估的。观众作为并不中立的赋值机关，将自己的注意力不均衡地分配出去。他们对独异品进行赋值时，经常依靠隐性的指标，而且还要将个人表现作为感官－情绪上的事件去体验一番。这里可以区分出两种理想模式。其一，经济产品与劳动主体的独异表现是一体的。演员、歌手、治疗师，还有作家和建筑师都是表现型劳动者；他们的工作本质就在于观众是否认可其表现，观众在这里是直接的需求者和消费者。其二，个人表现仍是机构内部的事：观众由同事组成，他们不仅观看，而且在一定程度上参与表现。所有人都在表现并合作表现。虽然这里的观众完全不必是消费者，但并不代表这种情况更简单。克里斯蒂安娜·封肯（Christiane Funken）、让－克里斯多夫·罗格（Jan-Christoph Rogge）和辛捷·赫尔林（Sinje Hörlin）的分析很有启发性，他们指出，机构内的项目工作对劳动主体的表现要求很高[56]：在项目中，个人必须显示出自己确实拥有哪些能力，有哪些潜能，他能给共同的工作做出哪些贡献。

整套能力和整套潜能都会体现在个人表现中，而个人表现则成就了劳动主体。但要表现得好，还得经常再加些东西进去，就是那种我们在独异性产品分析中已经见到的品质：真。晚现代劳动主体必须能展现真的个性，必须让人产生真实的印象，让人觉得"这就是他／她"。简而言之，要想使自己的表现成功，就得让表现作为一种靠谱的独异性被人体验到。虽然每种表现都是有意为之，却不能让人看出来刻意。跟个人形象一样，个人表现如果很单一或自相矛盾，也是会产生不良后果的。到这儿我们应该清楚了，本真的劳动主体，其个人表现中也集合了各种特性，这些特性一起构成了主体这个人，当然一般只是那些受到正面评价的特性：魅力、反应得当、吸引人的外表、耐心、好客、有亲和力、宽容、能鼓舞士气等。在晚现代劳动领域，个性特征和性格成了职业资产。[57]

机构选择年轻员工时，个人表现能决定命运。这就是晚现代文化中无处不在的"选角"过程。[58] 这个词来自电影行业，给知识文化产业的选人程序用，比传统的"考试"一词合适得多。在考试中，要证明的是知识水平，选角则是激烈竞争环境下的一种试演。有潜力的员工与其他人一起走上机构的"T台"，在上面证明自己有什么过人之处。考试的结果相对来说可以客观测出，而对于表现的评价则取决于内心的、主观的标准，就是说完全取决于"评委"与专业无关的主观感受（即带有直觉或情感色彩的知识）。某人可能"确实有点本事"，也可能"完全不行"。在选拔过程中，重要的不仅是候选人的个性，还有决策者个人对候选人的体验。[59]

客观绩效是与职位绑定的，有确定的内容和任务，有劳资双方协议确定的工作时间，还有固定的工作地点。这种职位，

210

211

在创意经济中被"表现"取代了。所要求的不再是履行一个定位清楚的岗位的职责，而是要求有令人信服的、尽可能与众不同的工作成果。这种工作成果无法被列成僵化的任务清单交给劳动主体，再让他自己决定该怎么去完成并对此负责。"职业"的这种经典模式已经越来越不重要，让位于已经非常通行的、内容丰富而且以获取成果为目的的任务描述。劳动时间的重要性也降低了：什么时间，什么地点，工作多久，这些都是过去的老一套绩效逻辑，对于个人表现得成功与否，不论半夜开会还是边休假边工作，速度超快还是工作时间超长，根本上来说都关系不大。

晚现代职业文化以表现为导向，西克哈德·奈克尔（Sighard Neckel）正确地指出，晚现代职业文化越来越脱离"绩效"，越来越多地转变为一种"成功"文化。[60] 对于我们的研究来说这是具有决定性的一点：绩效指标向成功指标的转变，根本上是劳动领域文化产业化的一个结果，劳动领域成了独异性经济的一种模式。成功总的来说是指某物完全由市场来奖励——不论原因是什么，也不取决于客观的绩效。在文化产业化的语境下，所谓取得成功，就意味着（机构内外的）观众认可一种表现是与众不同的。

不足为怪，随着"绩效社会"向"成功经济"的转变，劳动市场也发生了转型，其过程与上文描述过的功能性产品向独异性产品转型的过程类似。工业化现代社会，雇用员工要依据其正规技能，而且经常是分级雇用的。在机构内部，个人完成任务时，一般彼此也不发生竞争。然而现在，由于卓异的个人形象太多太丰富，劳动市场上出现了一种持续竞争的格局，围绕可见度和认可度的斗争异常激烈：越来越难以预测哪个形象、哪种个性能获得正面赋值并大获成功，认准一种形象——从劳动主体的角度和机构的角度——带着一点投机因素。"这份职业、这套能力、这个形象有前途吗？"这个问题在工业社会根本没有代表性，在独异性经济中却是很典型的。[61] 劳动主体追求个人表现，也会使机构内部产生一种持续竞争的格局，因为不断地被要求表现得与众不同，就没有人能满足于现有的技能。这种不确定性至多在已经有了名气的人那里可以降低一点。因为劳动主体的个人表现跟文化性产品一样，以前的表现可以为以后的声名添砖加瓦。一种个人表现如果被认可为独异于人的，就意味着此人不可替代。

劳动的独异化技术

晚现代职业文化造就了特有的独异化技术，用以解决晚现代的两个基本问题。第一，评价劳动主体的质量应以什么为基础？第二，已经被认可为独异于人的劳动主体，通过什么样的途径才能更完善？下面我们来看看有哪些社会实践和机制是为了解决这些问题而产生的。

在这个问题上，前面提到过的社会网络扮演了一个重要的角色，同时它也起着一种独异化技术的作用。[62] 不确定性的问题我们已经熟知，未来的员工具有的能力和潜能是不确定的，但如果通过个人网络的推荐，能让机构和项目对劳动主体的能力产生信任，那么这个问题就能解决。网络了解劳动主体的特点，只要他的网络铺得好。劳动主体通过建设个人声望，可以在社会网络中将自己独异化；机构和项目可以找到已经获得独异性认可的员工。劳动主体的网络以及网络本身对劳动主体的意义，自20世纪80年代以来发生了很明显的转型。晚现代职业文化中，维护网络，即所谓维护交际圈（networking）已经不再带有"暗箱操作"的污名，而已被公认为必要且关键的活动，因为如果要确定哪个员工是最合适的，这样做才能解决不确定性的问题。是的，维护网络已被证明是晚现代劳动主体的

213

必备技能，因为主体注定要不断提高自己的可见度和声望。

独异性职业文化中，还有一个重要因素，它同样是非正式的，而且与传统的绩效原则相悖：具身化的文化资本（das inkorporierte kulturelle Kapital）。[63] 既然晚现代劳动主体的成功以个人的"真"和正规学历之外的多面个性为核心，那么就产生了两个问题：劳动主体在什么条件下可以获得独异的个人特性？从什么时候起，劳动主体在机构和项目眼中可以算是形象独特并本真的？第一个问题涉及教育社会学的核心问题，长期以来，这个领域研究的就是，在正规教育即学校教育中，一些由出身环境决定的前提条件是怎么起作用的。[64] 对于那些可能与众不同的个性来说——比如情感能力、独特性、广泛的兴趣、开放性和商业敏感度——这样一些由出身决定的、不容易具备的特征明显有更重要的作用，而这些才能正是知识文化产业中的高端人才的特色。可以想见，除了偶发特例和天生性格独特之外，这些关键的才能和"真"的表现很大一部分来自皮埃尔·布迪厄所说的"具身化的文化资本"[65]，它首先是由出身环境决定的，这个环境除了家庭之外，还包括青少年时期以及成年后的同龄人群体。

知识阶层正好拥有的这种丰厚的文化资本[66]，会让人发展出多面的个性，比如国外生活的经历、参与社会活动、对流行文化的兴趣等，并有助于主体在专注与闲散（闲散，然而并非不稳定、太偏执甚至不知耻）之间建立脆弱的平衡。创意经济的很多行业推崇这样的文化资本，并将之设计为一种前提条件——自觉与自省、实验精神与微妙的自我标榜，这些品质的精巧混合，正是"表现经济"（Performanzökonomie）所期望的。劳动主体具备了自己"具身化的文化资本"，活跃在知识文化产业中时就能造成一种无师自通的感觉，正是因为无师自通，劳动主体才会让机构和项目对自己产生兴趣。如果人们具有同样的文化经历背景，正面赋值和本真性体验发生的可能性就更高：
"与我合拍"。人们有可能看重某个同事的独异性，但那必须
是一种可接受的，并能被看出价值的独异性，这种独异性在博
物馆、广告商、大学、电脑公司、顶级餐馆等环境中总会有用
武之地的。

　　除了非正规的独异化技术之外，晚现代职业文化还有另一
种高度理性化、高度自省式的独异化方法。如前所述，晚现代
机构仍是形式理性化不变的对象和代理人，这就是说它们追求
不断优化流程、提高能力。机构的这种优化是针对员工和流程
的，但劳动主体也不断地追求优化，让自己变得更好。不过在
这里，原来的目的－手段理性逻辑也变了。它的目标不再是让
相同的劳动主体提高业绩，而是变成了普遍存在的基础设施，
服务于培养并发现独异性。人力资源管理（HRM）就是典型
例子。它是一种管理技术，基于人力资本理念，既关注现有的
员工，也关注潜在的员工。[67]人们结合量性和质性方法，用以
持续观测、培养员工的能力和潜力，调控员工的进一步发展。
在这种意义上，人力资源管理是一种独异化技术，因为它将两
种解决问题的形式合而为一：一方面，它是一种战略性技术，
目的是培养员工发展出一套独特的能力和天赋；另一方面，独
异性指标被代入普遍－特殊的描述体系。个人的整套能力被拆
散，成为不公开的、指定的多项能力（例如：商业能力、社会
交际能力），这些能力可以区分得出"多"或"少"。

　　　另一种自省式的独异化技术是劳动主体的自我
控制，其实现形式是"以个人特性为导向的辅导"
（persönlichkeitsorientiertes Coaching）。[68]这不是指以前
那种普通的自我管理，而是个性化的综合能力分析和意愿分
析，目的是发现未被利用的潜能，对个人观念进行准确定位和
培养，找出可能性、机会和风险，并设计成功方案。以个人特

性为导向的辅导及其全面应用，总是处于一个张力场中（这个概念受人文主义心理学的影响），一边是帮助个人成长，另一边是对个人成功之路的战略规划。总的来说，以前那种可规划的、分阶段的人生道路，在晚现代被"事业"取代了，是"成就一番事业"的"事业"，或者说是一连串不可测的因素和弯路。晚现代职业生涯中，做出一番事业取决于成功之路的不可比性，人们所熟知的艺术和表演领域一直是讲究这个的。事业成功是个人形象、潜能、决策、市场格局、人际网络、个人表现和各种巧合的或然结果。[69] 以个人特性为导向的辅导就从这一点出发，试图帮助个体去把握那原本不可规划的战略。

高端劳动的张力场：在艺术家难题与巨星经济之间

以独异性职业文化为特征的 21 世纪高端劳动，带来了一系列悖论、矛盾和张力。创意劳动要求很高的内在价值，又将这种要求置入激烈竞争的市场，这二者造成的张力场是其中最具决定性的。[70] 因为晚现代劳动领域经历着上文所说的文化产业化，所以劳动领域所处的位置，正是前所未有的文化化与强度空前的市场化二者的交叉点。只有随着独异性经济，后物质主义的劳动价值观，即劳动的目的是实现自我，才能够成立，大规模的创意劳动才能成为可能。但我们也看到了，劳动主体大量涌向知识文化产业，力图证明自己，他们面对的是极难预测的市场和观众。

因此，主体的劳动和个人形象就陷入了双重束缚（double bind）：劳动对于他们而言是自带价值的，所以理应作为独立自主的活动为个人带来满足感，但同时，劳动只有在满足反复无常的市场和多变的观众时，才能算是成功的。主体能力和潜能的发展意味着其个性的发展，但他又得具备与众不同的个人形象，只有这样才能在用人机构面前、在市场上得高分。相应地，劳动主体之间的关系，也以合作与竞争的矛盾为特征：一方面，项目文化及交际网络要求一种深度的协作和合作精神，另一方面，劳动主体之间又在进行着残酷的个人形象竞争。

结果就是，晚现代知识文化经济陷入了现代化形式的"艺术家难题"（Künstlerdilemma）。这本是 19 世纪艺术领域中产生的问题。[71] 现代的独立艺术家与无名的观众（anonymes Publikum）*是同时形成的。作为主体的艺术家因而就有了两种相互矛盾的导向：以作品本身为导向，以及以市场评价为导向。而且艺术家之间的关系，从一开始也是相互激励与相互竞争并存的。创意经济的职业文化，将这个艺术家难题提升到了普遍的层面上。该领域会定期出现这样一种悖论：能力，是劳动主体心中最重要的，却有可能不适于用来发展出一种市场喜欢的个人形象；反过来，具备这样一种形象虽然可以确保名望和成就，但也会让人怀疑自己是否背离了本身的潜质。就劳动主体之间的关系来说，如果合作不能为个人带来好处，就不利于提升个人形象；如果太注重个人形象而不顾其他，就会损害合作甚至整个项目。[72] 但有一点还是不确定的：主体是否一定会正确认识到这种矛盾？还是 21 世纪会生发出一种混合模式，能将个人价值和市场在某种程度上调和起来？也许可以想象，社会网络和项目作为合作与竞争的场所，会将自己塑造成一种"竞合"模式（Koopetition），解决合作与竞争的传统矛盾。而且，产品是提供给某一个消费者的，这种情况下也不必将它看作被异化的自我表达。"设计"这种工作的模式，从一开始就不是基于完全自由的创意，而是基于"有束缚的创意"（gebundene Kreativität），它就是在与受众合作，与使用者

218

---

* 原文为 anonymes Publikum，这里的"无名"与姓名无关，是指不能确定观众的身份，观众是由未知的人组成的。——译者注

合作。[73]

　　各种不经意的结果与悬而未决的问题不仅因文化化与市场化的关系而产生，还因这两种进程内在的逻辑而产生。劳动的文化化本身带有个人认同的特性，是生活意义和满足感的主要来源，但它不仅能提升内心的劳动成就感，还会让人走向晚现代特有的"自我压榨"。[74] 这一点，体现在劳动从质量以及数量－时间两方面对私生活的侵占上。在此也能看出它与传统的规范化劳动关系的区别：规范化劳动的动力是外来的，比如社会地位和收入。虽然这种劳动关系弱化了文化和情感，但它的好处是，劳动强度是有限的，而且人可以与劳动拉开距离。晚现代劳动会给人带来内心满足感，却也暗藏风险，使劳动者意识不到边界，而且，因为与职业上的自我成就感、与个人认同没有了距离，自我有可能会陷入身不由己的境地。

　　"表现经济"以激烈的竞争为典型特征，这种竞争也充满了矛盾张力，因为它造成了高端劳动主体之间名望和收入极不均衡的分配模式。前面，我们在文化性独异产品市场问题上，提到了"赢者通吃"逻辑。巨星经济的竞争逻辑也存在于劳动主体层面，因行业的不同或剧烈或和缓。这里，极为成功的个体之间——以明星为极端情况——和许多可替代的普通人之间（他们要么在机构中位至中层，要么甚至处于很差的工作状态）多多少少有明显的不均衡。[75] 最为突出的是艺术行业、表演行业和体育行业的巨星经济，这些领域虽小，却有广泛的公众影响。独异性经济的不均衡却绝不仅仅发生在公众人物个例中（比如足球运动员、经理人或电影导演），还存在于机构的两极分化中（以全球化企业和各行业高级院所为顶端），以及机构内部，在这里，专业素质相近的员工，其个人表现和地位是有差别的，即所谓"高潜力人才"和"喽啰们"之间的不均衡。[76]

　　如果以工业化绩效社会的公正准则来看这一切，表现经济和巨星经济对独异表现得过度推崇，是费解甚至丑陋的，原因有三个（有一些前面已经提过）。第一，虽然正规学历相似（比如同一职业的电脑技术人员、律师、记者、建筑师、艺术家等），不同的个体却可以获得大相径庭的市场成就。因此会产生生活状况的不均衡，比如有的人收入很少。第二，劳动业绩与客观的劳动投入（比如劳动时长、劳动强度等）脱钩了。说得夸张一点：谁有天赋（超常的潜能和能力）和运气（找到了正确的市场机会），谁就能超越许多其他（同样）努力的人。第三，从中立的观察者角度来看，似乎原本只是程度不同的、隐性的个人表现，在独异性经济中以赢者与输者之间一种绝对的、质性的两极分化体现了出来。

　　但是，独异性经济对个人超凡表现的强调，就其内在逻辑来说是完全合理的。[77]关键的是，个人表现所讲求的与观众的关系，与绩效所讲求的不是一回事。对于观众来说，在中立角度上看到的 A 与 B 之间的程度差别确实不是程度上的差别，而是整体上的差别，它决定了二者的价值和感染力。对于观众来说，独异于人的表现是唯一让人感兴趣的东西——正规学历或劳动投入对于他们来说无关紧要。这种评价理念可以通过艺术领域这个极端例子得到很好的体现。在理性化的绩效逻辑中，顶级艺术家（比如阿马迪乌斯·莫扎特、古斯塔夫·福楼拜、米开朗琪罗·安东尼奥尼、尼奥·罗施或乔纳森·弗兰岑）的作品和其他许多并非巨星的作曲家、作家、电影人、画家的作品只有程度上的区别。而在独异性逻辑中，巨星的作品，它们的卓尔不凡，它们的情感力量和魅力，与其他作品是完全不同的，它们完全压倒了其他的，以至于观众的关注度和认可度理所当然极不均衡。在独异性的关注度逻辑和赋值逻辑下，任何以前提论公平和以投入论公平的想法都被粉碎了。[78]

　　巨星经济也影响了情感和情绪的性质。虽然独异性劳动文化的正面情感力量经常，也应该被人称道，也就是说独异性劳动文化能通过创意劳动和项目工作的强度提升工作激情和成就感。但是表现经济的不可预测性，以及它导致不均衡分配的趋势，会造成负面情感或矛盾情感（这些在原来的绩效经济中并不明显）：因个人成就而心生骄傲，嫉妒别人的成功，因自己的一事无成觉得低人一等，以及感觉没有得到应有的认可，甚至完全自暴自弃，等等。[79] 晚现代劳动领域潜藏着失望，因为传统的绩效要求不可能完全失效，这种失望还会加剧。因此，不断提升个人能力、提升个人形象和潜能是一种高度复杂的业绩，劳动主体需在自我优化这一事业上取得这种业绩。它暗示着：谁能完美地打造自己的独异性，谁就可能获得认可。但是表现经济不会对此做出任何保证，而且由于越来越多的劳动主体在打造职业上的独异性，并且他们的表现竞争还在加剧，保障就更不会有了。

晚现代职业领域最后一个潜在的矛盾是评价标准的非正规化、个人化和偶然化（即取决于偶然），这些标准却是分配机会、给予认可的基础。教育体系一如既往地只提供正规学历，也以这样的方式传播着传统的绩效思维，与此同时，表现经济中的成功却在很大程度上取决于别的因素——这些因素放在工业时代会被看作不正规的、个人化的、偶然的。我已经分析了一系列重要的因素：对成功而言越来越重要的社会网络、出身环境给人的文化背景、决定个人表现赋值时多变的评价标准、情感上对观众的感染力，最后还有造就成功的偶然因素、独异品关注度市场和赋值市场的行情。鉴于这些，晚现代劳动文化中，对未来机遇的精巧谋算——个人形象有哪些机遇，一件产品、一个行业的机遇——成了一种根本的能力。但这只是一种投机，注定不会总是得手的。

当然，独异性职业文化是否应被看成问题，在什么程度上被看成问题，还取决于分配关注度和名望的文化性评价标准。[80] 以往的考核－绩效标准所拒斥的、不理性的东西，在表现经济的逻辑中似乎是完全合理的：非正规化和个人化在这种语境下是完全可以理解的机制，只有这样创意劳动才有成功的可能，而独异品市场的不确定性看来是无法消除的。晚现代职业文化的非正规化和文化产业化，无疑也为非正式的、个人化的、投机世界中的弄潮儿创造了机会。但原先在工业化现代中，一切以正规学历和客观性为主，人们面对个人性和非正式性时那种善意的中立态度也被晚现代完全放弃了。独异性经济强烈要求劳动者独异于人。工业化绩效理念在面对特殊个性时却是无所谓的，可以这样说：工业化社会包容了特殊性。这样，晚现代那些虽然独特，却因为并不适合市场、提升个人表现或能力而被剔除的个性，那些对社会而言能力不太够、社交能力不太强的人，那些内向的人或暴躁的人，那些不优雅的或土气的人，在工业化社会也有得到认可的空间，只要这些主体能做好工作。

第四章

数字化即独异化：文化机器的兴起

从机械技术到数字技术

人在社会中如何行事和感觉，如何生产、控制、交流和想象，他们所使用的技术和科技对这些都有决定性的影响。当然，技术并不在严格的意义上决定社会结构。应该说技术环境总是与社会实践联系在一起，社会实践以特有的方式内化技术。实物及实物体系——从轮子到文字和印刷，从简单工具到工业生产，从生物技术到电脑软件——构成了供应体系，为各种丰富的但并非任意的用途提供了空间。[1]

与过去相比，现代理应被看作一种独特的"技术文化"。[2]时人甚至经常将现代的现代性——不论是启蒙时代、19世纪的市民文化还是社会主义阶段——与突飞猛进的技术等同起来，也是不足为奇的。社会深刻的技术化来源之一是工业化，但它超出了工业化的范围。工业社会，社会行动的整体协调是遵循目的理性的，其中的技术理性也被包括在社会的技术化之内。自20世纪80年代起，社会的技术和科技架构发生了工业化以来从未有过的根本转变，位于中心地带的，是计算机算法、媒体形式的数字化以及基于互联网的社交网络三者的相互作用。可以用数字化电脑网络技术或更简单的说法——数字网络来总括这三种要素。[3]工业化现代向独异性社会的转型不仅在于（见上一章的详细分析）向独异性经济的转型，还在于科技体系向数字化、电脑化和网络化的结构转型。两个进程有各自的理路，同时也是相互联系的。

那么，晚现代的核心科技有哪些新奇和特别之处呢？这一点不容易回答，首先因为我们现在还处在转型的进程之中。但关于数字化，我们并不缺少乌托邦式（"新型全球化民主""智能环境"）或反乌托邦式（"监管媒体""注意力的灾难"）的两分解读。[4]要想理解它对社会转型的意义，这些或乐观进步或悲观颓废的叙事却是不够的。在面对这种现象时，如果我们尝试通过回顾和比较历史，而与之拉开更大的距离，就能更清楚地看出一种根本的断裂，发生在旧有的工业化技术与新的网络电脑技术之间。可以这样描述这种断裂：工业化技术只能将世界机械化和标准化，而数字技术会强迫社会、主体和客体发生独异化。工业技术只是功能理性化和物化的工具，而数字网络是社会文化化和感性化的发电机。

虽然在 20 世纪 70 年代和 80 年代，人们在传统的控制论思维下，还轻易地将早期的电脑看成工业化调控理念的完善，但 21 世纪初，一种越来越清晰的体系已经在反驳这种印象了：电脑、数字化和互联网构成的复合体，使独异性的主体、客体和集体能被不断地制造出来，并迫使这种制造不断进行。乍一看，数字化文化有独特的性质，仔细观察，这些性质其实可以解读为技术促生出来的独异化现象：追求与众不同和关注度而不断竞争的个人形象、社交网络，从用户的"数字足迹"追踪，到独特的网络社群，再到有自己世界观的数字"部落"，所有这些它都包括。

技术引起了社会的独异化，这是与科技的文化化连在一起的，同时，它对数字条件下"文化"的意义也提出了挑战。在过去的工业社会中，文化领域在很多方面是与技术相对的，而现在，数字技术与互联网迫使社会发生文化转向。这就是说，科技作为晚现代社会的引领者，其核心不再是机器生产、能源开发和功能性产品，而是广泛的、席卷了日常生活的各种文化形质的生产，这些文化形质带有叙事、审美、设计、乐趣、道德－伦理方面的性质，由文字、图片、视频、影片、日常话语和游戏组成。因而现代科技有史以来第一次从根本上变成了文化机器。

因此，晚现代所谓"技术"的所指，调转了方向。吉尔伯特·西蒙栋（Gilbert Simondon）提到过这种差异，他用"封闭的机器"指代过去的、现代的技术，将之与控制论视角下新时代科技"开放的机器"对立起来。[5]用我们的理解来说，主导18世纪后半叶至20世纪中叶的工业化机械技术，是普适性逻辑和客观性功能逻辑的引擎。自18世纪80年代以来，社会所有的技术范式都是这样的：从狭义的工业革命角度来说，有蒸汽机车和铁路时代，钢铁、电器和重工业时代，还有石油、汽车和大规模生产时代等范式。[6]总体上，工业技术的任务是机械化、有效分工、能源获取和标准化。它催生了与社会结构相应的技术生态，一种可预测的、淡化情感的、规划未来的行为方式，工程师的社会形象就是其具象化的代表。

　　自20世纪末起，时代最重要的科技在某种意义上换了场地，从理性化转型到文化化，从标准化的引擎转型为独异性的制造机。科技以一种特殊的方式促进着它以前想要消减的东西：独异品和文化。发生了一种根本的科技转向：从工业化现代的技术性文化转向晚现代的文化机器。自20世纪80年代起，信息和通信接续前文提到的三种科技范式，成为第四种范式。如果人们还只当它是原有工业化范式的升级或继续，则有可能完全误解了它。如前所述，我们面对的是一种彻底的断裂，因为整个社会由科技复合体来引导，这种复合体围绕着文化形质的生产、流通和接受来运转，这在历史上还是前所未有的。同时，它也是现代社会第一种允许、催生甚至迫使客体和主体发生独异化的关键技术。跟过去的工业化技术一样，新的数字技术也催生了相应的生态，并有相应的代表形象：电脑终端的移动用户（user）。他也是观众，想从所看到的、（暗地里）被操控过的文字和图片中获得情感体验，同时，他又不断地用自己的创造力和想象力为数字文化的世界添砖加瓦。

/ 1 服务于文化化的科技

算法、数字技术和互联网构成的基础设施

要想看清这种结构断裂是困难的。首先因为我们自早期现代起就习惯用工业－机械化范式眼光看待技术，这是一种标准化的、强调纪律和控制的范式。此外，数字化电脑网络确实在最初的层面上强化了普适性范式，即可计算性、同一性和通用性的范式，是的，它加剧了这种范式。然而，正是数字－算法领域中普适性逻辑的强化，使得主体、客体和集体能够进行独异化，其影响有好有坏。要理解这种关联，我想重新解读并使用"基础设施"这个概念。[7] 数字技术的定位是：它是生产独异品时普遍存在的基础设施。这就是说，科技体系内部是以标准化和整体化的方法及程式为主导的，但这些是生产独异品的背景架构。作为基础设施，普适性逻辑的定位成了工具性的。它是独异化进程以及全球性文化机器的一种（机械性及文化性）功能。

科技是如何首先在社会和技术层面推动普适性逻辑的呢？要回答这个问题，必须仔细审视新型科技复合体的三大核心进程。它们是：电脑计算、媒体形式的数字化以及全球性交流网络即互联网的形成。[8] 每一种都推动着普适化，而且是在三个相互联系的方面即可计算性、程式化以及全球同化。[9]

我们先来看看电脑计算，即全球通用的计算机技术。19世纪，查尔斯·巴贝奇有了设想，1937年，艾伦·图灵将之付诸实现，又由约翰·冯·诺伊曼加以完善。便携式电脑和移动电话使这种计算机拥有了超凡的功能。不过它仍是计算性工具，跟图灵机的特性一样：它是一种读码机器，执行着某种算法。算法就是技术行为指令，它是——跟字面意思完全一样——可计算的。借助算法，一个输入值一步步被导成输出值。这种计

算指令是有程式的，清楚而确定的。随着时代进步，它不断地从简单算法发展为动态的、有学习能力的算法，使操作可以自动进行。[10] 对于目的理性的可预测性原则来说，可计算性和算法程序无疑是它的顶点。计算机及其指令有程式化和自动化形式，是普遍适用的方法。同时我们也要清楚，普适性的社会逻辑在此只纯粹存在于机器内部，也就是一种狭义的技术逻辑，因为这里不涉及人类主体间的行动协调，而只涉及硬件系统内部架构自动化运转的可计算性。

231

通过列夫·诺曼维奇（Lev Manovich）的研究我们知道，电脑技术是因两种独立发展的技术无限接近而产生的：一个是上面说过的电脑算法技术，另一个是媒体形式的数字化。[11] 电脑计算遇上了媒体。数字化的意思大家都知道，任何一种媒体形式都是由数字信号（包括时间离散信号和数字离散信号）组成的，这些信号在操作中一般有两种状态：0 和 1。它们不是连续的，而是数字的、不连续的。布尔于 19 世纪中期发明的这种二进位制理论，可以由图灵计算机应用于所有媒体形式中。1940 年以后，通用图灵机在某种程度上成了世界通用的，因为它能够将文字和图片作为算法输入值接收进来，还能作为算法的输出值产出文字和图片。媒体技术与电脑的交汇让人们可以通过程序对媒体形式进行架构、改造、复制和传播。这样的结果，是媒体形式的数字化在进行一种普适化，起初甚至是一种去独异化，有时这种过程会遭到文化批评。前数字文化时代，图像、文字和声音各有各的媒介和质量，是不能相互转化的。现在，所有媒体形式从技术角度来看，其结构形式都是相同的。不过这里的程式化仍未被加诸主体、客体或思想之上，而只是技术系统内部自动进行的程式化。

算法和数字化与第三种独立的因素联系在一起，又被这第三种因素改造着：电脑（以及其他设备）之间的交流网络。

232

它其实不仅包括互联网，还包括"物联网"意义上的其他设备的交互。[12] 电脑原本是各自独立的机器，20 世纪 60 年代以来，数据传输变得广泛而且无所不包，使电脑联网成为可能。1973 年，确立了通用的开放性协议（IP），为唯一的电脑网络的诞生奠定了基础。这个互联网不仅将电脑联在一起，还以 World Wide Web 的形式居于中央，作为一个巨大的平台将各种网页互相链接起来，在这个平台上，各种媒体形式——文字、图片、声音——又交织在一起。[13] 互联网也以自己的方式推动着普适化，而且是在全球互联的层面上。网络以算法和数字性为通用技术的前提，却又超越了通用技术，借助基本协议（TCP/IP 及 HTTP 等），为所有的网络用户构建了一个无所不包的、原则上来说没有边界和限制的交流合作机制。因而网络的普适化是以通信的全球化为形式的，在物联网中，通信的全球化也将非生命的参与者包括在内。随着交流网络的构建，一个全球性的、普遍存在的观众群体即全球性用户群体也诞生了。

这就是最初的层面上，电脑算法、媒体数字化和基于基本协议的互联网对普适性逻辑的推动作用。重要的是要指出这一普适化进程发生的所在：它发生在数字化电脑网络技术之内 [14]，制造普适性主要发生在机–机互动中。然而新科技不仅仅涉及机器系统，它扎根在社会实践中，人类主体在社会实践中与之产生关系。只有这样它才能具有塑造社会的力量。在机器制造普适性这一大背景下，新科技实际上成了制造独异性的技术，为了理解这一点，我们首先要解决一个问题：科技如何推动了社会的文化化进程？

数字文化机器及文化泛在

晚现代主体的日常——职业活动、私人交际、消费和旅行方式、婚恋以及休闲——越来越多地依赖于数字技术。数字技术在多大程度上推动了科技和社会的文化化？晚现代"文化"的含义，发生了怎样的改变？当然，晚现代文化并不等同于数字文化。晚现代社会实践的很大一部分——作为对数字化的逆反有时候很强势——还是非数字化的。[15] 然而这些模拟技术的实践现在也在很大程度上与数字媒体及设备联系在一起，因而也被这些改造着——从消费者的网上购物到文化活动和度假旅行的数字照片，这些内容在起记录作用的同时，也被投放到社会媒体中。我们并不想泛化数字世界，但可以肯定，数字世界在文化范畴的转型过程中起着决定性作用。

　　为什么要在这儿谈文化？新科技最首要、根本的特征正因为太根本而容易被人忽视或误读：通过数字化电脑网络，不仅数据和信息，而且文化客体和文化形式——强意义上的文化——都是泛的。[16] 数字化的电脑网络就是一台文化机器，这就是说，这种科技以文化形式——带有叙事、审美、设计、乐趣质量的文化形式——的生产、流通和复制为核心。我们知道，有一种看法认为，伴随着电脑和互联网，诞生了一个信息和知识的社会，发生了信息和数据的爆炸。[17] 然而这种看法太局限于工业社会的思维，局限于工业社会的技术文化和客观性。它没有深入电脑革命最具影响力的特征：电脑革命使文化和感性无处不在。

　　因此必须要清楚区分什么是数据、信息和文化形式。三者都存在于数据媒体中。数据可以理解为各种差别的体系（Systeme von Unterscheidungen），它出现在机械程序内部（二进制、算法），因而是独立于主体的知识之外的。[18] 信息和文化形式与之不同，它们是意义的关联，人类主体在这些关联中活动。信息有工具的功能，而文化形式在用户眼里是自带价值的。信息具有认知的地位，是有用的知识，用来实现某种目

234

的。文化形式在用户看来则是带有内动力的，就在于它们能感染人——它们（我们已经多次说过）有叙事、审美、乐趣、设计或伦理性质。信息和文化并不总是容易区分的，因为文字和图像既是信息载体，也是文化形式的载体。不过二者经常被以如下方式加以区别：决定文字、图像文化性本质的一点是，它们具有感性力量，而信息则通常是"客观"的，没什么感性力量。

235　　　互联网在很大程度上是一部情感机器。组成互联网的各种内容，有的让人激动，有的提供休闲价值，使情绪欢快，心情放松，有的鼓动人心，有的使人感到舒适和安全。带着理性时代的思维，人们容易忽视这一点：深深吸引受众和生产者的数据客体，在很大程度上不是纯智识的，而是带有叙事、审美、设计或乐趣的性质。[19] 图像和影片是这样，文字、响动、声音和游戏也是这样。

　　以照片和影片为主要形式的图像，是在互联网上产生、流转并被观看的主要媒介载体。数字文化在极大程度上是一种视觉文化。[20] 这一点，不仅体现在 YouTube 和 Instagram 上，其他社交媒体比如脸书和推特也越来越多地转向图像内容。图像在政治、体育和休闲类新闻中占有压倒性地位。淫秽表演大量出现，还有电视和电影转播。图像的信息传播作用是第二位的，其首要作用是感性，就是说它的感性是以审美或叙事为形式的。数字摄影技术对网络文化的美化作用尤为巨大。[21] 无处不在的摄像机将平淡的日常变成"情景"，这些情景本身似乎有观看价值，不管它产生于何种具体语境。

　　面对无处不在的视觉内容，（书面）语言文字内容在互联网上退居二线。不过，文字方面也有信息性减少、感性增强的趋势。多数文字是带有情感内容的。连日常应用的文字都变得富于感性了。社交媒体中的文字，其首要功能是日常交际[22]：

它的信息传播功能退到了幕后，让位于"为交际而交际"，即 236
通过交际在情感上寻找共鸣。推特这样的微博平台，其主要特
色也不仅仅在于信息性的短消息，更多地在于这里不断在制造
着新的、实时的刺激。博客或新闻平台对于用户来说，总体上
也是具有叙事价值的，同时它们也有可能激发用户的道德兴
趣：这些平台通过它上面的文章，参与着整个政治 – 社会的
"宏大叙事"，用户可以在这一过程中找到认同感。因此，晚
现代的网络传媒不仅是信息机器，还是带有巨大情感力量的叙
事机器。[23]

数字世界中，除了图像和文字，另一大类内容是声响和
声音，主要以音乐的形式存在。[24]数字化技术使得音乐无处不
在。它本来就不是信息，而是审美客体，带有情感力量。此
外，"乐趣"性的活动也非常重要，尤其在电子游戏这种形式
中。[25]电子游戏在某种程度上是互动的集体性艺术作品，它制
造人为的空间氛围，带有文化事件的特点。参与者本人在游
戏中是设计者和战略师。电子游戏——与科幻、历史、惊悚
或冒险同类——是综合性的空间，用户沉浸在它的叙事和审美
之中。游戏中的行为方式跨越了战略和审美的边界。行为的主
要特征，就是游戏者对这种行为的主动体验。除了电子游戏之
外，还有很多"乐趣"性质的活动，它们都可以归入"游戏
化"这个大类，共同参与电脑活动的审美化过程。[26]

图像、文字、声音和游戏，在所有这些层面上，网络都 237
是文化机器。这里的文化活动，其形式也与上文分析过的相
同：它有表演性和体验性。[27]数字图像、文字、声音和游戏都
是被表演的，而且是面向广义上的观众表演，他们同时也成了
玩家。面对数字表演，这些观众处在一种"持续体验"的状态
中。科技推动的文化化进程，至此已是泛在。准确地说，这种
泛在就是：越来越多的文化元素、（几乎）所有的文化元素都

被包括在内，它们都是一直存在而且到处存在的，跨界就是它们的突出特征。

数字革命导致文字、图像、声音和游戏的大量增加，这是众所周知的事实。文化化却不单单是文化形式数量的增长。老的媒体技术各有自己的专门形式，其生产和储存方式也是各不相同的。数字文化机器却将所有的形式整合到了一起。在这个机器里，几乎集合并储备了所有图像、文字和声音文献。在极端情况下，文化机器可以保存人类制造的一切文化形式。借助移动设备，文化形式基本上是随时随地可得的。[28]老的媒体中，文化接受总是发生在特定的环境中，比如在图书馆读书、在影院观影，晚现代主体却可以通过手机或其他移动设备，随时随地获得文字、图像、声音和游戏。技术越来越不像工具，而是越来越变成一种技术环境，主体则活动于这个环境之内。这个环境本质上是一种文化性环境，它不断地触动着主体的情感。[29]

最后，数字技术文化化进程的深刻程度，还来自它的社会跨界。这是指公众与私人之间的界限，以及媒体与现实之间的界限。说得粗略一点：新媒体将个人和私人的东西转变成了公开的，至少是半公开的。数字媒体上可以看到越来越多的日常生活元素。这还涉及人类身体上的现实，比如外表、声音、行为举止。借助移动相机和移动电话，实际日常生活中的事被转变成了观看的对象，转变成了叙事－符号以及审美视角的观看对象。人类身体的活动于是就转变成了——不论自愿与否——一种表演，观众处在观看并体验的状态中。

文化：过度生产和重组之间

数字化文化机器有五个重要特征，使它区别于市民时代高雅文化、大众文化和组织化现代。它为我所说的晚现代"超文化"增添了以下方面的内容。[30]

第一，文化机器普遍地造成了文化形式（以及信息）的严重过度生产和受众关注度短缺之间的结构性不均。一方面，网络上产生并发布着大量的图像和文字，而且新的图像和文字还在不断出现，旧的并不消失。另一方面，受众的注意力不能随意增多。这就导致文化机器中，有了一定程度的文化过剩。工业化技术着力于解决短缺问题，数字技术却是一种造成过剩的技术。这样我们面对的局势，与我们在文化性产品那部分已经了解的一样[31]：独异品经济以结构性浪费为特征，生产了过多的产品，却不能吸引到足够的注意力和赏识。互联网也导致了文化元素的过度生产，使它们互相竞争用户的关注。结果就是这里也存在极为激烈的关注度争夺。

要注意的是，独异品经济和数字媒体技术是文化性过度生产的两种各自不同的体系。在独异品之间展开大规模的关注度和吸引力竞争时，这两种体系是相互增强的。这样我们也就清楚了，为什么数字媒体不是仅限于信息的流通，而是要转型为文化形式的流通。在关注度市场和赋值市场上，文化相比信息占有一个决定性优势：它能触动情感。在争夺受众关注度的时候，富有感性力量的（消遣、气人、吸引人的）文字、图像和游戏更有可能胜过情感力量薄弱的一方。而且，能获得短暂体验和长期赏识的，不是一件东西的用处，而是文化的形式。过度生产与关注度短缺推动着数字世界，使它不再是信息机器（当然它还继续存在），而是不断转变为文化机器和情感机器。

第二，文化生产者和观众之间的二元关系减弱了，文化生产者角色得以普遍化，观众的角色也普遍化了。市民时代的高雅文化和工业化现代的大众文化都以少数生产者和多数受众的相对两方为基础。而在数字化晚现代社会，这种情况发生了根本变化，因为每个受众都可以成为生产者，即使他只是个小生产者，不过是将度假时的私照发到了网上或在某个平台上评

240 价了一本书。[32] 文化生产的机会均等，也是数字化文化元素过度生产的原因之一。有趣的是，这并不同时导致"观众的死亡"。[33] 相反，观众的角色也普遍化了，而且是通过"屏幕"这个通向世界的门槛，它——主要是因为它变成移动的了——使主体时时被置于观众的地位。晚现代主体转变成了观看者和读者，其群体之广大超过了以前任何时代。[34]

第三，文化机器使文化形式失去了层级。在典型的现代社会，高雅文化、通俗文化及流行文化之间存在并维护着清楚的层级，公众文化和个人文化之间也一样。而在晚现代社会的数字世界中，这些层级在被破除。全部文化元素都能以同样的方式获得，以同样的方式服从关注度市场和赋值市场上的竞争机制。数字世界中，文化形式存在于林林总总各个层面；只要点击几下，受众，同时也是用户，就能从度假照片转到经典电影，从朋友的消息转到党派大会的报道，从三级片转到莎士比亚的《暴风雨》，或转到巴黎某豪华宾馆的套房。[35] 同时，在某种程度上文化形式也客观地在同一个层面上相互竞争：关注与赏识的竞争，具体表现为点击量和转发量，以及搜索引擎安

241 排的点赞量和排行榜。在这场竞争中，度假照与莎翁的十四行诗、宾馆、党派大会或推文都以同样的方式存在。去层级化当然不是说所有的东西在价值上都是同等的，相反，文化形式所受到的关注，以及它们所获得的赋值大相径庭。一边是少数关注度高的元素，一边是几乎没人关注的元素。与独异品经济一样[36]，互联网上也存在严重的不均衡；两种不均衡的状况，即经济的不均衡和数字技术的不均衡，是相互咬合的。

第四，文化形式在经历迅速的时效化。网络上的一切都在于同步性、新鲜度和实时性。[37] 网络上的文化形式于是有了自己的时效。与过去媒体文化中的图书和电影不同，现在的媒体形式不再是稳定的客体，而是过程性的，即随时在变化的

表演。此外还有不可胜数的各种数字化表演——新闻网页、博客、脸书页面、推特、电视转播等——在同时进行。以前电视上就有一些同步现场体验，现在媒体用户就是观众，这种现场体验正在经历去边界化。数字文化空间实时进行，产生了当下效应：文化环境就是它此刻的样子；下一个瞬间它就是另一个样子了。

　　社会对网络的根本要求就是"新"。一方面，不断地有新的文字、图像等被发布出来，极大地排斥了原有的。这些文字和图像都至少要有些新意，有些独特性和趣味。另一方面，许多数字化客体内部也是不断改变的，比如某人的博客或脸书页面；[38] 在这一层面上，对"新"的绝对要求以"更新"的形式来实现。同步、新鲜以及更新带来的结果，就是受众（同时也是生产者）与文化的关系也成了瞬时的：文化只有瞬时性，并只在瞬间被体验。与过去和未来的关联被弱化了，只有此时此刻的新东西和实时的东西才算数。

　　第五，网络上的是一种重组文化。由于文字、图像等是可以数字化调取的，人们可以轻易利用它们，在上面做文章。[39] 这样的结果，就是新内容经常是由已有内容重新混合而成的。所谓新，就不再仅指以前完全没有过的全新之物，类似先锋派那种与过去一刀两断的"新"，而是指重组技术和混聚技术（mash up）制造出的相对的"新"。于是，"新"的标准降低了，原创与复制品之间的界限也变得脆弱。链接功能为这种文化的混聚形式做出了贡献。相应地，文化在文化机器中变成了一套"文化资源"系统。[40]

　　文化机器的上述五个特征有一个共同的效果：在它们的作用下，典型现代社会那种文化的普适性在消失。这曾是市民时代高雅文化及教育文化的根本特征。典型现代社会认可的文化——至少在市民阶层内部——受到所有人的认可。文化生产

者与受众之间明确的区分，对"经典"文化客体的追求和这些
文化客体的级别高下，文化活动的指定环境（剧院、音乐厅、
阅览室等），以及新旧之间清楚的界限，这些都是市民文化的
显著特点，所有这些都是为了建立一套普遍适用、适时更新的
规范。与之相比，组织化现代社会的大众文化，即直到20世
纪80年代一直占据主流位置的电影、广播、电视文化，对新、
时尚和热门的要求已经激进得多了。然而那个时代的文化也允
许并强迫——只是不再针对高雅文化，而是针对通俗文化——
文化的普适性。依旧是少数生产者与多数观众两两相对，依
旧有指定的文化环境（电影院、客厅），文化客体依旧是稳定
的（例如一部部电影），而且旧与新之间的区别依旧是重要的。
而如今的晚现代数字文化却完全不同，由于上面所述的五个特
征，它催生了一个文化空间，一个"过于充盈"、五花八门并
不断变化的空间，它撑破了普适性文化模式，而为各种独异化
形式留出了地方。

/ 2　文化性及机械性独异化进程

令人惊异的是，看似各不相同的数字技术现象，仔细观察可以发现它们都是系统性地制造、推崇独异品的过程。如我上文提到过的，数字网络的基础技术要件——算法、可计算性、互联网的全球通用组成了一套基础设施，推动着主体、客体和集体的独异化。[41] 在此要区分文化性和机械性两种独异化进程。

我们首先来看文化性（和感性）独异化进程。它产生于主体与机器的互动，以及使用机器的主体之间的互动。例如社交媒体上争相表现独异性的个人主页，通过 3D 打印等技术产生的独异于人的图像、文字和物品，以及同道中人在网络平台上组成的共同体。主体、客体和集体的独异性，在实际的社会活动中是靠关注度市场、赋值、共性心理以及关系网络决定的。

然后我们来看机械性的独异化进程。起初它纯粹发生在机–机互动层面，与主体的认知或理解完全无关。我曾在上文指出，电脑技术是一种普适化进程，但这还不是全部真相，因为机–机互动的确也能产生独异性，是的，观察并机械化处理独异品越来越成为数字技术的宗旨。已经长期存在的数据追踪（data tracking）是这一机械性独异化的典型范例，用户的消费偏好和兴趣倾向都能借此得以确定并实时更新。大量的数据，即大数据（big data）可以借助通用算法得知单个用户独有的特征，甚而有可能得知每个人独有的特征。普适性与独异性的社会–技术逻辑是相互关联的，就二者的关系来说，数字技术的特点体现在三个层面上：第一，在使用电脑的社会活动中，主体、客体和集体的文化性独异化进程；第二，主体和客体在技术内部经历的机械性独异化过程；第三，通过算法、可计算性和数据传输实现的技术层面上的普适化进程，这是前两种进程发生的背景架构。

数字性的主体：表演出来的"真"与可见度

"主体"这个词所指的内涵，正在被数字技术改变着。[42] 技术将晚现代的"自我"置于特定的独异化形式之中，主体自己也在主动推动这一过程。主体将自己作为独异品来对待，外人看他也觉得他有独异于人的潜质。主体的数字性独异化进程有两种形式：个人对外形象的文化性独异化，它是要由观众来认可的；以及主体的机械式独异化，这个过程在一定程度上是"背着主体"进行的。两种进程中，主体都被制造为独异品，而且是一种模块化或曰编曲式的独异品，将各种单独的元素即模块组合编插在一起，就产生了这个独异品。单个的模块被编插生成主体的对外形象。下文我们会仔细分析，在数字技术中，晚现代主体在根本上如何成了一种形象主体。*

首先应该来看一看主体在网络上如何对外进行独异化，即主体如何打造个人可见的独异性。互联网有一个突出的特点：每个人在网上都显得是他自己，就是说不是作为众人或一般人，而是有名有姓的个人，有外表和个性。脱离了阶级和出身，每个晚现代主体都拥有历史上从未有过的一种新的特权（不过越来越多地成为一种强迫），即将自己展现在文化机器上，并不断地打磨个人形象。社交媒体可能是进行自我展示的最重要的场所；可以用"脸书范式"来概括这一现象，其特点就是，个人形象在这里是被有目的地放置并加以维护的。[43]

数字性主体的（自我）塑造，总体上发生在文化产业框架下，整个晚现代都打上了这种框架的烙印：它以关注度和赋

---

* "形象"一词在原文中为 Profil，这个词既指个人形象，也指互联网上的个人主页，即一个主体在互联网上塑造的自我形象以及展现这个形象的页面，比如脸书账户。
——译者注

值竞争为形式，即独异品的关注度市场。文化产业化不仅限于上文所说的，只针对独异性经济的客体，而且在对主体的关系中，文化产业化也在占据统治地位。这一进程又从数字媒体技术那里获得了决定性的推动力。网络上形象主体的独异化过程，是晚现代主体参与整个社会独异化进程的另一支柱性机制，其重要性仅次于知识文化劳动力市场。在网络上，主体（从小就）学会了一点：要想成为有价值的人，就得在关注度竞争和赋值竞争中，不断让人看到自己是与众不同的。因此，晚现代的自我是一种戏剧学上的自我，他的主体化主要取决于他成功地在人前展现自己。晚现代主体本身与他在观众面前所表现的那个"他"越来越成为一体了，互联网就是他的舞台。

　　这种表演的本质特征是什么呢？可以通过比较来看。针对 20 世纪 40 年代到 50 年代的组织化现代社会，大卫·里斯曼（David Riesman）总结了一种主体类型，这种主体也在不断地打造自己的对外形象；这种"他人引导"（other-directed character）的个性所追求就是，作为岗位上的员工，作为同龄人中的一员，或作为郊区的一介平民，要在别人眼里有成功的表现。[44] 到此为止，似乎都很相像。如果观察一下这种表现成立的方式，那么最重要最关键的一点来了：里斯曼描述的"他人引导"者努力要在社会上不引人关注，不要太个性，更不要成为怪人，要符合"适应社会"者的标准；而"形象主体"想要的正好相反，他要通过表演，在关注度和吸引力竞争中脱颖而出，仅仅作为群体中默默无闻的一员，这对他是不够的，他主观上也不能满足于此。晚现代主体想要，而且别人也期待他拥有并展现一种不可替代的人生。他所要的，如我们上文多次说过的一样，是以一种"真"的方式"做我自己"。

　　"真"在晚现代文化中的重要价值，以及"真"与独异性的关系，我们在文化性产品市场那一节中已经分析过了。[45] 对

246

247

"真"的追求也一直伴随着数字性主体的自我塑造过程，它有两种"真"的表演形式，二者又是相互矛盾的。说它矛盾，是因为一个主体的"真"从字面上来说只关涉他自己：他是"真"的，只要他觉得自己不是人造的，而是"真正"的——这就是说，只要他追随的是自己的愿望和理想，必要时会与别人相悖。这就是晚现代主体想要的。而同时，这个主体所生活的文化，又把"真"作为社会的一种根本期待：主体应当是"真"的——"做你自己，请做你自己！"我们上面已经看过，社会是否对个体给予认可在何种程度取决于他是否"真"得独一无二，所以主体就要把自己表演成"真"的。数字性主体的自我制造，其实就是制造这种表演性的"真"。

"真"的表演在互联网上、在更加苛刻的关注度经济环境下进行，这是一场与别人的形象、别人的博客等争夺可见度和认可度的斗争，这些我们在经济领域那一节里已经细细分析过了。只有当主体以一种"真"而且有趣的方式，作为独一无二的人出现在别人的认知中，也就是说这样被人看见，他才有机会在这场斗争中胜出，才能不断积累独异性资本，保证自己在社会游戏中的地位和认可度。[46]可见度和认可度取决于观众的注意力，然而因为（上文分析过的）大量用户对文化形式的过度生产和更新，注意力又成了文化机器中的短缺品。简明扼要地说：只有被人看见，才能保证社会认可，而不被人看见就意味着主体在数字世界中的死亡。这是独异性社会的一个根本原则，是独异性社会媒体技术造成的一个根本后果。

个人形象的表现形式及编曲式独异性

上文我已经提到，个人形象这种形式是主体数字性独异化的根基。[47]数字性主体的个人形象是文字和图像元素的编插组合，他试图用这个形象表明自己独一无二的个性是不可替代的。

个人形象在某些情况中有其格式，用户须填写规定的标准板块栏目。[48] 在另一些情况中，个人形象可以根据自己的喜好自由设置。前面我们说过，在知识文化产业中，个人形象是劳动主体的主要格式。[49] 其实它也是数字媒体的一种主要格式，这种格式力图在数字媒体上展现"整个人"，因而升格成了制造个人存在感的场所和手段。此外，借助个人形象将自己独异化，成了主体永恒的任务：他在个人事务中不断地进行着独异化。

文化机器中成功建立个人形象的标准与独异性经济中的标准是一样的，两种机制互相增强：某人被认可为独异于人，其优异就在于他的独异性和与众不同；这个人以非同寻常而且复杂的方式做"他自己"，意思就是，他有内在厚度，这使他"有意思"。同时，他看起来与其他人完全不同，甚至有些让人惊异的地方。在数字化个人形象上，主体打造着自己的独异性，其途径就是将相反的两种标准——多面性和统一性结合起来。一方面，主体努力展示自己的兴趣广泛、生活的多姿多彩；另一方面，这些异质的元素要能成为一个辨识度高而又能引起人兴趣的整体。

在数字化个人形象中，主体想要多样性，社会期望他的多样性，二者都可以通过搭建模块化的整体造型来办到。整体造型是指：人们利用二维空间，来展示自己这个人——一幅媒体元素（文字、图像）构成的拼贴画。模块化是指：单个元素已经具备了，它们作为单个元素能被人看见，而且是符合指定格式并可以调用的。在数字化时代以前，人们都是未知而且起初显得有些神秘的"个体"，要经过较长时间的交往或友谊才能了解他的特点（这还不一定能做到）。晚现代主体则借助模块化的整体造型来展示自己，他展现的整体造型是由各种元素构成的一种独异品，初看上去，它像一首"编曲"，而且可以直接读取——就像一本打开的书。比如说，他对某种特定的音

249

乐风格感兴趣——这一点不仅会被说出来，而且有链接显示他点评过哪些音乐人，听过哪些音乐会，有完整的音频文件。再例如某人对某一政治话题感兴趣，对某些特定的国家、城市或风景感兴趣，喜爱自己的居所或怀念以前的居住地，参加了本地某家体育协会，或者对美食有研究——所有这些不同的个人特性都可以用来搭建个人整体造型，因而原则上有同等的可见度。这些特点及兴趣单个来看可能根本不独特，而且多多少少有普遍性，但经过编插组合，将这些元素"编成曲"，一个人以及他的"天空"就成了独特的。简而言之，在个人形象中，不可替代性的构建方式是"编曲式的独异性"。

个人形象却不是静态的，而是不断上演的"新鲜表演"。"更新"是网络日志或博客的固有要求；脸书又通过"个人时间轴"（Chronik）功能进一步增强了这个要求。形象主体必须不断地证明自己的独特和多面性，不断地进行新的表演。说自己喜欢哥伦比亚，喜欢巴洛克歌剧，爱自己的孩子，这种表白只做一次是不够的，还必须通过新近发生的活动将这些热情和兴趣一而再再而三地在公众面前付诸实践。比如某人现在就在哥伦比亚旅行，不断地发布旅行感想和照片，或至少要链接上有关哥伦比亚的最新报道。某人现在就在参加巴洛克音乐节，或至少要提到并链接到现在的一个音乐节。或者某人现在就在跟孩子一起做着有趣的事情，并把全部过程放到网上。互联网的本质就是关注当下，"不断上演的新鲜表演"将这一点转嫁到了"制造"主体的层面上。这里的独异化就是指，在多面的活动中总有些新鲜的东西，而个人形象组成的世界总在保持最新现场状态。

形象主体不断制造自己的独异性，这个过程中他最偏爱的形式就是可视的体验。[50]"个人时间轴"以照片和视频为主，这些可见的现实在暗示着所发生的事是直接真实的。文化活动和旅行特别适合用照片和视频来展示，小的生活细节也同样适合，只要这些细节里有新鲜的、不寻常的东西。自我总是"在现场"（live）（比如通过"自拍"来体现）。然而，主体不仅是为了记录一些重大的活动，他关心的是如何让观众看见自己的主观体验。关键是，晚现代主体装扮自己，不仅是要显示自己正在做有趣的事情；他对特别之处的感知和体会才是让他显得与众不同的一点。这里还需要"真"这个法宝。只有主体不仅在展示，而且能在一个情景中感到"实现了"自我，他才显得"真"。可是，如何才能让别人看见这种无影无形、一闪而过的心理体验呢？借助数码照片，人们似乎觉得这种自我体验可以被感受到。实拍照片和短视频经常是不完美的，却因此显得更真实，因为它们是"直击现场"的——比如巴洛克音乐节的现场。它们能让实时刷屏的观众同时或事后体验到主体此时此刻的经历（或者他自称经历的事）。[51]

　　链接和点赞也有助于自我的独异化。与文化活动和个人体验相比，这二者不需要太费事就能体现某个人的独特性。链接的意思大家都知道：主体从文化机器里数不清的，但主要是新鲜发布的文字和图片中撷取一些，说它们是值得注意的。格奥尔格·齐美尔（Georg Simmel）认为，个人性是在与社会圈子的交叉中产生的，[52] 按照这一观点我们可以说，数字性主体的独异性在很大程度上是由他的链接汇聚而产生的：看我的链接，就知道我是个什么人了。这些多面且独特的链接（可能还带有点评）指向别人的文字和图片，从而凸显了发送链接的主体是具有多面性和自复杂性的。脸书发明的"赞"尽管更程式化一些，但有类似功能：不仅我链故我在，而且我赞故我在，就是说我也是由那些我"喜欢"的东西构筑的。主体的链接，体现的是他（数字化）见多识广的一面，而他的赞，则体现了他的独特情感。链接和赞有一种特殊形式，即"好友"，这

251

是一些与主体相互关联的其他个人形象。与其他主体的相互链接，以及与他们有趣的个人形象的链接，在数字世界中构成了齐美尔所说的"社会圈子"：主体让所有人知道，他认识的人有哪些，并通过展示这些人的多面性和独特性，表现了自己的多面性和独特性。

众多个人形象机制性地形成了数字主体的正面情感文化，因为往来于这里的情感体验，几乎清一色都带有积极意义。视觉化体验过程一般就是为了留住一闪而过的正面情感——各种场合的正面情感，比如家庭聚会、开幕式、旅行或外出用餐。不断进行自我展示的个人形象，在一同表现着一个世界，它由各种活动中产生的激情和兴趣构成。这些活动大多没有争议，比如旅行、音乐或家庭。有人研究了脸书范式的个人形象后指出，它们连细节都是经过"抛光"的——就是说被抬升过，抬升为被人所喜爱的，甚至让人嫉妒或光芒四射的。[53] 这些形象总是为了个人魅力，但并不追求在传统的意义上达到完美（这有可能显得不独特或不够真），而是要着眼于有趣的日常，从而显得与众不同。说个人形象在这种意义上有积极意义，并不是说它们没有为个人缺陷留下空间。而正是通过展示自己的不完美，主体才显得"更亲切"，从而更真实。[54] 不过，这些"小缺点"必须小心安置，让它们能融入个人魅力的整体图景中。

起最终决定性作用的还是观众，也就是其他用户。他们会通过分配关注度和赞赏去认可某个形象的独异性，或者不认可。如上所述，数字化主体活动在媒体的吸引力市场上，他本身在一定程度上成了产品，争夺着可见度和赋值。文化资本主义中的产品及其观众（即消费者）通常是分离的，而文化机器的数字化吸引力市场上，生产者和受众则是可以互换位置的：许多个人形象在这里互相品赏。当然，形象主体面向的受众圈子是很多变的，包括可能最大范围的、无限的观众群，比如博客或 YouTube 创作者面对的观众就是这样；也包括如今社交媒体上越来越多的半开放的好友群体。但关注度问题和赋值问题一直存在，因为一切总是为了惊鸿一瞥，从而获得关注，总是为了在不断寻找乐趣的"评委"面前证明自己。

为此，互联网为形象主体们提供了特有的量化技术，好让他们估算自己和自己的形象获得了多少关注和赋值。借助页面的访问量和转发量（即关注度）以及点赞或"好友"的数量（即赋值）就可以确定自己的独异程度。[55] 这里也受独异品关注度经济法则的统治[56]：谁受到了关注，谁就有机会获得更多关注。此外，算法——比如脸书的"信息流"（newsfeed）——还能优先推送那些点击量高或点赞多的帖子。数字化基础设施就这样在关注度短缺的情况下加剧了马太效应，促使数字市场上发生"赢者通吃"现象。同文化产品世界一样，数字化世界中也存在少数明星，他们有超高的可见度，由于"好友"和无名崇拜者的认可，他们可以享受自己与众不同的感觉；同时还存在许多不太受关注的个人形象。

大数据与"察得的"个人形象

网络上的主体互相观看，面向公众进行着独异化；与此同时，还有一个独异化进程在主体"背后"推进：这是一个纯粹机械操作的过程，是数字化电脑网络观察主体之后得到的结果。这一过程就是基于算法的观察系统，它的目的是了解主体的特征。观察并不是指什么监视，而是普通意义上的：系统观察它周围的环境，区分并标识里面的各种现象。[57] 这里使用的数字化操作方法很多，从脸书或谷歌的数据分析到自追踪设备（随身携带的设备），它们不是内心的观察或交流中的观察，而是用于观察的机器系统。它们处理的不是信息或意义关联，而是数据，大量的数据：大数据。这种基于算法的观察技术对数

253

254 据进行收集和分析，可以用于各种现象、各种场所或趋势。这里面尤其重要的是对主体各种活动的观察。[58]关键在于，这套机器－算法的操作没有把主体分成类型来看待，而是当作独异品。[59]

数据化电脑网络带来了一种技术，它使主体不再被标准化，而是一边被观察一边被独异化。这代表着现代科技史上一个重要节点。典型的现代社会将主体区分为一般和特殊，以公众－体制和私人－生活的两分维护与主体的关系。在个人及私生活的世界里，人们完全可以对个人性产生兴趣，而在经济、国家或科学机关这些与工业科技紧密相关的领域，主体被认为是承载普适性特征的。如果在这里显示出特殊，一般会被看成问题，比如不适应社会、犯罪、疯狂、变态。Profil*（英文为profile）这种格式在晚现代成了独异化的主要格式，而在19世纪末，体制要对付负面的独异性时才会用到它，这个词也是在这种用途中才变得广为人知：它是指刑事领域的罪犯画像。这个来历真是有启发性，而且不无嘲讽。要抓住一个罪犯，必须了解他的心理特征，了解他不同于常人的个性。[60]

在晚现代，个人－私有与体制－普遍的两分坍塌了，而且与数字技术不无关系；主体的独异性脱离了个人和私生活领域，借助那套数字化基础设施走入了公众视野——也许是全球
255 的公众。与此同时，经济、政治、科学等各领域都对观察主体产生了兴趣，而技术也有了这个能力。从体制上来说，某人的独异性不再是问题，而是值得了解的事实。于是，通过网络算法，企业想获知每个消费者的特色，党派想知道每个选民的情

---

* Profil 原指侧影、剪影，也指对某人的画像和描述，还可指网络上的个人形象。这个词在德文中是多义的，而本章说到网络上的 Profil 时，则只能译为个人形象。
——译者注

况，医学想了解每个有机体的特征。这种观察技术的标志，就是主体从不会被作为整体对待，而是被看作模块式独异体，也就是说由离散元件拼插组合而成的。搭建主体独异性时所用的各种模块，可以是电脑用户留在网络中的路径（tracks），或者他的各种亲身参与的活动，也可能是他的认知。

　　最著名也是现在使用最广泛的路径追踪技术，是所谓"网络协议"和"人分析"（people analytics），脸书等平台和谷歌等搜索引擎都在推动这些技术。[61]借助这些技术，可以从用户无数的活动即他的网络足迹（traces）中，一步步得出他的特征，也就是他访问过的网页，他买的东西，他的链接，他的"好友"，他参加的网络圈子。有了这些足迹和标记，通过算法就可以得出他的偏好影像。与面向公众的个人形象不同，这种机器操作的主体形象不必具备统一性以提高个人辨识度；只要得知每个人的偏好就行了，全部的、杂乱的偏好，比如他喜欢的音乐，他的政治态度和衣着。在算法的观察之下，主体看上去是一种综合的主体，机器对他们进行观察比较，将他们的各个组成部分分成模型，其他用户也同样表现为这些模型（例如他们都有某种共同的音乐喜好）。这样得出的个人形象也是单个模块的组合。很明显，这种机器操作的独异化，是以发掘个人内在结构为目的的，为的是预知他以后的行动。这种独异性与以前的"个人因素"不同，个人因素为每种社会规则都增加了一点不可预知的色彩。这里则正好相反：数字化主体的各个组成部分都成了透明的，他作为独异品的行为，看似是可以预知的。

　　经机器独异化得出的个人形象，并不是用来展示的（像社交媒体那样），而是一种观察所得的形象，着眼于主体的活动，目的是在某些特定方面确定主体的内在特征。在这层意义上，机器通过观察得出个人形象，对每一个主体的了解可能比主体自己更多。[62]虽然有人批判这种技术，但还是得说，这里并不

256

单纯进行着普适化或类型化。使用人分析的算法，是为了观察单个形象主体的特点，比如他的喜好。以前那种"均等的社会人"未免太粗略了，也不是关切点。从这个角度来看，数字化观察系统与工业化现代的观察技术有根本区别。工业化现代社会也对消费者和选民进行研究，但采用的手段是抽样调查，即小数据，这样是不能将主体作为各不相同的独异体加以了解的。而且这一点似乎在当时也完全没必要。统计数据体现人们某种活动的频率，体现他们的相互关系，很适合用来确定大型消费者群体或选民群体的一般、类似、典型偏好。只有借助数字化观察工具接触到大数据之后，人们才能对各不相同的主体进行追踪，并将主体作为独异体来对待。[63]

除了路径追踪之外，主体的机械式独异化还有另一个形式：人体跟踪。[64] 这是一些测量工具，持续测量并评估身体的功能，有的安装在随身携带的相机或话筒上，将主体在室内的活动或他们感知到的东西记录下来。这样，就得出了一个主体在身体方面独一无二的形象，比如可以为他量身制定治疗方案。独异性的模块化被用到每一个器官的功能上。单个的身体不再是普通智人一个简单的个案，或某种常见疾病的案例，人们可以从生命医学的角度把握其不可分解的独异性，最后在医学方法上进行一种独异化。[65] 主体自己也可以通过了解自己身体的活动，自省式地观察身体的独异性。[66]

类似的还有所谓"生命记录"（lifelogging），这是一种数字化记录生活的方法，比如借助便携式相机。[67] 记录下来的，主要是独异的个体看到的世界，即一个人清醒时在日常生活中的所见。生命记录作为个人感知类数据，能够用于解读和反思。日常生活的瞬间——事后有可能被看作非常重要、发人深省、成问题或标志性的——被记录下来，这样，这些可视化的片段流就能被重塑成一种生活历程，提供给其他有兴趣观看的人，

或用于某人自己的人生回顾。对主体的观察转向自省，将机器
操作的他者观察与主体的自我独异化连接在一起：数据追踪出
来的结果，主体是得不到的，而个人感知的移动式记录技术却
能够让主体对生活方式和人生历程以叙事的方式进行反省。

个性化的网络以及软件化

数字化电脑网络中，不仅主体得以独异化，客体和物体也
经历了独异化，而且也有两条途径：通过机器－算法或通过使
用数字工具的主体。第一种途径最重要的例子，我们在"网络
的个性化"之下所做的事大多属于此列。[68] 第二种途径主要是
运用软件的结果，即客体的"软件化"。在第一种情况中，客
体是指整个网络，指它呈现给用户的全貌；第二种情况中，客
体是指单个的数字化客体（文字、图像等），或物质性物品。

谷歌、脸书这样的搜索引擎或平台观察用户的特征，它
们能够通过做出反馈，去影响网络提供给用户的各种选择和安
排。在这个意义上，网络因为算法而个性化了，用本书的概念
来说独异化了。主体会发现自己面对一个量身打造的文化环
境，这个环境试图尽可能地符合主体当前的愿望和兴趣特点。
这一独异化进程有两种最著名的体现形式：脸书的信息流，以
及谷歌的搜索结果。用户登录脸书平台，面前呈现的当前的文
化环境，就是为他量身打造的信息流。[69] 主体有哪些"好友"
和交际团体，关注哪些机构和新闻平台，就有相应的帖子和链
接为他而出现。虽然好友、圈子、机构和平台发布的文字、图
像和链接不可胜数，算法也能根据用户的兴趣为他做出选择。
对于很多用户来说，脸书信息流像一扇通向数字世界的窗户，
或者根本就是通向文化世界的窗户：当他通过这扇窗户向外看
时，所看到的是为他专设的文化天地。

搜索引擎谷歌的工作方法与此类似[70]，它是将数字世界当

作数据库来看的。跟其他数据库一样，用户也永远无法看见这个数据库的全貌，给出的信息总是回应着他当前的搜索词。用户在谷歌上输入搜索词找到的页面，其出现次序并不仅仅依照网页排名（page rank）呈现，即某页面被链接的频率，也就是客观上它的受欢迎程度；在排序上间接起到更大作用的是被观察到的用户偏好（谷歌通过足迹追踪得出的）。如此，用户的偏好就影响了网络通过谷歌呈现的那一面。依据偏好呈现的搜索结果，以及用户以这种方式能够看到的东西，都是为了尽可能地符合用户（当前）的兴趣。

谷歌和脸书就这样以机器算法的方式，将网络上整个的文化世界转变成了无数个为单个主体打造的独异化环境，主体只能看到自己的那一份。于是，互联网的"通"只是理论上的，因为主体事实上是独自处在为自己量身打造的那一世界片段里。数字世界的这种独异化方式，可以理解为对关注度短缺问题的一种回应。短缺是因为文字和图像数量过巨，所以需要一种有效的选择机制，个性化网络做到了这一点。这里所说的独异化不是指凭空产生什么独异之物，而是从已有的大量数字性客体中，通过算法选择出一些，将它们以各不相同的方式安排在一起。客体世界的独异化从一开始就是着眼于主体的：独异化的依据是主体独特的兴趣和愿望。反过来这也意味着，数字环境的算法式切割倾向于隐去主体不喜欢（或令他感到困扰）的客体。

就样一来，文化机器就使用户能够主动自觉地对"自己的"数字性客体进行独异化，主要借助电脑软件进行。列夫·曼诺维奇（Lev Manovich）正确地指出，随着客体软件化取代工业机械化，通过技术手段建立的人与世界的关联也被大大改变了。[71] 软件将日常使用电脑的用户变成了文化生产者，并导致了文化生产的日常化。每个普通人都能够产出新奇、独特的文化客体，比如文字、图像、图表、三维环境等。这种独异化形式的基础仍是模块化。使用软件中的关键操作就是选择与拼插：软件允许并强迫人从已有的选项中挑出一些，并将选出的这些组合在一起——剪切和粘贴（cut and paste）。[72]

软件将创新的过程分解为单个的、可追溯的步骤，并强制人使用已有的客体和设计元素。这里，已有的并不是独特之物，而是对所有人都一样的标准物（模块）。独异性其实是在将这些单个选择拼插组合起来的过程中产生的，这就为混搭和再创造提供了空间。可以说这是一种基于软件的、受牵制的创造性，其做法让人想到传统的"搭建"。利用软件造出的客体，其拼插过程是看不见的，文字、图像、图表、游戏等最终看上去浑然一体。3D打印机更进一步，它最早被应用于创客运动和DIY（do it yourself）文化，以及集体分享的创客空间和微型装配实验室。利用这种技术，可以将数字性独异品变成实物：单件客体或专门设计的客体都能变成三维实物。[73]

261

数字世界中的新共同体与网络的社会性

互联网对社会和政治产生了怎样的影响？对于这个问题，数字化理论家给出了差异极大的多种回答。起先占上风的是一种希望，认为有可能建立一种新的、通用的国际化公众体制，原则上人人都可以参与进来。我们的判断则正好相反：借助网络，出现了很多少数派团体。这些社团可以被称为数字化的新共同体，它们的特征在于，它们是将自己作为集体来进行独异化的。形成了"诠释社区"这种独特的集体，它们同时存在，被赋予很高的价值和极强的情感色彩。

这些少数团体出现的环境是多种多样的；它们的共同标志是，它们因某些高度感性的文化性客体而走到一起，在这些客体的基础上能产生一种集体认同。[74] 例如有的团体是某一电视剧的粉丝，有的因共同的旅行目的地或某种休闲活动而聚在一起，有的则是政治性团体，有某种共同的意识形态，还有的是为维护受歧视者的权益而组成的群体，但也有一些"暗网"团体。总的来说，跨地区的媒体网络使这些相对较小、兴趣各异的团体可以长期存在。数字时代以前，由于分散各地，这些团体可能因成员太少而难以立足。矛盾的是，网络的全球联通，也为少数派团体带来了好处。[75]

关于网络文化的争论中有一种倾向，将网络社会性的每种表现形式都放在"社交网络"的大标题下去处理。[76] 当然，在社会学视角下，"互联网"这个概念也意味着社交平台是以网络形式存在的。我认为这样看待问题有点含混：它遮蔽了人们的视线。应该看到数字世界中其实不止存在一种社会形式，而是三种并存：异质协作（包括网络），独异品市场，还有新型共同体。它们都是独异性的社会形式，但又各不相同。三者对整个独异性社会都有重要的影响，而且不仅限于互联网的范围内。

当然，从更准确的社会学角度来说，数字化电脑网络也是被社交网络占据的。网络是独异化社会形式的一种，对此，我们在异质协作那部分已经有了了解，并结合后工业时代的劳动文化进行了分析。[77] 回顾一下：社会网络是各个单元之间（比如主体）的关系总和，没有固定的边界，是动态而不可闭合的。单元之间的关系没有排他性，可以随意结合。这里总是潜藏着某些可能：可能被转化为真实的合作，但不一定确实发生。成员在社会网络中共同作用，结成合作时也仍是异质的。因此，社会网络就是一种独异品的社会平台，独异品在这个平台上进行合作。现在互联网上产生了各种社会网络版本，比如合作网络就是这种社会性的版本之一，人们在合作网络中不受时间限制地共同从事一件工作，维基百科或开源程序就是例子。[78] 还有交际网络，它不是为了共同工作，而是为了日常交际，比如社交网络平台。

除了社交网络之外，社会性的另一重要形式是市场，准确地说是文化性独异品市场，同时也是吸引力市场，它也在决定着数字化进程的实现形式。我们结合形象主体的独异化及其关注度市场，详细分析了数字化独异品市场在社会文化转型中的重要作用，发现它们与晚现代经济的市场有结构上的相似性。互联网的多数特征与这样的市场形式是一样的；文化元素的过度生产——从 YouTube 视频到博客——导致了关注度竞争以及观众赋值。我们还看到，数字化吸引力市场以自己的方式扮演着独异品社会平台的角色。它是社会实践的总和，独异品在这些实践中——不论是博主或脸书账户这样的主体，还是视频或话题这样的客体——展示自己。

第三种独异的社会体是新型共同体，形式与其他的不同。结构上它既不同于独异品市场，也不同于开放网络。新型共同体在数字化活动中运作，但它的存在超出了这个范围，比如存在于政治领域。它对整个独异性社会有重要影响。新型共同体作为集体，在其成员和外人看来都是带有独异性特征的整体。具有独异性的并不是其中的个人或客体（图像、文字），而是整个集体。整个集体都建立于独异的自我理解之上，历史上很多共同体也有这个特征。然而数字化的共同体与晚现代其他共同体（比如宗教或政治性团体）都不是传统意义上的共同体，而是我们说的新型共同体。关键的区别在于成员的身份。传统的共同体中，人们因出身而自动成为成员；新型共同体则是选择性的，即个人选择加入。加入一个（数字化）新型共同体之后，主体至少在一段时间内会放弃个人对独异性的诉求，而将这种诉求放在集体上。

不论是"星际粉"（即《星际迷航》的粉丝）、布赖特巴特*粉、阿育吠陀粉、阴谋论者，还是"伊斯兰国"的追随者，

264

---

*　指"布赖特巴特"新闻网创始人安德鲁·布赖特巴特。——译者注

或者某种音乐流派的粉丝，在成员的眼中，这些团体都是与众不同的：对内，这些集体多多少少有一种叙事或审美上的自复杂性；对外，它们与"别人"或"非信徒"多多少少有清楚的界限。与线下的新型共同体不同，数字化新型共同体本质上是彼此不相见的人通过文字－图像交流构成的。它们是特殊的交际性团体，起到"阐释社区"及集体性的"注意力过滤器"的作用。它们组成了伊莱·帕里泽（Eli Pariser）所说的"过滤泡沫"（filter bubbles）[79]，这样，各个团体有不同的世界观，甚至可以说形成了许多平行存在的媒介社会。

265   数字化团体中的交际，并没有寻求关注度的生产者与分配关注度的观众之间那种不均衡，而是建立在成员完全平等的基础之上，会促使成员积极参与。在动态的吸引力市场上，主体和产品在进行赋值竞争（大多数会失败），而数字化社团的成员获得赋值的方式，却在于他们都参与着所有成员都共同认可的一件事——比如一种审美活动、一个崇拜客体或一种政治叙事。主体在团体中虽然只是分得了一种价值，但这种价值是有保障的。这里的交际是高度感性的。与脸书范式的正面情感文化不同，数字化新型共同体中的强烈情感经常有两方面色彩，有正面的也有负面的，正面的是认同感，负面的是排他感。内部交流产生认同感，促进团体的均质化。团体中完全有可能发生激烈的争论，但争议是以均质的集体认同感为地平线的。这是新型共同体与网络和独异品市场的根本区别：后两者是异质性主体和客体平台，新型共同体则将自己的独异的、一致认同的少数派特点作为一个社会性整体来维护。[80]

网络文化的矛盾：从强制摆型到极端的情感文化

数字化电脑网络正在将整个世界独异化。它带来了一系列的张力和矛盾。网络看似有无限可能，看似已完全摆脱了大众文化的强制，但这背后潜藏着新的强制和难题。本章的结尾，我们要列出其中五项。

第一，网络文化显然能给主体展示自己多面性或古怪乐趣的机会，并让主体与同好者联起网来。主体的独异性这时就显得不是威胁，而是正当的。在组织化现代，有些独异性是被边缘化的，或被看成问题，比如少数族群或性少数群体；而在网络推动的多元文化框架之下，这些独异性有了自我意识，发出了声音，获得了空间。然而，主体的独异化并不意味着一切皆有可能。"适应社会"在线上和线下都被放到了一个更加抽象的层面上：适应社会的要求变成了社会的期望——要独特，而且是一种可接受的独特。这种适应社会的方式，比大卫·里斯曼所说的第二次世界大战后那种"他人引导"型人格更加难以把握。他人引导型人格要求人人尽可能有一致的、正常的举止，成为无名的一员，[81] 而现在社会则期望人们不断打磨自己独特的一面，不断展示有趣的爱好、活动，不断展示新的、惊人又吸引人的生活细节。这样就存在一种"摆型强迫"，同时也是对独异性、创造力和体验的强迫。在此，主体是否获得独异性赋值，根本上是无法预估并充满变数的：与经济市场上的文化性产品一样，数字化的可见度市场和赋值市场上，主体的赋值与去值也形影相随。

社会对晚现代主体抱有的这种超强期待，导致了一些——线上线下都有的——排除机制，体现在三个层面上。首先遇到问题的是无法做出独异性表现的主体，因为显得太平淡无奇。他们可能会成为"扁平人物"（flat characters），被看成被动保守的人，显得没有创造力，缺少积极性，不能享受生活，对世界也没有激情。在以前的低调主义文化中，不平庸的会引起反感，而在新的高调主义文化中，低调主义则让人怜悯。虽然每个个体都是独特的，晚现代文化却只允许那些出色的人成为有价值的、富于吸引力的独异品。

其次可能被排除在外的是那些不可接受的独特性。在不严重的情况下，是指独特的人，他们没有严格意义上的病态，却过于奇怪、"邪乎"而且偏执，所以无法获得认可。他们有可能落下"囧"的污名。以前典型市民社会的负罪文化以"超我"为前提，晚现代已经将它抛在了身后，但确实有很多现象证明，"羞耻文化"正在晚现代复兴，对此，（数字）媒体功不可没。羞耻感产生于一种自我认知，认为自己在某个方面甚至各个方面都无法满足社会对吸引力、对独异性的要求。这种因为自己而感到的羞愧，呼应着来自观众一方"他人"的尴尬感（"替人尴尬"），这种尴尬感可能针对一种特定情况下某人的举止，一种外部现象，或针对某个整体。[82]

最后不可接受的独特性最严重的一种，就是被看作病态的情况，包括不法行为、极端政治观点、暴力倾向，也可能包括病态成瘾或某种有害的性倾向，比如恋童癖。晚现代的主体性是多元的，但完全能清楚区分正常与不正常。不过，在晚现代媒体文化中明显存在一种新的倾向，即将病态的独特性进行（负面）独异化，就是说，把一些肇事者令人困扰的自复杂性和独特性拿来大做文章。[83]此外还要特别指出，在特立独行与平淡无奇之间，古怪与病态之间，赋值边界是高度动态的。去值过程可能反转为赋值，被排斥者可能在网络上形成自己的论坛，土鳖可能变潮人，怪人可能被捧为天才，未获得赋值的群体比如肥胖症患者、无性恋者或抑郁症患者可能试图摆脱自己的病态标签。

第二，虽然网络上的主体是多样的，但同时还有一个个体固化的过程。早期的网络文化理论家还曾认为，"多人聊天室"是一种尚未被意识到的个人性先锋实验，[84]这种实验性现在肯定没有完全消失，尤其不会消失在匿名的网络空间里。但在多种因素作用下，用户越来越固守某种身份，不论他是否愿意。前文描述过，通过算法能描绘出用户的特征，为他们量身打造网络环境，这导致主体越来越难以遇到与自己完全不同的、出乎意料的以及偶然的事物，而这些与自己不合拍的事物本来是可能让主体改变自我的。网络和新型共同体作为"过滤泡沫"也有类似的作用。线上、线下的个人认同是彼此交织的——数字化主体不再是匿名的，而是有名有姓、有模有样的，这个事实也阻止了上面所说的先锋性倾向。再说，网络还有一个根本特点——它什么都记载，过去犯下的错误不受时间限制继续存在，而且永远都是找得到的，这一点对任何一种"吃螃蟹"的实验性想法都可能产生消极影响。

第三，社会这样注重独异性，有可能导致普适性的减弱。从数字化公共领域这个典型例子里，就能看到这种趋势。这里，通用的公共领域正在削弱。当然，有一种视角认为，激进民主要求多元化，而互联网正是它的媒介，并且人们在互联网上进行着深度的公开交际。不过，这一点离不开一个事实，即大量平行存在的公众空间已得以确立：这并不是同一个空间中的多元性，而是越来越不兼容的各种不同世界平行存在。如果每个人都把为自己呈现的信息流当作通向世界的窗口，那么就会产生形形色色的个人视角，在极端情况下，个人之间共同语言的基础将越来越薄弱。对集体来说，也是同样的情况：好友网络或共同体（新型共同体）之外的文化环境，可能是陌生甚至无法兼容的。[85]集体内部的日常交际显得缺少差异，而对外，则有可能体现为冷漠甚至敌我思维。

第四，数字网络是关注当下瞬间的。要唤起用户的注意力，新生的文字、图像和链接必须具有情感魔力：要有趣或激发义愤，让人开心或感到奇怪。网络是绝对要求"新"的，要求感人的当下主义，刚刚过去的通常立刻被遗忘。它的背面

269

是，长远的话题和思索有可能被"当下"这个过滤器给滤掉。社交媒体的个人主页上，关于人生的长期叙事，对自己或世界的反思，这样的长文都不会引起兴趣，人们感兴趣的是短帖子的实时性。政治或社会新闻是最能清楚体现实时性的领域。新闻网页要靠读者不断更新的注意力来维持，于是它们倾向于不断发布半衰期越来越短的新鲜事，或者发布一些能引起负面情感的话题，让人感到气愤、恐惧或嫉妒，以此来吸引读者的注意。[86] 一过性的、时刻更新的短消息，几天甚至几周都议论不衰的话题，出现之后又突然消失，在网络上走马灯似的变换着。在网络要求"感人的当下主义"的背面，凡是不能将自己包装成文化活动的事物，以及情感上或中立或矛盾的事物，都会被边缘化。[87]

第五，网络是由极端的数字化情感文化主导的。这是一定程度上的正面情感文化，简直可以说网络是"美好感觉"的媒介：形象主体将自己构建成有魅力的人，"好友"之间总在和气寒暄，算法能"从用户眼睛里"看出他的愿望和爱好。极端情况下，网络又成了欲望的回声仓，在愿望被说出来之前就急于满足它。在数字化的正面情感文化中，负面情感（迷惑、厌恶等）和经历（失望、挫折、重病、人生危机）要么被压抑，要么被回避或排除。[88] 网络好友无关痛痒的会话，也没有给人际差异、政治分歧或争论留下多少可能，其根本作用只是彼此验证。

与正面情感文化正相对的，是数字化负面情感的爆发。网络的另一极端是网络欺凌、幸灾乐祸的"狗屎风暴"（shitstorm）*、"钉在耻辱柱上"的"囧星"……在这些形形色色的情况中，个人成了交际世界中被侵犯、羞辱和蔑视的对

---

* 狗屎风暴（shitstorm）指激烈论战下出现的一种局面，亦可理解为一连串不好的事物引起的针对某些特定人物（主要是政治人物）的网络谩骂。——译者注

象。新闻平台的评论版也掺和在里面。在正面情感文化中，主
体一般是线上或线下有名有姓的人物。而在负面情感文化中，
主体更愿意匿名以保护自己。这样，不正当的负面就得显山露
水，因为它也在为自己寻找空间。负面情感的起因部分，甚至
主要源于线下的社会环境，在某种视角下却可以看成是因沮丧
而产生的，而沮丧来自数字文化自身。通过吸引力竞争，网络
文化在大网络（整个网络）和小网络（社交媒体）中都只允许
少数人胜出，他们能获得很高的关注度和名望；同时网络也产
出"数字世界的失败者"，他们生活在无人注意的暗处，只能
做无形的看客——观看受到认可的独异者完满的人生。[89]

271

第五章

独异化的生活：生活方式、阶级、主体形式

扁平的中产社会之后——晚现代的自我

后工业时代独异化经济的确立，以及数字文化机器的兴起，是晚现代独异性社会的结构性支柱。前三章我们已经仔细分析了这一结构转型。本章中，我将探讨这一进程对生活方式的影响，即晚现代主体塑造生活的方式和主体被塑造的方式，以及这一点对整个社会景象的影响，就是说它如何在结构上影响社会环境和社会阶层。

20 世纪 80 年代以来，有一种看法认为，晚现代的自我与典型现代工业社会人格完全不同，这一看法引发了一系列重要的社会学研究。比如乌尔里希·贝克（Ulrich Beck）研究自我的自反性、风险意识和拼图人生；安东尼·吉登斯（Anthony Giddens）分析，高度现代的自我是一种项目；齐格蒙特·鲍曼（Zygmunt Bauman）提出"流动"的、以消费为导向的个人认同；理查德·桑内特（Richard Sennett）探讨晚现代生活方式，指出它总体上被灵活化了；还有曼纽尔·卡斯特尔（Manuel Castells）的网络主体观点。[1] 我则认为，应该重新提出晚现代生活方式的问题。与常有观点不同，我认为将晚现代生活方式的问题与这种生活方式主要的社会承载者群体分开来看是没有意义的。晚现代主体的最高形式，在社会结构上并不是空悬的，而是活动在可以清楚界定的社会文化环境中，对，说得更明白一些就是，活动在一个社会文化阶级中[2]：这就是新中产阶级。它所指的圈子，就是形式上拥有很高的文化资本，大多具备高等学历，在知识文化产业中就职的阶层。前面我们已经谈到过这个圈子。[3] 这个意义上的新中产阶级就是知识分子的圈子，是知识中产，简单地说就是知识分子阶层。[4]

说到"承载者群体"，当然不是说文化化及独异化仅仅波及社会的某些特定部分和领域；这二者作为经济、科技以及价值转型的普遍进程，对整个社会和生活在社会各个领域内的主体都有影响。虽然影响有强有弱，但没有人能完全规避。只不过，独异化的生活方式最纯净的形式是存在于新中产阶层的。在这个阶层中，"创意圈子"又在起文化孵化器的作用，就是狭义创意产业（电脑和互联网、媒体、艺术、设计、营销等）从业者那种相对来说并不难懂，但文化上又很强势的生活天地。知识中产阶层——特别是在受到创意圈子的启迪之后——在晚现代社会中，全面彻底地致力于生活方式的独异化和文化化，他们是这一进程的先行者。在他们的生活方式中，人与"文化"的关系、对独异性的价值理解和体验都是起引导作用的。"真"、实现自我、文化开放和多样性、生活质量和创造性都是这种生活方式的参数。这种生活方式还超越了其最初承载者的范围，获得了更强的影响力，变得唯我独尊。知识分子、拥有大学学历者和高端人才群体自 20 世纪 80年代起，渐渐地不再是一小撮精英，而是占据了西方社会——以继续增强的趋势——大约三分之一的人口：这就是新中产阶级。[5]

除了中产阶级之外，还要分析社会结构转型以及它在根本上对整个独异性生活方式的影响。晚现代社会（又）成了阶级社会。阶级却不是物质意义上的，其实是不同的文化阶层：除了物质资源（收入和财产）的不公平分配之外，阶级也因生活方式以及各自的文化资本而存在根本差异。自 20 世纪 80 年代起，西方经历了社会的文化转型，也可以说是从扁平的中产社会向文化性阶级社会的转型。考虑到社会学界，尤其德国社会学界的基本观点，这一诊断乍一看会让人吃惊。在这方面乌尔里希·贝克（Ulrich Beck）的看法有代表性，他认为后工业社会，就是原有的社会政治大群体——阶级和阶层——被个人化取代的过程。与此相应，文化社会学家也认为，晚现代社会多种平等的生活方式并存。[6] 从今天的视角来看，生活方式和个人可以不受摆布地流变只是一种视觉假象。我们现在才慢慢感觉到，晚现代社会的文化化和独异化并不标志着阶级社会的终结，而是一个新阶级社会的开端。

工业化现代如今已成过往，它倒是的的确确在很大程度上向着无阶级社会发展。不仅从现实社会主义的角度来看它是这样的，在西方它也是如此表现的，赫尔穆特·谢尔斯基（Helmut Schelsky）将之精准地描述为"扁平的中产社会"。[7] 20世纪50年代到20世纪70年代的"辉煌三十年"是它最典型的阶段，美国、联邦德国和波罗的海国家最为清楚地体现了中产阶级一统天下的局面。扁平的中产社会与工业社会和大众文化（及其大众媒体和大众消费）相适应，也与政治的"社会民主共识"相适应。就我们对普适性逻辑和独异性逻辑的区分来说，可以断定：不仅工业社会的理性主义，连扁平的中产社会都是彻彻底底属于普适性逻辑的，即以资源标准化、生活方式正常化为特点。这里的"中"不仅指社会统计数据的平均值（90%以上的人口达到了这个平均值），还表述着一种以"持中并标准"自居的生活方式：正常的劳动关系、正常的家庭、"正常"而适宜的消费等。扁平中产社会生活方式的核心，就是追求我们上文说过的"生活水准"——适宜的，但看上去总体正常的资源配备，对所有人来说，这意味着相差无几的舒适生活。

文化性阶层分化与"料斗电梯效应"*

自20世纪80年代起，扁平的中产社会与工业社会一同消亡，新的阶层分化逐步取而代之，这一清晰可见的阶层分化在

---

* 料斗电梯（Paternoster）是一种老式电梯，18世纪出现于英国。不像现在的电梯同时具备升降功能，这种老式电梯有两条传送带，一边上升，另一边下降。作者借此比喻社会阶层的上下流动。——译者注

相当程度上是基于文化的。观诸西方社会，这一转型在美国最为剧烈，也影响了英国、法国，还有——程度稍弱，但也很明显——德国。[8] 由此引发的一系列变化既涉及社会高层，也涉及低层。以前的中层削弱了，越来越显示出两极分化的格局：一个高端文化阶层，拥有雄厚的文化资本（以及中等至雄厚的经济资本）；一个低端文化阶层，占有微薄的文化资本及经济资本。一极是新中产，另一极是新底层。

罗伯特·帕特南 (Robert Putnam) 认为，美国发生的这次社会转型，即中产社会转向两极分化，其典型的社会性特征对于整个西方世界具有代表性。[9] 总而言之，扁平社会的标志是收入相对公平，以及包括普通工人和职员在内的普遍富足。教育有一定程度的流动性，同时，要获得中产身份，正规学历并不是决定一切的。居住区相对混杂，却又有统一性：混杂了各种职业，但他们实际上过着同样的中产生活。人际关系——包括婚恋关系——也常常跨越职业群体和学历水平的界限。

自 20 世纪 80 年代起，大环境整个变了。已经能明确说出社会文化两极分化的承载群体：新中产，拥有高学历，多为大学学历；与之对立的是新底层，学历较低（或没有正规学历）。[10] 它们之间，是旧有的非知识中产。2000 年以来，一系列引人注目的著作都在关注社会不公的尖锐化，特别着眼于占人口1%而拥有巨大财富的"顶尖富人"。[11] 其实对于社会结构、生活方式和整体文化来说，占人口大约三分之一的新中产阶层更加重要，更有影响力。新中产阶层的扩大，受益于 20 世纪 70 年代以来两个相互联系的社会进程：一个是前面说过的经济结构向后工业时代转型，其结果是高端知识文化类职业领域的扩张；另一个是教育的普及，使受过高等教育、拥有大学学历者增长成了一个相当大的群体。

新知识阶层崛起的反向，是新底层的形成。考斯塔·艾斯平－安德森（Gøsta Esping-Anderson）是最早研究新底层的学者之一，他认为简单服务业的扩张和新的低学历服务阶层（service class）的扩大，也是后工业社会的重要特征。[12]新底层总体上是杂糅的，包括简单服务业从业者、半专业的工种、重体力劳动者、失业者和社会救济对象（也包括真正意义上被社会排除在外的人），现在大约占西方社会人口的三分之一。他们的收入、财产和社会地位明显低于以前的中产水平。这个阶层产生的社会原因与新中产产生的原因正相反：后工业经济转型意味着产业工人阶层（包括一部分工作固定程式化的普通职员）在快速消失。同时，直接或间接受益于新兴知识文化产业或新中产阶层需求的简单服务业人群，其重要性在迅速提高。教育普及对新底层的形成也有反作用：没有被教育普及包括在内的人，成了"教育失败者"，因为专业能力弱，他们能从事的工作，只剩下在经济文化意义上属于服务阶层的那些了。

280

　　晚现代生活方式的两极分化，涉及物质和文化两方面。[13]从物质层面来说，以前相对公平的收入和财产分配模式被一种复杂的变化取代了。新底层的财富紧缩前所未有，这是对社会影响最大的一个因素。这使他们跌出了中等生活水准，也使他们经常处于困难的从业状况中。而知识分子阶层的壮大，在物质层面上的影响较小：新中产的上层——知识产业从业者，从全球性的"人才竞争"中获益的人——的经济资本在增长，同时，知识中产与原有的中产阶级相比整体上至少保持了稳定，只是其中有些人，尤其是年轻人可能情况不太稳定。[14]然而，总体上还是可以断定，20世纪80年代以来，西方社会知识分子与非知识分子群体之间的收入剪刀差明显扩大了。[15]所以，两极分化也是物质层面上的。

　　将知识分子阶层连成一体的纽带，使他们拥有共同生活方式的，其实是他们雄厚的文化资本。总体上说，教育和文化资本的两极分化才是晚现代社会结构的核心特征。扁平的中产社会，是否拥有毕业文凭并不能决定一个人是否能过上中产生活；而在晚现代社会，高学历和低学历的对立却对社会结构有决定性的作用；对生活水平和生活方式发挥决定性影响的正是个人的"教育因素"。对社会分层极为重要的"教育"，包括学历，也包括非正式的文化资本。教育历程的分化，与教育流动性的降低是联系在一起的。阶层两极分化也体现在居住上。城市里就很明显，以前中产混居的社区消失了，分化成了知识分子居住的"魅力社区"和新底层居住的"问题社区"。在空间上也相应地出现了热点地带和"脱钩地带"的两极分化。所以不足为奇，跨阶层的人际关系（包括广义上的家庭）以及婚恋关系自 20 世纪 90 年代以后也比组织化现代社会中的有了明显减少。[16]

除了严重两极分化的新知识中产与新底层之外，晚现代还有两个重要阶层，在这里至少要先简短提及（本章结尾会再次论述）：社会顶层以及"老"中产即非知识中产。它们补全了社会两极分化的图景。积累了极大财富的社会（新）顶层，是独异性经济（比如在金融、体育、管理等领域）赢者通吃的必然结果，他们与新中产的显著区别，更多地在于经济（及社会）资本而不是文化资本。只要有了足够的经济（及社会）资本，通常就可以不受劳动收入的限制，将有创意的生活方式升格为奢侈的生活方式。[17]

基本上由非知识分子构成的老中产，是以往扁平中产社会主流生活方式的直接后裔。他们的文化资产和经济资产规模中等，可以保证中等的生活水准和一般认为的"正常"的生活方式。如果新的知识中产是晚现代阶级社会最上层的三分之一（包括数量极少的顶层），新底层是最下面的三分之一，老中产就是居中的（趋于缩小的）三分之一。晚现代社会就是这样一个三分社会。[18] 20 世纪 80 年代以来，老中产从物质层面，尤其从文化层面上来说都在沦于被动地位。它不再是引领者，不再是 20 世纪 50 年代至 70 年代，社会上无可取代的中流砥柱，而是卡在新知识中产和新底层中间，而且成员还在不断向两边流失。看似正常的中产生活方式不再适用于所有人，不再是"持中并标准"，而仅仅是"中不溜"：一边是知识阶层独异化生活方式的繁荣，另一边是"脱离社会"的新底层的迫近。[19]

审视整个社会结构，可以得出以下结论：工业化现代典型的"电梯效应"保证所有阶层都能增加财富 [20]；晚现代的社会与此相反，其结构的典型特征，我想以"料斗电梯效应"来描述。扁平的中产阶级社会，人们的物质生活水平虽然并不相同，却多多少少还有可比性，而且文化生活方式相差无几，社会这个"料斗电梯"两边的轿厢还处于差不多的高度上。而 20 世纪 80 年代以来，其中一个社会群体的轿厢向上，即新的知识中产（包括新顶层），另一个群体的轿厢向下，即新底层（包括一部分非知识中产）。如果只将注意力放在收入和财产上，是无法理解料斗电梯效应的。当然，电梯的升降也包含物质因素，但更重要的是，我们前面看到的社会各领域的文化化，也决定了生活方式和阶层分布。所以，料斗电梯效应也包括，而且特别是指社会各阶层文化意义上的上升和下降过程。

新中产在文化意义上的上升以及新底层（包括部分老中产）的下降涉及三个层面。第一个层面我前面已经说过，就是文化资本。高等学历和非正规文化资本都是社会地位、生活方式和自我价值的关键资源，在这样一个社会中，高学历的新中产就会"步步高升"，而其他人，尤其是学历低而且非正规教育资本少的人就基本上没什么机会了。在扁平的中产阶级社会，普通学历也能带给人机会，是"正常一般水平"，而现在持这样学历的人成了"低水平"的人，能得到的机会非常有限。[21]

第二个层面是自我文化化的生活方式。这是新中产的标志。新中产对世界和自我的关系，是通过一种特有的、大同主义的文化观体现的，通过日常生活的全面审美化和伦理化，追求实现自我，实现"真"。这种独异化的生活目标，除了追求生活水准之外，还有一层文化上的价值，即生活质量和"美好生活"。正是这种生活质量为新中产带来了社会名望。与之相对，生活艰难的新底层不太可能进行文化化，他们的主要精力放在维持正常生活、满足基本需求上。他们有一种"过一天算一天"的生活态度，只够用来对付日常生活中的困难。在扁平的中产社会中，人们关注生活水准和保障，与此相比，新中产阶层文化化的生活方式更进一步而且要求更高（上升），而新底层的生活方式则根本不能满足以往的要求（下降）。

第三个层面是阶层之间鲜明的赋值和去值过程。如果强意义上的文化意味着区分价值与无价值，那么赋值与去值进程就是晚现代阶层结构的根本。新中产的生活方式被整个社会推崇为"有价值的生活方式"，承载它的主体就是有价值的主体，具有宝贵的品质（创造力、开放性、自我意识、企业精神、同情心、大同主义等）。因而可以认为新中产主体承载着开创未来的生活方式，这也成了衡量生活圆满成功的社会准则。而新底层（其实也包括老中产）的生活方式则被看作缺少价值的、有缺陷的，这不仅体现在主体的自我认知上，也体现在他们的社会表现上；新底层的生活方式是负面文化化和去值的对象。底层这个称号就说明，它在外人眼里和自己眼里，都是处于社会等级下层的——被看作"失败者"和"脱离社会者"的文化。[22]"不平等"在这里经历着文化化。[23]这就是说，在社会表现和主体自己的认知中，不平等都不再指物质上的，而是文化上的差异，比如能力、道义，以及整个生活方式的价值或无价值。

　　综上所述，晚现代社会结构的料斗电梯效应，是由以下因素产生的：新中产对生活方式有更高的要求，要求一种令人满足同时又成功的"美好生活"，这种资源雄厚、获得赋值的生活方式在上升；同时，新底层资源匮乏，生活方式又遭遇去值，连较低的生活要求也难以满足，这种生活方式在下降。扁平的中产阶级社会有可能实现自己的承诺，让所有人过上较为舒适的中等生活；而晚现代独异化的生活方式虽然是整个社会的榜样，被所有人向往，社会却不能保证人人都能得到它。

285

/ 1　新中产的生活方式：成功地实现自我

现在应该仔细审视一下晚现代独异化的生活方式了，看看它（如前所述）在新知识中产阶层的纯净模式是什么样的。观察日常生活是最容易做到这一点的，因为生活方式是由生活实践构成的：饮食和营养的作用，工作与休闲的关系，对待自己身体的态度和行为举止的方式，还有居住地、居所和居家环境的重要性，旅行和国外生活的意义，最后还有教育孩子的方式以及学校和教育的权重。在本章的第三节中，我将详述生活方式的这些"砖石"，不过我们还要花些笔墨，先回答一个问题：新中产生活方式的抽象逻辑是什么？

浪漫主义与市民性：新共生体

要理解独异化生活方式的原则，必须将之置入西方现代社会生活形式和主体形式两百年的历史之中，用长远的眼光来审视。只有这样才能明白，两种原本彼此对立的文化模式，在新中产那里结成了一体：浪漫主义的生活方式和市民的生活方式。应该从文化史角度看看工业化现代扁平中产社会之前的情形：早期市民化现代。

有一种现代文化传统极大地影响了独异化生活方式，这一点强调多少次都不过分。直至 20 世纪 70 年代，这种文化传统都是被边缘化的，只有亚文化的地位。它就是浪漫主义的文化传统：强调主体的个人性，认为它必须得以发扬和实现。[24] 以实现自我和发展自我的模式为出发点，浪漫主义运动致力于世界的全面文化化和独异化。浪漫派在任何事情上，都要抛弃那种纯粹工具性的、没有感情的目的理性世界观，而把客体、主体、地点、事件和集体都加以审美化、叙事化、伦理化及乐趣化，以求从中获得情感上的满足。这一文化化过程与去标准化同步进行：独特的个人、独特的物（手工艺品、艺术品）、独特的地方、独特的事件是他们要寻找的目标。只有在这种特定的语境下，"真"和"创造性"才能成为核心价值，一件客体才显得独异，一个人才显得"真"，才能成为创作的对象。

　　历史上 1800 年前后的浪漫主义运动，标志着艺术 – 审美领域一系列反向文化的起点，涵盖了 19 世纪的"波希米亚主义"、1900 年前后的生活改革运动和先锋运动，直至 20 世纪 70 年代的反文化运动。这些都是近两百年来对抗西方主流的亚文化，影响并不大。20 世纪 70 年代的反文化运动[25]——暂且可以将它放在 1968 运动这个标签下去理解，加州生活方式是它影响力最大的一面——是历史的转折点。教育的普及使有批判意识的民众（即正在兴起的中产阶级）能够赞同反文化运动的许多理念，才能发生价值观转型的"无声革命"，使价值观从注重义务和适应社会、注重社会地位，转向了后物质主义的"实现自我"。[26]1968 年后发生了后浪漫主义"本真革命"，这个自然也会要求在随后的几十年里，出现相应的机制和体制——第二、第三章已详细分析过——即独异性经济的兴起，及其劳动和消费方式。二者基于"实现自我"的需求，并不断推动着这种需求。本真革命同时也催生了一种新的心理倾向和教育理念，其基础是"自我成长"（self growth）和"人才潜力"（human potentials）的"积极心理"。最后，它还使左倾自由主义的政治改革有了新的突破，这些政治改革的目的是促进个人发扬个性的权利。妇女解放运动是这一政治改革最成功的领域，同时，它也致力于保障少年儿童权益和同性恋者权益。[27]

　　后浪漫主义对实现自我、"真"和创造力抱有一种情结，但这并不是塑造知识分子阶层独异化生活方式的唯一力量。把晚现代主体仅仅看作现代化了的浪漫派，或现代化的 68 分子，岂不是太奇怪了？他们的生活更多的是与市民阶级生活方式联

287

系在一起，也就是与浪漫主义的对立面联系在一起。自18世纪末起，市民阶级与市民性为历史上第一种真正现代的生活方式奠定了基础，并要求成为主流。[28] 这种生活方式的核心是保持社会地位，因而要求人们在社会地位问题上不断经营。市民为取得社会地位要投入数代人，教育是其支柱之一。市民性的绝大部分特征来自他们的职业道德，即一种自觉负责、注重成效的道德，以及一种注重利益的商人姿态，知道如何巧妙处理复杂的市场状况。独立自主的自我是市民性追求的理想，这种自我表现为一种客观的主见，以及在面对世界和文化时，一种深谙其道的姿态。

在扁平的中产社会，市民文化在历史上成了次要的（尽管——可能也正因为——那时小市民文化在很多方面起着决定作用），然而它的一些模式自20世纪80年代起重新兴起了。那并不是"市民价值观"表面上的"复兴"，而是在更加抽象的层面上对市民文化模式的体制化推崇。于是，商业精神、独立自主的市场行为和自觉负责的品质这些准则，在后工业文化资本主义和新古典自由主义政治中得到了加强，原有的市民理念被重新提出。后工业社会，教育历程和教育机构对个人的成功有重要作用，因此市民阶层通过教育投入来提高社会地位的传统也经历了新生。最后，文化对于晚现代生活方式的重要性，也与市民阶层面对世间万物时那种既有主见又很内行的文化态度有关（尽管不再与高雅的市民文化直接相关）。

上面说过，市民性和浪漫主义在长达近200年的时间里是相互对立的 [29]，晚现代的新知识中产却将对立的双方融合成了一种不寻常的共生物。如果我们回到1968年晚现代的起点，可以看到那时文化革命正在对抗扁平中产社会的因循守旧之风，反文化运动必然将对手看作异化和压抑的。之后，"实现自我"这一吸引人的事业成了新主流阶层的核心精神。将生活的"真"变成长期的生活方式，当然需要很强的处事能力，来恰当、灵巧地与后工业化社会相处。这些能力中的大部分，是新中产从市民阶层的理念和知识中学来的，学习了他们处理市场情况的能力，以及他们对工作、教育和文化产品的独到认识。市民阶层对社会地位的看重，就这样与浪漫主义的实现自我结合到了一起。知识阶层在浪漫主义和市民性之间创造了一个两面性的公式：成功地实现自我。

实现自我与日常生活的赋值

晚现代新中产阶层中的主体，其生活方式是由实现自我的理想决定的，而且要尽可能在所有日常活动中实现自我。这并不是一种要与现代社会唱反调的"实现自我"；它应该作为一种社会成功得到承认，并且这些就要发生在这个世界之中。于是生活方式就追随着一种矛盾的模式：成功地实现自我。市民时代的主体以社会地位和成就为目标，经常为了义务和习俗压抑自己真正的愿望；浪漫主义的主体虽然有实验精神，其代价却是被社会边缘化。而晚现代主体两个都要：他要发扬自我，还要得到社会的认可，在社会上获得成功。[30]

实现自我变成了一种多义的概念，在日常生活中随处都可以用。我想先提醒一点，"自我"这个词，是浪漫主义和狂飙突进运动的奇妙发明，它本来就是为了将"自己"所有的、号称"内心最深处的"，然而总是很特别的愿望和想法付诸实施，将它们用文字和作品表达出来。20 世纪 50 年代至60 年代，这个概念在心理学中被科学化了，成了"实现自我"（self realization, self-actualization）和"自我成长"（self growth）。[31] 这样，关于自我与世界的关系，就产生了两种完全相反的态度。一种是目的理性或曰正常的关系，在这种关系中，首要的是追求目标，以满足基本需求或符合物质利益，或者符合外在的社会规范。另一种实现自我的世界观认为应该为了自己去体验和经历（比如创意工作、爱、宗教、自然、艺术等）。实现自我的主体不是"想要"什么或想"显得"怎么样，而是要"存在"于自己的活动中，存在于各个瞬间，最理想的情况是达到"巅峰体验"（peak experiences，马斯洛语）。

实现自我这种心理，在心理活动、教育咨询和婚恋咨询以及教育理念方面都得以普及，确实为晚现代主体文化的根本形成做出了巨大贡献。说得尖锐一些，实现自我这种思想，是1968运动以后晚现代文化及晚现代新中产文化财产"沉淀下来的精华"。主体认为自己本来就有能力、有权利实现自我；他认为自己有很多潜能，觉得在某种道义上有权按照自己的特点去发扬自我。这种权利意识与高度的自我价值感紧密联系在一起：晚现代主体赋予自己作为个人的价值，所以自由地发扬自我是合理的，无可置疑的，也就是说显得是理所当然的。[32]

个人想要实现自我，有两种社会途径。其中一条，20世纪70年代的反文化运动已经走过了，另一条则是新中产在走的。反文化运动中"出世"的实现自我，陷于亚文化的夹缝地位，它以反对大众社会的"体制"及异化的"小市民"作风为目标；同时，"自我"经常被当作各种"自我发现"的对象，主体要在这个过程中发现自己真实的、本来的愿望。从某种意义上来说，"出世"的实现自我是双重意义上的"内心之旅"。[33]20世纪80年代以来，居于主导地位的是"入世"的实现自我，它与前一种完全不同：对体验和感受的寻求不再屈居于亚文化地位，而是建立在全世界丰富多彩的文化和体验选择之上。[34]毫无疑问，这种"自我"并不退回自己的内心，也不反对世界，而是通过与世界的交往来实现的：我之所以是我，以及我确实想要的，都体现在我的日常活动中，体现在我自愿尝试并喜欢或热爱的事情中。这种"入世"的实现自我必须具备一个前

提：世界就是为这种人生态度而设的。的确，晚现代提供了来
自全球的（包括数字的）琳琅满目的独异品，有瑜伽疗法、特
色食品、创意劳动、脸书和声乐课，还有自由主义的教育风格
以及解放的性关系，它就这样迎合并加强着主体"实现自我"
的追求。这是个适宜的生态环境。

　　晚现代"入世"地实现自我同时是一种以自我为导向的世
界观。它与日常生活的文化化和世界的独异化紧密相连。是什
么让晚现代生活方式具有了独异性呢？回答是：文化化与独异
化不仅是文化资本主义和数字媒体的宏观体制进程，还包括新
中产主体在微观层面上不断进行的文化化和独异化活动，他们
认为这样能够实现自我。在文化化进程中，人们努力安排日常
生活，让它不再是那种出于工具性原因或只是为了墨守社会成
规而进行的活动，而是出于内在价值才显得值得追求。这样的
活动能带给人情感上的满足，带给人体验和感受。[35] 这是对日
常活动的赋值和文化化。其形式可以是审美化，也可以是伦理
化或乐趣化，其实现过程可以是将日常活动变成叙事，或让它
成为创造性设计的对象。特别要提出的是生活的审美化，在此
过程中，日常物品和日常活动都成了愉悦感官的对象——包括
设计、文化活动，还有教育孩子。生活的伦理化也是新中产生
活方式的典型特征，这是指有意识地遵照一些伦理准则去安排
日常活动——比如在饮食文化方面，人们强调健康，强调关注
自己的身体和心灵，又比如政治态度上的伦理（全球主义、积
极主义等）。

　　追求实现自我的主体，努力将日常生活中尽可能多的内
容进行文化化，将之变成强意义上的"宝贵"之物：工作不应
该只为稻粱谋，而应该具有内动力，要有意义和乐趣；恋爱结
婚不只是为了尽社会义务，而是要以此来进一步发展个人，共
同打造令人满意的业余生活，获得"全新体验"（比如育儿）；

293　　吃饭不只是求饱，而是要吃得"正确"，吃得"健康"；为了看到并体验到不一般的东西，就不要参加"大众旅游"，而是要"旅行"；等等。全部日常生活就这样被贯彻了文化化，在这个过程中形成了一种模式，就是把生活当成文化，在这种生活方式中，所有的组成部分都成了文化，也就是说都带上了内在价值。日常生活的这一文化化同时也是独异化行为：人们寻求独特的东西，或自己将某种事物架构成独异的，这就是说给它高度的自复杂性。对象可以是工作，也可以是婚恋、饮食或旅行。饮食在口味上的厚度、旅行地的多面性、天赋异禀的孩子、美化的居室——到处都要独特、有趣、多面、与众不同。

　　日常世界的独异化与赋值，是一项将生活"本真化"的事业。晚现代主体在与世界的关系中，普遍追求"真"的体验。简言之，就是要这样：好的就必须是真的；如果是真的，就是好的。正如我们已经看到过的一样，"真"这一价值也出自浪漫主义的文化传统，指向浪漫主义对"真实"的要求，而不真的就被看作不实的、人造的、口头的，也指商业的或常规的。[36] 某事物如果被认可为独异的，有可理解、可感觉的自复杂性，就会被当作真来体验，或被认为是真的：当食物不是大众食品，而是代表着一种独特的地方传统或族群传统时；当人们旅游时不走大众路线，而是"不一样"地旅行时；等等。

　　从这里能看出，通过日常生活的文化化与独异化，晚现代主体在对自己进行文化化和独异化。他把自己打造成宝贵的。说他就是直接在追求与众不同，想显得独特，未免太简单了。毋宁说，追求实现自我的主体想用一些事情充满自己的生

294　活，在那些事情中，客体、地点、事件、集体或其他的主体都能给人独特的体验，它们的独异性会得到赞美和欣赏。独异

的主体就是以这种独异的方式体验世界的"结果"。主体对各种日常活动进行独特的"编曲"，想要以此显示出自己的独特和价值：通过我的太极拳和我的好友（他们作为个人和集体都是独特的），通过我对法国电影的兴趣和我对拉美的热爱，通过我与恋人的恋情（他与我有完全不同的文化背景），通过我作为作家和讲师的工作，我自己就变得"内涵丰富"了，我会获得自复杂性，也就会变得独异于人。这就是晚现代主体"编曲"式的独异性[37]，会赋予他价值："我辽阔博大，我包罗万象。"[38]

晚现代知识阶层的主体满怀雄心壮志。亚伯拉罕·马斯洛称"实现自我"是值得追求的理想，给它在心理需求的金字塔中留下了一席之地。马斯洛认为，主体首先寻求安全、地位和物质，但总有一天他们不再满足于此，于是他们会想要"更高"的非物质价值，特别是"实现自我"。[39]就算人们不会按照马斯洛那偏机械的需求层级走，但有一点是正确的：独异化生活方式以及实现"真"自我的动机，意味着价值的转型，即从生活水准转向生活质量，转向"美好生活"。新中产的独异化生活方式就是为了让生活有质量，使日常不再是为了达到某种目的的工具，而是要尽可能方方面面都美好，都有价值、"真"、令人满足。[40]

策展式生活

以新中产为代表的晚现代主体，在面对世界和生活时有一种策展人（Kurator）的态度——他过着一种被策划的生活。策展人原来是艺术界的一种主体，自20世纪70年代起在艺术界成了领军主体。策展人并不是凭空发明什么，他只是巧妙地组合。他挑选出可用的艺术品或一些传统习俗，将物品做成展品，将看似不相干的东西用饱含知识又令人信服的理念结合起来。策划"本质上是一种将物品组合起来的行为"。[41] 现在，策划这种行为可以完整挪用于晚现代的生活方式。

现代美学运动中，有一条著名的号召，要求人们将生活变成艺术品，自己在某种意义上要像艺术家一样。观察晚现代的生活方式，更准确的诊断是，主体没有成为艺术家，而是成了自己生活的策展人。古典的天才美学理念认为，艺术家应该在自己创作的作品中将自己表达出来；作品就像一种"创世"活动，被艺术家主体凭空（ex nihilo）创造出来。而晚现代主体却并不是"从零开始"，他身边是由已经存在的活动和客体组成的超文化网络，规模庞大又杂乱不均：从气功到古巴旅游，从写作到装饰派艺术，从纯素食主义到"女强人"或母爱的性别符号，文化中已经有了一切。这就是策展人所面临的情况：对他来说，艺术品、日用品、理论、照片等也都有了，他永远不会制造全新的东西。他的艺术就在于巧妙地选择和取用，创造性地转化和铺垫，将互不相干的东西做成一个靠谱的整体，同时还要有其统一性。

策展人姿态，是晚现代生活方式的标记。新中产主体一次性或长期策划并展出的东西，既可以是单项活动——一顿饭、一次旅行、居室，甚至婚恋，也可以是整个生活。他给自己的任务，就是在所有流传、存在的文化性活动和客体的基础上，将其中一些组合到一起，使自己的生活显得"美好"、有质量、吸引人。在对生活的"策展"中，探索与常规化并肩而行。首先需要的是一种探索的态度，因为人们必须尝试各种不同的东西，才能找出能打动自己、适合自己的。紧接着，挑选出来的东西可以长期保留，并将之转化成生活中一种日常风格（不过有时可能终会被丢弃）。这样，被策划展出的生活在某种意义上就是一种模块的组合，是生活层面上的独异品多元性：组合在一起的活动、物品、其他的人，对主体而言构成了一种特殊的异质协作，其中的单个元素又保持着自己的独立性和自己的意义。[42] 贯穿一切的策展活动，让人能清楚地看出是什么让独异化生活方式变成了有创意的生活方式。[43] 创造性不仅是晚现代主体认为自己具有的一种价值。其实，主体所拥有的创意机会，以及"必须创意"的强制，已经整个地贯穿了他的生活方式。创造性在此专指晚现代文化中所说的"改造"已有之物（晚现代文化中数量泛滥的活动和客体）。这种创造性的生活方式一般来说并不是严格意义的"前所未有"，而只是相对的"新"。

策展这种贯穿性的活动，取代并吸收了另一种贯穿性活动——消费。主体作为消费者，面前的客体在竞相争夺他的喜爱，主体处于选择者的地位上；在晚现代，这种选择明显不再遵循目的理性的标准，而是（甚至首先）遵循文化性标准：[44] 禅宗还是德国新教？面条还是寿司？歌剧还是嘻哈音乐？素质教育高中还是蒙特梭利学校？苹果还是盖乐世？弗里德里希城市公寓还是克罗伊茨贝格（作为居住地）？晚现代供人消费的文化客体和活动，看上去一点也没有受到外来要求或标准的强制；它们都是可以有的，原则上都获得了同等的认可，也都是可以获取的。

在消费的概念范围内还不能完全理解新中产的创意生活方式，因为还缺少重要的一点。主体以策展的方式创意生活，他在面对文化客体的时候，不再单纯是一种选择关系，在简单的消费 - 选择及消耗关系之外，主体还多出了一种倾向，就是把单个的客体加以改造，并与其他客体结合起来。[45] 这种倾向可能本身带有文化性劳动或自愿劳动的特征，因为整个策展式的生活就是主体个人价值的来源：我觉得自己有价值，与众不同，因为我能在生活中体验真实 - 特别之物的多样性，并从中巧妙地为自己组合些什么。在独异化的生活方式中，单纯的消费基本上已经被看作无益的活动而受到轻视，策展式的生活则能一箭双雕：激进的消费主义，同时根本上又是反消费主义的。确实，虽然新中产生活几乎全部的组成部分基于一种消费主义态度，就是说为了实现自我而要在可选之物之间进行选择，新中产的自我意识却是明确质疑消费主义的。人们声称自己反对"纯粹的消费理念"，也反对卑鄙的商业，[46] 还经常轻蔑地把这些跟"俗气"的消费主体放在一起说，话里话外的意思是，这样的消费主体就是在社会下层产生的。这背后，就是简单的消费选择与复杂的策展倾向之间的差异，是被动消费与主动实践的差异。这种文化积极主义根本上对新中产创意性主体具有核心意义。不论事关运动还是旅行，地方文化活动还是餐馆，知识中产的生活方式是高度主动积极的。[47]

作为资源的文化与文化世界主义

我们已经看到，新中产独异化的生活方式，将整个的世界文化——不论它们来自哪里、哪个时代或哪种社会——都作为实现自我的资源。从这个角度来说，文化不再像传统的文化主义理念认为的那样，是在自己的社会群体中再生产出来的，而是转变成了一种资源，一片异彩纷呈的备选物的田野。在这种超文化中，一切都有可能成为文化，就是说成为一种含有审美、伦理、叙事‒符号、乐趣或创意‒设计潜质的客体或活动。[48] 这种超文化的各个元素在全球范围内跨时代流转，因而它实际上是没有边界的。其中的客体和活动一方面种类繁多又各有特色，另一方面又由于人们认可它们的差异，所以它们处于同一起点上。换句话说，超文化没有事先定好的偏好，而只提供选择。文化元素在法理上的这种平等，意味着传统上文化价值的边界已经消失，特别是当代（现代）文化和历史文化的边界，高雅文化与通俗文化的边界，以及自有文化及外来文化的边界。

在"文化即资源"这个模式里，不论是当代客体还是历史客体，人们都可以无拘无束地取用，以至于晚现代出现了明显的历史回潮，大大拓宽了可用的文化性物品的范围。这确实是一种新情况，因为工业化现代的文化明显偏好当代，偏好面向未来的东西，认为它们表达了现代性对"落后"的旧时代的优势。而在晚现代超文化中，人们似乎很欢迎过去的文化元素，用它们来丰富当下。还有，历史旧物因其独异性价值而具有特别潜力，因为它们能提供复杂的、另类的叙事和解读层面，所以有很大机会被认可为"真"。[49] 晚现代特有的历史复兴，在城市发展领域特别明显，城市里的老建筑升了值，成了新中产喜爱的居所。历史复兴也发生在旅行活动上，文化游客对"文化遗产"有特别的兴趣 [50]，还对古老的灵魂仪式和宗教仪式重新好奇起来 [51]。不过，不能将历史的复兴混同于一种简单的历史至上主义，因为绝没有发生反向的情况，即贬低当代与现代，抬高一种想象中的古典时代。[52] 事实上，超文化消除了当代与历史之间的价值边界，使进入二者的通道同样通达。

超文化消除的第二条边界，是高雅文化与通俗文化的边界。很多实证研究表明，代表市民生活方式的传统高雅文化——古典音乐、文学、美术等——在新中产面前，失去了它们代表正当品位的特权地位。人们现在经常不带成见地选取那些曾属于通俗文化的东西：人们去听流行音乐会，看好莱坞商业大片，在足球场里释放激情。理查德·A.彼得森（Richard A.Peterson）和其他一些社会文化学家得出结论说，后现代文化消费者变成了"杂食者"（ominivore）。[53] 这个论断还需要说得再准确点，因为尽管确实有人不论品位什么都要，但这里所说的情况与之不同。有一个新情况是决定性的：现在任何东西都有可能为生活方式做出贡献，以达到"真"和"实现自

299

300

我"的目标。因此通俗文化客体和活动也能很有趣，很吸引人，条件是，它们能让人体验到"真"。与前一种边界消失相似，经典高雅文化以及知识市民阶层的客体，根本没有丧失重要性，而是经历了一种复兴，看看20世纪90年代以来博物馆和音乐厅的蓬勃发展就能明白。当然这些场所也要符合"真"体验的条件。高雅文化如果被看作不"真"、无聊、僵化，不能提供什么体验，也是会被抛弃的；通俗文化如果很廉价、很商业、粗糙，像"凑合出来的"，人们也不会选它。

最后，超文化还消除了"自己"与"他人"之间严格的界限，消除了文化圈、国家或地区之间的边界。对于独异化的生活方式来说，没有理由优先选取自己文化中的客体和活动而不选别人的。首要原因并不是出于政治考虑或道德，而是在于实现自我的过程以及对独异体验的不断寻求：世界文化提供了那么多的体验和赋值可能，文化上的民族优越感简直就是对这些可能的局限。一度"陌生"的东西，就这样成了丰富自我的源泉，相应地，在新中产聚居的大城市中，各种文化的"多彩混合"就变得比旧工业城市那无聊单一的文化有趣得多。这里的法则也不是非此即彼，而是兼容并包：不必纠结于这种或那种文化，而是可以毫不困难地把印度的心灵理念、意大利的儿童教育、拉美的运动文化和德意志秩序精神之类的道具相互联结起来。以异文化为背景，还可能部分地引起人们对本地或本国文化的反思。人们可以在各种东西之间进行对比，戴着异文化的眼镜反观自己所拥有的——士瓦本菜系、北海的海岸或弗朗茨·舒伯特——发现它们原来可以这样丰富自己的生活。

刚才提到的"兼容并包"态度，在三种消除边界的情况中都有一定作用，它说明新中产主体发展出了一种跨时代、跨文化的"切换"能力。这种主体并不是盲目的"杂食者"，而是能够轻而易举地在当代与历史之间、通俗与高雅之间以及各种文化之间闪转腾挪——不断行进在追求独异和"真"的道路上。这个过程中，新中产练出了可以称之为"文化内行"的那种水平[54]：针对获得赋值的文化客体，人们总是有出色的行家眼光，这让他们的独异体验更加深刻，因为只有这样才能品味到客体的自复杂性。这种内行水平，在传统的高雅文化中有，比如文学专家；在市民生活方式中也有，比如葡萄酒行家。现在它被延用于其他所有客体，包括人们生活中本属于通俗文化的客体和活动，电脑游戏、精湛厨艺、乐队、法国南部的旅游地、仿古家具、摩托车、果酱制作、吉尔·德勒兹的作品，甚至帆布运动鞋文化，都可以出行家。

　　总的来说，新中产主体的特点是文化世界主义。[55]文化对 302 他们而言是一个全球性的蓄水池，充满了各种元素，各有其合理性和价值，可以选来用于主体所追求的"真"；这些元素不再专属于文化元素原生地的人们，而都有可能与其他的结合起来。[56]文化世界主义是一种全球主义，因地方文化的多样性价值而存在。它欣赏的不是那些到处都一个样的全球化客体和活动，而是地方的特殊品，"真"的独异品，这些东西还必须能够全球流转，才能被人获得。这种文化世界主义本质上是开放的，除创造力之外，开放性看似已经上升成晚现代超文化另一个无可替代的主导价值。文化世界主义中，必须有那种似乎不言而喻的权利意识，认为理应从世界文化的方方面面中选取可以丰富自己生活方式的东西。[57]新中产主体要求拥有选取文化元素的权利，就是说将它们变为自己的——从相反的文化中、工人阶级文化中或其他传统中，从那些本不是"自己"的东西中。

　　文化世界主义也这样为自己划定了价值边界：反对低价值的"土气"的东西，因为对于开放的文化世界主义来说，它们没有足够的多面性，也没有文化上的主见和行家水平。土气的东西仿佛被圈在了封闭的圈子里。在知识阶层的文化世界主义眼光下，土气的东西主要在底层（至少是那些原生的、固定不变的一群底层人）和有"小市民气"的老中产中才有社会空间。于是，文化世界主义与地方主义（Provinzialismus）的区分在晚现代成了象征物之争的一个核心范式。新中产不论从基本特征还是细节上来说都是一个全球性的阶层。不仅美国、德国、法国、瑞典、意大利，甚至中国这样正在迅速现代化的国家，新中产都是引领阶层，这说明他们的文化模式不论在哪个国家都是相似的。[58]

地位投资与独异品的名望

我已指出，新中产主体所关注的是成功地实现自我，即在一种获得认可的社会地位上，为自己感到满足。在这层意义上，新中产主体是以现代市民阶层的做法和能力为基础的，知识阶层在很多方面继承了市民阶层的遗风。不断地为社会地位投资，是生活方式文化化与独异化的基础。对"真"和"成功"的追求在此被挂起钩来，在多个层面上决定着新中产的生活方式。最根本的基础，是社会认可的职业活动，它一直是中产阶级的根基，现在则主要发生在高端知识 – 文化产业中。如前所述，高端工作有两个标志性特征：工作给人认同感，做起来要有内动力，要有趣并给人满足感；同时工作还要获得社会的认可，并能保证世界主义的生活方式。因此，新中产的价值观是完全后物质主义的，将是一种单纯的观点。其实新中产奉行的是以物质主义为基础的后物质主义："美好生活"是有质量的，它超越了生活水准，但前提是要有（经济、文化和社会）资本，获得并积累这种资本是新中产一贯的任务。

乌韦·辛曼克（Uwe Schimank）、史蒂芬·茂（Steffen Mau）和奥拉夫·格娄 – 萨姆贝格（Olaf Groh-Samberg）指出，

"对地位的投资"这一战略，整体上决定了中产阶级的生活。[59]
知识中产依靠雄厚的文化资本活动，对"为地位投资"的方式
要求很高。新中产不能安于扁平的中产社会那种一般的工作关
系，他们要活跃在机会与风险并存的市场上。这就普遍要求一
个人具备经营精神和市场意识：创造力主体必须将自我当作个
人企业*，必须不断观察文化市场，预计那里的赋值情况并相应
调整自己；他必须精明地处理风险和机遇，有分寸地投机。这
一动态过程在劳动市场上特别明显，不过婚恋市场、不动产市
场、设备市场和教育市场，包括各种的消费市场及其发展趋势
也都遵循这种动态。因为生活方式受文化市场结构的影响越来
越深，而且主体作为供应商和消费者活跃在这一市场上，所以
他自己在经历一种文化产业化。

个人经营式的地位投资是知识中产的任务，涉及所有相关
的资本类型。[60]雄厚的文化资本必须不断更新，不断壮大。此
外，还要为自己的孩子创造合适的、未来光明的教育之路。除
了正规学历之外，个人能力的国际化和性格能力的发展也扮
演着越来越重要的角色。经济资本比如收入和财产，还要在
变化多端的劳动市场、不动产及金融各市场上继续增加。社
会资产的发展也很重要：新的知识阶层特别擅长区分具体情
况，维护社交资本，包括哪些对自己的职业生涯有益，哪些
能用来为日常生活提供一些建议（健康、权益、教育），哪些
与业余生活有关（度假屋的使用、国际房屋置换、外地消费
建议等）。[61]

305

最后还有一点在晚现代越来越重要：主体的身心资本。这
是指主体有必要维护好自己的身体和心智，使二者为职业成功

---

* "个人企业式"在这里的原文是 selbstunternehmerisch。但请读者注意，这与"企
　业"或"公司"并无关系，也不是商业意义上的"经营"之意。作者指的是个人
　对自己的不断改进，主动地、有自主意识地不断提高自己的能力资本。——译者注

和幸福生活打下坚实基础。主体在这个过程中进行自我优化。这一层面的核心是健康和健身方面的地位投资，此外，不仅维护自己的心理稳定性很重要（关键词"恢复力"），而且让心智得以发展和舒张的做法也很重要（关键词"疗法"）。让身体保持吸引力——比如通过运动或风格辅导——在文化市场不可预估的竞争中也是一项重要的资产。

资本积累尽管很重要，但是，在新中产"生活即文化"的理想模型中，地位投资本身不是目的，而是发扬独异化生活方式的手段。可以说地位投资是一种"陪跑"，因为资本积累虽然是很多事情要用到的战略，但它不是新中产的生活目标。新中产追求的不只是生活水准，而是生活质量。在这一点上新中产有别于老中产，后者过于在意收入、财富和地位（象征），所以被看作"不懂生活"的小市民。

不过，创意的生活方式并不单单为了满足自我的需要，更是要与社会名望联系在一起。"表演式的自我实现"就是这样含有两面性：将实现自我展示在社会观众面前，希望被认可为"魅力人生"。这样，知识阶层也体现了浪漫主义与市民性的并存，将本来相悖的内心导向（实现自我）和外部导向（名望）结合在一起：独异化的生活有一种名望价值。[62] 就算在最初的层面上，可以将独异化的生活方式看作主体实现自我的愿望，但策展式的生活只有（故意地或看似无意地）在场景中表现出来，才能带来名望，而且这名望还要高到让别人都看得见的程度。这样一来，扁平中产社会单纯的生活水准（房子、汽车、高收入）已经不是获得社会认可的指标了，更高的指标是要展现被成功实现的自我，展现独特、"真"和多面性。[63]

四周走遍拉美——对个人来说可能是有趣而富有挑战的，但同时也是获得认可的源泉，别人会因为此人有趣的经历或他

展现的面向世界的开放个性而对他表示认可。徒手攀岩能给人
乐趣，也能带来惊羡的眼光——"你连这个都会啊"。制作动
画电影可以给人满足感，也能带来名气：真是有创造力的个
性，办公室的日常不能满足他。这些都表明了独异性在社会游
戏中如何转化成了独异性名望。主体不仅在与自我的关系中
需要实现自我，需要"真"，而且在别人面前，他也需要展示
实现自我和"真"：在亲友面前、在社交媒体的"好友"面前
（用照片"展示体验"）、在同事面前，还有广大的社会公众
面前。

　　下一节我们会仔细分析独异化生活的所有组成部分，它们
都适合用来向社会展示自我实现：在旅行和文化活动中，人们
到处发现场帖子；秀给人看的美食——自己做的或外面的；展
现在公众面前的健康灵活的身体，正在做瑜伽或极限运动；有
展览价值的居室和房屋；最后还有"养得好"的孩子，就是
那些个性鲜明又很有出息的大孩子、小孩子。在独异性名望方
面，主体多多少少会不由自主地与别人互争高下。获得认可的
独异性对主体来说本身就成了资本——独异性资本。[64] 独异性
名望高，就是说只要某人的个性被公认为有趣、多面、开放
的，就能在各种市场上——首先在创意产业的就业市场上，还
有婚恋市场上——获得先机。如果自我实现在社会上是成功
的，外人看见的就是魅力人生。[65]

　　总而言之，在知识中产的独异化生活方式中，通过产品赋
值以及独异性资本积累的方式，发生了主体的赋值，这一赋值
不仅体现在主体的自我价值感上，也体现在外人眼中的主体名
望上。主体取用全世界有价值的产品——旅行、居所、食品、
婚恋（伴侣和孩子）、日用（文化设施、精英大学等），或以
其他方式取用（比如运动和心灵修炼），获得价值和自我赋值。
社会将对产品和活动的赋值转移到了对主体的赋值上，简言

307

308

之，发生了赋值转移。晚现代主体并不因具备一般能力或专门业绩而具有价值，也并不因为自己是人就具有价值，而是要通过上面这些取用过程，将已经获得独异性赋值的产品和活动融入自己的生活方式，或让它们成为资本，才能在自己和外人眼中成为有价值的。

/ 2　独异化生活方式的构件

有几大活动领域对新中产的独异化生活方式有非常重要的作用，在某种意义上决定了他们的生活风格：饮食和营养、居住和居所、旅行、健身文化，以及教育和学校。这些活动领域需要加以特别关注，人们从这些活动中获得个人认同和情感满足。尽管这些领域林林总总，但它们都是文化化和策展式独异化过程中人们爱用的：在"生活即文化"中，它们被改造成文化活动，除了单纯的功能用途之外，它们还被要求有一种自我价值，而且人们也希望它们有这样的价值。作为文化化的对象（审美化、创意设计等），它们升格成了价值（及无价值）争议的社会场域，经历着相应的——集体的或个人的——复杂的赋值与去值过程。

同时与此相应，饮食、居住、旅行、健身、孩子教育和学校都成了新中产的独异化对象。人们追求或想要特别的饮食、特别的居住环境、特别的旅行、特别的身体体验，把特别的孩子送进特别的学校。这里也会有独异化与标准化两种矛盾的进程。所有这些领域都是人们喜爱的"真"体验的来源。其中几种活动在传统市民阶层看来是平庸的，这并非偶然。相对于受教育的市民阶层，晚现代知识中产的社会活动和个人认同的重点不再是传统的高雅文化（即使如上文所说，高雅文化根本没有消失）领域，而是以往世俗的领域，但这些领域如今在经历一种惊人的再赋值，甚至在被神圣化。饮食、居住、旅行、身体和孩子所涉及的领域获得了升值，它们看似从"真"文化中受益颇多，因为它们体现了日常生活的神奇，体现着感官和近身事物的神奇。就是这些"实实在在"的事情在独异化生活方式中也能成为高度智识化的对象，成为一种微妙的审美观念与伦理观念的对象。

饮食

饮食——食物、它们的来源和质量、菜品、饮料、饮食文化、烹饪、菜系、家常食品，最后还有餐馆的美食（包括美食之旅，food tourism）自 20 世纪 80 年代以来在知识中产的生活方式中获得了极高的重要性，这是令人惊异的。[66]放大了说，饮食成了忧虑、享受和体验、知识和能力、个人表现和社会地位这种种事情的对象，能给人个人认同：什么人吃什么样的东西。作为独异化生活方式的首要价值之一，"真"也许在饮食文化中得到了最清楚的表达。

当然，吃从来不单单是一种生理活动，从来不单单是营养摄取。克洛德·列维 - 施特劳斯（Claude Lévi-Strauss）、玛丽·道格拉斯（Mary Douglas）等民族学家指出，食物早在早期社会就具有整合社会的意义和象征意义。[67]不过还是可以认定，工业社会曾发生过食物的功能化，在很大程度上剥除了食物的强文化意义。当时曾工业化生产食品，它遵循的模式就是按标准化的食品要求满足大众营养需求。[68]工业化现代因为弱化感官需求而备受抨击，它不仅仅在搭配和口味上弱化了感官。在扁平的中产社会，饮食基本上就是温饱工具；它的目的是保持人的劳动能力。20 世纪 70 年代至 80 年代的反文化运动也是饮食方面的反文化运动，饮食文化的复兴从中获得了重要的推动力。人们反对标准化饮食的商业性，提倡"真"食物理想，提倡健康、"有机"的食品，本地出产的配料，提倡维护本地饮食传统和手工烹饪。加州发生餐饮反文化——集中体现在伯克利的"美食区"——以及意大利中北部发生"慢饮食"运动（优质、清洁、公平），由此加州和意大利中北部都是历史上具有国际影响力的、饮食文化复兴的孕育中心。[69]

晚现代知识阶层的饮食文化，自 21 世纪初起就有了一个广泛的网络可以倚仗，它由全球性的机构、话语和客体组成：爆发式增长的异彩纷呈的美食，在大城市中尤其丰富；地方农产品的繁盛，且多为有机产品；关于美食的知识令人眼花缭乱，各种媒体渠道将营养和餐饮变成了创意经济的一个重要分支。在晚现代生活方式中，饮食文化给人的认同感总是两方面的：在餐饮业和外出就餐的语境中，它指一种接受性的活动；在家庭烹饪的语境中，它指一种自主的创意活动。要是看一看饮食问题上的赋值与独异化是怎么发生的，就可以清楚地认定，它与普适性逻辑下的营养摄取是根本不同的。工业标准化风格的饮食缺少美感和伦理维度（典型例子是麦当劳之类的全球快餐链、食品制成品或传统的食堂餐，还有社会下层的饮食），与此相反，美食的独异化发生在多个维度上。

第一，也许是最重要的一点，是地方性饮食文化的全球传播，其首要途径是移民运动。[70]地方美食——越南的或意大利的，南非的或加勒比的，近东的或法国的等——使饮食独异化了；它们是独特的，因为其本身的自复杂性来自特有的配料、做法和菜式，有时甚至来自上菜方式和吃法。地方美食各有其典型审美 – 口味、气味和视觉上的风格。这种风格还因本地饮食文化故事的叙事加持而更加丰满。全球化促进了饮食的异质化——各种地方美食文化传统同时存在于全世界。它们在大都市中同时同地存在，这样它们的独特性才能被体验到。"吃家"们每次都可以沉浸在独一无二的味觉天地中，同时细细区分自己的审美感觉。简言之，饮食的全球化最能说明地方传统在超文化中转化成了文化资源，这些地方传统只有在反差中才能作为独异性文化被看见、被品尝。

第二，饮食的独异化是随着晚现代鲜明的厨艺实验主义精神一起发生的。[71]不论在餐馆、菜谱、美食节目里，还是自家的灶台边，烹饪都成了一种创意活动，完全是为了追求新鲜和

311

312

惊喜。它追求独特的、从未有过的味觉体验。此处，烹饪在某种意义上也成了一种策展艺术，将异质品聚合在一起。创意烹饪的初级层面，是从看似简单的食材或菜品开始的。要把平庸的东西变成不一般的东西。[72] 看似简单、常规的食物和饮料，因产地或做法的不同，在味道上相应地加以提示，就能得以审美化，进而得以独异化（葡萄酒的情况最典型），此外还有咖啡（咖啡豆的种类、烘焙、煮制）、啤酒（生啤）、茶、面包或巧克力。牛排配薯条等常规化了的食物可以通过这种方法被正名为经典。除了平凡食品的这种独异化方法之外，厨艺实验主义还表现在不同配料和地方烹饪传统（混搭菜式）的组合上，理想情况下能产出新创意，"还从来没这样吃过"。看似不相容的东西被混搭在一起，带给人惊异又强烈的、独特的味觉感受，每个微小细节都很重要。所以，很多厨师成了被认可的创意明星，也就不足为奇了。

第三点也极为重要，除了食物在审美上的文化化之外，还有美食的伦理化，它与审美化有部分联系。[73] 知识中产欣赏的食物，并不仅在于它们的味道体验，还要看它们的好的内涵。此处的关键词是"伦理消费"。[74] 食物的伦理价值指标主要来自它的生产方式：有机、本地出产、可持续、对动物友好的养殖方式。于是产生了完全以伦理为导向的饮食风格，比如盛行的素食主义和纯素食主义。食物另一个同样重要的伦理角度是它的"健康"程度。健康生活的理念贯穿了新中产的整个生活方式，首先体现在饮食方面。[75] 人们依照食物的各个成分和它们对身体的作用，去区分伦理上好的、健康的产品和"坏的"、不健康的产品，区分有益脂肪和有害脂肪，还有自己做的"好"食品和"坏的"快餐，等等。

第四，吃和烹饪这两种活动也转化成了独特的、非日常的体验，于是也被赋予了审美－伦理价值。[76] 在城市里，外出用餐在中产阶层很普遍，完全不必有"特殊事由"。餐馆也不仅因供应的菜品获得独异性，还因精心布置的整体环境，即作为整体空间艺术品获得独异性。餐饮业成了城市创意情境的一个枢纽，烹饪经常具有表演性质，尤其是那种当着食客的面进行的明厨操作。同样重要的是家庭烹调的格调化，它成了一种文化活动，新中产中不少人热衷于此。自20世纪90年代起，新居室和新房屋的厨房都从靠边的位置移到了中间，作为开放厨房占据着居室的空间。在烹饪中，睿智的晚现代（知识分子）主体觉得自己在从事手工艺，在进行创造，能用精巧的心思和广博的知识与大自然中的各种东西——并且与大自然本身——进行交流。在烹饪过程中，主体能对某种有机食材及其做法获得新的认识，对于有些人来说，有机食材简直能让人冥想。最终，不仅烹饪有了价值，而且与朋友或家人一同用餐的整个过程都成了让人情感满足的仪式。

314

居住

住在哪，怎么住的问题，关于房子的烦恼，它的位置、布局和装修，这些是继吃饭问题之后新中产的第二个核心关切。讲究的不仅是"什么人吃什么东西"，还有"什么人住什么样的房子"。在居所问题上，人们架构自己的空间，为自己的日常生活创造环境氛围。居住——包括居住地和居所的设计——升格成了晚现代个人认同感的一个源泉。[77]

工业社会，居住主要还是一个社会工程问题。[78] 居住意味着供大众居住的标准化楼房，城郊的多户楼房或一家一户的排屋。居住地和居住区大体上是可以互换的，所以扁平中产社会的居住区并不怎么能说明住户的身份。这种情况下，居室的布置主要遵循功能性原则，或标准化大众消费原则，所以里面经常是批量生产的家具套装。[79] 居住问题结构转型的一个历史性节点是 20 世纪 70 年代：从这时起居住成了私人事务。人们搬到城中心荒废的老宅子去住，为了在那里体验都市生活，逃离千篇一律的居住方式。居室的使用和布置也放开了，不再到处是组合柜和小餐厅，人们还进行了一些实验性的改进。伴随各种可供选择的亚文化——它们无意间成了老城区中产化的先锋——"真"的价值进入了居住领域。[80]

新中产在"住"的问题上，总的来说关心两个方面：居住地和居室的布置。居住问题在这两方面都经历了文化化和独异化。居住地变成了一个特别具有文化价值的问题，并且因此关系到社会地位；而居室的日常布置成了一种日常的创意策展活动。房地产、建筑业、内装修和设计业从而发展成为创意经济的支柱行业。

居住地和居住区不再是可互换的，而是各自获得了特殊的社会价值或失去了社会价值，这一点对晚现代社会的全球、国家、地区和地方地理都有决定性意义。[81]"地点"成了社会赋值进程的一个对象。于是各城区有了各自的形象，与不同的特征相关联，其中的生活体验也相应地各不相同。比如柏林，住在维斯默尔多夫就跟住在新克尔恩北"完全不一样"。这种质性细分也延伸到了城市与地区之间的区别上（汉堡还是柏林？波士顿还是波特兰？）。[82]这一赋值过程的另一面，是其他一些城区甚至整个城市和地区的去值。晚现代，空间的价值和分隔也体现并加剧了各阶层在文化上的两极分化。

因此，居住地的选择对于新中产来说是又棘手、影响又深远的决策，首先就是在文化产业化条件下，"魅力地段"的短缺给人的种种压迫。选址的决策除了对社会名望有决定作用外，还在"真"的指标上有决定作用：体验城市生活——城市理论学者简·雅各布斯（Jane Jacobs）向往的欧洲城市的理想[83]，就是对成熟社区进行"混合用途"（mixed use）开发，

315

316

看起来是知识阶层眼中"真"社区的核心标志。所以人们经常偏爱老建筑区，自 20 世纪 70 年代起，老建筑区经历了惊人的再赋值过程：在工业社会的功能逻辑下，这些老建筑被贬斥为落伍的，应该拆掉，而在文化化逻辑下，它们被推崇为城市性的标志，代表了一种大气之美。在热爱城市生活的新中产那里，扁平中产社会无可争议的理想居所——独立式洋房失去了往日的地位，而城市公寓显得更有魅力。

　　找好了住所，房子的设计和布置就成了长期任务。对空间质量的精心规划和设计，是晚现代生活方式审美化的一个重要活动领域。以实现自我为目标的主体，会用一种特别的眼光看待居住这件事：他在居所里为自己也为别人摆设。房子同时也是他可以"完全做自己"的地方，他期待这个地方让他平静也让他兴奋，有某种能证明自己的气氛。居所因而是自我和个人认同的一种三维体现，同时，居所的空间质量也对自我的生活感受有影响，因为这两个原因，所以要精心布置房子。

　　在这种情况下，扁平中产社会那种标准化的内装修，就只能被看作枯燥的循规蹈矩，纯粹的没品位（"盖尔森基兴式巴洛克"*）。新中产培养出了一种复杂的居住审美意识，致使居所能够成为创意策展的对象，成为个人风格的体现。策展式居住是说，要把风格各异的有趣的东西组合起来，使它们成为一个和谐的整体。通过将独异之物进行"编曲"式组合，会得到一种空间上的独异品，它有高度的自复杂性，一个"自我之地"。[84] 狭义的文化创意者圈子为策展式居所做了的榜样。[85] 从温哥华、阿姆斯特丹到墨尔本，观察一下这些城市知识阶层的居所，就能

317

---

　　* 盖尔森基兴是德国北威州一个工业城市，巴洛克指一种经典的风格。两词的结合是一种讽刺词，指典型的工业化风格居所，又多少追求一些装修之美，于是就有了那种显得很"套路"的千篇一律的装修风格。——译者注

发现一种共同的文化世界主义审美模式：一方面，它们通透、宁静、素雅，另一方面，它们又很有趣而且有文化上的多样性。如果房子能够结合这两种质量，显得又经典又特别，它们就会显得"真"。居所的气氛应该是独特的，反映出主人的独特性，当然不能花样太多太随意，让人眼花缭乱。因此，内装修就有三个根本的层面：总体上的空间质量、家具和配饰。

晚现代主体总体上对空间质量的期望，是他希望自己的房子能像舞台——一个展示房中物品的舞台，展示屋中之人的舞台。相比于大众建筑的成套单元房，晚现代的居所有一个明显的倾向：将空间扩大，而且彼此打通（比如客餐厅一体）；复式成了主要风格。房子的布局最好能让业主按自己的需求进行改装，同时在房子内部和从外面都要能看到景致。此外，大窗户、大层高还能加强空间的大气感。无怪乎知识阶层特别偏爱工业城市里世纪之交时代的老建筑。这些房子的墙体和地板，就像清楚的、简明的舞台背景（白墙、单色地板），又最大限度地显示了"真"（用墙漆而不贴墙纸，使用艺术水泥、砖饰、实木地板、钢梁、灰泥）。

房子里摆放的家具，以去标准化为原则，并遵循所谓"软现代主义"风格。[86] 人们不再使用那种成套生产的家具（成套座椅配墙柜等），而是遵循策展思维，将单件家具巧妙组合（一张纯木大餐桌，配几把各不相同的椅子）。不过这并不是随意组合的："软现代主义"是指，人们对于柜子、桌子、厨柜或沙发，偏爱包豪斯风格或北欧风格的明朗线条，但这还需要自然材质而且来源不同的各种单品（古董、旧货、工业设计品、富于个性的青年设计师作品）做补充。现代主义的冷淡之美——晚现代知识阶层的新古典主义——会因温暖的、让人想触摸的"手作"之美而变得柔和，从而显得更加有趣和"真"。

结果就会得到精心安排的"光滑与条纹"混搭风格。[87]*

居室布置的第三个层面——配饰，最能体现策展能力。[88]配
饰为居室增添了个人色彩，所以人们在选择和摆放时都很用
心。有些配饰是功能性物品——从切菜板到多层抽屉——如果
是手工制作的，或比较独特，就可以成为独异品。另外更重要
的是一些真正的单品，包括绘画、雕塑等艺术品（以前是经
典配饰，现在更受知识阶层的重视），还有线描、艺术照或抽
象艺术品。典型而普遍的做法是将旅行带回来的东西摆成小情
景，这不是指商业化的旅游纪念品，而是那些仿佛从全球文
化宝藏中挖掘出来的东西：一只来自达喀尔的旧足球、太平洋
海滩捡来的木块、一张孟买的电影海报、阿波罗 13 号上的一
块遮光板、越南山区部落的绳饰，或一只锡制车模。总之，关
键在于收集；很多业主因为自己收集的东西而钻研出了专门知
识：滑雪板、诺莱坞（尼日利亚的电影基地）电影海报、怪异
的企鹅摆件等。还有一些带有私人记忆价值的东西，比如祖母
遗留下来的手包、16 岁生日得到的黄麻懒人沙发等，也能成为
饰品，经常像雕塑似的被摆在居室里。总之，新中产的居室里
满是精心挑选的看似平常的物件，它们就像艺术品，同时又与
非常个性的人生思索联系在一起。居室集合了各种地方风物、
各种艺术品和"全世界"的旅行纪念品，成了一个展示和体验
全球超文化的地方。

居室经过策展式美化，成了展示自我实现的地方：一方面
它对于业主有一种主观上的气氛品质，让业主获得满足感；另
一方面它也是向客人展示主人装饰功力的地方，这样它在审美
上的独异性价值就能提升主人的社会名望。居住区和居室变成

---

*　"光滑与条纹"是吉尔·德勒兹的一种美学理念，即光滑空间与条纹空间概念，主
要出自德勒兹和加塔利的《千高原》一书。——译者注

了文化赋值的对象，它们不再单纯提供居住功能，而是一种名
320 望投资。内装修的单件客体，从奶酪擦、仿古家具到墙上的艺
术品，其赋值也超出了其使用功能。于是位置独特、精心策划
的（有的还是花不少工夫还原的）整个居所就都带上了价值。
这种价值最好是长期的、对个人和社会都有效的价值，这样空
间和物品连同它们的主人就都能经得起时间的考验。对于晚现
代知识阶层来说，主体的赋值和他们生活方式的赋值以及居住
空间的赋值是一体的。

旅行

旅行对新中产具有重要意义，能给主体带来个人认同感。
这里的旅行不仅仅是为了从工作中放松而进行的"休假"；现
在的旅行常常被理解为积极地去了解一个陌生的地方。这就
是所谓非特殊化的旅行，即出行不限于休假期间特定的时间
段。一方面，知识文化产业的很多从业者常年出差，所以他们
能够把工作与休闲结合起来。还有人因为工作或学习的原因要
在国外常驻，这样主体会被放到外国的文化环境里。[89] 另一
面，个人可能用一种旅行者的眼光看待自己居住生活的地方或
附近，觉得这里"总能发现新东西"：这样，人虽然没有离开
家，却也"在路上"。简而言之，旅行是知识阶层生活的一项
关键活动，深刻影响了他们的文化世界主义意识。国际旅游业
密集的基础设施就是支持和促进旅行的体制，它也是全球创意
产业最大、分布最广的分支。[90]

321 晚现代的旅行完全是一种文化化和独异化。旅行是主动策
展式的，是为了寻找特殊地点、特殊时刻的"真"。[91] 大众旅
游与此完全相反，是工业化现代的典型做法。那是一种类似工
业的旅游业，假期旅游点提供一套标准的日程，服务于一个明
确的目标：从劳动中恢复过来。晚现代知识阶层对旅行的理解

与此相反——虽然他们也大量利用全球旅游业基础设施——他们理解的旅行是坚决反旅游的：旅行者不该是被动消费假期的旅游者。旅行者是在主动地寻找某些不一样的东西，某些激动人心的、有趣又有挑战性的东西。从文化史的视角来看，晚现代的旅行者继承了1800年前后关于旅行的观念，约翰·尤瑞（John Urry）对这种市民社会环境下产生的旅行观念进行了分析。[92] 这种旅行观念超越了目的理性的日常生活，要求一种认知的态度。浪漫主义的旅行观念就是一个旅行者的视角，他要在大自然中、建筑艺术或日常生活中探索陌生之地（经典："意大利之旅"），获得日常生活所没有的美的享受。他在陌生中寻找新的体验——类似后来的城市漫游者。大众旅游不是这种理念，针对它，20世纪70年代的反文化运动提出了另类旅游的观念。反文化运动也是全世界旅人和行者（travellers and globetrotters）的运动，他们"偏离热门路线"，要依靠自己的力量去发现陌生的文化（经典：印度之旅），积极地，有时以挑战身体的方式去了解大自然。

在晚现代主体的策展式旅行观中，旅行要积极策划、巧妙组合，而且要有非同寻常的过程，发现非同寻常的地方，开启非同寻常的瞬间，要与日常生活的那些完全不同。晚现代旅行方式的独异化，本质上是空间和时间的独异化：将熟悉的日常生活空间和瞬间变成特殊的。新中产开发并维护着各种旅行方式，还经常来回切换：城市旅行和在国外城市的长期驻留、野外郊游或大自然中的运动式旅行（骑单车穿越阿尔卑斯山或在中国南方徒步）；穿越整个地区的旅行（西班牙北部14天租车游或坐火车穿行阿根廷），以及一地运动式旅行（在印度做瑜伽休养）等这些以教育、健康或放松为目的的旅行；年轻人那种穷游，或豪华小众游。[93] 所有这些旅行方式有一个共同的特点：人们在寻找日常生活之外的"真之体验"。

322

旅行者经常以独异地点为目的地——空间的自复杂性能给旅游目的地一种有趣的内在厚度，并让它产生令人惊异的独特感，所以人们面对它时不再感情中立，而是被它的魔力吸引或迷惑，感到激动或陷入思索。[94] 奔腾的大都市或风景宜人的村庄，壮美的大自然或压抑的贫民窟，墨西哥小城市的日常生活或瓦拉纳西的宗教仪式，哪里都有可能遇到独异的内在厚度以及独特感。巴黎或托斯卡纳之所以成了经典的旅游胜地，是因为它们的空间特性有令人震撼的独特性。当然现在一些旅行"秘籍"显得更加有趣（芝加哥某个城区、缅甸某个地方），那些地方因其稀有——也就是说迄今为止只有少数旅行者探索过——而更加与众不同。旅行者对独异地点的寻求延伸到了微观情境：人们走过某些特定的街道，寻找某家特定的餐馆或博物馆，选择特定的酒店，就为了它们各自与众不同的气氛。晚现代的旅行当然也包括经典的风景名胜和高雅文化，但人们对"他人的日常"特别感兴趣，因为这种日常可能会很"真"。[95] 总之，地点的独异性在于观看者的眼光，旅行者也努力让自己对此"保持开放态度"（对一言难尽的南非贫民窟也这样）。[96]

在晚现代旅行观念中，地点的独异化与时间的独异化并行。旅行者总在寻找日常生活之外的瞬间，最理想的旅游就是由一系列这样的瞬间构成的。体验热门建筑或空间、参加文化活动（宗教仪式、音乐会等），可以是值得回忆的瞬间；在太平洋冲浪、在比利牛斯山徒步、在翁布里亚某个美丽的餐馆吃饭喝茶，或在圣保罗一间瓦楞铁皮小屋与当地人交谈——发生在这些地点的活动和偶然事件同样能成为值得回忆的瞬间。要让地点和瞬间显得与众不同，触动人们的感情，带给人"体验"，甚至长久地改变一个人，就需要一种尽可能脱离标准的旅行方式，需要主动策划旅行过程。体验能否与众不同，虽然无法事先确定，却可以通过一些做法提高它的可能性，比如不订酒店，而去住民宿（Airbnb 等），或者长期（最好几周）互换住所，好让自己"像当地人一样生活"，"真正"了解一下某个国家或城市。策展式旅行总是计划与偶然的结合：确定一些框架条件，保证不错过重点，也要为意想不到的经历留出空间。

形式自由的旅行是知识阶层从事的一种面向世界实现自我的活动。在游历世界上丰富多样的文化和自然景观时，各种经历和体验丰富了主体。个人的"行记"是晚现代主体特有的，记录着重要的、经常是对主体影响很大的人生站点。超文化理念将文化理解为资源，在这方面，旅行也是一个范例：全球文化的方方面面都成了自我成长的资源。不仅短期旅行是这样，而且长期的国外驻留（求学、"打工旅行"、职业要求、社会关怀）更是这样，晚现代知识阶层从年轻时起就注重这一点。这也要求一种权利意识：我有能力、有权利将世界和他人的文化用于提高我的个人境界。

新中产的旅行不仅有益于提高个人境界，而且有助于名望投资（比如通过国外生活提高文化资本），也是表演式自我实现的例子：旅行体现了对世界的丰富阅历——尤其当它们以照片的形式出现在社交媒体上时——提升了社会名望也增加了独异性资本。但另一点也是正确的：晚现代的旅行也陷在标准化与独异化这一对难解的矛盾之中。人们寻找"真"体验，但又很难绕开标准化的旅游产品；人们行走在旅游高度产业化的世界，不管愿不愿意都是旅行者群体中的一员。旅行目的地也处在不断变化的赋值和去值进程中。[97] 晚现代旅行的典型特征是对"真"的寻求，而这种寻求最终可能会落空。这样就产生了一个讽刺的词"后旅行者"：他们知道自己是泰姬陵百万参观者中的一员，与众人并无二致，但仍然可以得到纯粹的个人审美体验。[98]

身体

在晚现代，身体也成了生活方式独异化的对象。以前的市民阶层和老中产在身体问题上很保守，新中产则将身体视为主动建设、活动和体验的对象。人们经常活动身体，晚现代的个人认同感在很大程度上来自与身体有关的活动。[99] 此外，这里也在一刻不停地发生着文化赋值：健康灵活的身体和不健康的、肥胖笨拙的身躯成了两个对立面。

工业化现代在很大程度上将身体功能化了。它要么被当作体力劳动的工具，要么——在"脑力劳动者"那里——完全被忽视。20 世纪也是大众体育的世纪：一方面，擅长竞技的身体在公开赛事中相互较量；另一方面，（曾）存在为普通市民而设的休闲运动协会。20 世纪 70 年代至 80 年代的反文化运动也引起了身体观念的转变，人们推崇身体体验和对自己身体的感受。因此，不论是亚洲的运动文化还是加州充满趣味的运动方式都引起了人们更大的兴趣，后者带来了新的运动项目，比如帆板冲浪和轮滑。

晚现代文化中，身体以一种充满矛盾的方式成了人们的日常关切，尤其是在知识阶层。这里不仅有独异化 / 文化化的机制，还有三种相互联系的方式，对身体进行"掌控"。[100] 首先，个人出于自我完善的目的，对自己进行全方位提升，身体也是目标之一。身体成了训练的对象，要维持并提升精力和健康。[101] 有一点很引人注目：以前的市民阶层认为胖大的身躯标志着气势、威严和财富，而晚现代那些苗条的、训练有素的创意工作者和领导者则要用马拉松来证明自己的抗压能力和自律能力。在这个自我优化的健身过程中，人们完全使用通用客观的数字指标，身体确实可以被高度标准化即理性化。健身训练给晚现代主体一种——不妨这么说——普适的身体原料（基础设施），让主体的生活方式在工作和休闲两方面能够实现独异化。

其次，在晚现代文化中，对个人外形的维护、为身体（狭义的身体）的吸引力所做的努力都是重要的内容。在现代文化的早期阶段，这些本来只是女性的事，而在晚现代成了所有人关心的事。[102] 身体的吸引力像是主观上自我价值感的基础，同时也是社会名望的一个元素，成了"主体资本"。各种塑造身体魅力的高级技术于是变得重要起来（健身训练、时尚、化妆、美发、身体配饰和医学美容，包括个人风格咨询以及谈吐训练和声音训练）。花在身体上的功夫是一种直接的美化——创造"美"，它与独异化的关系是双重的。一方面，在少数几个社会领域里，一般通用的标准还在起作用（对称原则、优越的色彩搭配、苗条），面孔和身材的美似乎是这些领域中的一个。另一方面，这里也有独异化倾向：美丽身体的标准化常被看作无味的面具化。在这里，"真"也是重要的：个性和外形要相符，才能结合在一起焕发魅力。

最后，也是身体的文化化和独异化过程中最重要的一点：自 20 世纪 80 年代起有一个广大的领域，即以身体为导向的运动文化，独立出来了，它是新中产生活方式的重要构件。[103] 它包括体育在内，但不再以协会、比赛或被动的大众体育为形式。个人主动从事的体育运动是这一领域最具代表性的，比如跑步或骑车，以及徒手攀岩、漂流等极限运动。这样的运动，其有趣之处不在于被动观看或彼此较量。它的核心主要在于自己身体上的活动，"睿智的"创意主体在这种活动中提升自己。狭义体育运动之外的一些运动实践也受到了关注，比如跳舞（各国兴起的探戈运动）或身体训练技术（瑜伽、亚洲搏击术），这些是为了训练身体和心灵。晚现代的运动有一部分是为了实现某种目的——比如提升体能，但更重要的是，它们是一种自我训练技术，对于主体来说，这本身就是目的：让身体尝试各种可能，直到生理和心理的极限，不论是在与自我的关系上，在与大自然的关系上还是与其他主体的关系上，这样做都具有审美和乐趣价值。这里，要指出五种独异化途径。

第一，世界上很多运动文化都有极其特殊的地方性或历史文化渊源：太极和气功、哈塔瑜伽和合气道、探戈和萨萨舞等。传统文化不仅给了它们身体训练技术上的厚度和自复杂性，还给了它们叙事及阐释方面的厚度和自复杂性。人们从事这些训练，就会沉浸在某种异文化的天地里，成为专家和行家。地方性运动文化的全球传播因而形成了一种由运动资源构成的超文化，既有"异域风情"，又有历史感，人们可以将这些资源变成自己的。[104]

第二，晚现代的几种运动能带来日常生活中没有的体验，主体可以带着巨大的热情体验这些极限感受。[105]这是指一些极限活动，比如极限体育运动，能让主体挑战身体和心理的边界：徒手攀岩、滑翔伞、自由潜水、蹦极等。

第三，传统的集体项目和竞技体育相对正规和标准，而晚现代的许多运动文化允许人们去发展个人的身体风格，或即兴进行身体的极限实验。比如冲浪和直排轮滑，或者上面列举的极限运动，还有风行全球的探戈运动也是这样。[106]

第四，许多传统的大众体育项目是在室内或运动场上进行的，而晚现代的运动者走向了户外。慢跑、徒步或骑车都是重复性运动，但它们是在城市或乡村环境中进行的，会因为这种环境而显得优越。这些简单户外活动的魅力，是穿越一个地方时那种完整的体验。因为空间（道路、环境、声响、风）能以某种方式被人"感觉"到，它也能引起人们常说的跑步时那种"心流"（flow）体验。[107]

第五种独异化途径是运动过程中的主体形式。主体常常处于与自己作斗争的英雄地位。[108]运动者的英雄化从一开始就伴随着现代竞技体育和大众体育。在独异化社会中，社会经历了广泛的文化产业化，在不断地产生胜利者和失败者，大众体育的作用就如同对整个社会的一种教育，将竞争意识作为自然而然的社会性教给人们。[109] 对于本书的主题而言，更重要的是（非专业）运动者的英雄化。马拉松或其他耐力运动和极限运动，都不再是一种与他人的比赛，而是一种与自己或自然的比赛。在这里，独异的主体就是一种英雄式的主体，他能征服自己的身体和大自然。

教育和学校

自 20 世纪 90 年代以来，教育和学校要求知识中产家庭做出的投入，是十分巨大的。与孩子的日常相处，扶持并陪伴他们的求学之路，这些都变得非常深入。在教育和学校这两个领域，知识中产生活中两个最重要的动机——自我实现和社会名望——结合得最为紧密。

在工业化现代，学校是形式理性化和标准化的典范领域。普适化和均一化的社会逻辑决定着一切：大众教育曾是（现在仍是）一种"工业化"教育，它将全体人民分成年龄段，"教给"他们基本的或高级一些的知识技能。理想情况下，所有学生都以同样的进度、同样的方式学习同样的东西。在强调均一性的社会里，普适化教育是与标准化教学一起推进的。[110] 虽然家庭教育风格的转型有自己的历史轨迹，与"学校"这种机构的转型轨迹并不一致，然而还是有一些迹象证明，在扁平的中产社会里，占主导地位的教育理念与标准化学校的平等理念是相符的。自 20 世纪 30 年代以来，"适应社会的孩子"这种理念在中产阶层得以广泛贯彻，以美国的情况最为明显。[111] 其基本思想是，现代的孩子总是处于群体中——先是在学校和家里，然后是在同龄人群体中，最后会到工作岗位，他们应该被教育

330

成有社会能力，同时又遵守规则的人。在这种理念下，个体对社会的不适应，情绪化、内向的性格或古怪偏执都会受到质疑。

自 20 世纪 80 年代以来，教育和学校教育理念经历了多层的社会转型，很难用一句话来概括。说教育和学校经历了曲折的转型，没有太大的意义，要说晚现代有什么总体教育风格也同样没多大意义。这些综括的概念也许能用于扁平的中产社会，但在阶层分化的社会里，它们失去了意义。确实，在教育领域里，晚现代社会结构的两极分化和文化的两极分化体现得最为明显：一边是知识中产，他们在加大教育方面的各种努力，另一边的新底层则集中在"教育失败者"群体和"问题学校"中。

教育社会学研究发现，自 20 世纪 80 年代以来，新中产内部形成了一种要求很高的教育风格，可以称之为"深度育儿"。虽然大多数父母是有职业的，但这些家庭还是以孩子为中心，达到了前所未有的程度。他们的理念是，从孩子出生起就要尽可能培养他的个性。除了情感、社会、语言和智识 - 思辨这些方面的能力之外，知识分子家庭的孩子们还会接受很多别的启蒙教育。安妮特·拉鲁（Annette Lareau）将这种教育理念总结为"协同培养"（concerted cultivation）[112]：人们给孩子读书，带他去博物馆，去郊游或旅行，在游戏中教他接触艺术、音乐、外语和大自然，并让他"适当"地接触社会。

新中产从教育咨询机构那里得到了启迪。自 20 世纪 80 年代起，教育咨询基于神经心理学知识，强调儿童大脑的可塑性，认为必须给大脑多种"营养"。因此，在很多层面上，晚现代的教育风格与以前扁平中产"适应社会的孩子"那种理念是相反的。虽然社会能力仍然很重要，但教育的理想不再是适应，而是培养出自主、自觉的孩子，他要有很强的自我价值感，并出于自己的喜爱去广泛发展兴趣。可以这么说：晚现代的教育是孩子的独异化工程。人们深信，每个孩子都是与众不同的、特殊的，而且理应如此。每个孩子都集合了很多天赋、潜力和特色，应该鼓励他们把这些都发扬出来。循规蹈矩、没有个人兴趣的孩子会受到质疑。

新中产的教育实践，汇集了独异化生活方式的两个导向：面向世界的自我实现和名望投资。深度育儿理想背后的理念是，孩子也要实现自我，让自我"成长"。[113]按照这种理念，孩子的自我实现是在开放、积极、面向世界的实践环境中发生的，它所要求的教养方法是让孩子能在游戏中接触"多彩的万千世界"：音乐、运动、旅行、大自然等。然而在这种教育观里，总有一种双重的要求：一方面，自我实现本身就应具有价值；另一方面，要注重培养学习和工作能力。于是，孩子成了后市民时代名望投资的重点对象。为了让他在独异性社会里获得社会名望，绝对少不了正规学历这个前提。同时，在变幻不定的知识文化产业中，高端人才的正规学历——我们前面已经说过——又不够用来取得职业上的成功，所以额外的非正规文化资本必不可少。后者则主要来自家庭出身环境，于是孩子的早期个性发展就顺理成章地成了人力资本账户上的一项必备资产。[114]

中产阶层的家庭教育和学校教育，到了某个时间点就会交叉在一起。20世纪90年代以来，学校教育的发展似乎与儿童独异化的趋势是相反的，至少乍一看是这样。这是因为旧有的工业化教育体系并没有被废除，而是扩大了。特别是2000年以来，各种测试中小学生认知水平的国内外考试（比如PISA和TIMS）得以普及，这个过程明确宣告了学校教育体系是标准化的知识传播体系，宣告了通用的教育标准已经确立。在这层意义上，学校服从类似工业化时代的那种标准化要求，一时间，它看上去是独异化社会里一个发展滞后的元素。[115]

但还要再仔细看看。世纪之交以来，学校教育的这股测试风潮并不是为了保障所有人的教育平等，而只是为了向下保证最低教育水平。它所要面对的问题是，问题学校和问题社区无法（或不再能够）保障最基本的教育。用本书的概念来表述就是：普适性社会逻辑要求教育标准化，它是面向低学历家庭的。它要保证最低水平。与此同时，人们也会注意到独异化的教育逻辑，在西方社会，它面向的是新中产家庭。因为，与劳动关系、生活方式和居住社区一样，独异性社会的学校也呈现两极分化。[116] 即使教育体系的大框架是不搞特殊化的，但还是形成了由一些公立学校和私立学校组成的完整网络，它的志向是：用独特的学校文化和办学特色打造自身的形象。[117]

这些有志向的学校经历的独异化过程，自 20 世纪 90 年代起让教育体系的一部分变成了一个复杂的文化市场，大都市尤其如此。学校教育本身就成了一种文化性产品，它要求具备独异性，它面对非常苛刻和挑剔的消费者，即新中产家庭。这些学校想要根据自己的教育理念主动地进行独异化，而且它们也得独异化，因为这是家长和学生的要求，最终他们只有被认可为"优异"的教学机构，才能在与其他学校的竞争中胜出。

学校的独异化包括学校的组织方式和整体文化。在工业化现代，学校其实是一种基层管理机构，任务是传授大纲规定的知识。相应地，学生进入某所学校是一种行政行为——人们一般得就近入学。而晚现代的学校在打造特色形象方面有更大的空间，而且学校的自我认知也转变了，认为自己承载着某种独特的学校文化，这种文化涵盖了学习者、教师和家长。学校追求特有的气氛，一种独特的人际氛围，还要有自己的历史和传统。这些有理想、有抱负的学校并不单单因教学章程而彼此区分，而是因一种可称为"隐性大纲"的东西明显相互有别[118]，他们的特色在于丰富的、非常规的课外活动，其目的是服务于学生的个性发展。

这些有理想的学校把自己看作一套为每个学生及其天赋而设的"潜力发掘文化"：学校作为机构的独异化，最好能与学生教育历程的独异化相符，比如通过项目教学和评估手段。[119] 这样，学生就不再是知识的被动消费者，而是被看作主动、好学、渴求丰富经历的主体。这样做的前提，就是学生要具备相应的自我管理能力，要有主动性，还要有其他非正规的文化资源——知识中产在孜孜不倦地为这些前提下功夫。对他们来说，选定要上的小学或中学成了棘手的名望投资过程，要考虑到很多质量指标（学校教学内容、其他学生的出身、师资力量、学校名声等）。

最终，这些有理想的学校必须把两个目标协调起来：一个是教育目标，以激发学生潜力为目的，另一个是学校作为分配生活机遇和事业机遇的机构，它的重要地位。因此，独异化的学校也处在学校的市场上，这些学校不能安于平凡；它们必须主动追求优异，同时要作为"创意学校"为学生提供特殊的、量身打造的条件。[120] 后工业时代的经济要求很强的竞争力，为此，高等学历和教育是必要的，个人特色却是决定性的。再加上中产阶层对生活目标的要求也很高，他们要成功地实现自我，这就要求晚现代的学校也要对自己提出同等的要求，甚至过高的要求。

工作与生活、城市性、年轻化、去性别化、"新"自由主义

每一种现代生活方式都必须满足其自身生存以及与社会关系的某些基本条件。这个问题涉及职业、家庭和私生活、与社会的关系、对年龄的理解、不同性别之间的相处方式，还有对政治的态度。晚现代的新中产阶层，在他们的生活方式中这些

方面是什么样的呢？

336 　　**工作与生活。**工业化现代的生活方式是二元的，即工作和家庭生活，这两个领域各自的逻辑是相反的。工作领域（一般专属男性）已彻底理性化，没有感情因素，是工具性的；工作的目的，就是为家庭打好经济基础，创造私生活。私生活领域则另有规则：主要是以放松为目的的休闲生活，还有家人的感情联系及交流联络。就算实际的生活不是严格按这种模式来的，扁平中产社会原则上仍可以这样描述两个领域的有效"分工"。与此不同，新中产对工作和生活进行了一种结构性同化 [121]，这是由两方面因素共同引起的。一方面，如前文所述，知识文化产业的高端劳动形式要求个体具备交流能力、理解能力、创造能力，并要求开展相应的活动；而且工作带有很高的情感投入和很强的个人认同，所以它不仅仅是谋生手段。[122] 另一方面，职业领域的文化化，伴随着业余时间及私生活的文化产业化和策展式安排。这就要求晚现代主体要在业余生活中变得积极主动、富有创造力；主体在业余生活中发展出了一种对文化资源的商业敏感性，自己也活跃在各种文化市场上（包括现在要求很高的婚恋市场）。[123] 工作和生活两大领域相向而行，变得越来越相像；两个领域都能带给人认同感和满足感，都要求积极主动且有创意。在这种结构性同化的背景下，工作、生活两个方面都在心理上对人有很高的要求，二者的平衡（work-life balance）成了新中产面对的一个突出问题。

337 　　**城市性。**新中产在社会空间中处于何种地位这一问题其实是很容易回答的。独异化的生活方式确实"城市"得多。社会地理学清楚地表明，新中产集中在大城市和热点地区（及其周边），他们偏爱某些特定的、极具吸引力的城市和地区。[124] 在工业化的扁平中产社会，城乡之别并不重要，中产阶级的分布相对均匀，而晚现代社会的社会空间趋于两极分化，后工业化

大都市是新中产聚集的中心；其他居住区（老工业城市、小城
市、村庄）是周边。相应地，高端人才纷纷移居魅力都市。其
根源和起因显而易见：城市是教育之地，关键是有大学，还
有知识文化领域的工作机会；此外，那里还有丰富的资源，能
让人们用来安排自己的积极主义生活方式（高雅文化和文化活
动、自然环境、餐馆、消费、各种学校、私人网络等）。[125] 知
识中产的特点是高度的空间流动性，有时还跨国流动：人们离
开出生和长大的地方（经常从上大学开始），有计划地选择或
更换以后的生活地，这在新中产中是很典型的。[126]

　　年轻化。晚现代社会的人口结构变化众所周知。寿命的
延长导致社会整体的老年化。同时，文化层面上却在发生年轻
化，这就是说，年轻作为文化模式吸引了所有年龄层，占据了
主导地位。新中产的独异化生活方式正巧与年轻有内在的切近
关系。（正常的）年轻状态，作为一种文化模式决定了新中产
的积极主义生活方式，这种生活方式要求自我实现和"开放
性"，在生活和工作中追求新鲜体验，是一种都市风格，并以
强烈的运动爱好为突出特点。[127] 在注重年轻化的晚现代，年
轻的反面不再是成熟，而是老。于是老年人群体的理想也成了
"积极地老去"，至少中产阶层是这样想的，他们也有相应的
文化、健康和经济资源。[128] 青年人那种年轻状态也明显威慑着
中年人群体：20 世纪 90 年代以来的这段时间似乎是现代文化
史上第一个没有青年运动的阶段。青年文化反抗传统的、墨守
成规的主流阶层，他们要争取的东西到头来成了霸权本身：实
现自我吧。[129] 知识中产阶层的代际冲突不再明显，父母和孩子
更像盟友，过着以物质主义为基础的后物质主义生活。[130]

　　去性别化。新中产的晚现代文化，也会对性别进行独异化
吗？这方面的情况比前面几点复杂。首先必须指出，父权社会
的两性二元文化自 18 世纪延续至 20 世纪中叶，妇女和男子作

338

339

为"两种人"被独异化为两种集体，"真正的女性"和"真正的男性"看似自然，实则是精心的文化包装，二者被理解为各异的、明显区分的两个世界。而晚现代新中产阶层所经历的首先是一个去性别化过程。[131] 妇女就业已经非常普遍和广泛，教育的普及在妇女那里尤其明显，女性知识分子的比例达到历史最高，在此背景下，社会希望男女具备同样的能力。去性别化意味着，重要的职业能力（比如商业精神、社会能力或知识）不再被看作与性别有关。休闲生活方式、主体实现自我时的总体目标以及名望投资这几方面，也是同样的情况。[132]

然而晚现代文化中的性别差异并未消失，而是有了另一种重要地位。[133] 有很多证据表明，恰恰在新中产阶层，人们可以在各种女性性别模式和男性性别模式中进行选择，谱写出自己的性别形象。被独异化的不再是整个集体，而是独自承担性别角色的主体。晚现代的性别文化提供全套性别标签，例如"开放的妇女""新型男人"（还有"新型父亲"），以及"阳刚男人"。于是这就产生了一整套符合个人整体形象的性别特性，在占主导地位的文化里，这一套特征显然继续守住了性别容忍度的边界（"猥琐粗俗的女人"或"女里女气的男人"）。[134]

"新"自由主义。新中产对政治的态度如何？从政党政治的角度看，这个阶层里广泛存在各种中左政党（社会民主党、左倾自由主义者、绿党）和中右政党（保守党派、经济自由主义）的选民，但几乎没有右翼民粹主义者。知识阶层似乎没有统一的本阶层政治理念。但仍有一些事实证明，他们有共同的，也就是亚政治的世界观，这与他们的生活方式紧密相关。可以称之为"新"自由主义（Neuer Liberalismus）[135]，它由三个部分组成：精英主义、生活质量和世界主义。

新中产与自我、与世界的整个关系，都基于他们的高教育水平和高端职业能力，他们有一种深刻的精英主义意识，认为人生的成功应该来自事业上的成就，而事业成就的决定性前提是教育。[136] 精英主义在政治观上的表现，却可能千差万别：可能表现为坚定的以市场经济为导向的社会政策（"支持并要求"，Fördern und Fordern），可能表现为对教育体制改革的特别重视，或表现为对"有能力不一定要成功"之类的观点偏"左"倾的质疑态度。对成就的执念一直是现代中产的标志，只是它现在表现为"专业"，牢牢地与教育这个前提绑定在了一起。

341

　　晚现代知识阶层看重的不是生活水准而是生活质量，所以它要求一种适宜的后物质主义政治，也是情理中事。这一点，尤其体现在 20 世纪 80 年代以来生态问题所起的作用上，还有健康、文化政策和面向市民的城市规划。新自由主义的政治理念，与工业化现代面包加黄油的方针不同。新中产阶层的文化世界主义也体现为政治上的世界主义和全球主义。比如具体表现在这几个方面：支持自由贸易、全球化和国际合作，认为本国应该是多元文化社会，对外来文化持开放态度，允许弱势群体（妇女、同性恋、残疾人）获得平等权利，认为对外政策应该注重人道主义的全球治理（发展援助、人权、人道干预）。[137]

　　如前所述，精英主义、后物质主义和大同主义包含经济自由主义和左倾自由主义社会政治理念。新中产的"新"自由主义可能在具体事情上偏向左倾，或偏重市场经济。但是原则上这三个部分组成了一个整体，表达出新中产一种自由主义的进步理念，体现在以下这些领域：市场的全球化、后工业主义和教育普及、生态政治和可持续政治，以及世界主义的权利平等。[138]

生活方式中的矛盾：永不满足的自我实现

　　晚现代的独异化生活方式，给了主体尤其是新中产获得幸

342

福生活的巨大机遇，这一点几乎是无可辩驳的。这主要来自日常生活的文化化和独异化，它们给人情感满足和价值认可。同时，因为这种生活要求进行名望投资，它对日常生活的各方面都有益。晚现代主体的理想，就是浪漫主义和市民性的现代化结合，吸取了这两种生活态度的优势（实现自我、名望），避免了劣势（不安全、压抑）。然而，这种生活方式的高要求，也带来了新的矛盾、难题和无奈，这也在情理之中。[139]

面向世界的自我实现和持续的社会名望投资，这种双重架构本身就是带有张力的。人们想尽力平衡这两种生活目标，其实严格地说这二者是相互矛盾的，所以永远都有失衡的危险，导致生活的天平倾向这一边或那一边，人们可能太浪漫，或太市井、太要面子，哪一边都有缺点。可以说新中产处在浪漫与名望的两难之中。如果坚定地只想实现自我，忽视名望投资——比如在求学、求职和择偶时强调"随性"，对待生活时不那么严肃，或对生活过的某些地方难以割舍——代价有可能是社会地位不稳。如果把名望投资当作头等大事——比如求学、求职、择偶时特别在意是否能带来成功，在职业上过于拼命，或来去不定——就有可能为了积累资本而忽略实现自我的目标。一直在进行的名望投资此时就有变得肤浅的危险。[140] 从独异化生活方式的角度来看，那些能完美解决浪漫与名望难题的公众人物尤其让人羡慕：创意明星、成功的艺术家、设计师、初创企业主等。人们觉得他们除了拥有很高的社会名望之外，还非常成功地实现了自我。

但是，实现自我的导向本身就有一个根本问题：实现自我是后浪漫主义的，持坚定的入世态度，它不能带来自我满足，以现代社会典型的"升级"机制为特征。[141] 前面我们已经看到，它不再假定主体有一个天然、先在的内在核心，这个核心按自身逻辑发展自己，而是认为主体借助全世界丰富的活动和客体

去实现自我，这些活动和客体多得选不过来，这样就产生了
一种强制性的自我超越：晚现代主体不会因为一次认可就一劳
永逸，而是要通过无限的积极作为，不断为自己找到全新的活
动、全新的机会——新的旅行、新型运动项目、新的伴侣、新
的生活地点等。于是目标就成了这样：尽可能将一个人的潜质
调动起来，把它发扬出来。这种生活方式的目标就是要生活得
尽可能丰富。

　　自我超越的背面，是对自我的强求。获得新、异的机会可
能会转而变成求新求异的自我强迫，让人为了改变而改变，这
不会带给人更多满足，只能让人不断地变换体验和赋值的对
象。理想情况应该是所有想得到的都能同时实现：事业和家
庭，眼前和远方，历险和散淡，等等。放弃其中任何一个机
会，仿佛从根本上都是不利的；晚现代对实现自我的强制，内
含着对"放弃"的厌恨。而且评价来自他人——不论是工作还
是私生活——这一点也可能把超越自我的能力变成对成就的要
求。谁因为一件事就满意，谁马上就会被看作小气褊狭、不够
开放。这就再次表明，晚现代文化中，主体即使获得了独异性
赋值，也绝不是无条件的。虽然独异性的主体文化包容并鼓励
各种各样的兴趣、天赋和生活道路，但是机会的半径确定了有
价值的独异品范围。[142]那些不活跃的，所谓"不动弹"的主体，
如果也是一种个性上缺少"开放性"的自我，那么他们就会得
到负面评价，成为积极主体的反面。

　　成功的自我实现对生活有很高的要求。中产阶级追随的
这条道路，根本上就是容易招致失望的。一般来说，失望的意
思是：主观上的期望没有得到满足，引起了负面情绪（从自责
到愤怒等）。总体上可以断言：典型的工业化现代社会主张通
过社会机构的可预测性减少主观上的失望。国家和经济的运行
让私生活都变成了可规划的，这样一来主观愿望应该基本可以

344

345 满足了吧。在"辉煌三十年"里可能的确是这样的，至少在生活水准方面。从这方面来看，典型的现代社会坚信进步，这是一种预防失望的机制。相反，晚现代的文化却是一台失望发生器，知识中产也未能幸免，虽然他们在名望投资过程中努力保障规划的顺利实施。[143] 社会性地产生失望，有两个原因：一方面，更多的社会领域经历了文化产业化；另一方面，"体验"在自我实现过程中有很高的权重。

我们已经仔细分析过，在晚现代，诸多社会领域经历了文化产业化，这就是说，它们转型为文化独异品市场，其决定性逻辑是过度生产、赢者通吃或赢者多吃，以及风险和投机。[144] 这也涉及那些与知识阶层有关的产品。知识文化产业中的就业市场，与工业经济相比尤其难以预料。传统职业可能失去价值，新工作可能获得无限机会。不论是国际还是国内的高端人才就业市场，都已经高度细分。同一工作领域，特别成功的人与不成功的人之间也形成了剪刀差（记者、艺术家、IT专家、设计师、律师、医生、科研工作者等）。"巧合"在这里扮演的角色不可小觑。教育也成了一种有风险的产品：高等教育文凭泛滥，有可能导致贬值，所以为孩子选择正确的中小学、大学或专业成了极为重要的大事，选错了就有可能引起非常严重的后果。房地产市场的高投机性，也让新中产心中不安——

346 大都市里的好地段太贵买不起，郊外社区长远来看又太不保险。此外，婚恋市场上更加尖锐的"文化产业化"，使离婚再婚的比例大大提高，私生活领域就这样变得机会更多，风险也更大。[145]

对于新中产来说（对其他阶层更是如此），社会的文化产业化提供丰富多样的产品，能增强个人认同，虽然给了人们很多机会，但根本上也暗藏着一系列的失望，这在工业化现代社会是没有的。由于主体一般作为单个、孤立的人去经历失望，而且那些成功的高端人才、毕业生、业主和伴侣都是高度可见的，所以失望还会加剧。晚现代社会特有的"其他成功者的可见度"——大众媒体上的知名人物、社交媒体上的旅行和文化活动、大都市和度假地的摆阔、住宅市场的两极分化等——都有可能引起失望的情绪，只要人们觉得自己"跟不上"了，觉得自己无法挽回地"错过了"。

自我实现是人生圆满的试金石，但它也是矛盾的，不仅能制造机遇，也能制造失望。如果主体的某种经历被认可为"真"，他的整个人生也被认可为"真"，他就实现了自我。与以前"成功人生"的标准——好好过活、严守道德、社会圈子内的名声，以及较高的生活水准——相比，现在的标准太不稳定，比以前主观得多、感性得多，也就脆弱得多。最终，是主体的体验、感觉和情感波动，将真与不真区分开来。[146] 然而，某种体验是否有助于自我实现，没法提前保障，事后才能知道。再说事前的估量和感觉也是会随着时间变化的。

微观层面上已经是这样了：功能性产品或标志身份的产品，它是否成功是可以提前看出来的——在扁平的中产社会，新房子或新汽车能"自动"带来社会名望；但一件文化性产品是否能带来成功体验是无法预言的，比如一次旅行到底是新体验还是灾难，界限是很模糊的。[147] 人生的重大决策可能带来更严重的后果：选择的职业或结成的婚姻可能随着时间的流逝，被证明是不能令人满意的，感觉不再"真"了，这可能是因为个人的喜好和愿望也在随着时间变化。要注意的是，如果人们期望从职业或婚姻中获得自我实现和生活质量（典型的现代社会里这根本不普遍），这些就可能成为问题。[148] 这一问题——在数字媒体和强大的社交网络的助推之下——也会因人们在各种事情上的相互攀比而加剧。别人的圆满，不管是真实的还是看起来如此，会让人对自己的不圆满感到更加痛苦。

347

晚现代文化尽管本质上是失望发生器，但几乎没有提供资源用于包容失望、战胜失望。[149] 对于因生存的"无能为力"而产生的失望，也同样如此。[150] 这些无能为力的事首先包括死亡和疾病——晚现代再迷信健康也有无法治愈的病，还有事故和灾难。还包括心理上无法解决的问题，比如某人天生的性格，就算有各种心理重组方法，也不能轻易改变。家庭状况和出身（时间、地点、社会背景），以及自己的孩子选择的人生道路，都能成为生活中人们无能为力的事。

现代社会的典型阶段，人们已经尝试通过相应的控制机制——从医疗到保险业——应对无能为力的事，然而在独异化的生活方式中，这种想法完全成了另一回事。主体极度地想要架构自己，这就是说，社会体制将风险管理交给了个人。个人超越自我，不断完善自我，不可避免地会在上面说过的一些情况中走到极限，个人无法再自我架构，而"成功的自我实现"这种文化似乎又没有提供应对失望的机制。有些文化模式，比如随遇而安甚至谦卑自抑，在晚现代似乎已经过时了；晚现代的倾向是，将生活上的失败归结为个体自身的责任。心理辅导类的产品，经常更偏向不断加码的自我超越（"更真""更多回应""从失败中学习"）。晚现代根本上是一种正面情感文化，对于负面经历或不一定好的经历，它几乎没有留下合理的空间。[151]

阿兰·艾伦伯格（Alain Ehrenberg）指出，抑郁症是晚现代文化尤其是但不仅仅是其新中产的典型病症，这一点已经得到了多方证实。[152] 当然，把病症与社会类型联系起来，要极其谨慎才行。但仍有一些理由证明这个看法是对的，而且我们现在也看到了原因：独异化的生活方式，以成功的自我实现为模式，不仅可能给人机遇和高度的满足感，同时也暗含着各种失望，而且人们手上几乎没有可以用来应对的文化手段。说得极端一些，晚现代文化中，在人生是否成功这一问题上，人们可能高高飞起，比扁平的中产社会更高，相反也可能重重跌下，即主观上"彻底报废"。

失望并不纯粹是认识上的事，还涉及负面情感比如自责、（有针对性或没针对性的）愤怒或悲伤（因为失去了机会）。这种情况下的抑郁可以理解为病症，是情感上对某次失望经历或长期无法摆脱的失望经历的（过度）反应。主观上的失败感积累起来，表现为针对自己的强烈情绪，会变成一种心理症状，让人一时间完全失去感觉和行动能力，使主体处于消沉和麻木的状态中。一个正在转型的社会，前面说了，它对人有更高的要求，同时也暗含失望的风险，又不提供文化应对手段，那么抑郁成为这种社会的典型病症，也是理所当然的。如果晚现代主体有痛苦，那也与弗洛伊德那个市民时代过于强大的"超我"无关，而是来自面对无力改变的失望体验时那种强烈的、主观上的不满足。[153]

底层生活方式：过一天算一天

与新中产"成功的自我实现"的生活模式相对的，是晚现
代新底层的生活方式。新底层是个异质群体，由简单服务业从
业者、重体力劳动和打零工者、正常劳动关系（传统的蓝领工
作）之外的产业工人，以及失业者和社会救济对象构成，但他
们有相似的生活境况。如果说，在老中产社会的基础上兴起的
知识中产阶层，在社会和文化上都是"向上走"的，那么新底
层就是"向下走"的。

如前所述，新中产与新底层的两极分化不仅涉及物质资源
方面的社会不公，而且尤其涉及二者生活方式的文化逻辑方面
的对立。[154] 阶层之间并非完全没有关系，他们知道彼此的存
在，并采取相应的态度。新中产认为自己承担着独异性社会的
主流生活方式，各种机构（政治、教育、医疗等）也在支持这
种生活方式。以此为出发点反观新底层，后者就成了负面文化
化的对象。负面文化化是指，新底层只有贫乏的（正规或不正
规的）文化资本，很少有机会以正当方式将生活伦理化和审美
化，他们的整个生活方式经历了去值，被看作有缺陷、缺少生
活质量、缺少认可和未来，这种去值，不仅来自外人，还经常
以自我贬低的形式发生。

很多研究认为，现代化进程中的失败者组成了新底层。[155]
如果将 20 世纪 70 年代以来的现代化理解为向后工业社会的转
型——带来了知识文化产业的兴起和对高端人才的需求，并导
致制造业和产业工人数量双双缩水，那么这一论点无疑是正确
的。现代化的失败者经常在各种社会市场的竞争中处于劣势：
首先是后工业时代的就业市场，其次还有——总是由就业引
起——住房和教育市场，他们在婚恋市场上通常也处于劣势。

本书关注的是，他们同时也是文化化的失败者，这就是说，文化资本的雄厚程度决定着社会地位，而新中产的独异化生活方式被认为是合乎时宜、有价值的。新底层是这个进程中的"失败者"。

　　追求自我实现、致力于名望投资的生活，是意气风发的；新底层却不得不大大降低对生活的要求。他们的生活方式，贯穿着一种"过一天算一天"的日常逻辑：总得过下去，总得有点办法，"混"下去，就是打发日子，过一天算一天，过一年算一年。新底层个体的日常生活有两个特点：应对永远解决不完的麻烦和只顾眼前。海因茨·布德（Heinz Bude）、弗丽德里珂·巴尔（Friederike Bahl）和其他一些学者对所谓"服务业无产阶级"进行了细致入微的分析，揭示了新底层的生活目标仅仅是生存，在实现这个目标时得对付很多不如意的事，他们的工作（如果有）和生活都是在勉强维持。[156] 日常生活的主题就是"困难"，人们想要避开困难，却一再遇到，只好努力去克服。在外人看来，这些困难仿佛都不大，但其实它们转眼就可能变成生存威胁，比如使人无法工作的疾病、事故、失业、公司倒闭、房租、孩子上学等。他们最奢望的生活状态，就是没有生存上的麻烦。在这种低要求的生活中，任何一种以实现自我和生活方式赋值为目的的长远打算都显得不可思议，简直是矫情。人们只是在麻烦中攀爬，不做长远打算，只做出临时反应，这样，新（老）中产对文化、经济、社会和主体等各种资本所做的有意识的名望投资，在这里根本就被杜绝了。他们既没有物力也没有远见去进行财富和教育投资，他们的社会交际网络也是有限的。在某种意义上，他们生活在力不能支的边缘。要对付这种生活，唯一有用的不是自我实现或名望投资，而是自律，这是工业社会老中产的遗产，新底层继承了它，却只能用来自保。自律并不是为了让自己的生活有水准，更不能使生活美好，而只能用来对付日常生活，避免继续"向下走"。

新底层对工作的态度与新中产完全不同，这一点奠定了新底层生活方式的基础。新中产希望工作不仅能带给他满足感和个人认同，还能保证社会地位和收入，让他能精心安排生活，而新底层则完全将工作（如果有）看成工具：工作就是为了糊口。在传统的工业社会，这样一种工具性的看法与"辛勤劳动"的理念联系在一起，与艰苦奋斗联系在一起，但经常给人一种自豪感，人们工作，为了"有尊严地"获得生活来源。[157] 正如弗丽德里珂·巴尔所说，当代的服务业无产阶级主要以一种蔑视的态度对待自己的工作。[158] 原因在于，劳动的"工具式交易"——辛苦换来地位，在工业化现代是有效的，而现在已经终结。在工业化现代，将工作看成工具是常事，几乎所有从业者都这么看，因为在正常的劳动关系中长期工作就能保证中等生活水准。

这项"交易"在后福特主义时代不管用了，对许多"蓝领工人"也不管用了。新底层的工作其实是有双重缺陷的：随着新中产的出现，社会对工作的理想转向了"有吸引力的工作"，人们觉得工作不应仅仅要求努力，还应该给人带来满足感，于是常规工作就显得更加缺少吸引力；同时，"简单常规工作"从业者的物质报酬和社会地位都明显下降了。新中产至少在理想情况下能物质和精神双丰收，新底层却经常一无所获：去值是双重的。[159]

相应地，工作之外，新底层的生活以对付短缺、恢复体力，以及再挣得一些有限的劳动报酬为主。他们在消费上极为节俭[160]，业余生活没有吸引力，对外面的生活不感兴趣，只在乎家庭和近身环境。新底层的消费相当符合皮埃尔·布迪厄关于传统工人阶级"必需即品位"的观点[161]：因陋就简，很少或根本没有审美伦理之类的要求。[162] 总之，对于新底层来说，能在艰难的情况下维持传统生活方式已经很了不起了。家庭生活也是这样：传统中产也包括当时的工人阶层，家庭生活对他们来说具有很高的价值，甚至是核心价值。这一点原则上通常也适用于新底层；但他们的家庭生活多表现为一种艰巨的任务，不管多难也要"撑"下去。

　　然而新底层并不是均一的群体。虽然上文说过的"过一天算一天"是他们的日常逻辑，但除了"维持"这种社会上并不显眼的版本之外，还能看到新底层另一种更具攻击性的"闯荡"（或被动的"自暴自弃"）版本。在文化史上，在小市民无产者以及亚无产者的传统里有过这两种态度。[163] 尤其那部分更好斗、更外露的底层民众，还有 20 世纪 90 年代以来，德国、英国、法国和美国依靠社会救济生活的那部分民众，作为"底层话语"在大众媒体中引起了注意，[164] 这种注意更促使了新底层在公众面前的负面文化化。这里涉及的那部分新底层，有典型的消费习惯，尤其男人们的说话或举止都故意带有攻击性，他们的家庭结构解体了，自律观念和劳动观念都弱。然而重要的是，这两种版本也渗入了新底层的自我认知：那些"可敬的"底层在努力过活，他们保持着秩序和纪律观念，通常看不起那些已经完全脱离社会或根本已经变成"破坏分子"甚至罪犯的人。亚无产者在他们看来像是一种危险，威胁着自己（或自己的孩子）。[165]"可敬的"底层人保持了老中产的种种观念，从他们的眼光来看，亚无产者代表了无序和冒险。他们是一个新的"危险阶层"（classe dangereuse）。

355

文化去值

　　在晚现代文化中，新底层的方方面面都成了负面文化化和去值的对象：就我们在新中产生活方式中所涉及的所有内容而言，它都是毫无价值的。新底层在某种意义上成了新中产的反像。在新中产那里，主体取用产品与活动，它们的社会赋值被转化为新中产的赋值，而新底层取用的产品和活动所经历的社会去值，也转嫁到了主体头上。在这个进程中，新底层日常生活里特定的社会文化实践，与媒体、科研和政治等机关看待这些实践的特定视角——他们说起新底层时总是用新中产的标准——相互联系在一起。[166]

前面说过工作这个核心领域，以及"工具式交易"的失效，除了这两点之外，去值还发生在三个重要的公共领域：营养、身体和教育。饮食和营养本来是非政治的，是一个相当世俗的领域，然而上面我们已经看到，在晚现代它却成了在文化上证实自我的领域。[167]新中产的饮食模式是健康的，食用的是"好"食物，为其赋予了伦理价值，而新底层则采取"坏"的饮食方式：不均衡、多肉高糖、不规律、爱吃快餐。换句话说，底层饮食方式——经常只是贪图味道——看起来就是各种不健康，是错误的饮食方式，是些有害的东西，导致肥胖，容易生病。身体也是一样。精力充沛、健康灵活的身体是新中产的榜样——对自己的身体很关注，带着健康意识去训练它，注重身体的美，并给它多种多样的体验。而新底层主体的身体是有问题的。要么他的身体不健康、不灵活而且肥胖；在主体自己看来身体会变成累赘或麻烦，随着年龄的增长会越来越容易生病。要么这个身体就是"造型过度"（overstyled），比如男人过于极端的体育训练（bodybuilding）或者女人过度打扮，以至于身体变得危险而外形显得下流。[168]

晚现代生活方式中最重要的赋值领域是教育，有研究者仔细分析了新底层的教育方式，指出它与新中产明显相悖。[169]底层人中"可敬的"那部分在教育上注重严格的纪律，总是提醒孩子和年轻人小心近在身边的"坏社会"。开放的个性、面对世界时主动的心态，这些绝不是他们的理想。人们更注重规矩而不是发扬自我。家庭生活经常有很大的压力，这是因为要对付日常生活的挑战。这种教育方式在意的是，不要"随波逐流"，"对自己对别人都要严苛"。战胜困难的生活，能取得的成就就是"本分地生活"。达到常规水平就已经很困难了。新中产倡导以孩子为中心的"积极型家长"，新底层则是某种"消极型家长"——一种以预防为主的教育，主要是为了设置边界，防止严重的坏事发生（没有多少心思再关心其他事）。守纪律的、规矩的孩子是新底层的教育理想，这种孩子的反面形象也来自新底层，就是亚无产者那种版本："找麻烦"的年轻人。"不要学坏"是新底层坚定的教育目标。

晚现代文化阶层的料斗电梯效应，在教育领域里体现得尤其明显。扁平中产社会的"正常理想"不再能满足新中产不断提高的教育标准，而新底层还在努力克服困难的境况，想要达到一般标准。教育风格的两极分化，在学校这种机构中得以延续。重视学校的知识中产家长，小心地选择学校，陪伴孩子成长，而"远离教育的阶层"对学校了解不深；一边是有理想的学校，一边是"问题学校"，[170] 在这些学校里，纠正无纪律无理想的态度、教给学生基本的技能已经是一种成就。随着高等学历持有者的增多，曾经属于一般情况的"低"学历自然就遭遇了去值。

我们仔细分析过新中产生活方式的各个组成部分，这里也存在文化上的两极分化，而且这里也在进行着去值/贬值。至关重要的仍然是，不仅生活状况不同，而且对于人应该追求什么，能得到什么，两个阶层的文化理念也大相径庭。这一点清楚地体现在居住问题上：城市里——前面已经多次说过——自 20 世纪 80 年代以来就有了知识阶层的"魅力城区"和底层的"问题城区"之别。对于前者来说，居住是一个名望投资问题，是审美标准问题，而对于后者来说，房子不仅太贵，还存在居住环境是否安全的问题。此外，城乡分化也变得尖锐了：新中产

357

358

聚集在大都市和大学城里，与此相对的是很多郊区和小城市人口减少，而其大部分居民又是不流动的新底层（包括旧有的非知识中产）。城乡分化成了主流与边缘的分化，也就成了主流生活方式和边缘生活方式的分化。[171]

年龄问题以及其与年轻人的关系，在新底层这里也是一个困难领域。一方面，寿命延长、工作变幻不定、有限的养老金经常使年老成了经济上、心理上和身体上的负担；因此，新中产的年轻化在他们看来是不现实的。另一方面，（这也与中产有别）新底层的青年群体是很引人注目的，却不是因为进步的青年运动，而是因为他们是让人不安的"不良青少年"。新底层中的性别状况，与新中产的去性别化和开放的性别特征储备相反：这里的性别区分有明确的界限，或通过男女工种而明显区分，或通过展现"真"男人和"真"女人的理念来区分。[172]

政治和文化的两极分化也同样明显：新中产关于"新"自由主义的基本精神是精英主义、生活质量、世界主义，而他们在政党政治上的主张，却总是招致新底层的拒绝。实证研究表明，一种有极端倾向的政治观在新底层广泛传播，持这种观念的人们觉得自己既不能正当地参与社会进程，也不能正当地归属于社会整体，只能成为"失败者"或"脱离社会者"。[173] 于是在这一背景下，自 2000 年起，许多西方国家显示出一种政治动向：新中产经常为中左政党投票，而新（白人）底层则只有部分人支持左翼，大部分支持右翼反对派——他们倾向于支持批判精英主义、反对全球化的新民粹。[174] 自由主义 – 世界主义新中产和承担这些理念的机构，将新底层的政治态度也作为负面文化化的对象，它成了伦理上"坏的"表现。

底层的独异性对抗策略

晚现代的底层总体上像是"坏"文化发生的地方，这种文化没有价值，是问题重重甚至有风险的：在这种文化里，人们缺少教育和文化能力，饮食方式和健康状况都不好，教育、居住社区、地区和学校都差，此外还有麻烦的青少年，落后的男女观念，以及成问题的政治态度。[175] 如果说文化化首先意味着审美化和伦理化，那么底层的负面文化化当然也发生在审美领域——比如某种空洞甚至粗俗的品位，但更主要的还是在伦理层面上：这种生活方式看起来没有"好"生活的特点，成了各种"坏"特点的集合，从饮食方式、教育到政治无所不包。有研究表明，这种来自外部的去值，与一种本质上固执的自我丑化和自我贬低相符。外人的感觉或外人的预期，其实就是（新）中产和相关社会机构的感觉和预期，被转译成了一种相应的自我认知：人们通常认为自己就是社会"下层"的一部分，是一群脱离社会的人，是那些"不成事"的人。这可能让人感觉受辱或羞耻，或转化为愤怒。[176]

在这里，与传统的工人阶级做一对比可能会有启发。在市民社会中，这一阶级虽然也被认为是处于从属地位的，但他们有一种积极的阶级意识，认为自己在为社会做必需的工作，从而产生了一种阶级自豪感，这种工作与英雄主义式"艰苦奋斗"的男人形象也有所关联。在社会主义政党和工会的支持下，工人阶级也可以被看作政治先锋，看作"未来的阶级"。扁平的中产社会其实是将富裕工人（affluent worker）融合在内的。然而，后工业社会却形成了一种消极的阶级意识。新底层认为自己是脱离社会的人，过不上新中产那显眼的"魅力生活"，永远也过不上。工业社会符合理法的价值，主要体现在蓝领工作上——重体力工作是"艰苦、诚实的工作"，是自律和享乐主义的结合，但现在已经消退，对政治和社会的未来愿景，经常只固定在一些宿命论观念里。

然而，在新底层内部，可以发现一些相反的运作和抵制策略，作为对去值的回应。底层的第一个策略实际上是典型现代社会特有的，只是现在还没有消失，那就是几代人一起经营，使社会地位得以上升——通过教育以及文化资本的积累。然而，与扁平的中产社会不同，这种通过教育使地位上升的途径在两极分化的晚现代——至少对那些以进入知识阶层为抱负的底层人来说——不仅更困难，而且代价还会是与出身环境的全面脱离。[177]

值得注意的是，底层另有三种策略也是依靠独异性和"真"的，但实现方式与知识阶层相反。他们加入晚现代的独异化和本真化游戏，却以一种特殊的方式重新定义它。比如，凭借天赋，剑走偏锋地提高社会地位，这在底层年轻人中并不少见。他们不想或不能按传统的教育道路走，而是把宝押在创意经济赢者通吃的偶然机会上。媒体选秀节目让他们更加渴望在文化资本主义中被"发现"，从而"一鸣惊人"，[178] 这就是说，通过文化机器的关注度机制和赋值机制，凭借自己非凡的品质从众人中脱颖而出。类似的榜样一般出自文化资本尚不雄厚的领域，比如流行文化，还有竞技体育。

除了这种"童话式"的路人变明星之外，底层社会还有一些特别的独异化途径。他们的人生看似"得过且过"千篇一律，却会有一些人脱颖而出，因为这些人在日常生活中奋斗得好，获得了自己圈子的独异性赋值。沃尔特·米勒（Walter Miller）指出，底层文化（尤其是亚无产者版本的底层）崇尚另外一些价值，个体会因这些价值而得到褒扬。[179] 这些价值关键不在于教育或成就，而在于过人的聪慧；无关名望投资，而是要"走运"；不肯将自己纳入社会秩序，而是要反对它，独树一帜；非法途径（比如打黑工、年轻人的暴力团体，甚至有组织的犯罪）也能起一定作用。有些人能将这些手段运用得出神入化，获得非同凡响的成功，在社会上成为一种不正当的独异品，并有望在自己圈子里获得很高的声誉。

　　底层最后一个独异化途径，不是个体的，而是集体的。特别是青年人，也包括成年人圈子里，会有人有意识地保持一种"平民百姓"的"真"特色，某些民间的"真"，属于他们自己关于荣誉、男子气概、傲气或粗率的文化。底层青少年通常崇尚某些流行文化分支，比如有些很"酷"的移民或黑人特色（冈斯特说唱之类，"冈斯特"有匪帮的意思），被白人青少年学为己用（比如嘻哈文化）。[180] 他们的典型表现，经常是一种有攻击性的、身体上的男性特征，提醒别人"尊重些"。这是一种街头文化的真，在这里，本来应该被同情的东西转变成了自我意识。

　　底层这种将自己作为少数派群体的个人认同，一般来说是继承了传统上自信的英国工人阶级文化和美国乡村百姓的"红脖子文化"（红脖子意指乡下人）。这种个人认同，一方面在伦理层面上（"本分""简单"的人）发挥作用，另一方面会转化成一种反精英的民粹政治倾向。在这种政治倾向中，"下层对上层""当权派对'人民'"这样划清界限式的斗争已经露出了苗头。在这一过程中，人们批判新中产这个精英阶层所主导的文化缺少"真实性"，说它是"造作"而"虚假"的。显而易见，新中产与新底层之间的赋值和独异化游戏并不完全是表面上所显示的那样。应该说其实底层人们在努力调转枪口，给自己——比如通过身体、性别、"诚实的劳动"、扎根当地、历史传统等标准——赋予一种"真"，一种新中产"精英"所没有的"真"。这样人们就不会把他们当作"下层"，而会认为他们作为"纯朴的人"构成了社会的基础。各种平民的"真"在结构上也要借助同样的指标体系，就是那套决定了整个独异性社会的关于价值、独异和真的指标体系，只是满足指标的方式不一样。[181]

晚现代的阶级面相及其相互关系

　　我们已经看到，新知识中产阶级因其独异性生活方式，成

363

364　　了后工业主义晚现代社会主流文化的承担者。在一定程度上，它是独异性社会经济、科技和文化形式在社会阶层方面的体现。然而，前文描述的新中产与新底层的两极分化，并不是晚现代的社会结构的全部。要窥得这两大群体在整个社会层面上的动向和关联，还得把另外两个阶级——前文已短暂涉及——包括进来：上层阶级，以及非知识中产，即一些"老"中产。

　　上层阶级——极狭窄的一层，占社会的 1%——是拥有极大经济资本（收入和财产）的那群人。这一点对他们的生活方式有什么影响？他们与社会上另外 99% 的关系如何？社会学除了收入和财产的统计数字之外，还没有多少办法来定义上层阶级。[182] 不过可以推测，在生活方式方面，上层阶级——与中产阶级类似——也有新老之分。文化意义上的"老"上层阶级（正如老中产）在自己的生活水准上要么不愿张扬（比如传统地区的家族企业就是这种情形），要么倾向于炫耀奢华（比如暴发户，也是历来都有的），新上层阶级却偏好一种创意生活的文化模式，跟我们从中产阶级那里了解过的一样。新上层一方面包括全球的专业实力精英（金融、法律、管理等领域），另一方面也包括创意明星，就是那些频繁出现在公众视野中的文化产业明星——来自设计、传媒、体育、IT 等领域。这两种人都属于一个全球性的、国际化的阶级。

　　有理由认为，新上层的生活方式本质上与知识中产的策展
365 式生活方式无异，追随的也是主流文化模式。两个阶层的文化资本又都很雄厚，所以他们只有程度上的区别。不过，新上层的收入和财富更多，能够进一步深化独异性的生活方式。[183] 此外，新中产的整体标志性战略——名望投资，对新上层来说根本没必要，他们可以由着性子去生活，去规划未来；工作和私生活上可以有一些"实验性"做法，这样的随心所欲对新中产来说是不可想象的。实力专业精英尤其喜欢凭借雄厚的经济资

本去过一种极为讲究的奢侈生活，而创意明星们则多致力于对
生活方式的精心策展，因而常成为潮流引领者。再说，他们还
有很丰富的社会资本可用，尤其是雄厚的名望资本。[184]

这样，创意明星们在公众生活的"橱窗"里不仅代表着上
层阶级，还展示着晚现代文化整个的独异性创意生活方式"最
有魅力"的一面。知识中产与上层阶级的关系有些一言难尽。
在生活方式的层面上，新上层在新中产眼里有一定的吸引力：
他们有共同的文化标准和价值观，只不过新上层将这些付诸实
践时要大气得多。同时，新中产又必须承认，在经济资本和社
会资本问题上，以及生活的从容程度上，自己与"上层"的那
些人没法比。他们反观上层阶级，发现自己虽然有很高的文化
资本，却也"只是"中等阶层。这样，自认为教育程度高、社
会贡献大的中产就有可能批判式地与"坐拥"巨资、所得超过
贡献的新老上层拉开距离。[185]

在后工业社会的社会结构方面，有一个阶层人数比新上层
多，处于新中产和新底层之间，那就是旧有的非知识中产，在
一定程度上它构成了三分社会的中间部分。从生活方式和资源
占有度来看，它包括原来扁平中产社会的技术职工、工作还算
稳定的专业工人和地方个体企业主，他们的特征是拥有中等经
济资本，有可能获得中等的文化资本。[186] 在晚现代社会，这个
人群处于一种新的特殊处境：自 20 世纪 80 年代起，他们失去
了社会中流砥柱的地位，正在缩小减弱，夹在不断扩大、不断
上升的新中产和不断下降、同时也在扩大的新底层之间。

非知识中产在文化上也不再与 20 世纪 50 年代至 70 年代
的中产阶级完全相同，他们也受到了文化化和独异化进程的影
响。不过，老中产的特色——名望投资和自律的二元公式，仍
然是这里的主导。老中产中的主体，一方面为了自己、为了舒
适的生活而工作，这是各种资本投入的前提。另一方面又很重

366

视秩序、稳定和"井井有条"。在这种理念下，工作常常是实现目标的工具，但工业化现代的"工具式交易"（仍）在起着作用，就是说投入与产出是平衡的。家庭生活很能给人归属感，传统的男女分工更为普遍。总体上，老中产有相对明显的定居性，就是与地方的固定联系，一般都是家乡，这也是因为他们的人际关系——家庭的或家庭之外的——多限于当地。他们大半生活在乡村或小城市。[187]

历史地看，老中产自20世纪60年代起，人数一代代减少，流失到了两个方向：受益于教育普及的人，上升进入了新中产（大多随即迁往都市）；在去工业化和农村空心化进程中"留下来"的人，部分地落入了新底层。老中产就像社会文化料斗电梯的切换点。21世纪初，老中产处于分裂之中：仍有一部分人相对稳定地继续"居中"生活，特别是在发达的小城市；[188]另一部分在文化上是向上走的，想通过提高专业技能走入知识中产，他们向往独异化的生活方式。[189]这也不奇怪，老中产如果好好进行名望投资，在教育上取得成就，迟早都能加入知识中产的行列。

第三个部分处于所谓"夹心层"，担心会滑下去，对上对下都心怀怨恨。这部分保守的老中产从新底层那里看到了什么是下滑和失败。新中产的高等学历、知识文化产业中的岗位和创意 – 独异的生活方式也让他们看到，面对一种新壮大起来的、资本雄厚的生活方式，他们已经失去了"持中并标准"的辉煌地位。对于这部分保守的老中产来说，名望投资的目标似乎越来越不现实，以至于通向新底层（可敬的、保持自律的那部分底层）的边界都松动起来了。

非知识中产也成了文化贬值的对象，但与新底层的去值相比更隐蔽一些。这涉及多个层面。由于高等学历的普及，一度很受重视的中等学历（比如德国的职业教育或美国的高中学历），其价值流失是很真切的。中等学历看起来在社会上是低于一般水平的，越来越不能成为中产生活水准的基础。传统的劳动观念也处于被动地位：工作虽然（与底层不同）仍能保证社会地位，但高端"魅力工作"给人的那种内动力，对传统的普通"白领"（也包括"蓝领"）来说不太现实。新中产在文化上有去性别化（或曰性别开放态度）趋势，老中产却更加固守男女分工，也主张已婚妇女做全职主妇，这在文化上也处于被动地位。

另一层面是生活方式的文化化和独异化，在这里，新中产的世界主义与老中产的固守乡土明显对立。后者与本乡有更强的联系，知识阶层生活在城市，流动性强得多，因而也更加国际化，在他们眼里，老中产是不灵活的、土气的。最终，新中产的文化是实现自我，他们重视打造独异性，在生活质量上追求美和伦理，而老中产向往像"所有人一样"生活（尽管这种均一性早已不复存在），想要保持自己的生活水准，这两者整体上是根本不同的。从这一角度出发，老中产与他们"名望投资加自律"的二元公式都显得普通、常规、传统和保守。虽然老中产的物质条件还不错，却会在文化上被看作被动的。这种根本性的失望，会部分地体现在他们的反精英主义和反全球主义政治理念中，所以，虽然他们用批判的眼光看待底层，有时却也可能与部分底层成为盟友。[190]

本章最后，我们再看一看新底层与其他社会阶级的关系。这些关系实际上比看上去更加复杂。在那部分"可敬的"底层人眼里，老中产代表着他们所向往的有序生活。当他们不谋求通过提高学历加入新知识中产时，会与之划清界限。知识阶层出众的教育文化资本，以及他们的精英意识，表明了底层的弱势，而从"上"推行伦理上的负面文化化，对"下面"人来说是一种自大。这样相应地会形成一种明显的针对"精英"的怨

369

恨。当然，对于知识中产和文化资本主义社会来说，底层社会的部分内容有可能作为"真的平民性"道具而引起他们的兴趣。在推崇文化多样性的大背景下，底层文化中一些经过选择的元素——比如某些工人阶级文化、黑人文化或移民文化元素——可能会焕发某种吸引力。[191] 上层阶级中的一些类型——某些创意明星，比如体育、流行音乐明星，他们故意打破中产阶级的规则，或者那些"粗鲁的"暴发户——可能会成为某些底层人对"童话般"名利双收的幻想的投射面，从而使他们的反精英情绪得以缓和。[192]

第六章

分殊的自由主义和文化本质主义：政治的转型

独异性政治

社会的文化化与独异化对政治领域有什么影响？政治又怎么影响了它们？这是本章的主题，我对现代社会结构转型的考察也将随之结束。自20世纪80年代以来，西方社会不仅发生了经济、科技、社会文化诸方面的转型，而且国家政治也发生了范式转型，对这一点是没有争议的。晚现代政治与组织化现代的政治根本不同。经常有人将这一范式转型描述为新古典自由主义（Neoliberalismus）政治的兴起，它主张社会各领域都进行市场化，引入竞争机制。[1]新古典自由主义的重要性自不待言，但长期地看，政治转型明显要复杂得多，含有更多的内在矛盾。一言以蔽之，在晚现代，普适性政治正在逐步被独异性政治取代。独异性政治表现为两种版本，在两种版本中，文化都扮演着重要角色。在传统的"文化政策"之外，一个政治文化化的进程正在两方面发生。

一方面，在西欧和北美出现了一种治理方式，它既以竞争机制为导向，也以文化多样性为导向（因而也包括新古典自由主义在内）。这是一种开放式及分殊式 * 的自由主义政治。开放式是说，它总是力求在经济、社会和文化方面打开缺口，实现跨界；分殊式是说，它强调并支持社会区别和文化差异。开放 – 分殊式自由主义自20世纪80年代至今已成为主流政治范式，将政治中左至中右派别都囊括在内。它是否仍继续保持主流地

---

* 原文为 apertistisch-differenzieller Liberalismus，译者多方查阅，发现 apertistisch 是本书作者独有的词，连杜登词典亦未收录。其词源应来自意大利语 apertura，意为 Öffnung，即"开放"，与本书意义相合。如有更专业的读者更了解此词的含义，还望指正。作者在本书专用的这一概念，是指自由主义的一种新形式，有别于已有的自由主义、新自由主义、新古典自由主义等，是一种比这些更贴近当下现实的形式。对于已有的自由主义版本，作者在本书中并未详细区分，概以"新自由主义"或"新"自由主义代之。——译者注

位，目前还无法回答。另一方面，世界范围内都出现了一种政治倾向，虽然有各种表现，但都可以归结在"文化本质主义"或"文化社群主义"这一大标题下。它是反对自由主义的。我将在后面仔细分析这一政治倾向中的几种，但现在就可以肯定地说，这些政治倾向倚仗的就是文化少数派团体和社群身份认同。

这样，文化上就产生了两种对立的政治架构模式：开放－分殊自由主义以世界主义眼光看待文化多样性，认为它是生活质量和竞争力的资源；而在文化本质主义眼里，文化则是历史性或伦理性社群的基础，经常被当作区分内外的标准。前者主张文化导向的治理理念，后者则推崇身份政治。开放－分殊自由主义不仅推动经济全球化，也大力推动文化全球化，文化本质主义却总是反对全球化的杂糅作用，认为这样会动摇民族文化间的边界。在这两种情况中，都是一种更强调独异性而不是普适性的政治在起作用：开放－分殊自由主义强调表现的差异和文化的多样性，而文化本质主义强调文化社群的特别地位。

政治范式转型是长期而根本的，但会表现在具体事件中。这些事件本身也可能引起结构变化，成为历史上的标志。在组织化现代向晚现代的转型中，以及独异性"政治"兴起的过程中，有多个关键年份，它们是：1968年、1979年、1990年和2001年。

1968年发生了一系列学生运动和抗议运动。它们作为"文化革命"式反文化运动，给了后物质主义价值转型一个重要的推动力，使价值从注重义务和适应社会转向了自我实现，也开启了接下来几十年主张生活质量、个人自主和文化多样性的左翼自由主义。1979年，玛格丽特·撒切尔成为英国首相，实行新自由主义政策，使经济和社会政策处于不受控制的市场机制和竞争机制之下。这就让一种政治方针得以传遍全球，它促使以创新为导向的竞争力国家出现。伊朗的伊斯兰革命也发生在 1979 年，可以算作宗教原教旨主义运动勃兴时期的第一个高潮。

1990 年前后发生的事件也同样具有象征意义。东欧和苏联的国家社会主义坍塌，标志着一场 70 年之久的社会实验的终结：一种以平等的理想为名，对所有社会进程全面调控的体制。这种"普适性政治"的版本之后，取代它的是全球性的经济文化两方面去边界化进程。同时，多民族的苏联解体，产生了一系列独立的国家，这也可以被看作一系列基于民族身份的政治 – 文化运动兴起的象征。最后，2001 年纽约世贸中心大楼遭到了恐怖袭击。在"9·11"事件中，伊斯兰的宗教激进主义变得更加暴力和激进，同时，西方也采取针锋相对的立场，其中一些部分体现为"文化战争"的形式。

1968 年、1979 年和 1990 年标志着组织化现代的逐步销蚀和开放 – 分殊自由主义的兴起。1979 年、1990 年和 2001 年则象征着文化本质主义的兴起。

/ 1 开放-分殊自由主义及地方政策

从社会民主共识到新自由主义

从 20 世纪 40 年代直到 70 年代，是组织化现代的黄金时代，政治的特色是一种社会民主的法团主义共识，其典型代表是富兰克林·罗斯福的"新政"，还有斯堪的那维亚国家的社会民主。[2] 这种法团主义的社会民主范式必然会引向普适性政治和社会平等，而且是为了应对剧变和动荡——美国的"新政"是为了应对 20 世纪 30 年代的世界经济危机，这场危机发生在正在快速工业化和城市化的晚市民社会。为了调节全民生活水平，实现社会的全面包容，人们主张由国家来调控社会，调控（资本主义）经济，[3] 即凯恩斯主义所主张的，由民族国家来调控经济进程，建立福利国家标准，以降低个人的风险，减少社会不公。（民族）国家作为社会普适性的正当存在，是负责民族国家社会规划和调控的核心机关。这种普适性政治要求并促进着一个民族社会，它在文化上没有太大差异，相对均一——瑞典的"人民家园"（Folkhemmet）就是它在政治-文化上的体现。

20 世纪 70 年代末期，社会民主法团主义共识逐步被开放-分殊自由主义取代[4]，最重要的是，后者虽然包括（频频被提到的）新古典自由主义在内，但涵盖范围与之并不一致。开放-分殊自由主义其实有两个维度：一个是以经济和福利政策为主的维度，这就使它在政治光谱中处于中右翼；另一个是社会政治维度，处于政治光谱中的中间偏左翼。站远一点就能清楚地看出，这两种要素结合在一起，成了一种综合的自由化政治范式。[5]

晚现代开放-分殊自由主义的核心要求即总体特点，就是社会的开放、去边界和去调控。它在经济政策和社会政策方面都认为组织化现代的国家调控过度，应加以反对。这在经济政策方面意味着全面引入市场机制和竞争机制，以发展并确保全球竞争力为最高目标。因而它坚定地支持创新，扶持鲜明的企业精神文化。在社会政策方面，它要求自由开放，要求主体获得个性发展的权利并将之确定下来，这就使得个性的多样化、文化出身背景和生活方式获得了重视。社会关系和家庭关系方面的法制改革，以及与移民有关的法制改革是社会政治政策自由化的核心领域。最先，新自由主义的新古典自由主义一面是保守派主张的，社会政策的自由化一面则由左翼来代言，自 20世纪 90 年代以来（特别在克林顿、布莱尔和施罗德当政时期）两大主绳看起来是连在一起了。开放 - 分殊的自由主义这时变成了一种全面的治理理念，它远远超出国家机关的范围，力求将社会引向创新、竞争、个人权利和多样性的方向。

376

前面描述过社会各要素的结构转型，它们一直伴随着政治范式从组织化现代向晚现代的转型；同时政治也促使了这一结构转型。工业社会经济技术结构消亡，转向后工业社会的知识经济、文化经济和服务经济，这慢慢消解了为工业社会服务的社会民主法团主义共识。新自由主义的竞争导向与富于企业精神的政策，适应了市场的去边界化，适应了后工业时代的劳动形式和不断创新的要求，并将这些不断地推向前进。后物质主义的价值转向，即自我实现以及 20 世纪 70 年代以来西方社会移民运动带来的文化多样性等价值兴起，让传统的社会民主式"人民家园"显得不合时宜了，社会文化呈多元化和开放态势，新自由主义也在不断地加强这一点。简而言之，经济与文化的全球化、后工业主义和后物质主义使社会更加细分，文化更加异质，加强了开放 - 分殊自由主义的趋势。

竞争力之国与多样性：新自由主义的两面

政治的新古典自由主义，以社会的全面市场化为导向，自

20 世纪 80 年代以来产生了巨大的影响（甚至 2007 年金融危机以后也一度未曾受损），这一点已经多方论述和讨论。对本书的主题来说，决定性的一点是，新古典自由主义为社会的独异化做出了贡献。新古典自由主义这个概念目前已经使用得有些泛滥，相比之下我更愿意采用鲍勃·杰索普（Bob Jessop）更为精确的熊彼特式概念，以"以创新为导向的竞争力国家"这个概念来分析市场导向的政治形式。⁶组织化现代的导向，是民族国家实施经济调控，晚现代的竞争力国家与此不同，它所处的全球背景，是产品、生产流程、理念和劳动者的跨界流动。它的核心目标上文已经说过，就是在去边界化的市场格局中增强竞争力，这似乎是达到富裕的条件。这样就要求市场为此具备最高效的吸引机制和制裁机制，而且这些机制应该完全胜过国家－行政机制的调控力。因此，产品的流通，还有教育、劳动市场、文化机构、社会基本保障与公共管理也都得进行市场化。

晚现代竞争力国家——致敬熊彼特！——尤其注重创新，而且不仅是狭义的、科技上的创新（以 IT 行业为代表），还是所有社会领域的创新。求新的另一面就是除旧，就是说去除那些"不再具备竞争力的行业"，成了增长和就业的关键前提。伴随着国家的这种要求，就发生了主体形式的转型：组织化现代的国家公民、社会公民，被自主经营式的工作者和消费者所取代，国家愿为他们提供最便利的条件。⁷（自主）经营式的文化就是说，这种文化要不断地产生"新"的、乍一看有些风险或投机的解决方案，是开发人力资本的文化，它看起来对整个社会都起着示范作用。⁸

从一个角度来说，以创新为导向的竞争力国家用一种新的普适化体制取代了原来的普适化体制，即以普遍的市场化结构取代原来的国家调控和福利体制。社会各个领域都无一例外地要遵循市场竞争机制。在这一背景下，竞争力国家的政治却在促进一种独异性的政治逻辑，普适性在这里终究也只是一种"基础设施"，作用就是推进独异性。普遍的市场机制不奖励标准的寻常的东西，而鼓励差异化和新颖。政治上也以扶持创新为要，扶持那种以创造市场所需的"独门"新品为要务的经营精神。于是，各个领域都希望能够"独门"，包括地方地区乃至国家的经济进步、大中小学和文化机构的发展以及人力资本的开发。

凯恩斯主义的国家调控和福利理念，要求推行一般规则，分派常规绩效。如今的竞争力国家不再使用这种国家调控机制，转而扶持那种能在市场上制造差别的做法。这就是"新"（经济）自由主义"分殊"的一面：它最大限度地支持差异，支持各种运作，支持那些偏离已有常规而在市场上取胜的做法。最终这种以差异为导向的治理不仅涉及国家机关，还涉及各种施政机制，以及各种商业或非商业组织。有了这样的背景，无怪乎诸多创意产业（creative industries）——从 IT 到设计各个门类——自 20 世纪 90 年代以来成了国家大力扶持的对象，因为它们能保证不断地创新和创造。[9] "新"自由主义最重要的实践领域不再是国家层面，而是地区和城市层面，因为城市的政策最能促进社会的文化产业化，这个我们上文已经说了。[10] 为了理解晚现代政治这种以文化为导向的施政理念，有必要谈到开放 – 分殊式自由主义的第二根主绳：左翼自由主义的文化多样性主张。

上面说过，如果将晚现代的"新"自由主义仅仅与竞争力国家相提并论，得到的印象将是不完整甚至错误的。20 世纪最后 20 年以来，席卷西方社会的自由化进程，也包括"左翼自由主义"的一面在内。组织化现代要求的前提是文化的均一性，并且由政治对之加以"管理"，晚现代的左翼自由主义与之恰恰相反，它热切地关注个人和群体的专有权利及价值，关注他们的差异性。于是，围绕着"不要歧视"和"生活质量"就产生了各不相同的种种政策。为此，"新"自由主义先是建起了一套相当普适的体系：人权体系。自 20 世纪 70 年代末以来，尤其柏林墙倒塌以来，人权问题成了一种强有力的政治合法性机制，[11] 要在国家政治和国际政治中保护特殊性，保护个人或群体的独特身份认同，这套机制提供了普适的背景架构。

左翼自由主义政治的另一支干，是加强个人独特性的权利，尤其是那些在组织化现代受到限制的人：妇女、性少数群体、残疾人、有非主流生活方式的人等。这里的关键词是"不要歧视"。[12] 此外，还形成了一种关于"生活质量"的政治，它最重要的活动领域是生态和自然环境保护。[13] 对本书的主题来说，最引起兴趣的一根主绳是以文化为主题的政治，其核心在于促进文化多样性、丰富文化资源。文化多样性与竞争力一样，成了政治 - 社会理想，同时又引导着国家机构的行动以及施政的形式。[14] 在文化多样性理念下，文化、文化活动、客体、个人和共同体的独异性都是受到尊重的，是应该被扶持的；这里的多样性是指丰富、多元的独异性。

多样性（diversity）作为政治价值，其历史来源之一是20 世纪 70 年代北美的公民身份运动，主要是少数族群（特别是黑人）的权利诉求，要求承认其身份，获得平等的社会权利。这也包括多元文化主义运动在内。自 20 世纪 80 年代以来，文化多样性问题的政治化愈演愈烈，意义也发生了改变。不仅在国家层面上，在地区和地方层面以及机构和跨国家层面上，文化多样性也越来越与某些群体特定的权利诉求脱钩，被视为天然价值，成为政治主张。人们经常将文化多样性与生物多样性相提并论[15]：大自然要避免单一物种，需要在多样性和差异性中得到涵养，同理，文化的多样性不论在全球还是地方层面上都是有其内在价值的。[16]

多样性政治的一个表现，是国际、国内和地区的文化遗产（heritage）保护政策，这是指各种形式的历史遗存，比如建筑物和博物馆，还有包括语言在内的文化活动。[17] 文化遗产政策强调历史遗存的自有价值，这种价值同时可以与少数群体（比如少数族裔语言社区）的文化权益联系起来。要让一个地区显得"独门"，带来经济上的好处（比如旅游业），或引入一些政策来解决社会问题，文化遗产也算是手段之一。各种纷杂的社会现象都可以通过多样性政策来处理，并被当作"文化资源"来理解，这样它们就值得保护了：当地说唱音乐、乡村舞蹈、传统美食、设计或建筑风格、移民社区的生活，或经典的高雅文化。[18]

作为自有价值和目的理性的共生体，文化多样性也出现在行政机构和经济机构实施的"多样性管理"（diversity management）体系中，[19] 其渊源仍是 1968 年以后的民权运动。运动之初是一些致力于提高妇女地位的活动，接着，支持对象的范围扩大，扩大到了各种各样的文化身份认同上，包括族群文化身份认同，自 20 世纪 80 年代移民运动扩张和多样化以来，这在西方社会是一个很突出的现象。企业、城市管理、学校、城市发展这些领域中的文化多样性，被看作天然优点，人们认为它们丰富了原有文化。于是，与众不同就不再是缺憾，而是资产。晚现代对新、异之物持开放理念，多样性与之紧密相关，而多样性管理可以理解为现代版"差别政治"，其中，差别不再被看作是种分裂，合作能够跨越差别的边界，而且是件受欢迎的事。在这重意义上，多样性这个标志不再仅适用于集体，还适用于个体，因为个体也被看作文化特性的承载者。同时，对于相关机构来说，多样性也被认为是有用的，比如有利于机构文化或创新能力。

竞争力国家的方针以及文化多样性政治是——如前所述——晚现代新式开放 - 分殊自由主义的两副面孔。在晚现代城市政策中——即城市治理的一种形式，可以理解为以文化为导向的治理术——二者的结合是具有典范性的。这一点值得做一番详述，因为城市同时也是政策扶持下典型的文化独异品市场。

城市政策之一：新都市主义及全球性吸引力竞争

欧洲、北美，还有如今一些发展中国家的大城市和热点地区，自 20 世纪 80 年代起就是晚现代自由化政治的焦点，它们是以突出文化特性为导向的。[20] 从阿姆斯特丹到温哥华，从费城到马赛，从开普敦、布里斯班到上海，国际化城市集中上演着后工业社会的政治、社会和文化转型。组织化现代社会强调调控，注重福利的政策与民族国家紧密相连，而在晚现代，国家调控变得不再重要，这不仅在于跨国调控机关的兴起（比如欧盟），也在于国家层面之下的政治机关，即城市和地区变得越来越重要。20 世纪 80 年代以来的全球化进程削弱了民族国家的作用，这一点毋庸置疑；它也使国家的下一层次，即地方拥有了更大的政治影响力，这一点确实有利有弊。[21] 在某种意义上，大都市彼此之间的距离比它们距本国乡村地区与国家的距离更近。中心都市成了全球化的枢纽，成了全球浪潮在地方层面上的交汇点。[22]

大城市和热点地区不仅是地方自由化治理的中心，而且与一种城市亚政治紧密相关，也就是由国家层面以下其他社会机关进行的类政治架构实验，这些机关以创意经济的企业和机构为代表，还包括一些主要由知识中产构成的社会群体。总的来说，晚现代国家治理形式的特点，就是不再存在无条件的、机械的社会"规划"；国家政策更注重经济和社会文化的内在动力，注重其无法规划的战略和进程，国家努力理解并预测这些进程，在此基础上通过一些积极或消极刺激去施加影响。社会进程有自己的发展动态，对社会进程的这种间接调控是弱化了的，这就是自由主义治理理念的核心。[23]

中心都市联结成全球网络，晚现代社会的独异化和文化化在这里更加深刻和密集，因为后工业社会的创意经济、新中产与新底层两极分化的社会结构，以及开放－分殊自由主义都交汇于此。[24] 结果，工业化现代社会的空间结构也完全转变了。当然，工业化现代也是城市化社会，但工业城市的引领作用来自大规模生产和大量的产业工人。这种"功能性城市"是社会标准化和空间标准化的操练场。[25] 它们遵循相同的、普适的规划，"系列建筑"就是它的范本，就是说在建筑上重复相同的东西。因而工业化城市不是特别的、辨识度高的地方（文化评论界常说它"面貌全无"），而是可置换的空间，其建设目的不是价值和感情，而是功能性。

20世纪80年代以来的"城市复兴"给这一景象带来了深刻的变化。[26] 晚现代的大城市和大都市不断将自己塑造成特别的地方，主观、客观上都想通过自己的特色焕发吸引力。城市的独异化和文化化得到了城市政策的大力支持。城市超越了功能性局限，将自己塑造成自有价值的载体，在辨识度上，尤其是审美上经历了赋值和本真化，被打造成一个"真"的地方。玛蒂娜·列夫（Martina Löw）令人信服地指出，晚现代城市发展出了一种"自己的逻辑"，[27] 即城市有了自己的物质（城市建设和建筑方面）形态、自己的社会实践和自己的文化认知，来访者体验到了所有这些组成的"与众不同"，这些特性在经济上和国家政策上也得到有目的的扶持。

诚然，自城市出现以来，它就一直在进行独异化；欧洲中世纪城市和近代早期市民社会的城市也没有将自己打造成可复制的空间（spaces），而是形成了辨识度高的地方（places）。

384

385

[28] 这样一看, 工业化现代城市的标准化是一种结构性中断, 简直可以理解为城市独异化进程的退步。[29] 但必须强调, 自20世纪80年代以来, 国家政策开始将城市作为吸引力"标志"和本身值得体验的价值来发展, 而能够这样做的前提是城市空间自下而上的亚政治文化化和独异化, 也就是来自城市的社会环境本身。这里同样不能将城市的独异化简单理解为新古典自由主义政治, 或理解为社会的经济化。新中产阶层仍是这一发展进程的核心, 这一进程的转折点同样也是20世纪70年代。对城市的种种不满, 比如"城市的冷漠"(亚历山大·米切利希语)、郊区的千篇一律、内城生活的衰落等, 在这一点上演化成了"回到城市"运动, 其领军者就是艺术圈和反文化运动; 后来, 大多数新中产迁回城市中心地带, 随着他们的足迹, 知识文化产业也在那里落地了。[30]

从人口结构的变化看这一进程, 它经常被理解为中产化。
386 但它的根本是城市自身日常的文化化, 主要是追求生活质量(而不是生活水准)的新中产对它的审美化——而且主要发生在城市环境中。视角的决定性转折在于, 新中产内化了针对单调城市的种种批评, 他们不再将城市视为功能性单元, 而是视为一种具有情感吸引力, 并且本来就应该具有这种吸引力的创造物:"真"、与众不同、文化开放, 以及充满生活气息。这是一种"新都市主义", [31] 它认真地将城市看作魅力十足的文化多样性场所。内城及近内城的升值应被理解为潜在的赋值过程——城市空间由功能性转向文化性, 这种文化性是以情感为基础的赋值。

新都市主义理念下的城市文化化同时也是城市空间的独异化, 在这个过程中, 城市不再意味着近郊住宅区和大众楼房, 而是变成了具有感性力量的地方。[32] 这一过程以前和现在都部分地通过异质协作和项目来实现, 比如市民动议、邻里关系重建或市民友好型政策。[33] 在三个相互关联的层面上，城市应当把"自己的逻辑"作为与众不同的特色来发展：物质环境，即建筑和空间架构；城市的社会活动（工作、街区生活、狭义文化等）；以及城市在叙事、想象和图像中的体现。于是，对于新中产来说，城市的所有细节和整体面貌就成了本真化的对象：他们体验或评价城市，说它"真"或"不真"（缺乏特色、没有灵感等）；他们也部分地改造城市，以获得、扩大或保护这些品质。如果城市在上述三个层面上都能发展出自复杂性和独特性，它就显得"真"。[34]

387

城市自身的文化化和独异化汇入了社会的文化产业化。自20世纪80年代以来，欧洲和北美的城市在某种意义上变成了文化独异性产品，与其他城市一起争夺可见度和关注度，展开赋值竞争。它们处在地区性或国际性吸引力市场上，竞相吸引居民和访客。但必须强调：创意经济和城市政策也参与了这种竞争，并推动着这种竞争，这样做的前提是，主体和相关圈子事先已经开始自发地关注自己生活的地方，审视它是否具有吸引力，并通过权衡比较将之带入了竞争的环境！新中产对生活的后物质主义要求，是自我实现，他们要在城市这个生活空间中实现这一要求，[35] 没有这个前提，城市就根本不会陷入吸引力竞争的局势中。这是城市竞争的社会基础：对于流动性很强的新中产而言，居住和生活的地方是一种客体，要有目的地在各种可能性之间进行选择比较，来打造这个客体。

当然，选择生活在哪个城市总要考虑到功能性（比如是否有合适的工作）。城市吸引力中的文化－情感因素，就是说它的自有逻辑和气氛，却也成了对（未来）居民同样关键的选择标准。[36] 城市的自有逻辑可能来自其自然环境、特有的休闲活动、某些城区特定的"城市感觉"（闲散、典雅、混搭等）、别致的圈子（创意城市、青少年文化、高素质的老年人）、丰富

388

的高雅文化或情景文化，以及别具特色的城市整体建筑风格。城市在争夺居民的同时，也在争夺着访客，他们主要来自同样的群体，也就是散布全球的新中产。[37] 最后，城市自有逻辑在于它能否提供合作机会与灵感，对于投资人亦即创意企业和机构来说，这也是选择地点时的一项（城市政策）标准：高端工作机会最终还是会集中在魅力都市中。

城市政策之二：以文化为导向的治理理念与独异性管理

城市自发的文化化，以及由新中产引发并加剧的城市之间的吸引力竞争，是国家实施城市政策的基础。这是一种以文化和竞争为导向的治理理念，看起来它对 20 世纪 80 年代以来的整个施政方式有范式意义。晚现代城市政策是创新导向型国家最重要的支柱之一，同时，文化作为多样性资源在这一层面上也成了国家调控的对象。其目标就是建设有吸引力的城市，让（未来）居民和访客赞赏它的自有逻辑，自有逻辑又会在城市竞争中保证它的独门特色。城市政策从根本上是独异性管理。城市政策总是围绕着如何制造以及如何保持城市的特色"形象"，我们已在多个方面探讨过这个问题：对内的自复杂性，对外的与众不同，此外最好还具有稀缺性。[38]

一座城市所具有的吸引人的自复杂性，来自它的空间 – 文化厚度，即物质环境的厚度，它的活动和对它的描述。一般来说，城市做到这一点有两种可能：它可以是均质的，一切都谐调相配，"浑然一体"——博物馆式的城市；或者（在晚现代条件下更为普遍）它可能有特别的异质感，混搭、多样，将种种不谐调成功地安排在一起——大都市。城市管理中最大的挑战，就是城市的自有逻辑不能从头新建，也不能全新规划。城市政策必须拿现有的物质、活动和描述做文章，这些也许已经历了几百年的积淀：城市的形态、自然环境、规划和建筑、各种实践（郊游地、景观、高雅文化、手工艺）、现存的表述比如城市历史，以及媒体上流传的关于本城的印象。功能性城市以未来为导向，晚现代文化化城市与之完全不同，它的政策也是一种明确的历史政策。现存建筑和以往的城市规划、传统悠久的活动（比如某种手工艺传统或美食传统），以及精心谐调的表述（贸易之城阿姆斯特丹、有复杂历史的城市柏林），这些历史的惯性仍在影响当下，并且让城市的文化发展有了可因循的轨迹。

　　城市独异化政策的艺术，在于发现独异之处，对之进行耕耘或继续发展，必要的时候，还要使之令人信服地发生转变，比如在文化上重新解读或加入新元素（就像格拉斯哥、巴塞罗那或马赛的做法）。在此过程中，城市要被树立为可信的、独特的品牌（city branding），这绝不单单涉及城市的公开形象，更包括它的物质活动及建筑特色。如同晚现代所有的竞争格局一样，全球城市竞争也在争夺着自有逻辑和独特性，从一开始就有输有赢——那些历史上因其城市独异性资本而备受青睐的城市可能会赢，缺少这些资本的城市可能会输。历史上积累了丰厚独异性资本的城市——传统的大都市、贸易城市、大学城或历史建筑名城——拥有的吸引力资产已经获得了认可，只需继续保持并精明地进一步壮大。传统的工业化城市却只继承了微薄的独异性资本，他们有可能因为本身的可置换性以及较小的文化厚度而在吸引力竞争中落后。不论是大都市还是老工业城市，普遍都有城市独异性管理的专门策略，它们以文化创新为导向，同时也必须注重创造性布置。内城附近老建筑区的净化和美化，创意产业的落户，大型地标建筑以及丰富的高雅文化设施（音乐厅、博物馆、文学庆典）、圈子文化（俱乐部）、工业建筑的改造利用，海边或河边某块地势的"妙用"（水景城市），当地特色文化活动以及对历史文化遗产其他方面的加紧发掘和打造（"弗拉明戈之城塞维利亚"），这些都是城市独异性管理中常见的策略。[39]

城市之间的吸引力竞争，以及以文化和竞争为导向、力求打造城市特色的城市政策，自 21 世纪初以来制造了一系列的问题。第一个就是关于城市政策的焦点：城市政策应该关注访客、投资人和未来居民面前的可见度市场，还是关注现在居民的生活质量？文化导向的治理理念力求熊鱼兼得，但两种赋值很容易各走各路：外来观察者的评价标准与城市的可见度和形象紧密相关，而内部评价标准则以日常体验到的生活质量和城市功能为主导。两种赋值之间的冲突、外来逻辑和内部逻辑之间的冲突，对晚现代城市来说是具有代表性的。

另一个问题领域是城市独异化与标准化之间的关系。对城市有目的地进行独异化时，如果做法简单俗套，就有可能会失败。这样，为了独异化所做的努力在居民和访客眼中有时就会转而变成城市的标准化，以至于晚现代城市在所谓的"多样性"中又可以彼此取代，面目模糊了（"到处都是同样类型的景观区""到处都是地标建筑"）。莎伦·佐金（Shron Zukin）正确地指出，对于自己的居民和访客来说，恰恰是纽约这样的新兴城市有失去"真"的危险。[40] 策略性的独异化和城市的全球化，会不会必然导致自有逻辑失"真"，导致城市的重新标准化呢？回答是否定的，因为我们面对的是动态的赋值进程，它一方面是独异化和本真化，另一方面是去值和去独异化，二者平行发展，个别城市（甚至个别城区）会在赋值进程中经历上升期或下降期，经历牛市或熊市。著名城市积累了几百年的独异性资本，它们类似创意经济的"经典"，显然不会失去可见度和人们的赞赏。[41] 有一种流行的看法认为，全球化意味着同质化。而我则认为城市的全球竞争会导致自有逻辑评价机制和制造机制的不断变动，在这套机制中，独异化与去独异化 /

标准化同时进行。

　　国际、国内范围的城市吸引力竞争，是一个典型的充满张力的格局，这个我们在创意经济问题下了解过了，即赢者通吃的市场逻辑。[42]在晚现代的城市中，少数具有高可见度，其吸引力是得到了认可的，其他城市、地方或地区与之相反，两方面都缺少。[43]根据马太效应，热点城市一般会继续放射光芒。工业化现代的城市彼此相似，面目模糊，是当时的正常情况，而现在，如果一座城市没有多少独异化潜力，就不能再作为一般正常情况，而是要落后。热点城市的兴盛，与社会新兴阶层离开没落城市的进程是相辅相成的，这些没落城市在吸引力和生活质量上，都经历着螺旋式下降，在社会上越来越不受关注。[44]它们的吸引力有去值的危险，有可能转而被负面独异化。后工业社会典型的料斗电梯效应在社会空间的层面上也很突出，表现在热点城市和"边缘"地区的两极分化上，德国是这个现象，美国、法国、英国也都是这样。

　　然而还有一些反向发展的进程和效应。有一些小地方和乡村出现了再赋值现象。非都市地区有一条出路，是我们在创意经济问题上了解过的：赢者通吃逻辑可以通过长尾效应来弱化，也就是说提供丰富多样的文化缝隙，它们各自吸引一个小而稳定的追随者群体。[45]相应地，小城市如果在某一领域有受到认可的、相对均质又精心打造的形象，比如作为大学城或以年长者为特色的城市，至少也有机会发展自有逻辑。[46]这一点也适用于乡村地区的再赋值，现在有些乡村在重新发掘古老传统，它们可以从自然景色和文化遗产等审美角度，对城市新中产和旅行者产生吸引力。[47]

　　反过来，热点城市也完全有可能经历去值。比如，单单因为独异的魅力地点在空间上是有限的，就有可能引起社会性后果，给人造成不好的空间感受。狭小空间里可能发生拥挤，这会减弱这个地方的"真"，会削弱或破坏它的气氛，对访客和居民都一样。这就是城市景点化的危险。此外，外来居民迁入热点城市，不动产的价格可能会高得过分，以致最后可能会形成单一人群或社会顶层，城市的"真"和吸引力就又会受损。在这种城市中，新中产也得努力维生，而非知识中产和新底层会感觉自己完全被排挤。[48] 在这种情况下，热点都市的吸引力有可能"杀伤力过大"而"因胜致败"。这样一来，国家政策也会不得不对自由化施政的后果做出反应。

/ 2　文化本质主义的兴起

集体身份认同和少数派共同体

我们已经看到，开放－分殊自由主义是晚现代政治的主要 394
形态。自 20 世纪 80 年代起，反向政治潮流也在全球范围内形
成了文化本质主义和文化社群主义的多层面阵地，存在于欧美
西方社会，也以不同的形式存在于新兴工业化国家以及发展中
国家。它有四种形态：族群共同体，其政治化过程含有身份认
同政治的形式；文化本质主义倾向；各种版本的宗教原教旨主
义，特别是伊斯兰教和基督教；最后还有右翼民粹主义。这四
种类型产生的背景以及它们的结构都要区别看待，但它们有共
同的基本特征，因为它们都在以自己的方式进行着社会和政治
的文化化及独异化。

21 世纪以来兴起了少数派（新）共同体，从经典的现代
化理论来看，这一维护和发展少数派共同体的倾向本来是不可
能存在的。[49] 现代化理论认为，共同体作为一种社会形式是传
统社会类型的一种标志，进入现代社会以后，它们迟早会消
失。这一观点，对组织化现代来说是基本正确的，但在晚现代
它被证明是过时的。米歇尔·马费索利（Michel Maffesoli）
早在 20 世纪 80 年代就断言，有一个新的"部落时代"，它会
首先在与美学有关的亚文化和生活方式群体中形成。[50] 在那之
后，新共同体真正的崛起却发生在政治和亚政治领域，有各自
的族群、宗教或民族身份认同。[51] 注意，不能将这种政治性新 395
共同体看作反现代异类，而是要将之理解为独异性社会的组成
部分，它们具备这个社会的基本特性。它们也以广义文化为媒
介，有其情感上的赋值，它们也有自己的独异化形式：将自己
作为独一无二、不可替代的文化性集体进行独异化，它有特殊
的历史，有的还有特别的伦理，或占据特别的空间。

文化本质主义在赋值方面自有其威权，赋值的对象和模式都与创意经济超文化不同，与开放－分殊自由主义以及世界主义生活方式不同。不论是族群、宗教、民族或民间共同体，文化本质主义价值的承载者都是一个集体，或者更准确地说，是作为文化单位的自己的集体。在这层意义上的文化本质主义是一种文化社群主义，它将本群体的共性放在首位。[52] 这种情况下，社会的其他承载者——个人、客体、空间和时间——只能在与社群的关系中获得意义。个人与集体的关系错位会产生很多影响。[53] 文化社群主义不认为个人是通过建设自身独特性实现自我的特殊单元，而是一个元件，遵从族群、宗教性群体或民族性群体的法典。于是，个人就失去了自主独异化的机会，却获得了共同体内部确凿的认可。由于共同体不是以市场形式组织起来的，个人就不必承受可见度、个人价值、业绩和成功等竞争之重。

文化性共同体不是目的理性组织，它被自己的成员赋予一种自有价值。这种自有价值在文化本质主义中不是变化的，而是固定的，必须而且被要求固定下来，其做法是不断地维护价值，或者与无价值者划清界限。我们在超文化问题上看到过，在广大的文化领域中，赋值与去值是一种动态形式，文化共同体的赋值却不是这样的，而是努力要让价值长存。这正是它的典型特征。文化共同体被推崇为"真"的承载者，它的本质或本源（宗教、民族、族群）作为"本质"仿佛是不可讨论的。共同体文化化和独异化的核心是内外界限，这一点在社群本身的层面上具体表现为内群体（ingroup）和外群体（outgroup）——就是"我们"和"他们"。[54] 文化共同体总是有双重性。一方面，它们通过社会生活实践和各种安排，也通过自我阐释的话语自发地维护着一种内部社会生活和自我形象。这样对于共同体的活动来说，就必须有严格规范的成员守则：要么内，要么外，没有第三条道路。总的来说，这些共同体都有均一化的趋势，而均一性总是既有文化的一面，又有社会的一面，也就是说，它针对的行为和话语都不会自相矛盾，不能模棱两可，而要统一协调，个人之间的关系也一样。个人以同样的方式（或按照固定的等级）服从集体。

另一方面，文化共同体表现出与外界的差别，用自己圈子之外的眼光看待别人和外人。它们与外界的关系有各种类型：有些共同体只满足于耕耘自己的世界，与外界的界限较弱（比如某些地区性运动，或一些语言少数族裔），另有一些，带着对外界强烈的鄙视建设"自己的"文化，有时会带着一种有攻击性的敌我意识。与文化共同体的内外之别紧密相关的，是有价值与无价值的对立：在共同体成员看来，外部世界最多是价值中立的，但更多的是被看作负面价值，甚至是要斗争的敌人。文化本质主义的赋值，与超文化的赋值明显不同。超文化中一边是获得认可的产品，另一边是一些没有成为关注焦点，因而也就没有获得正面赋值的元素。人们对待这些元素的态度，是漠不关心，而不是否定。而在文化本质主义中，情况完全不同，它的特点经常在于情感上的负面性：对内身份认同的前提，是极端的划界要求，要与堕落的、陌生的，甚至恶魔式的外界——比如非信徒、不守道的人、民族的敌人——严格划清界限，外界被不断地展现在成员眼前，不断地被去值。

文化性共同体对内共享集体身份认同，它有正面的情感力量：个体认为自己是"我们"的一员。晚现代的文化本质主义，有三个重要层面上的认同来源：历史、空间和伦理。先来谈谈历史层面。共同体维护着共同的记忆，认为自己是怀念文化的场所，是阐释自身往事的地方，正是这种阐释将往事变成了"历史"：[55] 比如起自先知的宗教团体历史、族群生存史或民族历史，可以在里面追溯现代的真正根源。此时的历史叙事必须是独异性的：只有这种特别的、独一无二的历史——俄罗斯历史、犹太民族的历史、美洲黑人历史等——才有力量给人认同感。因此，文化本质主义的时间观念也与超文化不同。超文化的标志是创造性，总的来说更偏爱新东西而不是历史旧物，文化本质主义却维护着一种"旧之权威"，不断地强调过去，立足过去，反观现在和未来。

此外，集体身份认同也经常来自空间：集体有一个特点，就是将自己与某一固定领土及其自然空间布局联系在一起，不仅限于某些单个地点——比如宗教场或纪念地。这里的空间是一种专门的、不可与其他混为一谈的特定地点。最后，文化本质主义共同体还经常利用共同的伦理：它们将自己定义为一种共同的善，这种善体现为某种常规法则，这在宗教团体中体现得最为明显。这里的伦理，既无关普世道德，也无关个人审美上的伦理，而是一个少数派群体自己的理念。

传统社会中就有过文化共同体，但晚现代存在的是新共同体，因其文化本质主义和文化社群主义而具有了特别的现代形式。[56] 这不仅是简单回归前现代，而且是文化内部发生的对现代文化的反应。历史上，这种反应的发生有两个步骤。首先是 19 世纪初的浪漫主义，它们为现代社会"发现了"共同体，约翰·戈特弗里德·赫尔德（Johann Gottfried Herder）对各民族本色的推崇就是一个典型例子。现代社会形成之初，只有在形式理性、科学化和普适化的背景下，共同体才能够作为吸引人的生活形式出现，人们希望它能弥补或克服现代社会的弱点。这正是关键的区别所在：传统的共同体是作为隐性背景存在的，是无关选择的，现代、后浪漫时代和后传统时代的新共同体却必须重新建制和产生，主体自己选择决定加入，因为这些共同体在散发着文化上和情感上的吸引力。重新建制总是带有一个内在矛盾：这些新共同体从社会结构上来说是"想象共同体"（imagined communities，本尼迪克特·安德森语），却必须隐藏自己的或然性，也就是说要在心理上让人觉得它有无可置疑的根基（一个民族、一种宗教、一个源头等）。[57]

19 世纪，后浪漫时代第一波文化本质主义席卷欧洲。它的外在形式是民族运动和民族主义运动。[58] 20 世纪 80 年代，更清楚、更强大的第二次少数派共同体浪潮在西方社会内部卷起，而且还超出了西方社会。它们产生的原因各不相同，取决于它们是族群共同体，还是宗教或民族共同体。但有两个普遍的事实。其一，自 20 世纪 70 年代起，发展中国家和地区向西欧北美西方社会的移民运动明显增加，整体上增强了西方社会的文化异质性。这些移民运动直接或间接地导致了"文化共同体"的创建、演绎、分类或歧视等不无矛盾的遭遇。其二，世界主义超文化与创意经济、新中产以及开放－分殊自由主义挂钩，导致了以反抗运动为形式的各种文化本质主义，它们以自己的方式要求封闭文化，重建集体身份认同。矛盾的是，文化世界主义也支持某些文化本质主义，主要以多元文化主义的形式。

400

如前所述，晚现代文化本质主义和文化社群主义及其相关的新共同体，在各种不同的视角下，各有其独特的（晚）现代形式，与传统的共同体有别。这里要指出几个特征。

第一，文化不再是日常活动的隐性背景，而是成了话语建设、话题营造或立法定规的对象，而且对"内"对"外"都是如此。

第二，文化和集体身份认同逐步成为政治化的对象；它们登上了政治舞台，这里在不断地因为支持或反对某种身份认同而进行着斗争。

第三，共同体主导者利用数字技术和论坛，因而他们与数字世界中的少数派团体紧密地结合在一起。

第四，虽然少数派新共同体总要对个人进行去值，但是主体在晚现代通常可以通过决定加入某个共同体，而将这一决定说成是自己的心路历程（比如皈依宗教）。

第五，文化本质主义与全球超文化一同活动在公共领域，这里在进行着关注度和认可度的争夺。所以，它们不再只是面向内部的亚文化，而是经常要求公共空间里的可见度，让它们在这里可以增强吸引力，遭到拒绝，以及招来更多的信徒和反对者。

第六，晚现代社会的文化共同体处于自文化化和异文化化的辩证过程中，共同体不仅在自说自话，还要经常受到媒体、国家等机关的关注，就等于说这些机关自己表现、制造出了文化性集体（"那些穆斯林""那些黑人""那些民粹"）。

族群共同体：自文化化与异文化化之间

401

20 世纪 70 年代起，族群共同体在西方社会复兴，它们是少数派运动的一个重要部分，本身却没有统一性。这些共同体的族群性在于，它们的成员有共同的根源。根据社会建构主义对族群性的理解，共同的根源依赖于集体活动和集体话语，它们以特定的方式决定了这个根源。[59] 在晚现代社会条件下，族群共同体有三种形式，使这一领域变得复杂了：自在的共同体、自在并自为的共同体，以及因他人而存在的共同体。第一种存在于成员的活动中；第二种还发展出了一种对外的自我意识；第三种是在外部的眼光和分类之下形成的。

族群共同体的复兴有两个核心推动力。第一个是 20 世纪 70 年代的民权运动，主要发生在美国。这一运动的领军者是黑人，他们将对内的独异性身份认同（奴隶的今夕）和对外的政治主张（让"看不见的"群体显现出来，反对歧视）结合起来。黑人民权运动因此成了新的身份认同政治（identity politics）的先锋，这种政治理念从现有的文化遗产和某一共同"历史境况"（康奈尔·韦斯特语）的特点出发，同时又凌厉地转向支持政治参与和文化参与。族群性成了某种意义上的文化印记和文化资源。他们关切的不仅是平权，还要求在差别政治的基础上尊重文化特殊性。[60]

在"少数派权利革命"的背景下，西方还有一些族群共同体以类似的方式要求身份认同、尊重和参与，本着一种文化自强（empowerment）的精神。[61] 美国、加拿大、澳大利亚和新西兰的原生族群都是这种身份认同政治的例子，还有其他一些少数族群和少数语言族群（比如德国的丹麦少数民族和塞尔维亚少数民族）。族群和语言身份认同的汇合也不少见。这些族群运动都有政治诉求，即要求可见度，要求认可，根本上来说它们是在进行自文化化，而且经常采用美学的形式（文学、电影等）。它们或多或少基于共同的活动、记忆、叙事和经历，主动将自己建设成文化性共同体，关于自己的特殊根源、特殊境遇有自己的话题营造。相应地，它们对外界的态度并不是敌意的反对，而是（在文化和政治上）面向外界展示自己。[62]

20世纪70年代以来族群集体复兴的第二个推动力，是发展中国家向西方社会移民运动的深化（比如墨西哥人移民美国，北非人移民法国和荷兰，土耳其人移民德国，南亚人移民英国）。在这些移民潮中，产生了分散的族群共同体，可以在最宽泛的意义上将他们理解为流散人群（diasporas）：许多家庭有共同的语言和宗教，他们组成了共同体，同时他们又是分散各处的，与本土有很多联系，或多或少保持着故国的文化导向。虽然流散人群过去就有，但晚现代社会条件下，他们深度融入，在社会联系方面有很多技术便利，这就成了一个引人注目的当代社会现象。[63]

这些族群性外来群体，在强度和厚度方面怎样形成新共同

402

403

体，在现实中是一个不确定的问题：有些共同体的身份认同只包括一些特定记忆或不多的日常活动传统（饮食文化之类）；还有一些则严格区分内部和外界，以至于他们会杜绝西方的主流文化。[64] 在这种情况下，就会形成常说的"平行社会"。就相对封闭的移民新共同体来说，平行社会也不是历来就有的，不是无须选择的，而是文化权衡和取舍过程的对象及结果，这一过程本质上是难以预估的。在这一过程中，"自己"身份认同的某些元素有可能被削弱或"遗忘"，也有可能被有意识地激活或重新阐释。[65] 族群文化如果有统一性，也不是固有的，而是来自共同体内部为了加强统一而从事的活动。[66] 所以，如果将移居进程等同于均一移民团体的出现，是一种错误。其实移民进程最终产生的是一种复杂的超级多样性，就是各种文化社会身份和资源（家乡、语言、宗教、教育/职业、性别、网络）纷繁复杂地交叠在一起，它们在特定的情况下可能聚积成新共同体。[67]

族群共同体不仅进行自文化化，自20世纪80年代起，它们也成了异文化化的对象。政治、国家、媒体、科研等机关、机构和话语开始对"文化性集体"进行分类、评价，并对它们进行干预。族群共同体（移民、当地族群、文化少数族群等）经常在"文化"概念下，被放在一种本质主义的视角中（而不是社会阶层或其他视角中）加以观察：仿佛它们是均一的共同体，在深层结构上有共同的文化模式。正如我们看到"不平等"在被文化化，同样，在晚现代社会政治和媒体领域关于族群性的话语中，也在发生着关于"移居"（migration）的文化化。

针对族群共同体的这种异文化化走上了两条截然不同的道路。一条是多元文化主义的道路，主张将左翼自由派的多样性政策与保护少数派共同体调和起来。[68] 它的主张是，将族群共同体的多样性看作对整个社会的丰富，对之加以认可。他们认为社会是许多文化群体叙事、经验和活动的丰富总和：多元文化主义是一种推崇文化独异性的政治理念。有一些单个的共同体——本地族群、地方语言性共同体、单个的移民群体——被赋予集体文化权利（不过这又意味着，其中的个体被固定在"他们的"集体中）。

文化多元主义所做的是正面的异文化化，与之相对立的，是政治和媒体领域的另一种话语，一种针对族群性共同体的"负面"异文化化，其形式是新种族主义。在这种视角下，族群集体的所有成员都是受某些不可逾越的文化模式限定的，这些文化模式会导致负面举止（暴力倾向、对教育缺乏兴趣、缺少职业道德等）。用艾蒂安·巴里巴（Étienne Balibar）的话说，这是一种"没有种族的种族主义"，在这里，可以说文化因素取代了生物因素[69]：19 世纪到 20 世纪初的种族主义是基于生物学标准的，晚现代的新种族主义却将某个集体从历史上传承下来的文化习性说成一种区分性特征——就是一种"民族性格"，认为它决定了一些不好的行为方式。在这种外赋的文化本质主义中，文化作为一种不可改变的文化性规约前提被确定下来，个人不能打破它。在日常的歧视行为中，主体可能觉察到这样一种异文化化，于是他们反过来会加强自文化化：来自外界的文化化和歧视，恰恰会促使主体把自己理解为受歧视群体的成员，并建立相应的身份认同。[70]

文化民族主义

除了族群性（新）共同体，另一种少数派身份认同是民族，自 20 世纪 80 年代以来，它也经历了复兴。在新的民族运动和民族主义运动中，一种是没有国家参与的民族运动，它发生在西方社会内部，追求自治和独立（魁北克、加泰罗尼亚、苏格兰等），另一种是独立国家的民族主义，主要发生在传统的西方社会之外（中国、俄罗斯、印度等）。作为社会文化范畴，族群性和民族性的界限通常是流动的，民族的集体身份认同却会在两个方面超越族群性：一方面，它们一般与固定、有限的领土联系在一起，另一方面，它们总是与国家政治有关联，要么关联着一个民族国家，要么就在一国内部提出自治要求。

民族作为社会文化形式，是 19 世纪以来现代社会的特殊产物。[71] 现代社会号称要克服所有地方少数性，它确实以民族国家的形式在自己的内部建立了一个它认为合乎理法的少数派单元。对于民族和民族国家，早期现代社会就将它们作为集体进行着文化独异化。因而，民族总是具有普遍化和独异化双重结构。民族自身是一个普遍的"包容性公式"——在它面前，在民族国家内部，国家的全体公民都是平等的，[72] 在这个意义上，民族运动也可以是民主运动。另外，民族是独异性单元，有自己的历史，自己的领土，还有独特的民族文化。民族可能更倾向于普遍主义，发展出一种共和的民族理念，从而对出身与种族与自己不同的公民一视同仁。如果它更倾向于特殊主义，经常就会与本民族的族群根源建立关联。正如本节开头所说，晚现代的新民族主义一方面发生在西方社会内部一些地区，另一方面发生在世界范围内一些民族国家中，它们经常站在反"西方"的立场上。在这两种情况下，民族身份认同的构建基础，都首先在于推崇共同的、独异于人的文化——在晚现代，民族复兴的大体形式就是文化民族主义。

地区性的民族运动，加拿大的魁北克可以作为一个范式。[73] 那是一场关于政治自治和独立的运动，以法语少数民族为基础。魁北克文化政策的核心，是维护自己的文化（特别是语言）。因此，这种地方文化本质主义类似族群共同体的身份认同政治，对于这样的身份认同政治，人们也部分采取了多元文化主义的态度来应对，让这些地方的文化传统在统一国家的范围内——比如此处的加拿大——保持合法地位。[74] 一方面，个人可能会感到受了排挤，从而想要与中央政府划清界限，另一方面，集体身份认同显然在文化上和情感上都在吸引着他：魁北克民族的文化、加泰罗尼亚民族的文化、苏格兰民族的文化自 20 世纪 70 年代以来就像一种文化资源，有语言上的特色和自己的历史叙事。这一资源能唤起主体求"真"的愿望，让他想要在文化上丰富自己的生活形式：它们能提供一些与众不同的东西。如果将地方民族文化这样理解为文化资源，就意味着这种资源会为晚现代主体填补文化或个人认同方面的某种空白，在这种情况下，地方民族性就会成为他的首要身份认同；或者，这种资源不能让他与众不同，却能在他策展式生活的其他文化要件和身份认同之外，再补充一个有趣的、能让他主观上感到满足的选择，来丰富自己。[75] 于是，地方性文化本质主义的立场有可能是反对文化世界主义的，但也完全有可能作为众多身份认同的选项之一，成为文化世界主义的囊中之物。[76]

同样，以民族国家为基础的文化本质主义变体，即第二种文化本质主义，也有很宽的光谱，其一极是大力培养"自己"的文化，另一极是专注于——有时极具攻击性——与"他者划界"。总的来说有一点很显眼，就是这种情况下的民族复兴主要发生在挑战西方社会模式的国家中。自 2000 年起，一些地区性大国比如中国、俄罗斯和印度，要求在北大西洋西方的模式之外，另走出一条社会治理道路。这一自主现代性的话语铺垫，总是要与本民族公认的优秀文化关联起来。这种文化民族主义类似以前的欧洲中心主义，可以理解为"发展中国家的新文化本质主义"。[77] 中华民族、俄罗斯民族和印度民族以自身"文明"的承载者出现，有意识地与西方文明区分开来。人们总是或明或暗地借助赫尔德、奥斯瓦尔德·斯宾格勒或塞缪尔·亨廷顿的文化循环论。这种类型的文化本质主义在广泛的人文、媒体和政治话语领域中也得以发展，以它们为背景，不时出台相应的国家政策，比如外交政策，还有教育、宗教、媒体政策也是重点。比如，中国和俄罗斯的文化科学界即"文化学"，就获得了为本民族"文化圈"正名的重要职能，主要以历史政策的形式展开。原有的民族中心主义文化化话语调转了方向：过去，19世纪末的"旧中国"或"旧俄罗斯"在西方和本国西化学者看来都是落后的文明，现在人们却在有意识地对二者进行自文化化，赋予它们自有的、正面的独异性。[78]

409　　民族对自己进行文化化，经常本着一种本质主义的想法，认为自己的文化是"真"而统一的，强调文化根源，同时还有一种对自己的例外主义。如果是那种与外界严格划清界限的民族主义[79]，那么他们眼中的西方形象要么是没有文化的理性主义，没有价值，要么就是世界主义的超现代，过度强调个人的自我实现。在这种情况下，开放－分殊自由主义就是敌人。文化民族主义认为西方所持的空洞的普世主义"正在没落"，人们用自己的文化传统和文化共同性来反对它。

宗教原教旨主义

晚现代宗教性的复兴常被重点提及。组织化现代呈现世俗化趋势（从某种角度来说现在仍是），宗教活动和宗教团体自1980年以来却重新变得活跃并重要起来，不仅西方社会，整个世界都是如此。宗教性有了一种新形式：它活跃在全球性宗教市场上，在这里，激进要求宗教之"真"的原教旨主义具有很大的吸引力。[80]

410　　从文化史方面看，宗教领域与美学领域一样，是赋值和去值这两个社会进程发生的主要场所，也是在意义和感官上给人

"神圣性"的文化活动发生的场所。西方现代社会的理性化和去文化化，在因果上首先是与世俗化的过程联系在一起的：西方在反教会的背景下，发生了正规教会的世俗化，以至于宗教——即使没有完全消失在不可知论中——日益沦为教会具文或个人信仰，与日常生活没有明显冲突，而是或多或少服从其安排。

宗教有了吸引力，可以理解为晚现代社会文化化的一部分，晚现代社会的文化化就是为了应对现代社会的过度理性化形式——组织化现代，应对它在叙事、伦理和情感上的缺陷。如今，赢得新信徒的不是传统的正规教会，而是新的宗教共同体，它们的信徒参与着富于情感厚度的活动。关键是，人们以前通过正规教会进入宗教社会，而新的宗教性共同体是人们选择加入的，在信徒看来，入教的决定常常表现为"皈依"（例如"基督徒重生"）这样的人生大事。宗教团体作为某种特殊的文化独异性产品，在世界范围内流转，彼此竞争。[81]禅宗、各种新纪元共同体、福音派教徒、灵恩派以及萨拉菲穆斯林等，都是如此。宗教共同体散发着吸引力，供人们自主选择，它们每一种都有成员共同的文化活动，能给人深度的主观体验。新宗教并不限于个人信仰或常规教会，而是基于集体进行的、非日常而又有独异体验的表现及活动（从集体冥想到神圣的礼拜式等）。

这些晚现代的信仰选择和宗教团体，绝不能以"原教旨主义"一概而论；有一些只是独异化生活方式范围内的"精神"元素。[82]原教旨主义团体有自己的本质特征，是文化本质主义强有力的汇聚点。[83]美国的福音派、拉美的灵恩派、西欧移民以及一些伊斯兰国家中的原教旨主义分支都是典型例子。不可忽视的是，这些原教旨主义团体对信仰有绝对的要求，却也要在宗教市场上流转，因而也处于文化产业化的格局之中。信徒

411

们主动决定加入，这些信仰也就是全球性的宗教"供应"，与以往传统的、受文化空间地域限制的情况完全不同。[84]

原教旨主义团体依靠的是对宗教之"真"的根本要求：信仰的根本教义似乎是先在的，不可讨论的。在信仰的创始事件及创始文献与当下的宗教活动之间，存在连续性，这是前提。在晚现代文化本质主义的所有形式中，宗教原教旨主义是最严格区分内外的，一边是伦理上宝贵的内部世界，一边是伦理堕落的外部世界。它们是——借用马克斯·韦伯（Max Weber）的概念——典型的、否定世界的救赎宗教[85]：现代生活世界，它的经济、私生活、政治，不仅被看作世俗的（因为这至少还能容忍），而且在道德上根本就是腐朽的，是需要被克服的；原教旨主义对它进行最大限度的去值。原教旨主义团体中，主体的宗教体验、宗教叙事－阐释都从属于教义的伦理－道德取向：它们有严格的伦理规范，个体任何想要自我实现的想法都得向它让步。

宗教原教旨主义可以像亚文化一样，弱化为一种反主流文化，或者带着政治诉求（有的很激进）尝试对外发挥影响。对于原教旨主义，不应该将它们单单理解为（组织化）现代过度理性文化的反对者，他们就是针对晚现代超文化本身的反抗运动：有些原教旨主义活动是后工业文化中，在文化上及社会上处于弱势或边缘的某些社会团体利用的工具（老中产、底层移民），[86] 有些是因为独异化的生活方式，以及这种生活方式对伦理价值的解构给人造成了失望，原教旨主义成了对失望做出的反应。

原教旨主义宗教团体在进行社会独异化吗？它们在将自己塑造成独异性新共同体吗？奥利维埃·罗伊（Olivier Roy）分析指出，晚现代，全世界的原教旨主义都采用标准化的形式。这是一种通用的晚现代宗教范式，其中，个人的精神诉求、宗教作为明确而标准的体系、传道者的角色，这三个组成部分是其根本特征。[87] 这是一方面。另一方面，在"世俗"的日常生活世界衬托下，信徒体验到原教旨主义团体是由同道中人和专门活动构成的独一无二的自在天地，这个天地将他与某种传承千年的传统连接在一起。这样，它就成了一个反世界，是信徒眼中充满吸引力的另一种生活方式，还能给他们一种集体认同感。这些团体一起培植着一种宗教例外主义：正因为它们不是（受国家扶持的）为所有人平等存在的正规教会，而是有严格的伦理、严格的内外界限以及对主动皈依的要求，才能被信徒理解为非世俗的身份共同体。由于这里的宗教主体本身不具有独异性（只有他的皈依心路是独异的），而只是团体的一个附件，所以通过皈依这种例外主义团体，他能间接获得独异性。[88]

右翼民粹主义

右翼民粹政党自 20 世纪 90 年代起进入了欧洲的政党体系。[89] 它们可被理解为文化本质主义的另一个版本，与文化民族主义有部分交叉。与社会文化层面"身份认同"运动 * 的关联，是它们的典型特征。[90] 右翼民粹因而不单单是政党政治，它推行的是一种以文化均一性为理想的政治。

不能简单地将右翼民粹的兴起理解为传统极端右翼的延续，其实它体现了西方政党体制的重构。1945 年到 20 世纪 80 年代的组织化现代，西方政党体制是由两点决定的，即"大众代理人"全民政党的主导地位，以及社会民主派中左翼政党与

413

414

---

* "身份认同运动" 德文原文为 identitäe Bewegungen，英文为 Identitarian Movement，目前似乎还没有权威的统一译法，散见的译法有 "身份运动" "认同主义运动" "认同政治派" "认同主义者" 等，总之是与身份认同相关的、以青年运动为发端的一股风潮，1990 年前后先是发生在社会、文化领域，继而扩展至政治领域。——译者注

保守中右翼政党之间的分野（关键词"Cleavage"）。[91] 自 20 世纪 80 年代起，晚现代的政党格局表现为全民政党的萎缩和众多小党派的兴起，甚至形成了一个市场，兴起了许多政治小群体，他们表现自己，努力显得"真"。[92] 如前所述，法团主义的社会民主共识在向着开放－分殊自由主义范式转型，这一范式内部的新分野，处于新自由主义和左翼自主派之间。然而，伴随着右翼民粹，一条新的、根本的冲突线在政党体制中形成，新自由主义有一家独大之势，这条新的冲突线显然是对此的回应。对于开放－分殊自由主义，右翼民粹主义挑战它的左倾自由派，还有经济自由派。这一新的巨大分野根植于一对矛盾，一边是某些民间社会文化团体所持的"社群主义"的、反对多元化的政策，另一边是自由派主张开放市场、开放身份认同的世界主义政策：这是封闭政策和开放政策之间的分野。[93]

右翼民粹主义的本质，并不在于具体的政治内容，而在于其根本不同的政治模式。[94] 民粹主义的精确定义，是一种政治形式：它要求将人民的意愿直接转变为政治实践；它认定施政者与被施政者之间的一致性是可能并可图的，借此，它至少是在隐蔽地使用一种民主理论模式，其出发点不是多数原则和代议原则。这一模式认为人民有一种集体利益，可以不需中介机关而直接转化为政治行动。民粹主义遵循的这种身份上的非多数原则，比他们的反精英主义还要彻底。他们的反精英理论基于一种反对多数原则的、他们认为的"真"民主，在这种民主中，"人民"作为一种无可置疑的道德机关出现，有自然的关切和价值——"真正的美国人""人民大众"（classe populaire）等。在这种情况下的民粹主义者，并不将自己视为代表，而是人民的一部分，是一种"运动"的领军者——"**我们**就是人民"，而且"我们**就是**人民"。

关键的一点是，民粹政治模式中的人民，是被当作一种均质的民主基础来看待的。[95] 这涉及两个层面：一个是狭义的社会层面，一个是文化层面。社会的均一性模式是指，"真正的"人民在生活境况和关切上都是有社会一致性的——就是"小老百姓"、普通职员和工薪族，那些"辛勤劳动建设国家的人"等。[96] 文化上的均一性意味着价值和活动在文化上的一致性，比如一种带有集体身份认同的民族文化、一种自然而然的共同思维方式、普遍认可的"正派人"道德观念。右翼民粹主义在相当程度上依据文化本质主义，却同时认为社会是均质的。右翼民粹的文化本质主义是这样体现的：作为政治统一体的人民，本质上被右翼民粹当作了文化性的统一体，通常是一种民族文化统一体——"真正的法国人"（真正的奥地利人、荷兰人、匈牙利人等），以及他们特有的历史、传统、领土和"民族性格"。人民的文化仿佛表达了一种天然道义，一种"公理"。[97] "真正的人民"之所以是一种社会统一体，通常因为它是由"沉默的大多数"，由"小老百姓"组成的。总的来说，民粹政治在面对人民时，通常将他们当作一个社会文化共同体，他们是人民、是大众、是族人（demos, populous und ethnos），他们的关切和价值要转化为实际行动。而且，这一社会文化共同体也要通过民粹政治得以保存。

416

　　民粹的文化本质主义也建立在内外对立上，建立在"我们和别人"上。[98] 这里的赋值和去值高度极化，在一种敌我逻辑下进行。最常被摒弃的对象是世界主义者和移民。移民被认为不属于"真正的人民"——要么因为他们没有分享民族文化，要么就是笼统地因为他们没有"正确的"出身或宗教信仰。他们认为世界主义者不能代表本地土著多数。这些人包括活跃在全球的职能性精英（"全球主义者"）、持世界主义价值观的新中产、典型的大都市居民、反对传统家庭观念的进步运动（女性主义、性少数群体运动）或一些国际化运动的支持者。后工业独异化社会的中流砥柱——知识文化产业中的新中产，自觉地认为有一种高级的当代生活方式，这些使他们在右翼民粹眼中成了"真正的人民"的敌人，成了一种寄生式的外界。只有在民粹政治这种普遍的背景下，相关政党的主张才能获得意义。他们代表着开放 - 分殊自由主义之外的一种社群主义道路。右翼民粹反对主张多样性的左翼自由主义，反对社会的新自由主义式竞争，他们的政策（policy）重点与之正好相反，就是要调控民族经济，调控社会政策，以及追求均一性的文化政策和移民政策。[99]

在与世界的关系方面，右翼民粹持种族多元主义态度。[100]其他民族不一定被贬低，而是可能被当作同等地位的外人加以尊重。关键是自己的民族，它的与众不同、它的独异性和"真"要得到保护。他们的敌人是文化杂交和横亘在民族国家之间的全球化机制（全球化经济、国际组织）。右翼民粹的理想，是多个对内闭合的"文化圈"并存。政治上的种族多元主义有可能反转成文化战争，比如 21 世纪初右翼民粹反对"伊斯兰教"的斗争就是典型例子。

本质主义、超文化和自由主义之间的文化冲突

在独异性社会中，文化社群主义和文化本质主义倾向处于什么地位？它们与开放 - 分殊自由主义主流政治之间的关系如何？问题比表象更复杂。简而言之，文化社群主义者处于独异性社会的全球性架构之内，并且经常（但不是非得）反对处于主导地位的超文化。这就产生了文化冲突，其形式是围绕着文化展开的冲突。

我们已经看到，晚现代普遍地在各个层面上扶持那些反对形式理性的元素，以对抗它在意义和情感上的贫乏，这些元素对情感、特色、吸引力和"真"都有很强的文化性要求。族群

性、宗教性和民族性文化社群主义者其实都在强化这一根本性质。因此，这些文化性共同体不是反现代异类，而是独异化社会固有的、合理的组成部分。我们前面说过，新共同体是晚现代社会的典型社会形式，而且与独异品市场和异质协作处于同等重要的层面。它们形成了一种独异的社会性，不仅如此，文化共同体和本质主义共同体也大多活跃在文化市场上：身份认同政治、文化民族主义、右翼民粹主义和一些宗教原教旨主义其实根本不是只专注自身的亚文化，而是带着自己的产品、商品和其他政治配备出现在可见度市场上，我们在创意经济和数字媒体章节中已经详细分析过这个市场。它们都在一个全球性身份认同市场上，争夺吸引力，争夺支持者。

同时，个体通过文化的组合和杂糅来实现自我，这种以新中产的生活方式为代表为创意产业量身打造的文化模式，与本质主义者所要求的文化模式正好相反，他们所要求的是均一的共同体，个体只作为其中的一分子。[101] 超文化是自我实现和市场的二位一体，因而也就成了文化社群主义者在文化上的敌人。超文化的独异性个体，与文化本质主义的独异性共同体对立，这边是文化元素组成无尽的空间，赋值在这个空间中灵活多变，那边则是通过内外对立力图固化赋值；这边是创意的多样化安排，那边是循旧法古；这边是不加限制的正面情感，那边是负面情感的刻意营造。

这样，文化本质主义运动总体上就可以被理解为对超文化的批判性反应，是一种反抗独异品竞争的运动，包括以下两个方面。一方面，它们是对超文化失望体验的系统性反应，是以实际行动对超文化生活方式所做的文化批评。自我实现、独异品市场的超竞争性以及创意装置文化，都能引起主观的失望感，会招致激烈的对抗模式，比如反个人、强调成员平等、推崇传统的共同体。文化社群主义者保证集体身份认同的"坚不可摧"，灵活多变的超文化是保证不了这一点的。在特定的情况下，个体的独异性身份认同可能借助文化社群主义获得额外的、令他得到满足的另一重身份（苏格兰人、拉美人、浸礼会信徒、萨拉菲穆斯林等）。

另一方面，文化本质主义也可以理解为外围反抗中心的运动：在社会、政治和文化意义上存在一个民族性的、遍布全球且形式多样的外围——被涉及者自己也这么认为——在与中心对抗，移民、本地族群共同体、宗教原教旨主义和右翼民粹以及——虽然方式不同——反西方的文化民族主义都一样，也是它的一种形式。这个外围对抗着中心，即对抗其经济、科技、社会结构和文化结构（这些结构即本书的重点内容）。文化本质主义和文化社群主义恰恰在西方社会，特别是老中产和新底层中获得支持，是不足为奇的，这些都是在晚现代社会和文化方面处于弱势的阶层。[102]文化本质主义在反抗开放式自由主义的斗争中变成了工具，人们用它来抵御这种自由主义带来的痛苦和失望。

从狭义政治层面来看，文化社群主义与开放 – 分殊自由主义的关系显然是多方面的。首先，在特定条件下，二者有结合的可能，即自由派多元文化主义模式。左翼自由主义大力支持开放的身份认同和文化多样性，这对少数派共同体的身份认同是有支持作用的。族群共同体、地区 – 国家运动和一部分宗教团体不仅有可能被包容，还有可能作为文化遗产，成为整个社会文化的有益补充而获得支持。[103]"身份认同政治"——例如美国黑人或加拿大的魁北克人——在最初阶段，与分殊式自由主义并无对立，而是被包含在其框架之内。这种情况下的多元文化主义要求较高，它的前提是文化性共同体要服从自由主义政治的法制 – 文化框架，只有这样才能在这个框架里有尊严地平等共存。

　　自由主义与文化社群主义这样并存的情况，肯定没有消失，但自世纪之交以来，却大部分转化成了对立。在国家和全球层面上，一些文化本质主义是在与政治自由主义的敌对中形成的。比如右翼民粹主义、国家文化民族主义、一些宗教原教旨主义，间接地还有一些自我封闭的族群共同体。这里明确存在两种社会模式和文化模式的对立：一方是主体的个性发展和文化产品市场，另一方是共同体的均一化；一方要文化杂糅，另一方则以严格的内外区分为前提。于是，不同的文化本质主义又令人吃惊地联合起来，他们看待敌方的眼光是一致的，比如反对自由主义外交政策的右翼民粹国际化联盟，或反对自由主义婚姻政策的各种原教旨主义宗教团体联盟。文化本质主义彼此之间的关系，经常是种族多元主义的。真正的敌人不是其他民族或宗教团体，而是那种政治体制，那种使固定的文化集体变得流散松动的体制——开放 - 分殊自由主义。[104]

　　21 世纪有一个悬而未决的问题：面对文化本质主义，开放 - 分殊自由主义如何做出反应，是采取敌对态度，展开一场防御战，还是自行消失，或向另一方向转型？确实，任何一种政治范式都有时效性，它只应对某种特定的问题格局，社会情况变化了，它解决问题的能力也就随着时间耗尽了。所以并不奇怪，开放式自由主义内部除了顽强的斗志以外，也出现了自我批评的倾向，而且左翼自由主义和经济自由主义两大分支都有。左翼自由主义以文化多样性为目标，用批判的目光仔细审视之后，人们清楚地发现，文化本质主义、族群共同体和宗教团体并不是乖乖地等着被安放进文化多样性的少数派共同体，他们中有一些，对基本的自由主义社会体制是不信任的。因此，自由主义政治内部就形成了对"种族崇拜"的批评，以及对"文化分离主义"的批评。[105]

　　这就要将文化的新政治模式这个问题提出来了，这个问题

421

422 不仅针对少数派共同体，而且针对决定了创意经济和新中产生活方式的超文化问题，它也在引出另一种政治选择。围绕"文化融入"有许多争论[106]，而且人们也意识到，现在没有一种普适的、可以容纳各种团体实践和价值的政治，这些都表明，自由主义还需继续反思政治上如何创建适宜的文化模式。他们还要考虑一个任务：共同体和集体是文化的参照点，它们对于文化社群主义有关键的意义，怎样才能不把它们整个丢给文化社群主义去解决？有没有一种办法，能让它们进入晚现代世界民族之林，能保护多元性，而且还要超越超文化的消费模式？[107]

而且，开诚布公地说，新自由主义开放－分殊这一支干，还有以创新为导向的竞争力国家这种模式，也都已经触到了自己的边界。[108]而这一点恰恰是随着文化本质主义的兴起才变得清楚的。自由主义的无壁垒市场进一步强化了后工业经济，也加剧了在这种经济下的两极分化趋势：职业的高端与低端、社会文化地位的升与降、热点地区与没落地区。社会阶层、生活状况在社会和文化上都两极分化，在这种情况下新底层和老中产经历了去值，被挤到了边缘，他们中的一些群体就会在各种文化本质主义中寻找寄托。文化本质主义的崛起，也可以被理解为边缘人群的反抗，开放－分殊自由主义自己在这个过程中

423 不自知地起到了间接的作用。自由主义所面临的政治挑战，就是不仅要知道如何运用直接的政治手段应对各种形式的文化本质主义，还要知道如何应对不断滋生文化本质主义的社会文化去值进程。[109]

暴力的政治 —— 恐怖和杀戮是独异行径的仪式

本章末尾，我还想简短审视晚现代政治因素的另一个体现方式：恐怖和杀戮行径。2001年，基地组织用飞机袭击纽约世贸中心大楼，举世震惊，自那以后，人们又目睹了世界上许

多新的恐怖袭击，主要有伊斯兰激进主义组织 IS，也有极端右翼（比如 2011 年发生在瑞典的事件）。还有许多杀戮行径，它们在本质上是与之类似的，杀戮者以年轻人居多，比如引起全球关注的美国科罗拉多州科伦拜高中事件。[110] 这传达出令人不安的讯息：暴力政治是晚现代的一种症状。

一开始人们不明白，这些行径与政治有什么关系。如果认为政治就是以管理社会为目的的国家治理，那么这些事确实是非政治的。然而，在一种根本的意义上，这种政治性是指对待身体暴力的态度，也是指现代国家是合法使用暴力的唯一机关。不论是恐怖袭击还是杀戮行径，都是故意要让广大公众看到国家的暴力专权失效了。这里的暴力不是用来实现某种目的的手段（不同于抢劫或谋杀），而是暴力的展示。恐怖袭击有狭义的政治上的动机，而杀戮行径的动机主要是个人的。但是，二者的决定性因素并不是动机，而是其发生时的政治局势。独异性社会为这一点提供了框架：它们展示暴力，震慑观众，展演自己另类的社会境况。

独异化地展现暴力，这个现象总的来说触及了现代社会暴力问题的本质。诺伯特·埃利亚斯（Norbert Elias）在他的相关理论中认为，现代暴力是国家和社会对暴力不断加强管控、负面情绪不断民间化的过程。不过可以更准确地这样说：现代社会让体制内机构使用暴力，是为了压制个人暴力。[111] 20 世纪 70 年代以来的晚现代社会暂且可以被看作这一进程的顶点。新自由主义的左翼自由派，还有——并与之交织关联着的——后工业社会职业领域向项目和网络的转型，以及教育向"深度育儿"的发展，这些都提高了人们对身体和精神暴力中一些要素的敏感度，而这些要素是典型的现代社会"留下来"的。这些也需要更准确的界定。[112]

如此看来，晚现代文化仿佛是社会和平化的顶点。虽然相

424

比组织化现代，晚现代的社会互动显然没那么多规矩，但它对行为不加调控，前提就是主体内心要更加深化"不要暴力、不要攻击"这样的观念。[113] 晚现代的理想是没有暴力，在这个背景下，恐怖和杀戮等独异化的暴力展示是尤为巨大的困扰。可以尖锐地说，这些行径将晚现代体制固有的秘密暴露于人们认知之中。晚现代的超文化、经济文化产业的后工业主义、性别平等、市场和项目、自由主义政策，所有这一切都以一个和平社会为前提，以个人在日常生活中极度的心理自制为不言而喻的前提；恐怖和杀戮就是在以惊人的方式质疑这样的前提。

仔细审视就会发现，这些暴力行径利用了由媒体支撑的独异品文化－情感可见度市场机制，如果没有它，这些行为是不可想象的。[114] 这里有三个要素：行凶者、受害者和观众。一般的犯罪总是秘密进行的，这些行径不是这样，而是要在观众眼前、为观众而发生：不是有名有姓的观众，而是无名的（也许是全球性的）整个社会，可以通过媒体——主要是数字媒体——接触到。受害者并不是刻意选择的，而是随机的。这样，观众对受害者就会感同身受，他们不过是作为代表出现：原则上每个人都可能遇到，原则上这是针对每个人的。恐怖和杀戮这样的暴力行径之所以可以被看作独异的行为，是因为它们与众不同，而且打破了和平的普遍秩序。在一种排除了暴力（只有体制内暴力）的文化中，可见的、刻意的行为暴力千真万确是不寻常的。而且这些不是随意的暴力，这些行径的独特性来自其极端的残忍、它带来的极度的羞辱以及它令人瞠目的刻毒策划：在典型的、文化熔炉式的城市中，资本主义现代社会一座标志性建筑；在小岛上度假的持社会民主观念的青少年；还有在城市景观中，参加一场流行音乐会的轻松愉快的听众。[115] 这些独异性的暴力行径之所以独异，就是因为它们是轰动性的、精心策划的屠杀。

　　跟其他的可见度市场一样，这里最终进行独异化的，是观众，他们在此所用的标准是情感强度。暴力展演符合这种套路：暴力行径的目的，就是要通过触动情感获得可见度，只不过是极度负面的情感。行凶者利用了晚现代可见度市场的规律，同时反其道而用之：没有赞叹、乐趣或与众不同的独特，吸引目光的是可怕又吓人的独特。晚现代的正面情感文化，被一种残忍卑鄙的行径打破了。就是这样，在正面情感文化中，没有什么比极度的负面更震撼，观众无可奈何，只能见证那些可怕宏大的恶行。这样，恐怖和杀戮这样的暴力展演就成了负面独异品，它所属的类型我们已经分析过，即超文化中那些超出了可接受范围的独异主体、独异客体或地点，它们要么不被认同，要么引起怜悯。[116] 对于暴力展演行径中的主体，却是另一种情况：他们对自己的独异性是自知自觉的，故意要在行为上招致负面评价。它们可不是别人怜悯的对象。他们庆贺自己的离经叛道，是"大笑的凶徒"。

　　暴力展演有特有的形式，它们并不发生在社会的文化化进程和赋值进程之外，而是发生在这些进程之中。一般来说，（行为）暴力是为达到目的而采取的手段；借助它是要达到一个目标（占有别人的财产、占领一块领土等）。晚现代社会的恐怖或杀戮行径却是另一回事：它们的目的是暴力本身，以困扰人的方式成了一种文化实践。这种情况，正符合瓦尔特·本雅明（Walter Benjamin）关于暴力的论述：它们"不是手段，而是宣示"。[117] 作为文化实践，它们有叙事 – 阐释维度，即通过讲述一个复仇故事（消灭那些毁掉了西方的人、吃亏者的反讽式胜利等），在一种特别的复仇伦理框架下，它们有了某种"伦理"维度（比如报复西方、报复那些从不在乎我的机构），而且因为它的实施以极大困扰的形式牢牢吸引了观众的感官，所以它也有一种"审美"和设计的维度。暴力展演因而并不处

427

在用途和功能的领域，而是处在赋值领域中。如果晚现代文化里还有一种现象，能万无一失地获得负面赋值，那就是暴力。[118] 恐怖和杀戮行径能刺激人，就是因为它们的结果不可逆转，能在晚现代的民间社会引起最大程度的反感，而且（一般通过凶手的自杀）不受惩罚。

前面提到，通过这种方式，不仅行为能获得独异性，而且行凶者本人也能获得独异性。行凶者或恐怖分子之前是社会边缘人，他通过自己的疯狂行为获得了"十分钟的荣耀"，这是安迪·沃霍尔（Andy Warhol）谈到晚现代主体动机时所用的话。行凶者想要某种负面英雄主义，他随机选择受害者，对他们大加屠戮，以此宣示这种负面英雄主义。以往被忽视的人，强迫别人把目光投向自己。结果就是他的行为被公认为反面的豪举（而在与自己"一条心"的圈子中，会获得景仰和崇拜）。所以我们有理由用独异性社会的结构性条件来解释为什么有些行凶者会出于特定的动机做出恐怖行径或杀戮行径。行凶者来自社会结构中的"失败者"群体：我们已经分析过，杀戮行径多与个人痛苦相关，一般是一些西方中产阶层的年轻人，在"自我实现"的文化浪潮中，他们处于失败者的地位上；实施恐怖行为的人，则大多感到自己在社会和文化层面上遭受了歧视，进而在激进的宗教性或政治性文化本质主义中寻找认同，以这种名义参加到反对西方霸权的征程中来。对于行凶者来说，暴力可能成为一种"有吸引力的生活方式"，[119] 因为它确保能把凶手从受害者变成反面英雄。如果说晚现代超文化是一种吸引力文化，那么宣示暴力就能让那些从来不被关注和赞赏、一直处在阴影中的人获得吸引力。有了吸引力，人们就遵从独异性社会的规则，而且至少能短暂地逆转这个社会关于暴力的秩序。

结语：普适危机？

　　晚现代独异性社会是一个挑战——对社会学和政治都是。它迅速地调整了普遍与特殊之间的社会性关系，解锁了现代社会所依赖的基础结构和确定性。这必然会激起社会学的兴趣，社会学作为工业化现代社会产生的一门科学，长期以来它的基本概念都是在现代社会框架中找到的。政治话语长期依赖"现代化事业"及其普遍的进步理念，它也会面临考验。

　　我们已经看到，自 20 世纪最后三分之一以来，社会化的各种形式经历了新的调适。独异性社会规律在经济、科技和劳动领域，以及生活方式和日常文化，乃至政治领域都具有架构性力量，而典型现代的普适化规律却日益沦为一种基础设施，为独异性逻辑提供方便。独异化进程根本不是"个性解放"，其实是一个——在行为学上可以详加分析——高度动态的、制造独异品的进程，即在客体、主体、事件/活动、地点和集体这几个层面上制造独异品。独异品并不是在社会存在之前一直就有的，而是围绕着它们形成了一些复杂的独异性社会化形式，在这些社会化形式里，进行着对独异品的制造、观察、赋值和取用。所谓"个体"，是现代社会的一个神话，用独异化的视角来看，它就算没有被揭穿，至少也已被祛魅，但这丝毫不会损害独异品对社会的赋魅能力。独异性社会的后台仍然是不带感情的形式理性化，而在前台，它自然是一个以超文化为形式的文化社会，不断地受到文化本质主义的挑战，不断地为社会产出各种情感。在文化产业化进程中，文化性独异品的关注度市场和赋值市场是晚现代社会的主流社会形式：各种物品和服务也成了独异性产品，争夺着关注度和赋值，主体在寻找工作、寻找伴侣或寻找一般认可时也是这样，城市和地区、学校、宗教团体、恐怖组织也都一样。项目或网络之类的异质协作，宗教性、族群性或政治性新共同体是独异化社会规律中可选的两种社会组织形式，它们有些与文化经济化结合，有些则与之竞争。

有一个问题是成立的：独异性社会究竟是现代的一部分，还是它正向另一种全新的后现代形式转化？如果认为18世纪开始的西方化现代是所谓"历史的终结"，确实是幼稚而短视的，黑格尔、科耶夫和福山都曾这样想过。[1] 现代毕竟不能包举宇内，它本身彻头彻尾是历史性的；它不仅有起源、发展，迟早也会有消亡史，以及向着另一种后续的社会形态转型的转型史。

目前还很有理由继续使用晚现代这个说法。大约250年来，西方社会都在走着某些体制线路——市场、议会制、法制、科学等——除此之外，对整个西方具有标志性意义的，还有我在本书中所探讨的问题，即普适性社会规律与独异性社会规律之间的关系，它是现代社会的核心问题。现代从一开始就是一个极端的社会，因为它以一种史无前例的方式，将社会的普适性导向和独异性导向都加以极端化、体制化。本书重点研究的晚现代，已经开始将以往处于次要地位的独异性规律推高成一种全局性的架构力量。于是工业化现代与独异性社会的断裂，产生了一个根本的影响：18世纪末至20世纪70年代典型现代时期那些固有的东西，现在被动摇了，即关于社会进步的标准理想——"现代事业"。[2] 它发生在哪些方面呢？

第一，在独异性社会中，关于政治进步的"宏大叙事"在某些方面被关于（个人）成功和（个人）美好生活的"微小叙事"取代了。新中产以"成功的自我实现"为目标的生活方式就是其范式，我们对此已经做过详细分析：众人都向往的理想似乎实现在独异的层面上，而不是普遍的层面上。第二，是关于晚现代社会的时间观念。晚现代社会的各个社会领域和各种生活形式在根本上都是着眼于当下的，所以，以前崇尚进步的社会那种"建设未来"的体制已经"退化"。晚现代，"新"是绝对要求，而"新"又是瞬间的，不以长期创新或进化为导向，而是以当下的情感为导向。[3]

第三，与工业化现代相比，晚现代是否确实代表了一种社会进步，这个问题显然不能再一概而论。从工业化现代向晚现代转型的进程中，西方社会各种群体，比如成功者与失败者、进步者与倒退者、增值者与去值者，他们的分配是不均匀的——有高端人才和低端人才、创意工作者和普通劳动者、男人和女人、当地人和外来者、异性恋和同性恋、世界主义者和乡土主义者、大都市居民和乡村居民、外向型和内向型人、重生活质量的和重生活水准的人、天才和"一般人"，还有各个不同年龄段的人，等等。这些类型交叉重叠，在过去40年的社会转型过程中就产生了完全不同的、相反的轨迹，有的上升，有的下降。迄今为止，晚现代的主流文化秩序框架是由"成功的自我实现"、超文化、知识文化产业以及开放－分殊自由主义组成的，在这个框架中虽然一直在强调某种进步，声称在社会自洽与和平方面胜过了工业化现代，但通过本书的分析，但愿能让人清楚地发现，21世纪初，晚现代一些根本的危机元素也在显现。总结起来有三种危机：认同危机、自我实现的危机和政治危机。

认同危机产生于工业化大众经济向后工业化独异性经济转型的过程中。[4]前面已经说过，这一危机的特点是两种极化现象：一方面，在工业化现代末期，不断扩大的知识文化新产业高端人才和主要从事简单服务业的低端人才或失业者之间，因体制问题而出现了社会剪刀差；另一方面，高端的知识文化产

<aside>432</aside>

业内部也存在成功者与不成功者之间的不均衡。后工业经济遵循创意产业的赢者通吃或赢者多吃逻辑，给个人的认同是极不均匀的。光彩夺目的赢者直接参与复杂的独异产品创制，或者他们的工作本身就是宝贵的独异性成就；而那些不受重视的人，在从事可替换的日常工作。后工业社会自认会成为知识社会，实现教育革命，让所有人在社会上都能成功，都能获得专业能力，这种两极分化让这一预期落了空。独异性社会，其实是激进的精英主义与破除这种精英主义之间的矛盾统一：它的极端精英主义，使高端人才与低端人才明显对立，[5] 同时，它又在很大程度上将可预估的绩效 - 专业标准，换成了不可预估的市场成功度以及"成功的自我表现"，绩效社会的公平理念因而失去了依凭。

与职业领域的两极分化相呼应的，不单是生活方式在物质上的两极分化，还有文化上的两极分化。如前所述，在料斗电梯效应下，新中产和新底层（包括部分老中产）的发展背道而驰：文化上一个上升一个下降，同时进行。新中产不仅在职业上获得了认可，而且有了一种文化导向的策展式生活方式，以此在各个方面——从健康理念到世界主义，从教育、育儿到居住——创造高（伦理和审美）价值，以宝贵的"美好"生活承载者面目示人。相反，新底层的整个生活方式却遭受了去值，他们的工作也随之遭受了去值。结果就是，一个相当大的社会群体与进步的希望脱钩了。

"自我实现"的文化性危机也是独异性社会特有的。认同危机所触及的，是社会上和文化上处于弱势的人群，自我实现的危机牵涉的却是文化上占主导地位的核心，准确地说，就是"成功的自我实现"的生活方式，它是晚现代文化的导向，也是新中产追求的目标。[6] 这种生活方式将浪漫主义传统与市民社会对社会地位的推崇合而为一，不仅推动着人们越来越独立

自主、不断去满足愿望，而且体系性地产生失望感，这些失望 434
感在极端的情况下会变成心理问题，抑郁症成了晚现代的标志
性病症，就是最有力的证明。[7]我们前面已经看到这台失望发
生器是这样被发动的：在"成功的自我实现"这种生活方式
中，个人的幸福一方面取决于变化无常的个人体验，另一方面
取决于难以捉摸的各个文化性市场（就业市场和婚恋市场）上
他人对自己所做的评价。市民化现代和工业化现代，"自我实
现"就像一种反文化理想，能让人从种种社会束缚中挣脱出
来，如今，它一旦处于主导地位，就变成了社会期望的生活模
式，就成了失败感的源泉。"改变自我"的律令要求人们好上
加好；人们厌恶"放弃"；别人在等着看有吸引力的个性表现；
认可又取决于不可捉摸的评价偏好；最终，文化资源短缺，不
够用来对付无能为力的状况、失望感和负面情绪，所有这些都
会导致"自我实现"的文化性危机。

最后，独异性社会还有政治上的危机。[8]政治领域自工业
化组织化现代末期起，就失去了操控整个社会的力量。经济、
（媒体）科技和生活方式文化的内在规律获得了优先地位，开
放 – 分殊自由主义又加强了这一进程。政治危机既涉及政治的
公共空间及其文化基础，也涉及国家政治。主要在数字媒体助
推下，政治讨论落入了各自独立的群体性公共空间。各种文化
本质主义的政治倾向——从宗教原教旨主义到族群性亚文化再
到国家民粹主义——又加剧了这种四分五裂的局势；文化性新 435
共同体将自己的本质主义化置于政治讨论之外，宣称自己是不
可侵犯的。[9]此外，调控型国家在向着以创新为导向的竞争力
国家转型，在这个进程中，国家的基本职能在减退。晚现代国
家对自己的定位，更像一种为个人消费提供便利的设施，是为
了适应人民的消费需求，而不是为实现社会整体目标。[10]

社会层面有认同危机，文化层面有"自我实现"危机，政

治层面有公众空间和国家危机，这些都可以总括为普适性危机，当社会激进地以独异性为导向时，它陷入了这种危机。人们一旦发现这种普适性危机，就会用不一样的眼光再来看典型的现代——工业化组织化现代，以及市民化现代。如果说，典型的现代在晚现代看来曾是一种"压迫机关"，它以独异性为代价来贯彻普适性，那么人们现在会觉得，以前这样的普适性导向是一种好处，而现在已经部分地失去了。回望已经失落的普适性社会，人们对工业化现代和市民化现代就有了一种"怀旧"的感觉。

所有提到的这些危机，可以一起理解为正在形成中的普适性危机。首先，认同危机是这种情况。现在回看工业化社会，它由调控式国家负责分配，是一种全面包容的"平等社会"〔皮埃尔·罗桑瓦隆（Pierre Rosanvallon）语〕：[11] 是一个劳动社会，任何一种专业化的工作都被平等看待，都是为整个社会的富裕做贡献的。在独异性社会的后工业经济中，获得认可的不再是个人对普适性社会所做的专业的贡献，而是在市场上取得成功的（有可能在文化上被崇拜的）独异性，即劳动主体或企业的独异表现。

其次，"自我实现"的危机也可以理解为"普适性失落"的结果；这里失落的，应该是文化的普适性。市民时代的经典文化提供了文化适应的体系，主体在这个框架中进入已经存在的文化架构——一个由道德、义务和教育构成的体系——从而完善自己。[12] 在晚现代的"自我实现"文化中，这种文化体系转化成了文化资源的总和，个体为了自己能够独异于人而灵活取用这些资源。在过去的文化中，独异品是必须具有普适效力的，这一点给人安全感（但也束缚人），如今在超文化环境中，它被个体灵活且不可预测的策展式活动取代了。

最后，国家公共空间的危机以及文化例外主义的兴起，也可以解读为普适性的危机。典型现代时期，政治理所当然地在促进普适性、代表普适性方面承担了主要角色。政治体制应该能够调控整个社会的发展；大众媒体和全民党派的普适公共空间具有整合社会的功能。而政治公共空间分散在各个社群，族群性共同体和文化本质主义宗教少数派团体力量的增长，以及国家的部分退出，都可以理解为普适性政治正在消失的表现。

在独异性社会中，普适性的危机并未触及前面已经提及的形式理性在标准化、程式化和普适化方面的进程。晚现代，形式理性化相对独异化进程虽然只有服务性的、提供方便的职能，但正如我们前面说过的，它在继续起作用，它为晚现代超文化提供必要的、不可替代的基础设施。普适性危机的各个层面——社会认同、文化的普适性和政治的普适性——却不是基础设施，而是社会、文化和政治共有的：共同的、相互的认可形式，共同的文化价值体系，以及全社会的交流形式和规范框架。普适性作为社会共有，既不是稳定、统一的共识，也不是以前就有的规范基底，而是一直被争议和斗争围绕着，甚至在典型的现代社会也一样。

独异性社会中的普适性危机，其重要性几何？对此可以首先回答说，在现代历史上，危机并非特别之事，[13] 事实上，持续的危机就是现代社会的模式。但这次情况不同，不是因为现代毛病太多，而是因为，当社会的快速转型与现代对"成功"生活的高标准碰到一起时，现代社会就不断在产生新的分歧。所以，说到晚现代普适性危机，不能否认这是一种文化上的幻痛：典型现代的规范化指标继续作为基础在起作用，虽然社会现实早已越过了它。这就引出了一个问题，独异性社会是不是在要求一套全新的规范化指标，以至于 19 世纪至 20 世纪初产生的进步、公平、幸福等指标看似都不能再继续用下去了？

这个问题还没有确定答案。再说，回到工业化现代，回到扁平的中产社会、文化均一的生活方式、工业化大众经济、大众媒体、形式相同的社会空间、政治调控体制，这条路肯定已经堵死了，即便现在有些民粹主义运动想显示一点可能性。[14] 用 21 世纪初的眼光看，认同危机、"自我实现"危机和政治危机确实是政治和文化批评的焦点问题，可以预测，这些危机会是独异性社会下一阶段的主要内容。最后我想简述一下，如果要提出在独异性社会内部处理普适性这个问题，那么它现在有哪些形式，以及将来可能有哪些形式。[15]

社会性的认同危机，对社会、人的心理和政治都有巨大隐患。在向着后工业社会转型的过程中，意外地出现了上述社会 – 文化方面的两极分化这样的后果，出乎知识 – 信息社会的预想：出现了高端人才的赢者多吃市场，而非知识性技能的社会和文化地位普遍下降。这样就提出了一个政治议题：由国家调控失衡的赢者通吃市场，调整非知识性技能（尤其是服务行业）以及较低学历工作的社会地位。与此相关，城市及地区规划也是一个挑战，要以此应对社会 – 空间极化的问题。[16]

认同危机并不仅是个社会 – 物质问题，还是关于赋值的文化问题，因此它的影响更加深入：工作、工作价值、尊严、认同，以及工作对社会的意义（不管某种工作在独异性市场上是成功还是不成功）这些理念受到了冲击，而且其他的一切受到的冲击也一样大。[17] 虽然关于什么是绩效，专业能力和工作意味着什么，社会可以争论也可以调控，但哪种工作、哪种工作主体以及哪种生活方式和哪个生活地点显得有魅力，却是不能调控的。后工业社会的极化现象，在很大程度上却是因为人们感觉到了"令人满足"和"无法令人满足"的工作、"值得景仰"和"引人怜悯"的主体、热点城市和"没落"地区之间种种文化差异才产生的。独异性经济和吸引力文化显然不会遵循工业化现代和市民化现代的公平准则。

"自我实现"的文化性危机没有那么明显的政治性，它发生在私生活领域的生活方式方面，围绕着它文化批评界有诸多争论，这不是没有理由的；心理医学的诊断和治疗也很关注它。在这个问题上，人们也面对一种幻灭：如果说在认同危机中，幻灭的是知识社会关于"所有人的社会地位上升"的乌托邦，那么在"自我实现"的危机中，幻灭的就是个人幸福的乌托邦，那种实现自我的理想。长期以来，这个乌托邦在一个对所有人都有约束力的文化普适性体系中奋力拼搏，可如果这个体系自己都消失了，它又会怎么样呢？目前主要有两种相反的文化策略在应对文化危机：一种是激进的独异化，另一种是自我设限。

激进的独异化这一策略的基础，就是独异性社会不是哪种独异性都认可，而只接受那些"吸引人"的。其主导模式是成功的自我实现，成功取决于观众的赋值，观众则对"吸引力"有严格的要求。于是，文化上的边缘群体也发起运动，要求认可他们的特殊性。[18]从这个视角来看，晚现代在某种意义上还不够独异，多多少少隐含着一些歧视机制。自我设限策略走的是另一条路，在"自我成长"这种心理过于强大时，这种策略是心理咨询和生活咨询做出的相应反应。它鼓励主体，即使不完全放弃自我实现的精神，也要相对地看待它，要想到有些人生愿望是不能实现的。[19]要有意识地降低后物质主义生活方式的高要求；"成长有限度"这种理念，在某种程度上与"自我成长"的理念对着干。有一种主体文化，将发扬自我的愿望与文化性吸引力市场合而为一，因而有一些阴暗面，对此的文化批评也在增加。[20]自我设限策略反对过于强大的、依赖媒体的吸引力文化，即一种关于成功和满足感的文化，在这种文化中，并不是每种成功与失败都有同等的价值。

政治危机（此处指狭义的政治）也引发了新的争论，带来

440

了新的策略。它的根本关切是，在独异性社会里，怎样才能进行"普适性的重建"，哪怕只是权宜之计。这种普适性没法直接拿出来，它必须——免不了在争议中——自己生成。这方面可以有很多的关联点。首先，媒体上的公共空间四分五裂，这就把重建通用公共空间的问题提了出来，重建地方的、国家或国际性公共空间，让社会不同阶级、不同阶层的主体都能聚到一块儿。一些新发生的社会运动也在社会、国家和新共同体之外，努力重建某种共有形式。"公域"（commons）运动是这方面的佼佼者，还有其他一些运动是关于经济和城市规划新形式的。[21] 普适性的重建最终还涉及"文化融入"这个大标题下的一系列问题，它所包括的内容远远不止移民问题带来的后果。认清了文化本质主义倾向和"平行文化"的危害之后，如何超越族群、宗教和阶层种种壁垒，建立共同的文化准则，就成了政治上的一个焦点议题。当然并不存在一个大家必须遵从的、共同文化的普适性基础，为普适性所做的工作，为建立有普遍效力的准则、产出共有产品而做的工作，其实是一个长期的任务。看起来，这里需要的是一种政治上的"制造普适性"，用以制衡泛化的"制造独异性"。

总体上看，开放－分殊自由主义的政治范式在取代油尽灯枯的社会民主－法团主义范式之后，在一度主导晚现代社会之后，也面对着新的问题格局，如今自己也日益显出颓势，将要让位于一种新的范式了，不妨称之为调控式自由主义。[22] 它所面临的根本挑战，是要调节两方面：针对社会不公和就业市场进行社会调节，为保证普适的文化性产品及文化规范也要进行文化调节。建设社会的普适性及文化的普适性是政治上制造普适性的两个方面。就这两个方面来说，以前开放－分殊自由主义的各种机制都可以在可调控的自由主义框架下重新获得重要性，即国家的各种机关。

　　然而，对政治规划的种种构想，关于对社会和文化进程进行全方位调控的构想，在独异性社会会遭遇反弹。独异性社会的根本动力，并不来自政治——政治至多只产生间接影响，却不能指挥——而是来自超文化的铁三角，即独异性经济、数字技术的文化机器以及新中产的独异化生活方式。如果不出意外，独异性社会的释放作用将来还会持续前行，而且是在全球范围。现代社会结构转型所固有的社会不公和文化上的不统一、不可规划的赋值和去值动态、正负面情感的释放，这些都会让一些人们念念不忘的理性秩序、公平社会、均一文化、稳定个性之类的构想显现出实质：终究是怀旧。

致 谢

443 　　在文化空间中，书籍就像独行者，但也是网上的结，也要由基础条件促成。近年来，我在大学和其他一些机构做了一系列专题报告，参加了一系列研讨会，从而有机会将本书的基本内容拿到那里去讨论。不论是否与我熟识，人们都无一例外地与我进行了热烈的辩论，从他们的启发和反驳中，我收获颇丰。特别要感谢我的研究团队，以及我在奥德河畔法兰克福欧洲大学教席的团队成员。尤其要感谢以下各位的辛劳，感谢他们对全书或部分内容做了审读，并与我进行了讨论：Martin Bauer、Michael Hutter、Hannes Krämer、Jan-Hendrik Passoth、Hilmar Schäfer 和 Klaus Schlichte。Stefan Wellgraf 为第五章提供了有助益的资料。Wiebke Forbrig、Julien Enzanza 特别是 Moritz Plewa 在文献搜集和手稿格式方面，做了非常稳妥的工作。苏尔坎普出版社的 Eva Gilmer 本着她一贯独立、批判的态度对书稿做了审读。本书最初的灵感是在弗莱堡大学的前沿科学研究院（FRIAS）研究期间产生的。如果没有大众基金会 2015 至 2017 重要著作研究计划的支持，这本书可能无法写就。谨向以上所有人致以衷心的感谢！

柏林，2017 年夏

注　释

引言：独异性的爆发

1　关于文化资本主义参见 Jeremy Rifkin, *The Age of Access. The New Culture of Hypercapitalism*（New York,2000）; Pierre-Michel Menger, *The Economics of Creativity. Art and Achievement under Uncertainty*（Cambridge, 2014）。

2　我将"独异性"、"独一无二"和"独特性"这几个概念作为同义词来使用（Singularität，Einzigartigkeit，Besonderes），但在行文中会对特异性的各种社会形态进行区别（见第一章）。

3　参见 David Riesman, *The Lonely Crowd. A Study of the Changing American Character*（New Haven,2001）[德文版：*Die einsame Masse. Eine Untersuchung der Wandlungen des amerikanischen Charakters*（Reinbek,1958）]。

4　参见 Vgl. Ulrich Beck, Risikogesellschaft. *Auf dem Weg in eine andere Moderne*（Frankfurt/M.,1986）。

5　这个概念在狭义的经济社会学中的解释参见 Lucien Karpik, *Valuing the Unique. The Economics of Singularities*（Princeton, 2010）[德文版：*Mehr Wert. Die Ökonomie des Einzigartigen*（Frankfurt/M. 2011）]。在文化人类学语境中的意义，参见 Igor Kopytoff, "The Cultural Biography of Things," in Arjun Appadurai（Hg.）, *The Social Life of Things. Commodities in Cultural Perspective*（Cambridge, 1986）, pp.54-91。Kopytoff 和 Karpik 的著作是我最重要的两个灵感来源。我所说的独异和独异性的概念，与艺术或跨人类学研究领域的概念不同，后者参见 Ray K Ray Kurzweil, *The Singularity is Near. When Humans Transcend Biology*（New York, 2005）。

6　参见 Rainer Kuhlen, Art., "Allgemeines/Besonderes," in Joachim Ritter（Hg.）, *Historisches Wörterbuch der Philosophie*（Bd. I, Basel, 1971）, S. 181-181。 又 见 Immanuel Kant, *Kritik der reinen Vernunft* [1787]（Frankfurt/M., 1992）, 重点是第 69—78 页；以及其著 *Kritik der Urteilskraft* [1790]（Frankfurt/M.,1992）, 重点是第 353—364 页。

7　见 William I. Thomas, Dorothy S. Thomas, *The Child in America. Behavior Problems and Programs*（New York,1928）, p.571。

8　参见 Michael Thompson, *Rubbish Theory. The Creation and Destruction of Value*（Oxford, 1979）; Beverley Skeggs, *Class, Self, Culture*（London, New York,2004）。

9　参见 Max Weber, "Vorbemerkung," in *Gesammelte Aufsätze zur Religionssoziologie*（Bd.I,

Tübingen,1988），pp.1-16。

10 参见 David Frisby, *Fragments of Modernity. Theories of Modernity in the Work of Simmel, Kracauer and Benjamin*（Cambridge,1985）；Sam Whimster, "The Secular Ethic and the Culture of Modernism," in ders., Scott Lash, Max Weber, *Rationality and Modernity*（London,1987），pp.259-290; Volker Gerhardt, *Pathos und Distanz. Studien zur Philosophie Friedrich Nietzsches*（Stuttgart,1988），第 120 页及以后。

11 与 Eric Hobsbawm 的方式不同，参见其著 *The Age of Extremes. The Short Twentieth Century 1914-1991*（London, 1994）。

12 关于"基础设施"的概念，参见 Susan Leigh Star, "The Ethnography of Infrastructure," in *American Behavioral Scientist* 43/3（1999）：377-391。

13 可参见 Priya Hays, *Advancing Healthcare Through Personalized Medicine*（Boca Raton, 2017）。

14 当然，以前的工业社会之外的经济和文化演变另有其形式和节奏。绝不能认为那些只是西方模式的简单副本，而是要想到它们是杂糅的复合的现代性，须逐个地区进行仔细的案例分析。

15 米歇尔·福柯持类似的批判观点，参见 Michel Foucault, "Was ist Aufklärung?," in Eva Erdmann et al., *Ethos der Moderne: Foucaults Kritik der Aufklärung*（Frankfurt/M.,1990），pp.35-54。

16 见本书第 58—64 页。

17 见 Andreas Reckwitz, *Die Erfindung der Kreativität. Zum Prozess gesellschaftlicher Ästhetisierung*（Berlin, 2012）。

18 独异性的社会逻辑在现代的条件下经常（甚至总是）与"创新"的统治地位相关联。社会的美学化可以理解为社会文化转向的组成部分。

第一章　普适与独异两种社会规律之间的"现代"

1 功能区分理论及资本主义理论并不因此而多余，在分析一种形式理性社会结构的组成时会再用到它们。

2 见 Max Weber, *Wirtschaft und Gesellschaft. Grundriß einer verstehenden Soziologie*（Tübingen,1980）。又见 Wolfgang Schluchter, *Die Entwicklung des okzidentalen Rationalismus. Eine Analyse von Max Webers Gesellschaftsgeschichte*（Tübingen,1979）。

3 见 Georg Simmel, *Philosophie des Geldes*（Frankfurt/M.,1989）；Martin Heidegger, "Die Zeit des Weltbildes," *Holzwege*（Frankfurt/M.,1977），pp.69-96；Max Horkheimer, Theodor W. Adorno, *Dialektik der Aufklärung. Philosophische Fragmente* [1947]（Frankfurt/M., 1988）；Hans Blumenberg, *Die Legitimität der Neuzeit*（Frankfurt/

M.,1973）；Michel Foucault, *Überwachen und Strafen. Die Geburt des Gefängnisses* （Frankfurt/M.,1976）；Zygmunt Bauman, *Moderne und Ambivalenz. Das Ende der Eindeutigkeit*（Hamburg,1992）。

4　关于规范性和规范主义参见 Jürgen Link, *Versuch über den Normalismus. Wie Normalität produziert wird*（Wiesbaden,1999）。

5　参见 Alfred Schütz, Thomas Luckmann, *Strukturen der Lebenswelt*（Frankfurt/M., 1984）。

6　"类似"因此就处于对应和区别的二元逻辑之外，参见 Anil Bhatti 等, *Internationales Archiv für Sozialgeschichte der Literatur* 36/I（2011）：261–275。

7　这里所说的"技艺"（techne）含义，见 Hans Blugenberg, *Schriften zur Technik* （Berlin,2015）；Weber, *Wirtschaft und Gesellschaft*, 第五章和第七章。

8　参见 John Law, *Organising Modernity. Social Orderung and Social Theory*（Oxford,1993）。

9　关于分寸感参见 Michael Makropoulos, *Modernität und Kontingenz*（München,1997）；关于进步，参见 Reinhart Koselleck, *Vergangene Zukunft. Zur Semantik geschichtlicher Zeiten*（Frankfurt/M.,1979）。

10　对于这一问题参见 David F. Noble, *America by Design. Science, Technology and the Rise of Corporate Capitalism*（New York, 1979）；Yehouda Shenhav, *Manufacturing Rationality. The Engineering Foundations of the Managerial Revolution*（Oxford,1999）。

11　参见 H. Floris Cohen, *Scientific Revolution. A Historiographical Inquiry*（Chicago,1994）；Stephen E. Toulmin, *Kosmopolis. Die unerkannten Aufgaben der Moderne*（Frankfurt/ M.,1994）。

12　参见 Link, *Normalismus*。

13　Nobert Elias 在 *Über den Prozeß der Zivilisation. Soziogenetische und Psychogenetische Untersuchungen*（Frankfurt/M.,1990）一书中对此做了经典的分析。关于组织化现代参见 Peter N. Stearns, *American Cool. Constructing a Twentieth Century Emotional Style* （New York,1994）。当然，情感降约不是指情感缺位。事实上，理性体制中一直有情感认同，例如官僚体系中对建立秩序的热爱，或者建筑艺术对对称规则的喜好。

14　参见 Geert J. Somsen, "A History of Universalism: Conceptions of Internationality of Science from the Enligthenment to the ColdWar, " in *Minerva* 46（2008）：361–379。

15　关于社会是由哪些元素或单元"组成"的，我认为这个问题没有定论。这个问题是 Latour 提出来的。参见 Bruno Latour, *Eine neue Soziologie für eine neue Gesellschaft. Einführung in die Akteur-Netzwerk-Theorie*（Frankfurt/M.,2007）。

16　参见 Igor Kopytoff, "The Cultural Biography of Things. Commoditization as Process," in Arjun Appadurai（Hg.）, *The Social Life of Things. Commodities in Cultural Perspective* （Cambridge,1986）, pp. 64–91。工艺美术运动是对物品标准化进行文化批评的主要

阵地。

17 关 于 两 种 模 式 参 见 David Riesman, *The Lonely Crowd. A Study of the Changing American Character*（New Haven,2001）[德 语 版 .: *Die einsame Masse. Eine Untersuchung der Wandlungen des amerikanischen Charakters*（Reinbek,1958）]。

18 这一概念详见第一章第二节。

19 这是福柯在关于纪律社会的论述中提示的个人化效应，参见 Foucault, *Überwachen und Strafen*；齐美尔明确称之为自由和平等个人主义，参见 Georg Simmel, Soziologie, *Untersuchungen über die Formen der Vergesellschaftung*（Frankfurt/M.,1993），p.811。

20 20 世纪对此表述最清晰的是 Theo Hilpert, *Die funktionelle Stadt. Le Corbusiers Stadtvision-Bedingungen, Motive, Hintergründe*（Braunschweig,1978）。

21 参见 Marc Augé, *Orte und Nicht-Orte*（Frankfurt/M.,1994）。说得稍微极端一点：普适性逻辑中，一切空间都不是"非地点"（Nicht-Orte）的。

22 参见 Barbara Adam, *Time and Social Theory*（Cambridge,1990），第 123 页及后。

23 参 见 Weber, *Wirtschaft und Gesellschaft*; Niklas Luhmann, *Legitimität durch Verfahren*（Frankfurt/M.,1969）。

24 参见 Jürgen Habermas, "Arbeit und Interaktion: Bemerkungen zu Hegels Jenenser 'Philosophie des Geistes'，" in *Technik undWissenschaft als "Ideologie"*（Frankfurt/M.,1968），pp.9–47。

25 我之所以将现代的最初两个阶段称为典型的现代，是因为普适性逻辑在两个阶段都是主导的。

26 德国现代意识形态哲学是普适性逻辑在哲学阐释上的顶峰，在它的框架下，特殊只能是普遍的特殊。

27 这 一 阶 段 的 情 况 参 见 Andreas Reckwitz, *Das hybride Subjekt. Eine Theorie der Subjektkulturen von der bürgerlichen Moderne zur Postmoderne*（Weilerswist, 2006），pp.336–439; Peter Wagner, *A Sociology of Modernity. Liberty and Discipline*（London, 1994），pp. 73–122; Scott Lash, John Urry, *The End of Organized Capitalism*（Cambridge,1987），pp.17–83。我将"组织化现代"与"工业化现代"的概念当作同义词来用。

28 关于"美国主义"和"福特主义"的概念参见 Antonio Gramsci, *Selections from the Prison Notebooks*（New York,1971），pp.277–318；组织化资本主义概念参见 Rudolf Hilferding, *Organisierter Kapitalismus*（Kiel,1927）。

29 参见 Alfred D. Chandler, jr., *The Visible Hand. The Managerial Revolution in American Business*（Cambridge, 1977）; Maury Klein, *The Flowering of the Third America. The Making of an Organizational Society, 1850–1920*（Chicago,1993）。

30 参见 Raymond Aron, *Die industrielle Gesellschaft. 18 Vorlesungen*（Frankfurt/M.,1964）。

31 参见 Cecella Tichi, *Shifting Gears. Technology, Literature, Culture in Modernist America*（Chapel Hill,1987）；Thomas P. Hughes, *Die Erfindung Amerikas. Der technologische Aufstieg in den USA seit 1987*（München,1991）。

32 关于富裕社会参见 John Kenneth Galbraith, *The Affluent Society*（Boston,1969）；关于辉煌三十年参见 Jean Fourastié, *Les Trente Glorieuses, ou la révolutioninvisible de 1946 á 1975*（Paris,1979）。

33 关于国家参见 Pierre Rosanvallon, *Die Gesellschaft der Gleichen*（Hamburg,2013）；关于城市参见 Hilpert, *Funktionelle Stadt*。

34 参见 William Graebner, *The Engineering of Consent. Democracy and Authority in Twentieth-Century America*（Madison,1987）；William H. Whyte, *The Organization Man*（New York,1956）；Riesman, *Lonely Crowd*。

35 参见 Martin Kohli, "Gesellschaftszeit und Lebenszeit. Der Lebenslauf im Strukturwandel der Moderne," in Johannes Berger（Hg.）, *Die Moderne-Kontinuitäten und Zäsuren*（Göttingen,1986）, pp.183–204。

36 关于"非社会"者的特点，见 Michel Foucault, *Die Anormalen*（Frankfurt/M.,2007）；Howard Saul Becker, *Outsiders. Studies in the Sociology of Deviance*（New York,1963）。Bauman 的观点令人印象深刻，亦可参见 Bauman, *Moderne und Ambivalenz*。

37 在个体的层面上，这里的去独异化并不等于去个人化：组织化现代的绩效社会完全建立在后理性主义主体的自我负责之上。格奥尔格·齐美尔所说的"均等并自由的个人主义"就是这个意思。因此，不存在去个人化的问题。

38 这种"职业病"也包括西方哲学的一部分遗产，其理性理论思想核心的基础，是上起亚士多德下至康德和黑格尔对普适性的看重。与之相对，看重独异性的哲学发展起自斯宾诺莎，至德勒兹。还有一些哲学家有另外一种看待个人的视角，比如克尔凯郭尔和施蒂纳。

39 这一概念在文学作品中出现得分散而且没有定论。我对它的应用受到了 Kopytoff 和 Karpik 的启发，但他们的使用范围更窄，主要用于客体。见 Kopytoff, "The Cultural Biography of Things," Lucien Karpik, *Valuing the Unique. The Economics of Singularities*（Princeton,2010）[德文版：*Mehr Wert. Die Ökonomie des Einzigartigen*（Frankfurt/M.,2011）]。Rosanvallon（在 *Die Gesellschaft der Gleichen*, 第 309 页及后）提到一种用于主体的用法。这一概念的历史，特别是中世纪晚期和近代早期哲学（我没有使用）参见 Klaus Mainzer, "Singulär/Singularität," in *Historisches Wörterbuch der Philosophie*（Bd 9, Basel, 1995）, pp.798–808。还有一种更标准的用法（我也没有用），见于后文化主义学者的著作中，比如 Jacques Derrida, Gilles Deleuze, Jean-Luc Nancy und Antonio Negri。

40 参见 Immanuel Kant, *Kritik der Urteilskraft*（Frankfurt/M.,1992）, pp.353–364。

41 Deleuze 和 Guattari 倾向这种看法，参见 Gilles Deleuze, Félix Guattari, *Tausend Plateaus. Kapitalismus und Schizophrenie II*（Berlin,1992）。我在此不想对独特做人类学上的争论，而且对于社会学所研究的独异性，这样做也没有必要。

42 总体上来说，我在这一点是运用了行为学分析框架的，参见 Andreas Reckwitz, "Grundelemente einer Theorie sozialer Praktiken. Eine sozialtheoretische Perspektive," in *Zeitschrift für Soziologie* 32/4（2003）：282–301；还有 Hilmar Schäfer（Hg..）, *Praxistheorie. Ein soziologisches Forschungsprogramm*（Bielefeld, 2016）中的几份报告；以及 Theodore Schatzki, *Social Practices. A Wittgensteinian Approach to Human Activity and the Social*（Cambridge,1996）。

43 关于复杂性这个概念参见 John Holland, *Hidden Order. How Adaption Builds Complexity* [Reading（Mass.）,1995]；与之有些不同的是 Niklas Luhmann, "Komplexität," in *Soziologische Aufklärung. Aufsätze zur Theorie der Gesellschaft* 2（Opladen,1975）, pp.204–220。这个概念主要用在系统理论中，我在此不想追溯。厚度这个概念是 Nelson Goodman 提出的，见 *Sprachen der Kunst. Entwurf einer Symboltheorie*,（Frankfurt/M.,1998）, 第 133 页及后。Goodman 对它的理解纯粹是艺术理论上的，而我将它普遍化了。

44 参见 Ferdinand de Saussure, *Grundfragen der allgemeinen Sprachwissenschaft*（Berlin, 1967）。整个符号学和建构主义（直到皮埃尔·布迪厄的区分理论）都是从它来的。

45 "不可比性"这个概念在科学理论方面是由 Thomas S. Kuhn 和 Paul Feyerabend 定下的。见 Thomas S. Kuhn, *Die Struktur wissenschaftlicher Revolutionen*（Frankfurt/M., 1967）；以及 Paul Feyerabend, *Wider den Methodenzwang*（Frankfurt/M.,1993）。

46 参见本书第 111—113 页，第二章第二节。

47 如果不是这种情况，独异性就会转入普遍的特殊范畴。这当然是可能的，并且意味着去值，下文还将详谈。如果我在本书中不加评论地使用 Besondere（独异、独特）这个词，就总是指独异性 / 独一无二。如果同时谈到特殊及普遍的特殊，我会分开使用这些词。

48 这一转化过程有别的专业术语，见 Michael Thompson, *Rubbish Theory. The Creation and Destruction of Value*（Oxford,1979）。

49 关于这一多义的语义场参见 Flavia Kippele, *Was heißt Individualisierung? Die Antworten soziologischer Klassiker*（Opladen,1998）；Thomas Kron, Martin Horáček, *Individualisierung*（Bielefeld,2009）；更窄、更跨学科的说法参见 Manfred Frank, Anselm Haverkamp（Hg..）, *Individualität*（München,1988）。

50 参见 Simmel, *Soziologie*, pp.791–863。

51 不过齐美尔的个人概念不仅指主体，还指社会阶层本身。参见上述同书第 791 页。

52 见正文第 37 页。

53 客体总有物质性承载者。客体与物品的区别是有争议的：物品这个概念指一个客体可界定的物质性。某些客体——比如小说、神话或歌曲——的特点却是，它们不仅维系于一个物性承载者，而且可以有各种物质形式。关于这些概念参见 Gustav Roßler, *Der Anteil der Dinge an der Gesellschaft. Sozialität-Kognition-Netzwerke*（Bielefeld,2015）。

54 关于"光晕"，参见 Walter Benjamin, "Das Kunstwerk im Zeitalter seiner technischen Reproduzierbarkeit," *Gesammelte Schriften* Bd. I.2（Frankfurt/M, 1991），pp.471–507；具体见第 475—478 页。

55 因而艺术、文学、音乐或宗教客体很多是独异品。关于物品的独异性，有人做过想象力丰富的历史分析，参见 Neil MacGregor, *Geschichte der Welt in 100 Objekten*（München,2011）；更具理论性的是 Sherry Turkle, *Evocative Objects.Things We Think With*（Cambridge, 2011）。

56 关于风格的概念参见 Hans Ulrich Gumbrecht, Ludwig Pfeiffer（Hg.），*Stil. Geschichten und Funktionen eines kulturwissenschaftlichen Diskurselements*（Frankfurt/M.,1986）；Dick Hebdige, *Subculture. The Meaning of Style*（London,1979）。

57 参见 Bruno Baur, *Biodiversität*（München,2010）。

58 本书将在经济领域的文化产品问题，以及它们在生活方式中的应用问题上（比如饮食和居住）详述客体的独异化。

59 参见几份报告，收录于 Richard van Dülmen（Hg..），*Entdeckung des Ich. Die Geschichte der Individualisierung vom Mittelalter bis zur Gegenwart*（Köln, 2001）。

60 我遵照福柯的主体化概念时，它当然绝不是非得独异化。普适性社会逻辑下，主体化有完全不同的方向。

61 前者见 Weber, *Wirtschaft und Gesellschaft*, pp.140–148。后者见 Verena Krieger, *Was ist ein Künstler? Genie-Heilsbringer-Antikünstler*（Köln,2007）；Nathalie Heinich, *L'Élite artiste. Excellence et singularité en régime démocratique*（Paris,2005）。

62 本书将在分析中产阶层生活方式的部分详解主体的独异化（第五章），此外会结合职业领域的主体（第三章）和数字化问题（第四章）来谈。

63 问题是，个人主义这个强大的词在经历了多种质疑之后，还能不能再从中分析出点什么来。我的回答是肯定的，但前提是个人化明确地针对普适性社会逻辑，并以此作为独异化的互补去理解。在晚现代，个人化与独异化无疑是联系在一起的——只有先将这两个进程在概念上区分清楚，才能研究这一联系。

64 关于空间（space）和地方（place）的区别，参见 Yi-Fu Tuan, *Space and Place: The Perspective of Experience*（Minneapolis,1977）。

65 关于城市的自我逻辑参见 Martina Löw, *Soziologie der Städte*（Frankfurt/M.,2008）。

66 参见 Pierre Nora, *Zwischen Geschichte und Gedächtnis*（Berlin,1990）；Gernot Böhme, *Atmosphäre. Essays zur neuen Ästhetik*（Frankfurt/M.,1995）。本书中，我将结合晚现

代城市以及旅行、居住等生活方式问题，详细论述地点的独异化。

67 关于"当下"的概念参见 Hans Ulrich Gumbrecht, *Diesseits der Hermeneutik. Die Produktion von Präsenz*（Frankfurt/M., 2004）。

68 关于仪式参见 Victor Turner, *Das Ritual. Struktur und Anti-Struktur*（Frankfurt/M.,1989）；关于"活动/事件"参见 Winfried Gebhardt, *Fest, Feier und Alltag*（Frankfurt/M.,1987）；"关注当下"参见 Karl Heinz Bohrer, *Der romantische Brief*（München/Wien,1987）；还有 John Urry, *Sociology beyond Societies. Mobilities for the Twenty-First Century*（London,2000）。关于时间的独异化我将结合文化性产品经济、劳动领域的项目问题以及生活方式问题加以论述。

69 关于审美共同体参见 Michel Maffesoli, Le temps des tribus. *Le déclin de l'individualisme dans les sociétés de masse*（Paris,1988）；关于民族参见 Bernhard Giesen, *Nationale und kulturelle Identität*（Frankfurt/M.,1996）；关于新身份认同运动参见 Manuel Castells, *The Power of Identity. The Information Age: Economy, Society, and Culture*, Bd. 2, （Malden,1997）。本书中，新共体的内容主要出现在第六章第二节晚现代政治问题中，此外关于数字性共同体的部分也会谈到（第四章）。

70 参见 Latour, *Eine neue Soziologie*, p.124。可供性（Affordanz）的概念由詹姆斯·吉布森（James Jerome Gibson）首创，见 *Die Sinne und der Prozeß der Wahrnehmung*（Bern,1973）。

71 这个说法来自 René Pollesch，参见 "Lob des litauischen Regieassistenten im grauen Kittel," in Christoph Menke, Juliane Rebentisch（Hg.）, *Kreation und Depression. Freiheit im gegenwärtigen Kapitalismus*（Berlin,2010）, pp.243-249。

72 见上文，第一章第一节，第 4 页及后。

73 观察是总括概念，包括表达和理解两种实践。

74 此处可能也要有一种解读的态度，就是尝试取用一些意义，这些意义并非不言自明，而是要积极发掘，不做专断之论（比如对一件艺术品、一个人的解读等）。关于解读的概念参见 Umberto Eco, *Das offene Kunstwerk*（Frankfurt/M., 1973）。

75 这里与普适性导向下的情况是完全一样的，也是体制性地制造或废止。

76 关于评价进程以及赋价研究（valuation studies）参见 Michèle Lamont, "Toward a Comparative Sociology of Valuation and Evaluation," in *Annual Review of Sociology* 38（2012）: 201-221。

77 这一区分由 Émile Durkheim 提出 [参见 *Die elementaren Formen des religiösen Lebens*（Frankfurt/M.,1981）]，我对它做了普遍化的应用。参见 Thompson 对两至三种产品的区分（价值稳定的持久之物；一过性的失值之物；以及"垃圾"，即无用之物）见 Thompson, *Rubbish Theory*。

78 参见第一章第三节，第 36—44 页。

79 参见第二章第二节，第 105—111 页。

80 关于这层意思参见 Boris Groys, *Über das Neue.Versuch einer Kulturökonomie* （München,1992）。然而发现并重新包装独特性，本身就可能成为一种复杂的生产过程（比如音乐产业寻找地方音乐，或煞费苦心地进行叙事包装来"制造"某种经典设计品）。

81 参见 Maurizio Lazzarato, "Immaterial Labor," in Paolo Virno, Michael Hardt（Hg..）, *Radical Thought in Italy. A Potential Politics*（Minneapolis,1996）,pp. 133–148。

82 所以古代社会和传统社会的文化领域不以创新为导向。

83 施行是一个总体概念，指与客体、主体等打交道的实践，其中包含使用、接受等活动。

84 "体验"这个概念历来多解，首先生活哲学方面参见 Georg Simmel, "Die historische Formung," in *Aufsätze und Abhandlungen 1909–1918*（Frankfurt/M.,2000）, pp.321–369; 现象学方面参见 Alfred Schütz, *Der sinnhafte Aufbau der sozialen Welt. Eine Einleitung in die verstehende Soziologie*（Konstanz,2004）, 第 307 页及后; 以及更为现代的解释参见 Gerhard Schulze, Die Erlebnisgesellschaft. Kultursoziologie der Gegenwart（Frankfurt/M.,1992）,pp. 34–38。

85 关于这层意义参见 Brian Massumi, *Parables for the Virtual. Movement, Affect, Sensation*（Durham,2002）; Michaela Ott, *Affizierung. Zu einer ästhetisch-epistemischen Figur*（München,2010）。Hartmut Rosa 就一种专门的、作为标准形式的情感触动做了讨论，称之为响应（resonanz）. 参见 Hartmut Rosa, *Resonanz. Eine Soziologie der Weltbeziehung*（Berlin,2016）。

86 体验这种实践有些时候可以具有特别强烈的"经历"（Erfahrung）的形式。在经历中，参与其中的个人，其主体结构发生转变，或能够调动以前从未有过的情感。参见 Turners 在 *Das Ritual* 一书中关于临界经历的思考。

87 关于表演性参见 Erika Fischer-Lichte（Hg.）, *Performativität und Ereignis*（Tübingen, 2003）; Jörg Volbers, *Performative Kultur. Eine Einführung*（Wiesbaden,2014）。

88 关于社会感性，深入的研究参见 Luc Ciompi, *Die emotionalen Grundlagen des Denkens. Entwurf einer fraktalen Affektlogik*（Göttingen,1997）; Andreas Reckwitz, "Praktiken und ihre Affekte," in *Kreativität und soziale Praxis. Studien zur Sozial– und Gesellschaftstheorie*（Bielefeld,2016）, pp.97–114。

89 见下文，第四章第二节，第 174—179 页。

90 参见 Raymond Williams, *Culture and Society, 1780–1950*（London,1958）。

91 关于这一文化概念具体参见 Andreas Reckwitz, *Die Transformation der Kulturtheorien. Zur Entwicklung eines Theorieprogramms*（Weilerswist,2000）, pp,64–89。那本书中我采用意义导向的文化概念，但对本书它不够全面。

92 参见 Reckwitz, *Transformation der Kulturtheorien*; Doris Bachmann-Medick, *Cultural Turns.*

Neuorientierungen in den Kulturwissenschaften（Hamburg,2006）。这些关于文化的理解与上面提到的第四个文化概念是一致的，即将文化与生活形式的意义－象征限定性联系起来。

93 文化的"自我目的性"这个概念是一个很古老的假设，可以上溯至亚里士多德（实践与哲学）。后来主要被美学理论吸收，伦理学也以另一种方式吸收了它。

94 关于这一经典、标准的文化概念可以参见 Matthew Arnold und Georg Simmel, *Matthew Arnold, Culture and Anarchy*（Cambridge,1946）; Georg Simmel, "Der Begriff und die Tragödie der Kultur," in *Aufsätze und Abhandlungen 1909–1918*（Frankfurt/M., 2001）, pp.194–223。关于这个主题还可见 Clemens Albrecht, "Die Substantialität bürgerlicher Kultur," in Heinz Bude u. a.（Hg.）, *Bürgerlichkeit ohne Bürgertum?*（München,2010）, pp.113–144。

95 这一行为学意义上的价值概念参见 John Dewey, *Theory of Valuation*（*1939*）（Chicago,1972）。当代价值研究的相关著作有 Fabian Muniesa, "A Flank Movement in the Understanding of Valuation," in Lisa Adkins, Celia Lury（Hg.）, *Measure and Value*（Malden, 2012）, pp.24–38, 以及 Michel Callon, Cécile Meadel, Volonona Rabeharisoa, "L'économie de qualités," in *Politix* 13/52（2000）: 211–239; 在文化行为学领域的相关研究见 Thompson, *Rubbish Theory*。对此话题有兴趣者还可见 Isabelle Graw, "Der Wert der Ware Kunst. Zwölf Thesen zu menschlicher Arbeit, mimetischem Begehren und Lebendigkeit," in *Texte zur Kunst* 88（2012）: 31–60; Groys, *Über das Neue, und* Karpik, *Valuing the Unique*。

96 关于赋值和去值的统治效应，Beverley Skeggs 结合社会阶层清楚地做了分析，参见 Beverley Skeggs, *Class, Self, Culture*（London, New York, 2004）。

97 对此必须联系关注度经济问题，见下文，第二章第二节。"无异"是指不被关注。

98 可以参见 David Schmid, *Natural Born Celebrities. Serial Killers in American Culture*（Chicago,2005）; 关于麻烦制造者参见 Dieter Thomä, *Puer robustus. Eine Philosophie des Störenfrieds*（Berlin,2016）; 关于污名参见 Erwin Goffman, *Stigma. Über Techniken der Bewältigung beschädigter Identität*（Frankfurt/M.,1976）。

99 参见 Julia Kristeva, *Powers of Horror. An Essay on Abjection*（New York,1982）。

100 可以参见 Alfred Weber, "Prinzipielles zur Kultursoziologie. Gesellschaftsprozeß, Zivilisationsprozeß und Kulturbewegung," *Archiv für Sozialwissenschaft und Sozialpolitik* 47/1（1920/21）:pp.1–49。在这里，其他一些人（比如 Immel）将文化与有生命的、有灵魂的联想在了一起。

101 当然，人们可以在概念上对这种感性有不同理解，比如心理分析角度、活力论角度。有影响的著作参见 Massumi, *Parables*。

102 参见 Georges Bataille, *Die Aufhebung der Ökonomie*（München, 1975）; Roger Caillois, *Die*

Spiele und die Menschen. Maske und Rausch（Stuttgart, 1960）；又 见 Stephan Moebius, *Die Zauberlehrlinge. Soziologiegeschichte des Collège de Sociologie（1937–1939）*（Konstanz, 2006）。据 Safranski 分析，尼采也认为理性化与文化化的对立是有决定性力量的，参见 Rüdiger Safranski, *Nietzsche. Biographie seines Denkens*（München, 2000）。

103 关于这个概念的其他意义参见 Karl H. Hörning, *Doing Culture. Neue Positionen zum Verhältnis von Kultur und sozialer Praxis*（Bielefeld, 2004）。

104 于是在 Niklas Luhmann 关于现代的功能性分殊理论中，文化在体制中没有地位了（Talcott Parsons 则一直将它作为独立的维度）。

105 参 见 Helmut Brackert, Fritz Wefelmeyer（Hg.）, *Kultur. Bestimmungen im 20. Jahrhundert*（Frankfurt/M.,1990）。

106 参见 Albrecht Koschorke, *Wahrheit und Erfindung. Grundzüge einer Allgemeinen Erzähltheorie*（Frankfurt/M.,2012）；Vera Nünning, Ansgar Nünning（Hg.）, *Erzähltheorie transgenerisch, intermedial, interdisziplinär*（Trier, 2002）。

107 参 见 Andreas Reckwitz, Sophia Prinz, Hilmar Schäfer（Hg.）, *Ästhetik und Gesellschaft*（Berlin,2015），其中 Reckwitz, "Ästhetik und Gesellschaft-ein analytischer Bezugsrahmen," pp.13–52; Karlheinz Barck（Hg.）, *Aisthesis.Wahrnehmung heute oder Perspektiven einer neuen Ästhetik*（Essais, Leipzig,1998）。

108 伦理要与叙事联系起来看，乐趣要与审美和设计联系起来看。

109 参见 Wilhelm Schmid, *Philosophie der Lebenskunst. Eine Grundlegung*（Frankfurt/M,2003），第 60 页及后；Charles Taylor, *Quellen des Selbst. Die Entstehung der neuzeitlichen Identität*（Frankfurt/M., 1994），pp.15–206。

110 不是非要这样不可。制造独异品的实践作为"制造"这种活动，也有可能不获得赋值。

111 在社会科学和文化科学领域，"架构"不是一个被广泛接受的概念。不过可以参见 Claudia Mareis, *Theorien des Designs zur Einführung*（Hamburg, 2014）。

112 参见 Alfred Schäfer/Christiane Thompson（Hg.）, *Spiel*（Paderborn, 2014）。 通常文化理论对游戏的释义参见 Michael Hutter, *Ernste Spiele, Geschichten vom Aufstieg des ästhetischen Kapitalismus*（Paderborn, 2015）。

113 至于哪个维度在具体情况中更强大一些，是个实证经验问题。

114 社会学理论关于古代社会的看法是有争论的，对立的意见参见 Gilles Deleuze, Felix Guattari, *Tausend Plateaus*，突出了"独特"这个方面，以及 Talcott Parsons, *Gesellschaften. Evolutionäre und kompetitive Perspektiven*（Frankfurt/M., 1986），pp.54–84，关注点在于集体主义。

115 仅以北美对跨性别人士的开放态度为例，参见 Sue-Ellen Jacobs u. a.（Hg.）, *Two-Spirit People. Native American Gender Identity, Sexuality, and Spirituality*（Urbana,1997）。

116 参 见 Durkheim, *Die elementaren Formen des religiösen Lebens*; Michel Leiris, *Die*

eigeneund die fremde Kultur. Ethnologische Schriften I (Frankfurt/M.,1985)；Turner, *Das Ritual*。关于图腾崇拜亦可见 Claude Lévi-Strauss, *Das Ende des Totemismus* (Frankfurt/M.,1965)。

117 关于传统的宗教体系参见 Max Weber, *Gesammelte Aufsätze zur Religionssoziologie* (Tübingen,1988)；还有 Helmut von Glasenapp, *Die fünf Weltreligionen* (München,1968)。关于宫廷文化参见 Norbert Elias, *Die höfische Gesellschaft* (Frankfurt/M.,1983)。关于民间文化参见 Michail Bachtin, *Rabelais und seine Welt. Volkskultur als Gegenkultur* (Frankfurt/M.,1987)。

118 这个主题有多个方面，例如 Jan A. Aertsen, Andreas Speer (Hg.), *Individuum und Individualität im Mittelalter* (Berlin,1996)。

119 范例著作参见 Gottfried Kerscher, *Architektur als Repräsentation. Spätmittelalterliche Palastbaukunst zwischen Pracht und zeremoniellen Voraussetzungen* (Tübingen u. a.,2000)。

120 参见第一章第一节，第 7 页及后。

121 参见 Manfred Hettling, "Bürgerliche Kultur-Bürgerlichkeit als kulturelles System," in Peter Lundgreen (Hg.), *Sozial-und Kulturgeschichte des Bürgertums* (Göttingen,2000), pp.319–340；Thomas Nipperdey, *Wie das Bürgertum die Moderne fand* (Berlin,1988)；Dieter Hein, Andreas Schulz (Hg.), *Bürgerkultur im 19. Jahrhundert. Bildung, Kunst und Lebenswelt* (München,1996)。

122 参见 Reckwitz, *Erfindung der Kreativität*, 第二章；以及 Pierre Bourdieu, *Die Regeln der Kunst. Struktur und Genese des literarischen Feldes* (Frankfurt/M., 1999)；Oskar Bätschmann, *Ausstellungskünstler. Kult und Karriere im modernen Kunstsystem* (Köln,1999)。

123 参见 Georg Bollenbeck, *Bildung und Kultur. Glanz und Elend eines deutschen Deutungsmusters* (Frankfurt/M.,1994)。

124 参见 Reckwitz, *Das hybride Subjekt*, pp.204–230；还有 Lothar Pikulik, *Romantik als Ungenügen an der Normalität. Am Beispiel Tiecks, Hoffmanns, Eichendorffs* (Frankfurt/M.,1979)；Gerald N. Izenberg, *Impossible Individuality* (Princeton,1992)；Isaiah Berlin, *Die Wurzeln der Romantik* (Berlin, 2004)；Taylor, *Quellen des Selbst*, 第 639 页及后。

125 参见 Eric Hobsbawm, *Nations and Nationalism since 1780. Programme, Myth, Reality* (Cambridge,1992)；Benedict Anderson, *Imagined Communities. Reflections on the Origin and Spread of Nationalism* (London,1991)；专门关于亚洲的论著参见 Pankaj Mishra, *Aus den Ruinen des Empires. Die Revolte gegen denWesten und derWiederaufstieg Asiens* (Frankfurt/M., 2013)。

126 参见第一章第一节，第 12—16 页。

127 参 见 T. J. Jackson Lears, *Fables of Abundance. A Cultural History of Advertising America*（New York,1993）；Janet Ward, *Weimar Surfaces. Urban Visual Culture in 1920s Germany*（Berkeley, 2001）。

128 参 见 Georg Simmel, *Philosophie der Mode in Gesamtausgabe, Bd. 10*（Frankfurt/M.），pp.3–38。

129 参 见 Michael Makropoulos, "Massenkultur als Kontingenzkultur," in Harm Lux（Hg.），……*Lautloses Irren-Ways of Worldmaking, too*……（Berlin, 2003），pp.151–173。

130 更详细的论述参见 Reckwitz, *Das hybride Subjekt*, pp.409–440, 关于模仿式消费参见 Whyte, *Organization Man*, p. 312。

131 Horkheimer/Adorno（*Dialektik der Aufklärung*, 第 141 页及后）将电影理解为普适性逻辑起作用的一个地方。

132 参见 Edgar Morin, *The Stars*（Minneapolis, 2005）。

133 不同的理论取向对"新中产阶级"有不同的定义；有知识社会取向的，比如 Daniel Bell, *The Coming of Post-Industrial Society. AVenture in Social Forecasting*（New York, 1973），或 Peter Drucker, *Post-Capitalist Society*（Oxford, 1994）；有后福特主义取向的，比如 Lazzarato, "Immaterial Labor," 以及 Yann Moulier Boutang, *Le capitalisme cognitif. La nouvelle grande transformation*（Paris, 2007）。

134 参 见 Ronald Inglehart, *The Silent Revolution. Changing Values and Political Styles Among Western Publics*（Princeton,1977）；Paul Leinberger, Bruce Tucker, *The New Individualists. The Generation after the Organization Man*（New York, 1991）；非常清楚的论述见 Daniel Bell, *The Cultural Contradictions of Capitalism*（New York, 1976）。最近，德国又一次实证体验了价值转向，参见 Jutta Allmendinger 等人的研究，*Das Vermächtnis. Die Welt, die wir erleben wollen*（WZB Berlin, 2016）。

135 只见于 Michael Piore, Charles Sabel, *The Second Industrial Divide. Possibilities for Prosperity*（New York, 1984）；David Harvey, *The Condition of Postmodernity. An Enquiry into the Origins of Cultural Change*（Oxford, 1989），第二章。

136 参见 Paul Ceruzzi, *A History of Modern Computing*（Cambridge,2003）。

137 参见 Marion von Osten（Hg.），*Norm der Abweichung*（Zürich, 2003）。

第二章　独异品的后工业经济

1　参见 Daniel Bell, *The Coming of Post-Industrial Society. AVenture in Social Forecasting*（New York, 1973）；Hartmut Häußermann, Walter Siebel, *Dienstleistungsgesellschaften*（Frankfurt/M., 1995）。1950~2013 年（西部）德国的工业生产从业者比例从 43% 降到 25%，而服务业从业人数比例从 32% 升至 74%，参见国家统计局（Statistisches

Bundesamt）"Arbeitsmarkt. Erwerbstätige im Inland nach Wirtschaftssektoren, " Accessed March 15 2017.https://www.destatis.de/ DE/ZahlenFakten/Indikatoren/LangeReihen/ Arbeitsmarkt/lrerw013.html。在美国，1952~2014年，工农业从业人数从47%降到14%，服务业相应人数从53%升至70%，参见 Richard Henderson，"Industry employment and output projections to 2024 ," Monthly Labour Review, U. S. Bureau of Labour Statistics，Accessed June 14 2017.https://www.bls.gov.opub/ mlr/2015/article/in Standarddustry-employment-and-output-projections-to-2024.htm。

2　除了后工业主义理论之外，[参见 Krishan Kumar, *Prophecy and Progress. The Sociology of Industrial and Post-Industrial Society*（New York, 1978）]，后福特主义理论也有类似观点，只是侧重不同，参见 Amin（Hg.），*Post-Fordism. A Reader*（Oxford,1996）； Andrea Fumagalli, Stefano Lucarelli, "A Model of Cognitive Capitalism: A Preliminary Analysis," *European Journal of Economic and Social Systems* 20/I（2007）：117-133。

3　关于典型的工业社会及组织化资本主义参见 Scott Lash, John Urry, *The End of Organized Capitalism*（Cambridge, 1987）；及后续 Scott Lash, John Urry, *Economies of Signs and Space*（London, 1994）。

4　在这一与产品有关的狭窄意义上，Lucien Karpik 用过独异品经济这个概念。参见 Lucien Karpik, *Valuing the Unique. The Economics of Singularities*（Princeton, 2010）[德语版：*Mehr Wert. Die Ökonomie des Einzigartigen*（Frankfurt/M., 2011）]。

5　本章（第二章第一节和第二节）主要分析产品和市场的演变，第三章中分析劳动形式和组织方式的演变。消费的演变放在生活方式这个大框架下，作为第五章的主题。

6　关于这一主题参见 Richard Caves, *Creative Industries: Contracts Between Art and Commerce* [Cambridge（Mass.）等, 2000]；David Hesmondhalgh, Sarah Baker, *Creative Labour. Media Work in Three Cultural Industries*（London, New York , 2011）； 及 其 著 *Global Creative Industries*（Cambridge, 2013）；Rosamund Davies, Gauti Sigthorsson, *Introducing the Creative Industries: From Theory to Practice*（Los Angeles, 2013）；John Howkins, *The Creative Economy. How People Make Money From Ideas*（London, 2001）。

7　参见 Davies, *Introducing the Creative Industries*，第 8 页及后。

8　参见 Flew, *Creative Industries*, p.10；以 及 Jens Christensen, *Global Experience Industries*（Aarhus, 2009）。

9　参见 Andreas Reckwitz, *Die Erfindung der Kreativität. Zum Prozess gesellschaftlicher Ästhetisierung*（Berlin, 2012），pp.164-182。

10　关于"第三意大利"参见 Sebastiano Brusco, "The Emilian Model: Productive Decentralisation and Social Integration," *Cambridge Journal of Economics* 6/2（1982）：167-182；关于青年文化资本主义参见 Angela McRobbie, *British Fashion Design: Rag Trade or Image Industry?*（London,1998）；关于 IT 业 的 情 况 参 见 Paul

Freiberger, Michael Swane, *Fire in The Valley. The Making of the Personal Computer*（New York,1999）。

11　关于文化产业的全球性大企业参见 Christensen, *Global Experience Industries*。

12　例如农业，可参见 Klaus-Werner Brand（Hg.）, *Die neue Dynamik des Bio-Markts*（München, 2006）；汽车业参见 Mimi Sheller, "Automotive Emotions ," *Theory, Culture & Society* 21/4–5（2004）；关于作为设计品的钟表参见 Del Coates, *Watches Tell More Than Time. Product Design, Information, and the Quest for Elegance*（New York, London, 2003）；关于运动鞋参见 Elizabeth Semmelhack, *Out of the Box. The Rise of Sneaker Culture*（New York, 2015）。

13　参见 Howkins, *The Creative Economy*。

14　亦可参见 Maurizio Lazzarato, "Immaterial Labor," Paolo Virno, Michael Hardt（Hg.）, *Radical Thought in Italy: A Potential Politics*（Minneapolis, 1996）, pp.133–148。

15　关于知识经济参见 Peter Drucker, *Post-Capitalist Society*（New York, 1993）; Nico Stehr, Richard Ericson（Hg.）, *The Culture and Power of Knowledge. Inquiries into Contemporary Societies*（Berlin, New York, 1992）；关于智识资本主义参见 Isabell Lorey, Klaus Neundlinger（Hg.）, *Kognitiver Kapitalismus*（Wien,2012）。

16　因此下文中我将频繁使用"知识文化产业"这个综合概念。

17　参见 Pierre-Michel Menger, *Kunst und Brot. Die Metamorphosen des Arbeitnehmers*（Konstanz, 2006）。

18　关于后者参见 Friederike Bahl, *Lebensmodelle in der Dienstleistungsgesellschaft*（Hamburg, 2014）。

19　标准化经济中一方面延续着生产传统，另一方面独异性经济也给了它新的推动力，因为它对"简单"服务业有更大的需求。参见 Saskia Sassen, "Dienstleistungsökonomien und die Beschäftigung von MigrantInnen in Städten," Klaus Schmals（Hg.）, *Migration und Stadt. Entwicklungen, Defizite und Potentiale*（Opladen, 2000）, pp.87–114。

20　George Shackle, *Epistemics and Economics. A Critique of Economic Doctrines*（London, 1972）, p.178。也参见 Jens Beckert, Patrik Aspers（Hg.）, *The Worth of Goods. Valuation and Pricing in the Economy*（Oxford, 2011）。

21　产品的概念不仅与商业经济和货币交换经济有关，还与竞争格局及消费格局有关。在这些格局中，宗教因其精神性、科学理论因其真理性、居住地因其居住体验、政党因其所提供的身份认同都是产品，或曰"文化性产品"，比如联合国教科文组织表彰的世界文化遗产。

22　见上文，第一章第三节，第38—44页。

23　与 Pierre Bourdieu 的观点不同，参见其著 *Die feinen Unterschiede. Kritik der gesellschaftlichen Urteilskraft*（Frankfurt/M., 1989）。Jens Beckert 的反对有道理，参见

其著 "The Transcending Power of Goods: Imaginative Value in the Economy," Beckert/Aspers（Hg.），*Worth of Goods*, pp. 106-160. 关于"真"产品特有的社会名望价值，我会在第二章第二节详谈，见本书第 212—216 页。

24 参见第一章第三节，第 47—50 页。

25 关于这一点参见 Rolf Jensen, *The Dream Society. How the Coming Shift from Information to Imagination Will Transform Your Business*（New York, 2001）；以及 Petra Sammer, *Storytelling*（Köln, 2014）；Mark Gottdiener, *The Theming of America*（Boulder, 2011）。在此可以清楚地看出，宗教和政治观为什么在晚现代条件下能成为文化性产品。

26 关于产品的标志作用，参见 Jean Baudrillard 早年的奠基之作 *Symbolic Exchange and Death*（London, 1993）。

27 关于伦理性消费参见 James G. Carrier（Hg.），*Ethical Consumption. Social Value and Economic Practice*（New York, 2015），以及 Jonas Grauel, *Gesundheit, Genuss und gutes Gewissen. Über Lebensmittelkonsum und Alltagsmoral*（Bielefeld, 2013）。

28 这一观点已经被作为审美化问题讨论过，参见 Gilles Lipovetsky, *L'esthétisation du monde. Vivre à l'âge du capitalisme artiste*（Paris, 2013）；还有 Joseph B. Pine, James Gilmore, *The Experience Economy. Work is Theatre and Every Business is a Stage*（Boston, 1999）。

29 亦可参见 Tim Brown, *Change by Design. How Design Thinking Transforms Organizations and Inspires Innovation*（New York, 2009）。

30 参见 Nora Stampfl, *Die verspielte Gesellschaft. Gamification oder Leben im Zeitalter des Computerspiels*（Hannover, 2012）。

31 见第一章第三节，第 30 页及后。在具体情况中，产品的功能性与艺术性不一定互相排斥，而是有可能结合在一起。在此必须注意文化性与文化的区别：功能产品也可以具有广义的"文化性"，文化与功能性的区别本身也可能具有文化性，因为产品的使用方式取决于文化意义的特殊关联，它来决定人们如何使用哪种功能性物品。文化性产品自身在狭义上是指那些受众眼中具有自我价值以及文中所说的诸多质量的产品。

32 它们主要存在于贵族阶层和艺术界亚文化圈。但不能不说，市民阶层——作为"舶来"贵族生活的结果——也在维护文化性产品。

33 关于这一点也可参见 Konrad Paul Liessmann, *Das Universum der Dinge. Zur Ästhetik des Alltäglichen*（Wien, 2010）。

34 见 Guy Julier, *The Culture of Design*（London, 2000）。

35 Gernot Böhme, *Atmosphäre. Essays zur neuen Ästhetik*（Frankfurt/M., 1995）.

36 参见 Häußermann/Siebel, *Dienstleistungsgesellschaften*。

37 参见 Shoshana Zuboff, James Maxmin, *The Support Economy. Why Corporations are*

Failing Individuals and the Next Episode of Capitalism（London, 2004）；Jacques de Bandt, Jean Gadrey（Hg.），*Relations de service, marchés de services*（Paris, 1998）。

38　可以说这是一种传媒化或媒体化，参见 Andreas Hepp, Marco Höhn, JeffreyWimmer（Hg.），*Medienkultur im Wandel*（Konstanz, 2010）。

39　关于活动文化参见 Winfried Gebhardt, Ronald Hitzler, Michaela Pfadenhauer（Hg.），*Events. Soziologie des Außergewöhnlichen*（Opladen, 2000）。

40　反过来，以功能为主的产品也可以成为某种刻意独异化的对象，成为一种商业制造的对象。在这方面，创客文化（Maker-Kultur）功不可没，参见 Chris Anderson, *Makers. The New Industrial Revolution*（New York, 2012）。

41　参见第一章第二节，第 19—22 页。

42　参　见 Jens Häseler, "Original/Originalität," in Karlheinz Barck（Hg.），*Ästhetische Grundbegriffe*, Bd. 4（Stuttgart, 2002），pp.638–655。历史上的发端之作有 Edward Young, *Conjectures on Original Composition*（Manchester, 1918）；针对追求新民、追求有趣的倾向，Friedrich Schlegel 已经有过评论，参见 Friedrich Schlegel, *Über das Studium der griechischen Poesie*（Paderborn,1982）。

43　见第一章第二节，第 19—22 页。

44　不足为奇的是，关于艺术品所追求的"独一无二"，又是现代艺术理论挑起的一场活跃的争论。Walter Benjamin 打响了第一枪，参见 Walter Benjamin, "Das Kunstwerk im Zeitalter seiner technischen Reproduzierbarkeit," *Gesammelte Schriften, Bd.I.2*（Frankfurt/M.,1991），pp.471–507。

45　这一点尤其体现在奢侈品上，奢侈品的价值在于稀缺的历史性，Boltanski 和 Esquerre 的最新研究详细地分析了后工业资本主义的情况：Luc Boltanski, Arnaud Esquerre, *Enrichissement. Une critique de la marchandise*（Paris, 2017）。

46　关于这个主题，可参见经济领域的一本手册：Mario Pricken, *Die Aura des Wertvollen. Produkte entstehen im Unternehmen, Werte im Kopf. 80 Strategien*（Erlangen, 2014）。

47　参见 Bonnie English, *A Cultural History of Fashion in the Twentieth Century. From the Catwalk to the Sidewalk*（Oxford, 2007）；Peter Dormer, *Design since 1945*（London, 1993）。

48　关于风格的概念参见 Hans Ulrich Gumbrecht, Karl Ludwig Pfeiffer（Hg.），*Stil. Geschichten und Funktionen eines kulturwissenschaftlichen Diskurselements*（Frankfurt/M., 1986）。

49　关于这个主题只见 Pat Kirkham, *Charles and Ray Eames: Designers of the Twentieth Century*（Cambridge, 1995）。

50　参见 Igor Kopytoff, "Biography of Things. Commoditization as Process," Arjun Appadurai（Hg.），*The Social Life of Things. Commodities in Cultural Perspective*

（Cambridge,1986），pp.64–91。

51 关于这个主题参见 auchWolfgang Ullrich, *Siegerkunst. Neuer Adel, teure Lust*（Berlin, 2016）。

52 使用 3D 打印技术制造单件物品也属此类（即使缺少手工艺和个人性方面的要素）。参见 Anderson, *Makers*。

53 还有其他的稀有化方式，比如使用稀有的原料（像牦牛毛或巴尔马火腿）。

54 参见 de Bandt/Gadrey, *Relations de service*。

55 参见 Arlie Russell Hochschild, *Das gekaufte Herz. Die Kommerzialisierung der Gefühle*（Frankfurt/M., 2006）。

56 美发行业是一个很好的例子。长久以来它都作为标准化、功能性服务（报酬相应低廉），直到个别美发师成功地发展出个人风格，把平凡的规范产品"剪头"变成了文化性独异品，并获得了名望（及收入）。同时，还存在产品的去独异化过程，尤其那些名望下降的服务业。比如民航业，20 世纪 50 至 70 年代它曾是非凡（且昂贵）的享受，而今变成了包括廉价航班的大众交通。

57 Max Horkheimer, Theodor W. Adorno, *Dialektik der Aufklärung. Philosophische Fragmente*（Frankfurt/M., 1988），pp.144–198.

58 不过这里有一条出路：当媒体形式成为现场活动，并在某种程度上转入事件这个产品领域时，它可以具有一次性。

59 关于系列这种形式以及系列性，参见 Frank Kelleter（Hg.），*Populäre Serialität. Narration-Evolution-Distinktion*（Bielefeld,2012）；Olaf Knellessen u. a.（Hg.），*Serialität. Wissenschaft, Künste, Medien*（Wien, Berlin, 2015）。

60 关于这个主题参见 Claus Pias, *Computer-Spiel-Welten*（München, 2002）。

61 关于粉丝参见 Mark Duffet, *Understanding Fandom. An Introduction to the Study of Media Fan Culture*（New York, 2013）；Cheryl Harris, Alison Alexander（Hg.），*Theorizing Fandom. Fans, Subculture and Identity*（Cresskill,1998）。

62 "大场面"是一种特殊的事件：它是一种公共集体活动，致力于营造宏大的气氛和刺激。

63 参见 Ulrich Gumbrecht, *Präsenz*（Berlin, 2012）。

64 关于这一点在思想史上的著述参见 Lionel Trilling, *Sincerity and Authenticity*（Cambridge, 1972）；Charles Taylor, *Das Unbehagen an der Moderne*（Frankfurt/M,1995），第 34 页及后。

65 关于这个概念参见 Ernesto Laclau, "Was haben leere Signifikanten mit Politik zu tun? Die soziale Produktion leerer Signifikanten," *Emanzipation und Differenz*（Wien, 2010），pp.65–78。

66 关于晚现代的"真"参见 Phillip Vannini, Patrick J.Williams（Hg.），*Authenticity*

in Culture, Self and Society（Farnham, 2009）; James H. Gilmore, Joseph Pine, *Authenticity: What Consumers Really Want*（Boston,2007）。

67 Richard Peterson, "In Search of Authenticity," *Journal of Management Studies* 42/5（2005）: 1083–1098.

68 Diedrich Diederichsen 以有趣的方式研究了"真"在流行文化中的机制和作用，参见 Diedrich Diederichsen, *Über Pop-Musik*（Köln, 2014）。

69 独异性概念也被 Rebentisch und Lepecki 以相似的方式用于艺术，参见 Juliane Rebentisch, *Theorien der Gegenwartskunst*（Hamburg, 2013），第 106 页及后; André Lepecki, *Singularities. Dance in the Age of Performance*（London, 2016）。对艺术的类似理解参见 Jean-François Lyotard, "Das Erhabene und die Avantgarde," *Merkur* 34/424（1984）: 151–164。但并不排除，文化资本主义的其他产品也会引起困扰（比如某些建筑甚至时装）。

70 见上文，第一章第二节，第 29—35 页。

71 参见经典著述 Karl Heinz Bohrer, *Das absolute Präsens. Die Semantik ästhetischer Zeit*（Frankfurt/M., 1994）。

72 这一主题在文学和艺术科学领域已经多方讨论 [例如 Ulrich Schulz-Buschhaus, "Klassik zwischen Kanon und Typologie. Probleme um Seeinen Zentralbegriff der Literaturwissenschaft," *Arcadia* 29/I（1994）: 67–77]，但在社会学领域需要拓展。下文我还将详谈，见第二章第二节，第 105—111 页。

73 经典著述见 Aleida Assmann, *Mnemosyne. Formen und Funktionen kultureller Erinnerung*（Frankfurt/M.,1993）。一些技术比如数码照片或公开拍摄的影片使回忆容易获得。服务关系——比如治疗、研讨、大学学习——也可能通过回忆继续发挥作用。

74 参见 Reckwitz, *Erfindung der Kreativität*。

75 参见 Roland Barthes, *Die Sprache der Mode*（Frankfurt/M., 1985）; Elena Esposito, *Die Verbindlichkeit des Vorübergehenden. Paradoxien der Mode*（Frankfurt/M.,2004）。

76 见第一章第二节，第 17—24 页。

77 详见 Davide Ravasi et al., "Valuing Products as Cultural Symbols. Aconceptual Framework and Empirical Illustration," Beckert/Aspers（Hg.）, *Worth of Goods*, pp. 297–318。

78 关于涩艺术参见 Michel Thévoz, *Art Brut. Kunst jenseits der Kunst*（Aarau, 1990）。Michael Thompson 对这一过程进行了研究，认为它是文化增值，以手工艺品和建筑物为例详细说明了特殊品的赋值。参见其著 *Rubbish Theory. The Creation and Destruction of Value*（Oxford, 1979）。关于这些机制还可参见 Boris Groys, *Über das Neue. Versuch einer Kulturökonomie*（Frankfurt/M., 1999）。

79 这一关联参见 George Yudice, *The Expediency of Culture: Uses of Culture in the Global*

Era（Durham, 2003）；关于文化性产品的全球流通参见 Lash/Lury, *Global Culture Industry*。

80 这 种 现 象 也 有 另 一 种 解 读，认 为 是 扁 平 化 和 等 值，见 Byung-Chul Han, *Hyperkulturalität. Kultur und Globalisierung*（Berlin, 2005）。

81 参 见 Fabian Muniesa, "A Flank Movement in the Understanding of Valuation," Lisa Adkins, Celia Lury（Hg.），*Measure and Value*（Malden, 2012），pp.38–41。

82 关于市场及竞争的一般社会学理论参见 Klaus Kraemer, *Der Markt der Gesellschaft. Zu einer soziologischen Theorie der Marktvergesellschaftung*（Opladen, 1997）；Dietmar Wetzel, *Soziologie des Wettbewerbs. Eine kultur- und wirtschaftssoziologische Analyse*（Wiesbaden, 2013）；Frank Nullmeier, "Wettbewerbskulturen," Michael Müller, Thilo Raufer, Darius Zifonun（Hg.），*Der Sinn der Politik. Kulturwissenschaftliche Politikanalysen*（Konstanz,2002），pp.157–176。市场的历史是一个经典的主题，参见 Fernand Braudel, *Sozialgeschichte des 15–18. Jahrhunderts, Bd. 2: Der Handel*（München, 1986）。 新的经济社会学理论中，市场因产品的文化化而发生演变是一个重要的问题，参见 Beckert/Aspers（Hg.），*The Worth of Goods*。

83 参 见 Max Weber, *Wirtschaft und Gesellschaft. Grundriß einer verstehenden Soziologie*（Tübingen, 1980），pp.382–385。

84 亦可参见 Georg Simmel, "Soziologie der Konkurrenz [1903]," *Aufsätze und Abhandlungen 1901–1908*, Bd.I（Frankfurt/M., 1993），pp. 221–246。

85 这 个 概 念 更 狭 义 的 解 释 参 见 Sieghard Neckel, *Flucht nach vorn. Die Erfolgskultur der Marktgesellschaft*（Frankfurt/M., New York,2008）。 其 他 解 释 Michel Callon 和 他 的 研 究 团 队 在 用，参见 Michel Callon 的 一 系 列 文 章，载 于 *Laws of the Markets*（Oxford,1998）。

86 在一种非常普遍的意义上，所有的产品都有表演性，带来某种表现，或本身就是一种表现（比如服务业）。市场上的产品，其表演是强意义上的，含有文化科学和戏剧科学意义上的那种侧重。

87 关于"公众"的狭义系统理论概念参见 Rudolf Stichweh, *Inklusion und Exklusion. Studien zur Gesellschaftstheorie*（Bielefeld, 2005），第 13 页及后。

88 在 文 学 作 品 中，"迷 人"几 乎 仅 指 身 体 - 情 色 上 的 吸 引 力，参见 Gillian Rhodes, Leslie Zebrowitz（Hg.），*Facial Attractiveness. Evolutionary, Cognitive, and Social Perspectives*（Westport, 2002）；有趣的是，这个词近来有变化，参见 James Valentine, *Attractiveness of New Communities to Industries and Workers*（Saarbrücken, 2012）。

89 参见 Lash/Urry, *End of Organized Capitalism; Peter Wagner, Sociology of Modernity. Liberty and Discipline*（London, 1994），第 73 页及后。

90 这一点适用于广泛的领域，比如能源和交通，也适用于大众媒体（国有电台）以及住宅

（福利楼房）。

91　相应地，这对消费者也成立：组织化现代的中产阶级消费者相对来说受"正确"和"标准"消费观的影响较大，所以在市场格局中有限参与，因为已经被接受的常规标准替他做了决策。

92　关于经济转型为创意经济，参见 Tom Burns, George M. Stalker, *The Management of Innovation*（Oxford, 1994）；关于设计领域的文化创新参见 Roberto Verganti, *Design Driven Innovation. Changing the Rules of Competition by Radically Innovating What Things Mean*（Boston, 2009）。

93　参见第五章和第三章。

94　参见 Eva Illouz, *Warum Liebe weh tut. Eine soziologische Erklärung*（Berlin,2011）。

95　关于宗教参见 Hartmut Zinser, *Der Markt der Religionen*（München,1997）；关于地区参见 Richard Florida, *Creative Cities and the Creative Class*（New York,2005）；关于政治参见 Franz Walter, *Im Herbst der Volksparteien? Eine kleine Geschichte von Aufstieg und Rückgang politischer Massenintegration*（Bielefeld,2009）。

96　关于这一主题参见 Ulrich Bröckling, Susanne Krasmann, Thomas Lemke（Hg.）, *Gouvernementalität der Gegenwart. Studien zur Ökonomisierung des Sozialen*（Frankfurt/M.,2000）；Colin Crouch, *Das befremdliche Überleben des Neoliberalismus. Postdemokratie II*（Berlin,2011）。更根本的论述参见 Michel Foucault, *Die Geburt der Biopolitik.Geschichte der Gouvernementalität II*（Frankfurt/M.,2004）。

97　反过来就是说：当然也有一些与文化化和独异化关系不大的市场化进程，工业市场的去杠杆化就是典型例子，比如能源市场。

98　这方面的指路之作是 Pierre-Michel Menger, *Kunst und Brot sowie The Economics of Creativity. Art and Achievement under Uncertainty*（Cambridge,2014.）。Boltanski 和 Chiapello 也间接地指出过艺术这种引领作用，参见 Luc Boltanski, Éve Chiapello, *Der neue Geist des Kapitalismus*（Konstanz, 2003）。

99　艺术社会学从一开始就反对这种观点。除了 Howard S. Becker, *Art Worlds, Berkeley*（1984）之外，还有 Pierre Bourdieu 的 *Die Regeln der Kunst. Struktur und Genese des literarischen Feldes*（Frankfurt/M., 1999）也是这方面的重要论著。

100　参见 Reckwitz, *Erfindung der Kreativität*, 第 54 页及后。艺术的这种广义市场化，与艺术品是商品或受到国家调控没有关系，也不在于它们属于流行文化还是高雅严肃文化，更不论它们遵循传统标准还是先锋派。参见 Martha Woodmansee, *Author, Art, and Market. Rereading the History of Aesthetics*（New York, 1994）；Oskar Bätschmann, *Ausstellungskünstler. Kult und Karriere im modernen Kunstsystem*（Köln, 1997）。

101　参见 Caves, *Creative Industries*。

102　注意：过度生产不是指同样产品的巨大数量（比如 20 世纪 70 年代的"黄油山"或"牛

奶海"），而是指新产品的多样性。

103 参见 Reckwitz, *Erfindung der Kreativität*。

104 参见 Caves, *Creative Industries*; Hesmondhalgh/Baker, *Creative Labour*。用"无人知晓"来描述市场，应发端于美国导演 William Goldman。

105 关于关注度，参见 Jonathan Crary, *Aufmerksamkeit. Wahrnehmung und moderne Kultur*（Frankfurt/M., 2002）。关于与现代的关系参见 Georg Franck, *Ökonomie der Aufmerksamkeit. Ein Entwurf*（München, 1998）；Markus Schroer, "Soziologie der Aufmerksamkeit. Grundlegende Überlegungen zu einem Theorieprogramm," *Kölner Zeitschrift für Soziologie und Sozialpsychologie 66*（2014）：193–218。

106 针对这种极端的不均衡，还有另一个可能，Chris Andersen 结合经济的数字化，在"长尾"这个关键词下指出了这一可能 [参见 Chris Anderson, *The Long Tail. Nischenprodukte statt Massenmarkt: Das Geschäft der Zukunft*（München,2011）]：数字形式中，那种不太被关注和认可的产品也存在，它们中有一些可能成为小众产品，在小而稳定的群体中获得认可。这样就产生了业绩一般的"长尾"小众产品。

107 测自售出件数、科研引用率、访问数等。

108 参见 Menger, *Economics of Creativity*，第四章。科学社会学领域的研究早已呈现严重的不均衡：洛特卡定律证明，全部科学出版物的 3.2% 承包了 50% 的引用。参见 Derek J. de Solla Price, *Little Science, Big Science*（New York,1963）。

109 参见 Robert Frank, Philipp Cook, *TheWinner-Take-All Society.Why the Few on the Top Get so Much More Than the Rest of Us*（New York,2010）。

110 参见 Sherwin Rosen, "The Economics of Superstars," *American Economic Review 71/5*（1981）：845–848。

111 概论参见 Wolfgang Bonß, *Vom Risiko. Unsicherheit und Ungewißheit in der Moderne*（Hamburg, 1995）。

112 参见 Urs Stäheli, *Spektakuläre Spekulationen. Das Populäre der Ökonomie*（Frankfurt/M., 2007）。出于这个原因，金融投机和股票投机在 20 世纪 90 年代获得了一种文化性的吸引力：对于整个晚现代经济来说，它们都显得是典范。

113 参见 Emanuel Rosen, *The Anatomy of Buzz. How to CreateWord-of-Mouth Marketing*（New York, 2002）。

114 关于可见度的概念参见 Andrea Mubi Brighenti, *Visibility in Social Theory and Social Research*（Basingstoke, 2010）；Markus Schroer, "Visual Culture and the Fight for Visibility," *Journal for Theory of Social Behaviour 44/2*（2013）：206–228。

115 参见 Menger, *Economics of Creativity*, 第 179 页及后。

116 例如可参见 Horst H. Kruse（Hg.）, *From Rags to Riches. Erfolgsmythos und Erfolgsrezepte in der amerikanischen Gesellschaft*（München, 1973）。

117 参见 Jason Potts et al., "Social Network Markets: A New Definition of the Creative Industries," *Journal of Cultural Economics* 32/3（2008）：167-185。

118 参见 Alexandra Manske, "Zum ungleichen Wert von Sozialkapital. Netzwerke aus einer Perspektive sozialer Praxis," Jörg Lüdicke, Martin Diewald（Hg.）, *Soziale Netzwerke und soziale Ungleichheit*（Wiesbaden, 2007）；Mark Lutter, "Soziale Strukturen des Erfolgs.Winner-take-all-Konzentrationen und ihre sozialen Entstehungskontexte auf flexiblen Arbeitsmärkten," *Kölner Zeitschrift für Soziologie und Sozialpsychologie* 65/4（2013）：597-622。

119 关于文化性市场上的赋值进程，总体论述参见 Beckert/Aspers（Hg.）, *Worth of Goods*, 以及 Jens Beckert, Christine Musselin（Hg.）, *Constructing Quality. The Classification of Goods in Markets*（Oxford, 2013）。我认为价值研究领域的一些研究对此也有帮助，参见 Fabian Muniesa, Claes-Fredrik Helgesson, "Valuation Studies and the Spectacle of Valuation," *Valuation Studies* I-2（2013）：119-123。根本性的著述当然还属 Karpik, *Valuing the Unique*。

120 创意经济中品牌和名人的形成及再生产一般来说能保证长期关注度和赋值；通过这种方式，一些数字媒体新闻、电视节目或 YouTube 视频的作者也能获得知名度，从而获得长效性。

121 见第二章第一节，第 87—89 页。

122 关于文化性产品名望资本的问题参见 Pierre Bourdieu, "Der Markt der symbolischen Güter," *Kunst und Kultur. Schriften zur Kultursoziologie, Bd. 4*（Konstanz,2011）, pp.15-96；Georg Franck, *Mentaler Kapitalismus.Eine politische Ökonomie des Geistes*（München, 2005）。关于它与科学的关系，经典的著述见 Robert K. Merton, *The Sociology of Science. Theoretical and Empirical Investigations*（Chicago, 1998）；与艺术的关系见 Becker, *Art Worlds*。

123 参见 Michel Callon, Cécile Méadel, Vololona Rabeharisoa, "The Economy of Qualities," *Economy and Society* 31/2（2002）：194-217。

124 详见 Karpik, *Valuing the Unique*。

125 见第一章第二节，第 29—36 页。

126 具体情况中，独异性产品的成功之路可能更复杂。一方面，独一无二的经典完全有可能发生长期贬值。另一方面，又有可能被重新发现，长期被忽视甚至一直受到负面评价的产品可能突然翻身变成正面的。

127 关于"品牌"这个问题，参见 Hanna Busemann, *Das Phänomen Marke. Betrachtung und Analyse aktueller markensoziologischer Ansätze*（Saarbrücken, 2007）, 以及 Jeannette Neustadt, *Ökonomische Ästhetik und Markenkult. Reflexionen über das Phänomen Marke in der Gegenwartskunst*（Bielefeld,2011）。

128 参见 Bourdieu, *Regeln der Kunst*。

129 参 见 Markus Tauschek（Hg.），*Kulturen des Wettbewerbs, Formationen kompetitiver Logiken*（Münster, 2012）；James F. English, *The Economy of Prestige. Prizes, Awards, and the Circulation of Cultural Value*（Cambridge, 2005）。竞争作为赋值争执，其里程碑是美国电影艺术与科学学院奖（奥斯卡）1929 年的首次颁发。

130 当然并不总是这样；纯粹的流行和纯粹的经典依然存在，但不再那么极端，在广阔的中间地带，二者有所交融。

131 20 世纪 90 年代以来解构主义建筑声名大振，就是这种情况的例子。Georg Franck（在 *Mentaler Kapitalismus* 一书中）对此进行了详细分析。这一领域中，关注度方面的成功与专家赋值极为紧密地联系在一起。

132 在此，能够并必须继续布迪厄关于文化产品（包括名人）作为主体文化资本的经典思路。参见 Franck 详细的新著述，*Mentaler Kapitalismus*。

133 关于文化性产品市场上的马太效应，参见 Robert K. Merton 关于科学的经典著论述 "The Matthew Effect in Science," *Science* 158/3810（1968）：56–63。

134 比如说许多音乐迷只听自己喜欢的曲子，或爱听被推崇的 20 世纪 60 至 70 年代的流行音乐，对新作品则完全不关心；巴黎还有许多食客只喜欢老馆子，从不理会新的；等等。

135 关于明星，参见 Chris Rojek, *Celebrity*（London, 2001）。

136 关于这个话题，概论的著述参见 Jan-Hendrik Passoth, Josef Wehner（Hg.），*Quoten. Kurven und Profile. Zur Vermessung der sozialen Welt*（Wiesbaden, 2013）；Steffen Mau, *Das metrische Wir. Über die Quantifizierung des Sozialen*（Berlin, 2017）。

137 比较作为一种社会实践，关于它的概述性论述参见 Bettina Heintz, "Numerische Differenz. Überlegungen zu einer Soziologie des（quantitativen）Vergleichs," *Zeitschrift für Soziologie* 39/3（2010）：162–181。

138 参见第一章第二节，第 17—24 页。

139 参见 Beckert/Musselin, *Constructing Quality*。

140 比如亚马逊销售平台上图书、音乐或电影的排行。

141 科研成果引用率是一个特例。它结合了关注度测量和质量排行。它测量的是其他科研人员而不是随便哪位读者对某篇文章的提及（并认为此文有价值）。参见 Merton, *Sociology of Science*。

142 在生产者一方，量化也经常会引起自我增强效应：一个主题，如果在新闻网上获得高点击量，将来就有可能用别的方式"再推"；一个乐队或一位作者获得了第一次成功，音乐公司或出版社就会大力宣传他。

第三章　劳动领域的独异化

1 参 见 Maurizio Lazzarato, "Immaterial Labor," Paolo Virno, Michael Hardt（Hg.）, *Radical Thought in Italy: A Potential Politics*（Minneapolis, 1996）, pp.133–148; Manfred Moldaschl, Günter Voß（Hg.）, *Subjektivierung von Arbeit, München*（Mering, 2002）; Luc Boltanski, Éve Chiapello, *Der neue Geist des Kapitalismus*（Konstanz,2003）; Michael J. Piore, Charles F. Sabel, *The Second Industrial Divide: Possibilities for Prosperity*（New York,1984）; Hans Pongratz, Günter Voß, *Arbeitskraftunternehmer. Erwerbsorientierungen in entgrenzten Arbeitsformen*（Berlin,2003）; Nick Kratzer, *Arbeitskraft in Entgrenzung. Grenzenlose Anforderungen, erweiterte Spielräume, begrenzte Ressourcen*（Berlin,2003）; Peter Kalkowski, Otfried Mickler, *Antinomien des Projektmanagements. Eine Arbeitsform zwischen Direktive und Freiraum*（Berlin, 2009）; Ulrich Bröckling, *Das unternehmerische Selbst. Soziologie einer Subjektivierungsform*（Frankfurt/M., 2007）。

2 参 见 Lazzarato, "Immaterial Labour," p.133; 关 于 教 育 普 及 参 见 Paul Windolf, *Expansion and Structural Change. Higher Education in Germany, the United States and Japan, 1870–1900*（Boulder u. a., 1997）。

3 参见 Daniel Bell, *Post-Industrial Society. The Coming of Post-Industrial Society: AVenture in Social Forecasting*（New York,1973）。

4 关 于 这 一 极 化 问 题 参 见 David H. Autor et al., "The Polarization of the U.S. Labor Market," *American Economic Review* 96/2（2006）: 189–194; Maarten Goose, Alan Manning, Anna Salomons, "Job Polarization in Europe," *American Economic Review* 99/2（2002）: 58–63. 与全球社会理论的关联参见 Allen Scott, *AWorld in Emergence. Cities and Regions in the 21st Century*（Cheltenham, 2012）, pp.95–121; 透彻的论著见 Gøsta Esping-Anderson, *Changing Classes. Stratification and Mobility in Post-Industrial Societies*（London, 1993）。

5 Goose, Manning, Salomons, "Job Polarization".

6 参见上文，第二章第一节，第 73—77 页。

7 关于这个概念参见 Stephan Voswinkel, *Welche Kundenorientierung? Anerkennung in der Dienstleistungsarbeit*（Berlin, 2005）。关于服务阶层中的劳动参见 Friederike Bahl, *Lebensmodelle in der Dienstleistungsgesellschaft*（Hamburg, 2014）。我还将在第三章中详谈服务阶层。

8 自 20 世纪 90 年代以来，大众媒体中到处都是统计数据，对不同水平的主体进行排序（大学学历、高中学历等），以此暗示着优 / 劣评价。于是，提高高等学历人口比例（在一个城市的总人口中的比例，在一个特定群体中的比例，比如移民群体）在政治上就被看作一种成功。

9　参见 Stephan Voswinkel, "Anerkennung der Arbeit imWandel," Ursula Holtgrewe, Stephan Voswinkel, GabrieleWagner（Hg.）, *Anerkennung und Arbeit*（Konstanz, 2000）,pp.39–61。

10　参见 David Hesmondhalgh, *The Cultural Industries*（Los Angeles u. a., 2013）; Andy Pratt, "Creative Cities. Cultural Industries and the Creative Class," *Geografiska Annaler: Series B-Human Geography* 90/2（20018）: 107–117。关于创意产业与创意经济之间的区别参见第 68—72 页。

11　参见 Robert Reich, *The Work of Nations. Preparing Ourselves for 21ˢᵗ-Century Capitalism*（New York, 1991）, pp.171–240。

12　关于创意劳动的形式，近年来出现了一系列有趣的研究，主要针对创意产业，参见 David Hesmondhalgh, Sarah Baker, *Creative Labour. Media Work in Three Cultural Industries, London*（New York, 2011）; Mark Deuze, *MediaWork*（Cambridge u. a.,2007）; Mark Banks, *The Politics of Cultural Work*（New York, 2007）; Angela McRobbie, *Be Creative. Making a Living in the New Culture Industries*（Cambridge, 2016）; Hannes Krämer, *Die Praxis der Kreativität. Eine Ethnographie kreativer Arbeit*（Bielefeld, 2014）; Alexandra Manske, *Kapitalistische Geister in der Kultur– und Kreativwirtschaft. Kreative zwischen wirtschaftlichem Zwang und künstlerischem Drang*（Bielefeld, 2016）。

13　已有论述参见 Martin Baethge, "Arbeit, Vergesellschaftung, Identität. Zur zunehmenden normativen Subjektivierung der Arbeit," *Soziale Welt* 42/1（1991）: 6–19。

14　参见第一章第三节，第 47—50 页。

15　关于设计概念的扩大参见 Guy Julier, *The Culture of Design*（London u. a., 2000）; 关于设计工作参见 Tim Brown, *Change by Design. How Design Thinking Transforms Organizations and Inspires Innovation*（New York, 2009）。

16　关于这一概念参见 Hans-Jörg Rheinberger, *Experiment, Differenz, Schrift. Zur Geschichte epistemischer Dinge*（Marburg, 1992）。

17　关于这种实践具体参见 Rob Austin, Lee Devin, *Artful Making. What Managers Need to Know About How Artists Work*（Upper Saddle River, 2003）; Roberto Verganti, *Design Driven Innovation. Changing the Rules of Competition by Radically Innovating What Things Mean*（Boston, 2009）。

18　参见第二章第一节，第 89—92 页。

19　参见 Austin/Devin, *Artful Making*。

20　参见 Monika Salzbrunn, *Vielfalt/Diversität*（Bielefeld, 2014）; 另见下文，本章第 127 页及后。

21　参见 Chris Bilton, *Management and Creativity. From Creative Industries to Creative*

Management（Malden u. a., 2006）。

22 这一点也是 19 世纪文化批评的典型特征，参见 Matthew Arnold, *Culture and Anarchy*（Cambridge, 1946）。

23 参见 Verganti, *Design Driven Innovation*；Deuze, *Media Work*。

24 参见 Tom Kelley, *The Art of Innovation. Lessons in Creativity from IDEO. Americas Leading Design Form*（New York, 2001）。

25 所以不奇怪，文化产业将"设计思维"作为根本要求，要求每件产品都要考虑到客户并征求他们的意见，问他们怎样才能对一件产品有独异性体验：作为产品的不是自行车，而是骑车或骑车体验，不是酒店，而是酒店体验，不是博物馆，而是博物馆体验，诸如此类。参见 Brown, *Change by Design*。

26 参见 Boltanski/Chiapello, *Geist des Kapitalismus*, pp.152–176；Ricarda Wildförster, Sascha Wingen, *Projektmanagement und Probleme*（Heidelberg, 2001）；Kalkowski/Mickler, *Antinomien des Projektmanagements*; Christiane Funken et al., *Vertrackte Karrieren. Zum Wandel der Arbeitswelten in Wirtschaft und Wissenschaft*（Frankfurt/M.,2015）；概论性著作见 Markus Krajewski（Hg.）, *Projektemacher. Zur Produktion von Wissen in der Vorform des Scheiterns*（Berlin,2004）。

27 参见 Richard A. Goodman, Lawrence P. Goodman, "Some Management Issues in Temporary Systems: A Study in Professional Development and Manpower-The Theater Case," *Administrative Science Quarterly* 21/3（1976）：494。

28 关于这些阶段参见 Davies/Sigthorsson, *Creative Industries*, 第 138 页及后。

29 协作的概念，以及描写非共同性集体时所用到的其他概念，在当今的研究中用得很多，而且定义不清。因此，本书此处追求理论上的锐化。此外，可参见 Richard Sennett, *Zusammenarbeit. Was unsere Gesellschaft zusammenhält*（Berlin, 2012）；另一略有不同的"集体"概念参见 Bruno Latour, in *Eine neue Soziologie für eine neue Gesellschaft. Einführung in die Akteur-Netzwerk-Theorie*（Frankfurt/M., 2007）；"分离的共有"概念参见 Jean-Luc Nancy, *Die undarstellbare Gemeinschaft*（Stuttgart, 1988）；更靠近实践的有 Gesa Ziemer, *Komplizenschaft. Neue Perspektiven auf Kollektivität*（Bielefeld, 2013）。

30 互动与交流描述的是很泛指的、中立的现象，其中并没有目标性。合作在目标性上虽然更确指一些，但又缺少文化上的自我价值。

31 参见 Austin, Devin, *Artful Making*。

32 这种情况下，项目完全可能发展出一种集体身份认同——但不是一种均质的共同体。它能提供的身份认同就是独异品的多元集体。项目活动能在情感上打动人，对成员来说也有很高的回忆价值。

33 只有在具体、有趣的情况下，市场才会作为整体出现。这里首先可以想到的例子是赋

值竞争, 比如欧洲歌唱大赛或选角秀, 还有政治竞选, 显然因为社会中本来无处不在
的竞争格局在这些情境中被激化了 [参见 Alain Ehrenberg, *Le culte de la performance*
(Paris, 1991)]。市场作为整体的另一种表现方式是金融产业, 被展现在屏幕上 [参
见 Karin Knorr-Cetina, Urs Bruegger, "Traders' Engagement with Markets. A Postsocial
Relationship," *Theory, Culture & Society* 19/5-6 (2002), pp.161-185]。

34 关于项目与晚现代组织的关系参见 Gernot Grabher, "Ecologies of Creativity.
The Village, the Group, and the Heterarchic Organisation of British Advertising
Industry," *Environment and Planning A* 33/2 (2001): 351-374; Bilton, *Management
and Creativity*。

35 参见 Martin Parker, *Organizational Culture and Identity. Unity and Division at Work*
(London u. a.,2000); Julier, *Culture of Design*, 第 191 页及后。

36 参见 Paul du Gay, *Consumption and Identity at Work* (London, 1996); Nigel Thrift,
Knowing Capitalism (London u. a., 2005)。

37 参见 Bas van Heur, *Creative Networks and the City. Towards a Cultural Political Economy of
Aesthetic Production* (Bielefeld,2010); 以纽约为例的论著参见 Elizabeth Currid, *The Warhol
Economy. How Fashion, Art, and Music Drive New York City* (Princeton,2007)。

38 关于网络的概论参见 Latour, *Eine neue Soziologie*; 关于网络组织参见 Walter W.
Powell, "Neither Market nor Hierarchy. Network Forms of Organization," *Research
in Organizational Behaviour* 12 (1990): 295-336。关于晚现代的网络参见 Manuel
Castells, *The Rise of the Network Society* (Cambridge, 1996); Henning Laux,
Soziologie im Zeitalter der Komposition. Koordinaten einer integrativen Netzwerktheorie
(Weilerswist,2014)。

39 参见 Arnold Picot 等, *Die grenzenlose Unternehmung. Information, Organisation und
Management* (Wiesbaden,1996); 还有 Hartmut Berghoff, Jörg Sydow (Hg.),
Unternehmerische Netzwerke. Eine historische Organisationsform mit Zukunft? (Stuttgart,2007)。

40 参见 AndreasWittel, "Toward a Network Sociality, " *Theory, Culture & Society* 18/6
(2001): 51-76。

41 参见 Mark S. Granovetter, "The Strength ofWeak Ties," *American Journal of Sociology*
78/6 (1973): 1360-1380。

42 在特定情况中, 网络也可以被作为整体呈现。比如脸书中的 "好友" 名单。

43 "主体" 在这里不是指自主的主体性, 而是个人通过职业文化进行主体化的方式, 这就
是说, 他习得专门的社会标准、习性、心理能力, 并将之变成自己的。

44 我们在下文第三章还会看到, 在这一点上, 高端人才的职业文化与低端人才的职业文化
是有明显区别的。

45 最清楚的是狭义创意产业中后物质主义劳动理念。这里创意个人心中的理想自我, 显示

出典型现代时代艺术家的理想痕迹。参见 Cornelia Koppetsch, *Das Ethos der Kreativen. Eine Studie zum Wandel von Arbeit und Identität am Beispiel der Werbeberufe*（Konstanz, 2006）。

46 机构社会学分析指出，传统的机构不仅要求正规教育，还总有一些细微政策和信任管理机制、印象管理和非形式化的退出机制。

47 参见 Marcelle Stroobants, *Savoir-faire et compétence au travail. Une sociologie de la fabrication des aptitudes*（Brüssel, 1993）；Pierre-Michel Menger, *Kunst und Brot. Die Metamorphosen des Arbeitnehmers*（Konstanz, 2006），第 83 页及后；Pierre-Michel Menger,*The Economics of Creativity. Art and Achievement under Uncertainty*（Cambridge, 2014），第 143 页及后；Thomas Kurtz, Michaela Pfadenhauer（Hg.）, *Soziologie der Kompetenz*（Wiesbaden, 2010）。

48 参见 Davies/Sigthorsson, *Creative Industries*, 第 107 页及后；Charles B. Handy, *The Age of Unreason*（London u. a,1989），他谈到了形象 – 劳动主体。与之相应的咨询话语很重要，比如 Jürgen Salenbacher, *Creative Personal Branding*（Amsterdam,2013）。

49 我们在分析数字化时还将继续这一点，见第四章第二节，第 169—174 页。

50 参见 Nigel Thrift, "A Perfect Innovation Engine. The Rise of the Talent World," Jacqueline Best, Matthew Paterson（Hg.）, *Cultural Political Economy*（New York, London, 2010）, pp.197–222；以及 Menger, *Creativity*, 第 142 页及后。关于项目中的潜能开发参见 Funken 等, *Vertrackte Karrieren*; Uwe Vormbusch, "Taxonomien des Flüchtigen. Das Portfolio alsWettbewerbstechnologie der Marktgesellschaft," Jan-Hendrik Passoth, Josef Wehner（Hg.）, *Quoten, Kurven und Profile*（Wiesbaden,2013）, pp.47–68。经济意义上的潜能概念来自 Gary Becker 的人力资本理论，从心理学角度来说他仍依据自我成长心理。

51 参见 Thomas Peters, Robert Waterman, *In Search of Excellence: Lessons from America's Best Run Companies*（New York,1982）。

52 与产品的独异性资本类似，参见第二章第二节，第 107—111 页。

53 参见 Aldo Legnaro, "Performanz," Ulrich Bröckling, Susanne Krasmann, Thomas Lemke （Hg.）, *Glossar der Gegenwart*（Frankfurt/M., 2004）,pp. 204–209；关于表现经济的概述参见 Fabian Muniesa, *The Provoked Economy. Economic Reality and the Performative Turn*（London, 2014）。

54 概述著作见 Sighard Neckel, *Flucht nach vorn. Die Erfolgskultur der Marktgesellschaft* （Frankfurt/M.,2008），第 80 页及后；以项目工作为视角的论著见 Funken 等, *Vertrackte Karrieren*。

55 参见第二章第二节，第 94 页及后。

56 参见 Funken 等, *Vertrackte Karrieren*。

57 关于后者参见 Davies/Sigthorsson, *Creative Industries*，第 116 页及后。这种"个性特征"对职业成功的重要性越来越受到心理学研究的关注，参见 Angela Duckworth 等，"Grit: Perseverance and Passion for Long-term Goals," *Journal of Personality and Social Psychology* 92/6（2007）：1087–1101。

58 参见 Bilton, *Management and Creativity*，第 28 页及后。关于选角的概论著述参见 Bernhard Pörksen,Wolfgang Krischke（Hg.），*Die Casting-Gesellschaft. Die Sucht nach Aufmerksamkeit und das Tribunal der Medien*（Köln,2010）；André Pradtke, *Casting Shows als Märkte für Marktpotenziale*（Marburg, 2014）。

59 关于这一主题，Till Harms 有一部很好的纪录片 *Die Prüfung*（2016），内容是一所表演学校的选角过程。

60 参见 Neckel, *Die Flucht nach vorn*; ähnlich Pierre Rosanvallon, *Die Gesellschaft der Gleichen*（Hamburg,2013）。

61 针对劳动的这些预言，看起来符合将来的情况，可参见 Lynda Gratton, *The Shift. The Future of Work is Already Here*（London,2011）。

62 参见 Davies, Sigthorsson, *Creative Industries*，第 114 页及后；Wittel, "Toward a Network Sociality"。

63 文学领域也谨慎地谈及此主题，参见 Davies, Sigthorsson, *Creative Industries*，第 114 页及后。

64 论著很多，仅举一例：Pierre Bourdieu, Jean-Claude Passeron, *Die Erben. Studenten, Bildung und Kultur*（Konstanz,2007）。

65 Pierre Bourdieu, "Ökonomisches Kapital, kulturelles Kapital, soziales Kapital," Reinhard Kreckel（Hg.）, *Soziale Ungleichheiten*（*Soziale Welt, Sonderband 2*）（Göttingen,1983），pp.183–198。

66 我将在第五章详细谈到新知识中产的社会文化形象。"出身"在高级管理术中以另一种方式起决定作用，参见 Michael Hartmann, *Der Mythos von den Leistungseliten*（Frankfurt/M., New York,2002）。

67 详见 Uwe Vormbusch, "Karrierepolitik. Zum biografischen Umgang mit ökonomischer Unsicherheit," *Zeitschrift für Soziologie* 38/4,（2009）：282–299。

68 参见 Boris Traue, *Das Subjekt der Beratung. Zur Soziologie einer Psycho-Technik*（Bielefeld,2010）。

69 概述性论著参见 Ronald Hitzler, Michaela Pfadenhauer（Hg.），*Karrierepolitik. Beiträge zur Rekonstruktion erfolgsorientierten Handelns*（Opladen, 2003）。专门论著见 Joanna Grigg, *PortfolioWorking. A Practical Guide to Thriving in the Changing Workplace*（London,1997）; Vormbusch, "Karrierepolitik"。

70 范例性的论著见 Hesmondhalgh, *Creative Industries, und die Beiträge in Polar. Zeitschrift*

für politische Philosophie und Kultur 4（2008）（*Tun und Lassen. Über Arbeiten*）。

71 参见 Andreas Reckwitz, *Die Erfindung der Kreativität. Zum Prozess gesellschaftlicher Ästhetisierung*（Berlin,2012），第 54 页及后。

72 晚现代的职业理想当然能将创意劳动、实现自我和市场关注度及赋值完美地结合起来。"成功的艺术家"这种范式（设计师、建筑师等）代表了这种理想。相关范例研究参见 Sarah Thornton, *33 Künstler in 3 Akten*（Frankfurt/M,2015）。McRobbie（*Being Creative*, 第 87 页及后）提到了性别视角：在晚现代，理想中的创意者不仅仅可以是男人，更可以是女人。

73 关于竞合，参见 Stephan A. Jansen, Stephan Schleissing（Hg.）, *Konkurrenz und Kooperation: interdisziplinäre Zugänge zur Theorie der Co-opetition*（Marburg,2000）。

74 与此不同的论述参见 Arlie Russel Hochschild, *Keine Zeit. Wenn die Firma zum Zuhause wird und zu Hause nur Arbeit wartet*（Opladen,2002）；以及 Diedrich Diederichsen, "Kreative Arbeit und Selbstverwirklichung," Christoph Menke, Juliane Rebentisch（Hg.）, *Kreation und Depression. Freiheit im gegenwärtigen Kapitalismus*（Berlin,2010）, pp.118–128。亦可参见 Svenja Flaßpöhler, *Wir Genussarbeiter. Über Freiheit und Zwang in der Leistungsgesellschaft*（München,2011）。

75 关于这一结构的详细论述见 Menger, *Kunst und Brot*; Jean-Paul Fitoussi, Pierre Rosanvallon, *Le nouvel âge des inégalités*（Paris,1996），第二章。关于明星的概念见 Sherwin Rosen, "The Economics of Superstars," *American Economic Review* 71/5（1981）: 845–858。

76 在此可以联系 Stinchcombe 区分的两种劳动逻辑：他认为有一类是明星工作（star jobs），在这种工作中，产出的细微差别会给机构带来很多的表现、关注度、赋值和成功，并获得相应的酬劳；另一类是标准化劳动，产出的细微差别不能给机构带来成功。参见 Arthur L. Stinchcombe, "Some Empirical Consequences of the Davis-Moore Theory of Stratification," *American Sociological Review* 28/5: 805–808。

77 关于这一现象的详细分析以及竞争的意义参见 Menger, *Creativity*, 第 142 页及后；还有 Menger, *La différence, la concurrence et la disproportion. Sociologie du travail créateur*（Paris,2014）。关于独异性逻辑及其公平性，Gerald Raunig 结合卡夫卡的《女歌手约瑟芬或耗子民族》发掘了另一个有趣的视角，见 Gerald Raunig, *Fabriken des Wissens*（Zürich, 2012），第 7 页及后。

78 比如，这可以显示在以下事例中：教师只能通过"调动课堂积极性"来有别于其他教师，一些特定的 IT 产品要"触动神经"才能与众不同。

79 关于自傲的社会学研究目前还没有，至多可以想到关于自恋的研究，但它又太倾向病理方面，参见经典著作 Christopher Lasch, *The Culture of Narcissism. American Life in an Age of Diminishing Expectations*（New York, London,1973）。关于嫉妒的历史，也

是被严重忽视的，不过可以参见 Frank Nullmeier, *Politische Theorie des Sozialstaats* （Frankfurt/M. u. a.,2000）。关于失败，参见 Matthias Junge, Götz Lechner（Hg.）, *Scheitern. Aspekte eines sozialen Phänomens*（Wiesbaden,2004）。

80   在这一点上可以结合关于公平性的讨论，参见 Neckel, *Flucht nach vorn*, 第 80 页及后。

第四章   数字化即独异化: 文化机器的兴起

1   供应体系（可供性）是 Bruno Latour 专著里所指的概念，见其著 *Eine neue Soziologie für eine neue Gesellschaft. Einführung in die Akteur-Netzwerk-Theorie*（Frankfurt/M.,2007），p.124。关于技术这个概念的通论参见 Don Ihde,*Technology and Lifeworld. From Garden to Earth*（Bloomington u. a.,1996）。关于实物体系，有一种行为学上的理解，参见 Andreas Reckwitz, "Der Ort des Materiellen in den Kulturtheorien.Von sozialen Strukturen zu Artefakten," *Unscharfe Grenzen. Perspektiven der Kultursoziologie* （Bielefeld, 2008）, pp.131–156。

2   见 Siegfried Giedion, *Die Herrschaft der Mechanisierung. Ein Beitrag zur anonymen Geschichte*（Hamburg, 1994）。现代技术文化的理论性研究有多个版本，见 Hans Blumenberg、Martin Heidegger 及 Günther Anders 等人的研究。关于这一主题还有 Jan-Hendrik Passoth, *Technik und Gesellschaft. Sozialwissenschaftliche Techniktheorien und die Transformation der Moderne*（Wiesbaden,2008）。

3   这种三位一体的单个组成部分，我将在下文解释，见第 156—158 页。

4   乐观的论调见 Clay Shirky, *Here Comes Everybody*（London,2008）; Eric Schmidt, Jared Cohen, *Die Vernetzung der Welt*（Reinbek,2013）。批评的论调见 Byung-Chul Han, *Im Schwarm. Ansichten des Digitalen*（Berlin, 2013）; Frank Schirrmacher（Hg.）, *Technologischer Totalitarismus*（Berlin,2015）。

5   见 Gilbert Simondon, *Die Existenzweise technischer Objekte*（Zürich,2012），第 9 页及后。我在此结合了西蒙栋的术语来区分技术和科技，见 Moscovici, *Versuch über die menschliche Geschichte der Natur*（Frankfurt/M.,1982）。关于这一问题领域亦可参见 Erich Hörl, "Die technologische Bedingung. Zur Einführung," *Die technologische Bedingung. Beiträge zur Beschreibung der technischen Welt*（Berlin,2011）, pp.7–53。

6   参见 Carlota Perez, "Technological Revolutions and Techno-Economic Paradigms," *Cambridge Journal of Economics* 34/1（2010）: 185–202。

7   关于这一理念参见 Susan Leigh Star, "The Ethnography of Infrastructure," *American Behavioral Scientist* 43/3（1999）: 377–391; Brian Larkin, "The Politics and Poetics of Infrastructure," *Annual Review of Anthropology* 42/1: 327–343。

8   下文我谈到数字技术、网络、电脑文化、数字文化等时，总是指所有三个根本元素——

算法、可计算性和互联网。总括三者的概念是"数字化电脑网络",因为这种总括是很难的,所以我只在个别地方使用这个词。

9 参见第一章第一节,第 7—9 页。

10 关于算法参见 Felix Stalder, *Kultur der Digitalität*(Berlin, 2016),第 164 页及后。

11 参见 Lev Manovich, *The Language of New Media*(Cambridge, 2001)。Manovich 为电脑媒体理论打下了坚实的基础——当然不包括互联网。

12 关于这个主题参见 Martin Warnke, *Theorien des Internet*(Hamburg, 2011)。

13 参见 Nelson, *Literary Machines*(Sausalito, 1981)。

14 Luciano Floridi 的研究颇有启发,他将与人 – 自然互动有关的科技及与人 – 机互动有关的科技算作一类,那些自动化的、独立自主的机器中使用的科技(机 – 机互动)算作另一类。数字技术达到了后者的层面,参见 Luciano Floridi, *Die 4. Revolution.Wie die Infosphäre unser Leben verändert*(Berlin, 2015)。

15 参见第五章,第 217—236 页。

16 参见第一章第三节,第 38—50 页。

17 参见 Manuel Castells, *The Internet Galaxy. Reflections on the Internet, Business, and Society*(Oxford u.a., 2003);Darin Barney, *The Network Society*(Cambridge, 2004)。

18 这一点也适用于生物性进程,比如 DNA。Floridi 已经将之称为信息了 [参见 Luciano Floridi, *Information. AVery Short Introduction*(Oxford, 2010)]。我保留使用信息的概念,用来指代 Floridi 专门称为"语义信息"的东西。

19 "新""旧"媒体之间的界限不确定了:新媒体以超媒体的形式吸纳了旧媒体,或将它们联上了网;同时也在影响旧媒体的表达方式。

20 关于这个主体的全面论述参见 Icholas Mirzoeff, *An Introduction to Visual Culture*(London u. a., 1999);Martin Lister, *New Media. A Critical Introduction*(London, 2009),第 97 页及后。

21 参见 Martin Hand, *Ubiquitous Photography*(Cambridge, 2012)。

22 参见 Vincent Miller, *Understanding Digital Culture*(Los Angeles u. a., 2011),第 203 页及后。

23 关于这一方面参见 Stefan Schulz, *Redaktionsschluss. Die Zeit nach der Zeitung*(München, 2016)。

24 例如可参见 Michael Bull, *Sound Moves. iPod Culture and Urban Experience*(London, New York,2007)。

25 参见 GamesCoop, *Theorien des Computerspiels*(Hamburg,2012)。

26 参见 Mathias Fuchs u. a.(Hg.), *Rethinking Gamification*(Lüneburg, 2014)。

27 见第一章第二节,第 33—36 页。

28 参见 Jordan Frith, *Smartphones as Locative Media*(Cambridge,2015)。

29 关于环境的概念参见 Mark Hansen, "Medien des 21. Jahrhunderts, technisches Empfinden und unsere originäre Umweltbedingung," Hörl（Hg.）, *Die technologische Bedingung*, pp.365–409. webaugmented reality, ambient intelligence 和 online experience 等概念所指与之类似。

30 参见第二章第一节，第 90 页及后。

31 参见第二章第二节，第 98 — 101 页。

32 这一结构性特征以前已经有人在 produser 或 prosumer 的概念下分析过了，参见 Mark Poster, *The Second Media Age*（Cambridge,1995）; Axel Bruns, *Blogs, Wikipedia, Second Life, and Beyond. From Production to Produsage*（New York,2008）。

33 参见 Sonia Livingstone, Ranjana Das, "The End of Audiences? Theoretical Echoes of Reception Amidst the Uncertainties of Use," John Hartley u. a.（Hg.）, *A Companion to New Media Dynamics*（Oxford,2013）, pp.104–121。

34 屏幕作为门槛，这一点参见 Manovich, *Language of New Media*, 第 94 页及后。触屏使人能直接"进入"屏幕里面去。

35 文化元素在表面上是平等的，这与它们的去环境化一致。传统文化机器依靠环境之间的划界获得稳定性——依赖空间、时间、媒体设备、圈子形式的不同：图书在图书馆，新闻在电视上，古典音乐在音乐厅，私人消息在信件或电话里。然而现在，这些异质的文化形式都可通过"数字渠道"获得。

36 参见第二章第二节，第 98 — 115 页。

37 在这方面，数字媒体是晚现代创意装置的一个强有力的支柱。

38 参见 Dirk von Gehlen, *Eine neue Version ist verfügbar.Wie die Digitalisierung Kunst und Kultur verändert*（Berlin, 2013）。

39 经典论著见 Landow, *Hyper-Text-Theory*（Baltimore, 1994）; 较新的论著见 Dirk von Gehlen, *Mashup. Lob der Kopie*（Berlin, 2011）, 以及 Florian Mundhenke 等（Hg.）, *Mashups. Neue Praktiken und Ästhetiken in populären Medienkulturen*（Wiesbaden,2015）。

40 见第二章第一节，第 90 页及后。

41 时间性和空间性也被数字网络独异化了（比如地点的选择）。

42 关于主体和主体化这个主题参见 Andreas Reckwitz, *Subjekt*（Bielefeld,2008）。

43 关于各种社会媒体参见 José van Dijck, *The Culture of Connectivity. A Critical History of Social Media*（Oxford, New York,2013）; Ramón Reichert, *Die Macht der Vielen. Über den neuen Kult der digitalen Vernetzung*（Bielefeld,2013）。关于脸书范式参见 Roberto Simanowski, *Facebook-Gesellschaft,*（Berlin, 2016）; Howard Gardner, Katie Davis, *The App Generation. How Today's Youth Navigate Identity, Intimacy, and Imagination in a Digital World*（New Haven,2013）; Clara Shih, *The Facebook Era*（Upper Saddle River,2011）; Oliver Leistert, Theo Röhle（Hg.）, *Generation Facebook. Über das Leben im Social Net*（Bielefeld,2011）。

44 参见 David Riesman, *The Lonely Crowd. A Study of the Changing American Character* (New Haven,2000) [德文版：*Die einsame Masse. Eine Untersuchung der Wandlungen des amerikanischen Charakters* (Hamburg, 1958)]; 关于这一主体形式亦可参见 Reckwitz, *Das hybride Subjekt. Eine Theorie der Subjektkulturen von der bürgerlichen Moderne zur Postmoderne* (Weilerswist, 2006)，第 409 页及后。

45 参见第二章第一节，第 85—87 页。

46 关于可见度参见第二章第二节，第 98—99 页，关于独异性资本参见第二章第二节，第 107—111 页。

47 关于"形象"这个概念亦可参见 Miller, *Understanding Digital Culture*, 第 170 页及后。

48 例如 2016 年前后，脸书有如下标签：生活经历、工作与教育、生活过的地方、音乐、电影、书籍。婚恋网站 Parship 给出了开放的文字模板，例如"完美的一天是……"、"我希望自己能……"以及"我永远也少不了的两件东西……"

49 参见第三章第二节，第 135—137 页。

50 关于这一主题参见 Simanowski, *Facebook-Gesellschaft*。

51 从文化批评的角度可以设想：照片 / 影片不仅物化了体验，而且取代了它。

52 参 见 Georg Simmel, *Soziologie. Untersuchungen über die Formen der Vergesellschaftung* (Frankfurt/M.,1992)，pp.456-511。

53 参见 Gardner, Davis, *App-Generation*，第 66 页及后。

54 以 YouTube 视频为例进行的研究参见 Reichert, *Die Macht der Vielen*, 第 82 页及后。

55 详见 van Dijck, *Culture of Connectivity*; 以及 Jan-Hendrik Passoth, Josef Wehner (Hg.)，*Quoten, Kurven und Profile. Zur Vermessung der sozialen Welt* (Wiesbaden,2013)。这一点与独异性经济量化问题有关联。参见第二章第二节，第 111—115 页。

56 参见第二章第二节，第 98—111 页。

57 参见 Niklas Luhmann, *Die Wissenschaft der Gesellschaft* (Frankfurt/M.,1992)，pp.68-121。不过我把观察这个概念与它的意义分开了。

58 参见 Viktor Mayer-Schönberger, Kenneth Cukier, *Big Data. A Revolution That Will Transform How We Live,Work, and Think* (London,2013) [德 文 版：*Big Data. Die Revolution, die unser Leben verändern wird* (München, 2013)]。

59 这种关切当然不是来自电脑，而是人类为了商业、医疗或政治目的。电脑只是能够以前所未有的方式服务于这种关切。

60 如今这一点仍用于刑事案件画像。关于这一问题参见 David Canter, "Offender profiling and investigative psychology," *Journal of Investigative Psychology and Offender Profiling*, I (2003): 1-15。

61 参见 Stalder, *Digitalität*, 第 187 页及后；Ramón Reichert, "Facebooks Big Data. Die Medien- und Wissenstechniken kollektiver Verdatung," *Big Data. Analysen zum digitalen Wandel*

von Wissen, Macht und Ökonomie（Bielefeld,2014），pp.437–452; Miller, *Understanding Digital Culture*, 第 111 页及后；更通行，信息量也更大的著作是 Christoph Kucklick, *Die granulare Gesellschaft.Wie das Digitale unsereWirklichkeit auflöst*（Berlin,2014）。

62　得出消费形象是机器画像到目前为止最重要的形式。不过在政治竞选过程中，人分析也可以用到，比如贝拉克·奥巴马 2008 年和 2012 年的竞选。参见 Michael Scherer, "Inside the Secret World of the Data Crunchers. Who Helped Obama Win," *Time* 11（2012）。

63　参见 Mayer-Schönberger/Cukier, *Big Data*。

64　参见 Deborah Lupton, *The Quantified Self. A Sociology of Self-Tracking Cultures*（Cambridge,2016）; Stefan Selke, *Life-Logging.Wie die digitale Selbstvermessung unsere Gesellschaft verändert*（Berlin,2014）。

65　参见 Priya Hays, *Advancing Healthcare Through Personalized Medicine*（Boca Raton, 2017）。

66　不过，独异的身体活动也可以按普适的健康指标加以测量。根据 Quantified-Self 运动的宣传，自我观察是为了自我改善。

67　参见 Selke, *Life-Logging*, 第 149 页及后。

68　一个与此相关的现象是所谓无线身频识别芯片（RFID-Chips）.

69　参见 Schulz, *Redaktionsschluss*, pp.23–75。

70　参见 Felix Stalder, Christine Mayer, "Der zweite Index. Suchmaschinen, Personalisierung, Überwachung," Konrad Becker, Felix Stalder（Hg.）, *Deep Search. Politik des Suchens jenseits von Google*（Innsbruck,2010）, pp.112–131. 关于数据库作为社会形式的重要性参见 Manovich, *Language of New Media*, 第 218 页及后; Marcus Burkhard, *Digitale Datenbanken. Eine Medientheorie im Zeitalter von Big Data*（Bielefeld,2015）。

71　参见 Lev Manovich, *Software Takes Command*（New York,2013）。

72　关于网络上"自下而上的创造力"参见 Reichert, *Die Macht der Vielen*; Jean Burgess, Joshua Green, *YouTube. Online Video and Participatory Culture*（Cambridge,2009）。

73　这一点与创意经济有关联，参见 Chris Anderson, *Makers. The New Industrial Revolution*（New York,2012）; 关于设计师与用户在此条件下的合作参见 Katharina Bredies, *Gebrauch als Design. Über eine unterschätzte Form der Gestaltung*（Bielefeld,2014）。

74　参见 Miller, *Understanding Digital Culture*, 第 184 页及后。关于网络交际的经典研究见 Howard Rheingold, *The Virtual Community. Homesteading on the Electronic Frontier*（Cambridge,2000）; 关于新闻的区别化参见 Stephen Reese et al., "Mapping the Blogosphere. Professional and Citizen-based Media in the Global News Arena," *Journalism* 8/3（2007）: 235–261; 关于粉丝群体参见 Nancy Baym, "Interpersonal Life online," Leah Lievrouw, Sonia Livingstone（Hg.）, *The Handbook of New Media*

（London,2006），pp.35-54。

75 后者被 Anderson 在另一种背景下改写成了长尾效应，参见 Chris Anderson, *The Long Tail. Nischenprodukte statt Massenmarkt*（München,2011）。

76 参见 Barry Wellman, "Physical Place and Cyberspace. The Rise of Networked Individualism," Leigh Keeble, Brian Loader（Hg.），*Community Informatics. Shaping Computer-Mediated Social Relations*（London, New York,2000），pp.17-42; Barney, *Network Society*。

77 参见第三章第一节，第 131 页及后。

78 参见 Clay Shirky, Cognitive Surplus. *Creativity and Generosity in a Connected Age*（London,2010）。狭义上的互联网络例如职业的线上网络或房产中介，这些经常被放在"共享经济"的标题下。参见 Jeremy Rifkin, *The Zero Marginal Cost Society. The Internet of Things, the Collaborative Commons, and the Ecplise of Capitalism*（New York,2014）。

79 参见 Eli Pariser, *Filter Bubbles.Wie wir im Internet entmündigt werden*（München,2012）。

80 独异品市场、新型共同体和异质协作都是理想模型，在数字文化的现实中有复杂的交叉，比如不同的社交媒体在不同情况下更具市场特征或更偏向交流，粉丝社群中可能更有新型阐释社区或网络的特色。

81 参见 Riesman, *Die einsame Masse*。

82 关于新的羞耻文化及"囧"文化，参见 Andrea Köhler, Scham. *Vom Paradies zum Dschungelcamp*（Springe, 2017）; Ulrich Greiner, *Schamverlust. Vom Wandel der Gefühlskultur*（Reinbek,2014）。总的来说不仅有网络，还有电视。自 20 世纪 90 年代起，电视节目有了现实模式，它们都成了展示主体的"囧"和羞耻的地方。参见 Susan Murray, Laurie Ouellette（Hg.），*Reality TV. Remaking Television Culture*（New York,2009）。

83 德语国家会对一些个人肇事者进行深度剖析，比如 2008 年奥地利阿姆施泰滕（Amstetten）案件，或 2011 年奥登瓦尔德中学性丑闻，以及 2015 年的航班撞山案。

84 参见 Sherry Turkle, *Life on the Screen. Identity in the Age of the Internet*（New York,1995）[德文版：*Leben im Netz. Identität in Zeiten des Internets*（Reinbek,1998）]。

85 有些国家的电视观众（比如美国的 Fox-News 和 MSNBC）也会有极端表现，产生类似的效应。

86 详见 Schulz, *Redaktionsschluss*。

87 这里的问题是，想要获得长效，就得有积极情感——比如主题激动人心或讲述者将话题极化。不过现在也有反对这种倾向的运动，比如慢新闻（Slow Journalism），参见杂志 *Delayed Gratification*。

88 显然这些顶多可以作为过去的、被积极应对的经历来谈论，或作为当下一场英雄式的斗争（"抗击癌症"），却不能只谈它的负面。

89 不过网络上有可选的形式，用以处理矛盾的情感。比如 digital storytelling，个体可以在这里述说自己的问题，还有引擎电影（machinima）文化，主要手段是调侃。参见 Joe Lambert, *Digital Storytelling. Capturing Lives, Creating Community*（New York,2013）; Reichert, *Die Macht der Vielen*, 第 94 页及后。

第五章　独异化的生活：生活方式、阶级、主体形式

1　参见 Ulrich Beck, *Risikogesellschaft. Auf dem Weg in eine andere Moderne*（Frankfurt/M.,1986）; Anthony Giddens, *Modernity and Self-Identity. Self and Society in the Late Modern Age*（Stanford,1999）; Zygmunt Bauman, *Liquid Modernity*（Cambridge,2000）[德 文 版：*Flüchtige Moderne*（Frankfurt/M.,2000）]; Richard Sennett, *The Corrosion of Character. The Personal Consequences of Work in the New Capitalism*（New York, London,1998）[德 文 版：*Der flexible Mensch. Die Kultur des neuen Kapitalismus*（München,2001）]; Manuel Castells, *The Rise of the Network Society. The Information Age: Economy, Society and Culture, Bd. I*（Cambridge,1996）[德文版：*Der Aufstieg der Netzwerkgesellschaft. Das Informationszeitalter. Wirtschaft-Gesellschaft-Kultur, Bd.I*（Opladen,2001）]。

2　这里的"阶级"不仅指社会统计学上的一个群体（跟"阶层"意思相近）。它其实是指一个社会群体，有共同的生活方式模式，拥有可确定的共同的社会地位，其形式是相应的社会资源（资本）以及特有的劳动形式。

3　社会向后工业时代过渡，一开始就有论断，认为产生了一个"高学历新（中等）阶层"，它是这个社会的主要承载者。参见 Daniel Bell, *The Coming of Post-Industrial Society. A Venture in Social Forecasting*（New York,1973）。批判的观点来自 Michael Young, *The Rise of Meritocracy*（London,1958）。关键是要看清他们生活方式的文化性。参见 Mike Featherstone, *Consumer Culture and Postmodernism*（London,1991）; David Brooks 的 散 文 式 著 作, *Bobos in Paradise. The New Upper Class and How They Got There*（New York,2000）。Richard Florida 在观察知识中产生活方式时，提到"创意阶层"，参见 *The Rise of the Creative Class. And How it's Transforming Work, Leisure, Community and Everyday life*（New York,2002）。这个理念用起来要谨慎，因为"创意"（kreativ）这个形容词容易让人把这种生活方式的水准想得过高。

4　这三个概念（指知识分子的圈子、知识中产、知识分子阶层，原文中分别为 Milieu von Akademikern, akademische Mittelklasse, Akademikerklasse）我是作为同义词来用的。

5　由于教育体制的差异，西方各国关于教育普及的数据无法直接对比。但高学历人群的扩大是普遍的：1950 年，美国大学学历拥有者占总人口的 5%，持续上升到 2009 年已占

30%。数据来自 U. S. Census Bureau（2012 年 2 月）。在德国，1960 年每个年级的高学历学生占 6%，2005 年为 37%。在总人口中的占比增长较慢，高学历人群到 2012 年占 28%（在 25—65 岁人口中）。英国和法国的相应数据在 2012 年分别为 41% 和 31%（https://de.statista.com/infografik/2686/bevoelkerungsanteil-mithochschulabschluss-in-ausgewaehlten-laendern/, Accessed June 12 2017）。

6　参　见 Ulrich Beck, "Jenseits von Stand und Klasse?" Reinhard Kreckel（Hg.）, *Soziale Ungleichheiten*（Göttingen,1983）, pp.35-74；Gerhard Schulze, *Die Erlebnisgesellschaft. Kultursoziologie der Gegenwart*（Frankfurt/M.,1992）。

7　参　见 Helmut Schelsky, "Die Bedeutung des Schichtungsbegriffs für die Analyse der gegenwärtigen deutschen Gesellschaft," *Auf der Suche nach Wirklichkeit*（Düsseldorf u. a.,1965）, pp.331-336。

8　这一发展在美国和德国尤其明显。英国和法国较久、较明显地停留在工业化现代的劳动文化中，传统的资产阶级及贵族也保留较久。

9　参见 Robert Putnam, *Our Kids. The American Dream in Crisis*（New York,2015）。Putnam 为这一社会结构转型提供了大量实质性的论据。关于全球范围内高学历与低学历之间的阶层极化也有相关的数据。参见 Allen J. Scott, *A World in Emergence. Cities and Regions in the 21st Century*（Cheltenham,2012）。与此同时，社会不公的表现形式从程度之别变成了等级之别。参见 Sighard Neckel, *Flucht nach vorn. Die Erfolgskultur der Marktgesellschaft*（Frankfurt/M.,2008）, 第 149 页及后。

10　在美国，可以依据帕特南的理论较为容易地划出这个二元界限：有大学学历者和没有大学学历者。但雄厚的文化资本还取决于社会评价过程。于是教育普及就有可能导致这样的结果：仅有高等学历还不能算雄厚的文化资本，还要是少数精英大学的学历。英国的情况参见 Mike Savage, *Social Class in 21st Century*（London,2015）, 第 219 页及后。

11　参见 Thomas Piketty, *Das Kapital im 21. Jahrhundert*, München 2014; Branko Milanović, *Die ungleiche Welt. Migration, das Eine Prozent und die Zukunft der Mittelschicht*（Berlin,2016）。

12　Gøsta Esping-Anderson, *Changing Classes. Stratification and Mobility in Post-Industrial Societies*（London, 1993）；也　见 Heinz Bude, *Die Ausgeschlossenen. Das Ende vom Traum der gerechten Gesellschaft*（München, 2008）; Oliver Nachtwey, *Die Abstiegsgesellschaft. Über das Aufbegehren in der regressiven Moderne*（Berlin, 2016）, pp.119-179。关于阶层下降，Nachtwey 的著作中有大量数据。

13　仍见 Putnam, *Our Kids* 第 36 页及后。

14　就收入和财产来说，知识阶层包括中产上层以及（主要是年轻的）从业困难者这些广泛的人群。但我的论点是，虽然物质资源有差异，但生活方式遵循共同的文化模式。

15　参见 Putnam, *Our Kids*, p.35。

16　最后提到的几个方面参见 Putnam, *Our Kids*。

17 参见 Ralf Dahrendorf, "Die globale Klasse und die neue Ungleichheit," *Merkur* 54/11 (2000)：1057–1068。

18 关于"三分社会"这个概念首见于 Friedrich-Ebert-Stiftung（Hg.），Arbeitspapier, *Gesellschaft im Reformprozess*（Berlin,2006）。由此而产生的研究论著 Rita Müller-Hilmer, *Gesellschaft im Reformprozess. Umfrage im Auftrag der Friedrich-Ebert-Stiftung*（Berlin, TNS Infratest Sozialforschung），online einsehbar unter，Accessed June 12 2017. https://www.tnsinfratest.com/sofo/_pdf/2006_FES_Ergebnisse.pdf。

19 虽然我对晚现代社会结构的分析部分受到 Pierre Bourdieu 的启发，但结论与 Pierre Bourdieu 的不符。我在描述知识中产时，在阶层理论方面既有 Bourdieu 早期理论中的上层阶级元素，也有早期中产阶级的元素，同时，我的描述给了它们一种独有的文化架构。

20 这一概念出自 Beck, *Risikogesellschaft*, 第 121 页及后。Beck 所说的"扶梯"是带着所有社会阶层向上走的——它们之间有区别，但意味着所有人各自的更高层。现在清楚了，这种情况是 Beck 所说的"第一现代"——工业化现代。

21 关于这一层参见 Tanjev Schultz, Klaus Hurrelmann（Hg.），*Die Akademiker-Gesellschaft. Müssen in Zukunft alle studieren?*（Weinheim,2013）。

22 "底层"是一个麻烦的概念；当然，它没有歧视的用意。

23 关于不平等及底层文化化的明晰论著参见 Beverley Skeggs, *Class, Self, Culture*（London, New York,2004）。更早的著作还有 Anne McClintock, *Imperial Leather. Race, Gender and Sexuality in the Colonial Contest*（New York,1995）。

24 参见上文，第一章第四节，第 53—56 页。

25 参见 Andreas Reckwitz, *Das hybride Subjekt. Eine Theorie der Subjektkulturen von der bürgerlichen Moderne zur Postmoderne*（Weilerswist,2006），第 452 页及后。关于加州生活方式的优美论著参见 Diedrich Diederichsen, Anselm Franke（Hg.），*The Whole Earth. Kalifornien und das Verschwinden des Außen*（Berlin,2013）。

26 参见 Ronald Inglehart, *Modernization and Postmodernization. Cultural, Economic and Political Change in 43 Countries*（Princeton,1997）。相关的还有 Miguel E. Basáñez, *A World of Three Cultures. Honor, Achievement and Joy*（New York,2016）。

27 关于积极心理学参见 Duane Schultz, *Growth Psychology. Models of the Healthy Personality*（New York, 1977）。整个进程的明晰描述见 Daniel Bell, *The Cultural Contradictions of Capitalism*（New York, 1976）。

28 参见 Reckwitz, *Das hybride Subjekt*, 第 97 页及后、第 242 页及后。

29 文化斗争的前线众所周知：反文化运动反抗的是理性主义、道德压制、教育的功利性和市民阶层的消费主义。而市民阶层抵制反文化运动在美学上的退步、不谙世事和它的颠覆性。而且，对立双方从一开始就有相互作用：美学反文化先锋一般出身于市民阶层，深受其教育和艺术理念的影响。同时，也总能看出艺术家无拘无束的自由风范对市民阶层有一种吸引力（"想当艺术家的市民"）。参见 Peter Gay, *Bürger und Bohème. Kunstkriege des 19. Jahrhunderts*（München,1999）。

30　海德堡 SINUS 研究院对圈子进行了细致的区分和深入的研究，认为知识阶层的十种圈子有四种通行形式："Expeditive"（真正意义上的"创意圈子"）、"liberalintellektuelle"、"Performer"和"后物质主义－环保"（postmaterialistischökologische）。他们大约占总人口的 30%。参见 http://www.sinus-institut.de/fileadmin/user_data/sinus-institut/Bilder/sinus-mileus-2015/2015-09-23_Sinus-Beitrag_b4p2015_slide.pdf, Accessed June 12 2017。

31　参见 Abraham H. Maslow, *Motivation and Personality*（New York, 1954）；及其著 *Toward a Psychology of Being*（New York,1968）。

32　从文化批评的角度来看，这一点会显得有些自恋。参见 Christopher Lasch, *The Culture of Narcissism. American Life in an Age of Diminishing Expectations*（New York,1979）。

33　这种架构详见于 Paul Leinberger, Bruce Tucker, *The New Individualists. The Generation after the Organization Man*（New York,1991），第 226 页及后。

34　这种态度的一种表现见于 Paul Ray, Ruth Anderson, *The Cultural Creatives. How 50 Million People are Changing theWorld*（New York,2000）。

35　这里承接了 Schulze 的观点，见其著 *Erlebnisgesellschaft*。

36　见上文，第二章第一节，第 85—87 页。

37　参见上文第四章第一节，第 169 页及后。

38　Walt Whitman, "Song of Myself," *Leaves of Grass. The "Deathbed" Edition*（eBook）（New York,2005），pp.74-250, 此句见于第 247 页。

39　参见 Abraham H. Maslow, "A Theory of Human Motivation," *Psychological Review* 50（1943）：370-396。

40　关于"美好生活"的问题自 2000 年以来，就是各种咨询类业务的热门。最初动机来自哲学，参见 Wilhelm Schmid, *Philosophie der Lebenskunst. Eine Grundlegung*（Frankfurt/M.,1998）；Luc Ferry, *Leben lernen. Eine philosophische Gebrauchsanweisung*（München,2009）。

41　参见 Beatrice von Bismarck, "Introduction," in: dies.（Hg.），*Cultures of the Curatorial*（Berlin,2012），pp.7-20, 此处问题见于第 8 页。关于这一主题亦可参见 Paul O'Neill, *The Culture of Curating and the Curating of Culture（s）*（Cambridge,2012）。

42　关于这些概念见上文，第三章第一节，第 124 页及后、第 126 页及后。

43　关于这一问题参见 Andreas Reckwitz, *Die Erfindung der Kreativität. Zum Prozess gesellschaftlicher Ästhetisierung*（Berlin,2012），第 326 页及后。

44　参见 Don Slater, *Consumer Culture and Modernity*（Cambridge,1997）。

45 消 费 也 参 与 了 创 意， 参 见 Dirk Hohnsträter（Hg.），*Konsum und Kreativität*（Bielefeld,2016）；Wolfgang Ullrich, *Alles nur Konsum. Kritik der warenästhetischen Erziehung*（Berlin,2013）。他在此书中谈到 "消费是文化技术"。这是引申自 Alvin Toffler 20 世纪 60 年代已经用过的 "Prosumer" 主题。

46 参见 Savage, *Social Class*，第 121 页及后。

47 参见 Savage, *Social Class*，第 103 页及后。

48 参见第二章第一节，第 90 页及后。

49 这里并不是 "历史原件"，而总是历史在现代的还原，包括复古风在内，它在晚现代让旧物有了魅力。参见 Fredric Jameson, *Postmodernism, or the Cultural Logic of Late Capitalism*（Durham,1991），第 16 页及后。

50 参见 Michael Jager, "Class Definition and the Aesthetics of Gentrification. Victoriana in Melbourne," Neil Smith, Peter William（Hg.），*Gentrification of the City*（London u. a.,1986），pp.78–91；Hyung Yu Park, "Heritage Tourism," *Annals of Tourism Research* 37/1（2010）：116–135。

51 西方知识界对佛教的接受就是一个很好的例子。参见 Charles S. Prebish, Martin Baumann（Hg.），*Westward Dharma. Buddhism Beyond Asia*（Berkeley,2002）。

52 只要看看晚现代主体多么在意掌握数字技术的最新动态，就能说明这一点了。他们同样在意音乐、时尚、风格和艺术，以及他们对当下的鲜明意识。

53 参 见 Richard A. Peterson, Roger M. Kern, "Changing Highbrow Taste. From Snob to Omnivore," *American Sociological Review* 61/5（1996）：900–907。类 似 著 作 还有 Bernard Lahire, *La Culture des individus. Dissonances culturelles et distinction de soi*（Paris,2004）。

54 参见 Savage, *Social Class*，第 114 页及后。

55 参见 Ulf Hannerz, "Two Faces of Cosmopolitanism: Culture and Politics," *Statsvetenskaplig Tidskrift* 107/3：199–213。

56 这是指杂糅混血情况。后殖民时代的 "混血" 概念最初是指地方性的文化溶混。从新中产的文化世界主义视角来看，这一概念一定是有启发性的，因为它符合策展式生活中那种拼插组合的做法。

57 Skeggs 正确地突出了这一视角，参见 Skeggs, *Class, Self, Culture*，第 155 页及后。

58 海德堡的 SINUS 研究院对圈子问题进行了全球性的研究，体现了这一结论。各个国家（目前是 44 个）中类似的圈子有一致的文化特征。

59 参 见 Uwe Schimank, Steffen Mau, Olaf Groh-Samberg, *Statusarbeit unter Druck? Zur Lebensführung der Mittelschichten*（Weinheim,2014）。

60 我并不精确地采用 Bourdieu 的概念，参见 Pierre Bourdieu, "Ökonomisches Kapital, kulturelles Kapital, soziales Kapital," Reinhard Kreckel（Hg.），*Soziale Ungleichheiten*

（Göttingen,1983），pp.183–198。

61　参见 Savage, *Social Class*, 第 127 页及后。

62　Gerhard Schulze 和 Pierre Bourdieu 各自提出了互补的观点，应该将二者放在一起来考虑：Schulze 认为晚现代只在乎个人经历，社会名望似乎无关紧要，而 Bourdieu 则认为个人的出色和名望就是一切，内在价值不过是意识形态表象的遗留。其实独异化的生活方式同时发生在两个层面上，即个人主观体验 / 价值和社会名望，二者不能简单粗暴地彼此消解。

63　Riffkin 的观点与此相应，即占有产品不再是地位的体现。参见 Jeremy Riffkin, *Access. Das Verschwinden des Eigentums. Warum wir weniger besitzen und mehr ausgeben werden*（Frankfurt/M., New York,2000）。

64　详见上文，第二章第二节，第 109—111 页。

65　为人生要事而举办的家庭聚会——整数生日、婚礼——自 20 世纪 90 年代起就变得十分重要，活动范围远远大于传统的人生历程节点。个人或伴侣的特点和成功经历（经常是一些精心挑选精心编排的、在特定地点发生的活动）在这些（经常）颇为奢华的活动中得以体现。参见 Jennifer Wiebking, "Event-Gesellschaft. Der Moment ist das Geschenk," *Frankfurter Allgemeine Sonntagszeitung* 34，23 August 2015，p.9。

66　概论性著作参见 Carol Counihan（Hg.），*Food and Culture. A Reader*（New York,2008）；Anne Murcott（Hg.），*The Handbook of Food Research*（London,2013）。结合了新中产的论著参见 Wendy Parkins, Geoffrey Craig, *Slow Living*（Oxford,2006）。

67　参见 Claude Lévi-Strauss, *Mythologica I. Das Rohe und das Gekochte*（Frankfurt/M.,1983）；Mary Douglas, *Food in the Social Order*（New York,1984）。

68　参见 Jack Goody, "Industrial Food. Towards a Development of a World Cuisine," *Cooking, Cuisine and Class. A Study in Comparative Sociology*（Cambridge,1982），pp.154–190。

69　参见 Warren J. Belasco, *Appetite for Change. How the Counterculture Took on the Food Industry*（New York,1990）。对于这一复兴，市民 - 贵族传统的实验式新发展，尤其 "Nouvelle Cuisine"（新美食）等形式的法式美食复兴，以及所谓 "分子料理"（Molecular gastronomy）都起到了一定作用。

70　参见 Krishnendu Ray, *Ethnic Restaurateur*（London,2016）；David Inglis, Debra Gimlin（Hg.），*The Globalization of Food*（London,2013）。

71　一些研究者以餐馆为例说明了这一视角，参见 Sven Hausherr, Nina Trippel（Hg.），*CEECEE Berlin*（2 Bde.）（Berlin,2014）；还有以菜品为例的，参见 Meike Peters, *Eat in my Kitchen. To Cook, to Bake, to Eat, and to Treat*（München,2016）。

72　于是就得严格挑选高品质的配料，或用特别的方法烹制，这些配料的独特魅力才会完整呈现为 "真" 的体验（"番茄，确实是番茄味"、生态牛肉等）。

73　参见 Parkins, Craig, *Slow Living*; Michaela DeSoucey, Isabelle Techoueyres, "Virtue and

Valorization. 'Local Food' in the United States and France," David Inglis, Debra Gimlin （Hg.）, *The Globalization of Food*（London,2013）, pp.81–96。

74 参 见 Rob Harrison, Terry Newholm, Deirdre Shaw（Hg.）, *The Ethical Consumer* （London,2005）。

75 参见 Jonas Grauel, Gesundheit, *Genuss und gutes Gewissen. Über Lebensmittelkonsum und Alltagsmoral*（Bielefeld,2013）。

76 参 见 Alison Pearlman, *Smart Casual. The Transformation of Gourmet Restaurant Style in America*（Chicago, 2013）; Michael Pollan, *Cooked. A Natural History of Transformation*（New York,2014）。

77 文化社会学关于居住的研究——不是针对社会政治领域的城市居住空间——截至目前还 比较少；只见于 Irene Nierhaus, Andreas Nierhaus（Hg.）, *Wohnen-Zeigen. Modelle und Akteure des Wohnens in Architektur und visueller Kultur*（Bielefeld,2014）。

78 参见 Theo Hilpert, *Die funktionelle Stadt. Le Corbusiers Stadtvision-Bedingungen, Motive, Hintergründe*（Braunschweig,1978）。

79 关 于 这 一 点，当 代 的 文 献 记 载 参 见 Herlinde Koelbl, *Das Deutsche Wohnzimmer* （München,1980）。市民阶层在审美上当然更精致一些，所以新中产知识阶层也经常参 照他们的风格意识。

80 例如可参见 Sharon Zukin, *Loft-Living. Culture and Capital in Urban Change*（New Brunswick,2014）; Richard George Rogers, *Towards an Urban Renaissance* （London,1999）。

81 参见下文第六章第一节，第 271—275 页。

82 对 此 有 各 种 不 同 的 视 角，参 见 Richard Florida, *Who's Your City? How the Creative Economy is Making Where to Live the Most Important Decision of Your Life*（New York,2008）; Andrej Holm, "Die Karawane zieht weiter-Stationen der Aufwertung in der Berliner Innenstadt," Mario Pschera, Cagla Ilk, Cicek Bacik（Hg.）, *Intercity Istanbul-Berlin*（Berlin,2010）, pp.89–101。

83 参见 Jane Jacobs, *The Death and Life of Great American Cities. The Failure of Current Planning* （New York,1961）。

84 关于新中产居室设计的知识和方法参见 Zeynep Arsel, Jonathan Bean, "Taste Regimes and Market-Mediated Practice," *Journal of Consumer Research* 39/5（2013）: 899–917。

85 以下论述有一些实物材料，包括照片和文字，见 Frederik Frede, Tim Seifert, Torsten Bergler（Hg.）, *Freunde von Freunden. Friends of Friends*（Berlin,2014）。它依据的是 创意内容的博客。此外，住户的经济条件基本上不会体现在他们的居住风格里。居住 风格的基本结构确实在所有人那里——不管是社会上层的创意明星还是潦倒的艺术家 ——都一个样。区别仅在于居所的大小，以及内装修设计品的价格（比如说正品经典设计 vs 二手货）。

86 关于以前设计研究领域中的这一概念参见 David Gebhard, "William Wurster and His Californian Contemporaries. The Idea of Regionalism and Soft Modernism," Marc Treib（Hg.）, *An Everyday Modernism. The Houses of William Wurster*（Berkeley,1995）, pp.164–183。

87 现代主义风格的家具也不总是中性的，而是根据经典设计的偏好进行了独异化。旧家具——跳蚤市场上的单品，已经有点破损——在两方面都占优势，因为它们既显得独特，又保留了现代主义风格。

88 配色方案与之相应：房间里的家具一般是中性色系或自然色系（棕色、金属色 / 灰色、白色、黑色），配饰则色彩鲜艳。

89 出于个人原因也可以在外国长期驻留，经济负担可通过跨国房屋置换来减轻，大都市和度假地这种情况尤其多，还有老年人的季节性长住。

90 参见 Jens Christensen, *Global Experience Industries*（Aarhus,2009）, 第三章。

91 参见 John Urry, *The Tourist Gaze. Leisure and Travel in Contemporary Societies*（London, 1990）; Robert Schäfer, *Tourismus und Authentizität: Zur gesellschaftlichen Organisation von Außeralltäglichkeit*（Bielefeld,2015）。经典论述见 Dean MacCannell, *The Tourist. A New Theory of the Leisure Class*（Berkeley,1976）。

92 参见 Urry, *Tourist Gaze*。

93 居住与旅行是相似的情况：知识阶层拥有的经济资本数量差别很大，这一点对他们共同的文化模式没有影响。旅行遵循的也是同样模式。

94 参见 Andreas Pott, *Orte des Tourismus. Eine raum-und gesellschaftstheoretische Untersuchung*（Bielefeld, 2007）; Sophia Labadi, "World Heritage, Authenticity and Post-Authenticity," Colin Long（Hg.）, *Heritage and Globalization*（London,2010）, pp.66–84。

95 也可以认真准备，让独异的地点为人所见："人们只知道自己看见的东西。"旅游书籍在这方面想了各种办法引人注意，远远超出了以往经典旅游地的范围。比如参见《南德意志报》（*Süddeutschen Zeitung*）的系列报道 "Wallpaper City Guide" 或 "Ein perfektesWochenende in……"。

96 关于最后一点参见 Malte Steinbrink, Andreas Pott, "Global Slumming. Zur Genese und Globalisierung des Armutstourismus," Karlheinz Wöhler, Andreas Pott, Vera Denzer（Hg.）, *Tourismusräume. Zur soziokulturellen Konstruktion eines globalen Phänomens*（Bielefeld,2010）, pp.247–270。

97 关于景观社区的（去）本真化参见 Jan Glatter, Daniela Weber, "Die mediale Konstruktion des Stereotyps Szeneviertel in Reiseführern," Wöhler 等（Hg.）, *Tourismusräume*, pp.42–66。

98 参见 Maxine Feifer, Going Places，*The Ways of the Tourist from Imperial Rome to the*

Present Day（London, 1985）。

99 关于这一主题领域的总体论述参见 Chris Shilling, *The Body in Technology, Culture and Society*（London, 2005）。

100 在经济视角下，下文描述的对身体的三种要求又是晚现代体验经济和创意经济的组成部分（健身、时尚、医学美容、体育装备、运动服装、运动式休假等）。

101 参见 Dierk Spreen, Upgradekultur, *Der Körper in der Enhancement-Gesellschaft*（Bielefeld, 2015）。

102 参见 Waltraud Posch, *Projekt Körper. Wie der Kult um die Schönheit unser Leben prägt*（Frankfurt/M.,2009）; Cornelia Koppetsch（出 版 社）, *Körper und Status. Zur Soziologie der Attraktivität*（Konstanz,2000）。

103 关于下文参见 Thomas Alkemeyer u. a.（Hg..）, *Ordnung in Bewegung. Choreographien des Sozialen. Körper in Sport, Tanz, Arbeit und Bildung*（Bielefeld,2009）; Thomas Alkemeyer u. a.（Hg.）, *Aufs Spiel gesetzte Körper. Aufführungen des Sozialen in Sport und populärer Kultur*（Konstanz,2003）; Belinda Wheaton, *The Cultural Politics of Lifestyle Sports*（London,2013）。

104 这里永远不是对原有做法的复制，而是在全球性的重新转译过程中，对之进行的改造式取用。比如关于探戈运动可参见 Gabriele Klein（Hg.）, *Tango in Translation. Tanz zwischen Medien, Kulturen, Kunst und Politik*（Bielefeld,2009）; 关于瑜伽参见 Suzanne Newcombe, "The Development of Modern Yoga. A Survey of the Field," *Religion Compass* 3/6（2009）: 986-1002。

105 参见 Martin Stern, *Stil-Kulturen. Performative Konstellationen von Technik, Spiel und Risiko in neuen Sportpraktiken*（Bielefeld,2010）。

106 参见 Stern, *Stil-Kulturen*。探戈不像看上去那样是动作规范的舞蹈。现在的舞者关注的恰恰是共同尝试新的可能，比如关于舞者是否必须一男一女的问题。

107 参见 Ronald Lutz, *Laufen und Läuferleben. Zum Verhältnis von Körper, Bewegung und Identität*（Frankfurt/M.,1989）。

108 参 见 Martin Stern, "Heldenfiguren im Wagnissport. Zur medialen Inszenierung wagnissportlicher Erlebnisräume," Alkemeyer 等（Hg.）, *Körper*, pp.37-54。

109 参见 Alain Ehrenberg, *Le culte de la performance*（Paris,1991）。

110 以美国为例的论著参见 Wayne J. Urban, Jennings L. Wagoner, *American Education. A History*（London, 2008）, 第六至第八章。学校标准化的另一面是依据分数制造差别，这又为不同的职业道路提供了理由。

111 参 见 Steven Mintz, Susan Kellog, *Domestic Revolutions. A Social History of American Family Life*（New York,1988）, 第 107 页及后。

112 详见 Annette Lareau, *Unequal Childhoods. Class, Race, and Family Life*（Berkeley,2003）;

以及 Putnam, *Our Kids,* 第 80 页及后。

113 现代社会自卢梭教育理念革命以来，就有了儿童的自我实现这一理想。这一进程的重要站点仍是 20 世纪 70 至 80 年代的反文化运动对教育的改革。他们认为孩子的自我实现——比如萨默希尔的模式——在很大程度上是给孩子自由（laisser faire），新中产的"协同培养"则注重深度育儿。

114 关于人力资本参见 Harry Hendrick, "Die sozialinvestive Kindheit," Meike Sophia Baader 等（Hg.）, *Kindheiten in der Moderne. Eine Geschichte der Sorge*（Frankfurt/M.,2014）, pp.456–491; 关于教育话语，例如可参见 Gerald Hüther, Uli Hauser, *Jedes Kind ist hoch begabt. Die angeborenen Talente unserer Kinder und was wir daraus machen*（2010）。

115 参见 Heinz-Elmar Tenorth, *Geschichte der Erziehung. Einführung in die Grundzüge ihrer neuzeitlichen Entwicklung*（Weinheim,2010）, 第 364 页及后。

116 关于这一关联参见 Heinz Bude, *Bildungspanik.Was unsere Gesellschaft spaltet*（Bonn, 2011）。

117 Tenorth, *Geschichte der Erziehung*，他对这一动向说得很简略（第 369 页）；较详细地从民族发展角度进行的论述有 Putnam, *Our Kids*, 第 135 页及后；从家长角度进行的论述见 Agnès van Zanten, "A Good Match: Appraising Worth and Estimating Quality in School Choice," Jens Beckert, Christine Musselin（Hg.）, *Constructing Quality. The Classification of Goods in Markets*（Oxford,2013）, pp.77–99。

118 例如某校有一个重点教学内容就是古代语言，纯粹来自知识家庭、对这一内容感兴趣的孩子就会构成一个圈子。

119 参见 Margret Rasfeld, Stephan Breidenbach, *Schulen im Aufbruch. Eine Anstiftung*（München, 2014）; Ken Robinson, Lou Aronica, *Creative Schools. The Grassroots Revolution That's Transforming Education*（New York, 2016）。对教师的要求也相应变化了：需要的不再是标准知识的传授者，而是有人格魅力的人，既有领导力，又有协调力。教师于是也成了创意经济中的人物。不过，到目前为止学生的独异化及其求学生涯的独异化在教学领域似乎只有狭窄的边界。

120 关于"出色"这种导向，参见 Urban,Wagoner, *American Education*, 第 12 章。

121 关于这一主题，有学者有不同的侧重，参见 Arlie Russell Hochschild, *The Time Bind. WhenWork BecomesHome and Home Becomes Work*（New York,1997）; Svenja Flaßpöhler, *Wir Genussarbeiter. Über Freiheit und Zwang in der Leistungsgesellschaft*（München,2011）。

122 参见第三章第一节，第 123—132 页。

123 关于晚现代婚恋，即一方面是自我实现的事，另一方面是选择经济，我对此做过详细的分析，见 Reckwitz, *Das hybride Subjekt*, 第 527 页及后。

124 参见 Florida, *Rise of the Creative Class*; Florida, *Creative Cities*。

125 参见第六章第一节，第 266—275 页。

126 关于"流动性"这一问题，及其与阶层的关系参见 David Goodhart, *The Road to Somewhere. The Populist Revolt and the Future of Politics*（London,2017）。

127 参见 Lutz Roth, *Die Erfindung des Jugendlichen*（München,1983）; Benno Hafeneger, *Jugendbilder. Zwischen Hoffnung, Kontrolle, Erziehung und Dialog*（Opladen,1995）。 过分的、跨过界线的青年活动自然会被新中产排除在年轻化导向之外，因为新中产很注重健康。

128 关于这一主题参见 Silke van Dyk, Stephan Lessenich（Hg.）, *Die jungen Alten. Analysen einer neuen Sozialfigur*（Frankfurt/M.,2009）。

129 20 世纪 90 年代以来青年人在审美领域的表现也不能算作反文化了，他们不断追求文化创新，这些很快就被创意产业吸收为文化备选物，供人消费了。

130 参见 Klaus Hurrelmann, Erik Albrecht, *Die heimlichen Revolutionäre. Wie die Generation Y unsere Welt verändert*（Weinheim,2014）, 第 96 页及后。

131 参见 Michael Kimmel, *The Gendered Society*（New York u. a.,2000）, 第 264 页及后。

132 新中产女性与以前相比也是晚现代"性别上升"的人群，而工人阶级男性及底层男性是性别下降人群。料斗电梯效应也有性别的一面。如果将性别问题与阶级问题分开看，是不对的。流行的观点认为男性普遍地、不分阶级地都成了"失败者"[例如 Susan Faludi, *Männer-das betrogene Geschlecht*（Reinbek,2001）], 有些片面了。

133 参见 Elisabeth Badinter, *Ich bin Du. Die neue Beziehung zwischen Mann und Frau oder Die androgyne Revolution*（München,1987）; Susanne Schröter, FeMale, *Über Grenzverläufe zwischen Geschlechtern*（Frankfurt/M.,2000）。

134 人们可以将已被广泛接受的新中产阶层男同性恋和女同性恋归入这些性别角色的多样化中，这里的性别多样化涉及性取向。这是否也是性取向独异化的信号，还有待观察。双性恋变得很广泛——包括各种具体情况——还有无性恋都可能是指标。将来是否可能发生所谓生物性别的独异化，现在还不知道（2010 年以来跨性别自我认同的增多是一个迹象）。

135 这与 19 世纪积极个人主义（possessive individualism, McPherson）下的经典自由主义是有区别的。新中产是开放 - 分殊自由主义（apertistisch-differenzieller Liberalismus）的支柱，参见第六章第一节，第 266—271 页。

136 关于精英主义的经典论著见 Michal Young, *Meritocracy*; 新作有 Thomas Frank, *Listen, Liberal. Or, What Ever Happened to the Party of the People?*（New York,2016）。 2008 年金融危机之后，有些国家青年知识分子就业率低，这种精英主义是会暂时减弱还是持续消退，还不清楚。

137 早期论述见 Joachim Raschke, "Politik undWertewandel in den westlichen Demokratien," *Aus Politik und Zeitgeschichte* 36（1980）: 23–45; 关于新的发展动向参见 Paul Ray,

Sherry Ruth Anderson, *Cultural Creatives. How 50 Million People are Changing the World*（New York,2000）。 关于全球化和分裂倾向之前新的政治分野参见 Hanspeter Kriesi 等，"Globalization and the Transformation of National Political Space. Six European Countries Compared," *European Journal of Political Research*, 45/6（2006）：921-956。

138 自 20 世纪 80 年代以来，诞生于工业化现代的两大政党，保守党和社会民主党，都被这一新自由主义重塑了。美国民主党对此体现得最清楚，1970 年至 2010 年，它从工人阶级政党转型成了知识阶层政党。新自由主义还促使了一系列左倾自由派政党的产生（比如德语国家就有绿党、绿色自由党和新党。）

139 关于高端工作中的矛盾，以及网络主体自我表现时的矛盾，我已有过详细论述，见第三章第二节，第 144—149 页，以及第四章第二节，第 182—187 页。在此，我再次谈到其中几种。

140 类似的情况还有，当过于注重表现实现自我时，装饰经历就取代了经历本身。

141 关于现代不断升级的问题参见 Gerhard Schulze, *Die beste aller Welten. Wohin bewegt sich die Gesellschaft im 21. Jahrhundert?*（München,2003）; Harmut Rosa, *Beschleunigung. Die Veränderung der Zeitstrukturen in der Moderne*（Frankfurt/M.,2005）。

142 这里可以联系 Jürgen Link 的 "灵活标准主义"（flexibler Normalismus），参见 Jürgen Link, *Versuch über den Normalismus. Wie Normalität produziert wird*（Wiesbaden,1999）。比如消极、不加控制、无纪律、混乱、社会恐惧症等性格表现，这些无疑都是特殊的，但在独异性生活方式中不会赋予独异性价值。

143 对此的反应是灵活的应对策略，Uwe Schimank 对此进行了分析。参见 Uwe Schimank, "Lebensplanung!? Biografische Entscheidungspraktiken irritierter Mittelschichten," *Berliner Journal für Soziologie* 25（2015）：7-31; 关于这一问题亦参见 Heinz Bude, *Gesellschaft der Angst*（Hamburg,2014）。

144 参见第二章第二节，第 93—101 页。

145 在这种情况下，低风险的资本和产品对知识中产来说就更重要了。比如一大笔遗产确实可以提供某种安全保障，再如美国或英国某所精英大学的毕业文凭。

146 参见第一章第二节，第 33 页及后。

147 关于失望体验的概念参见 Schulze, *Erlebnisgesellschaft*, 第 53 页及后。

148 这里并不是要抬高以前的生活方式，而是要展现晚现代生活方式带来的计划外后果。

149 这一视角是从心理治疗经验中提取的，参见 Rainer Funk, *Der entgrenzte Mensch. Warum ein Leben ohne Grenzen nicht frei, sondern abhängig macht*（Gütersloh,2011）。

150 这一概念不能从生命角度去理解。晚现代艺术提供了空间，用以体现 "主体自我塑造的边界" 这种主题。比如 Hanya Yanagihara 的文学作品就描述了这样的主解。参见 Hanya Yanagihara, *Ein wenig Leben*（Berlin,2015）。

151 关于这方面参见 Elisabeth Mixa, "I Feel Good! Über Paradoxien des Wohlfühl-Imperativs

imWellness-Diskurs, "Mixa 等（Hg.）, *Un-Wohl-Gefühle. Eine Kulturanalyse gegenwärtiger Befindlichkeiten*（Bielefeld, 2016）, pp.95-132; 参见上文第四章第二节，第 186 页。有趣的是，Brooks 将晚现代的"实现自我"文化与工业化现代普遍的主体文化做对比，即工业化现代突破自我、承认"性格"缺陷的主体文化，参见 David Brooks, *The Road to Character*（New York,2015）。

152 参见 Alain Ehrenberg, *Das erschöpfte Selbst. Depression und Gesellschaft in der Gegenwart*（Frankfurt/M.,2004）。所谓 burnout（心力交瘁）最终会表现为抑郁，参见 Sighard Neckel, GretaWagner（Hg.）, *Leistung und Erschöpfung. Burnout in der Wettbewerbsgesellschaft*（Berlin,2013）。

153 除抑郁症之外，不断积累的失望导致的第二种反应是杀戮行径，在这种情况下，情绪会在瞬间向外界爆发。参见第六章第二节，第 300—304 页。

154 关于新底层大致上的分类参见 Esping-Anderson, *Changing Classes, Nachtwey, Abstiegsgesellschaft*。SINUS 所做的社会圈子研究将底层分为"传统的"（traditionell）、"困难的"（prekär）和"享乐主义的"（hedonistisch），他们一共占人口的约 30%。

155 关于"现代化进程中的失败者"这个概念，参见 Norbert Götz, "Modernisierungsverlierer oder Gegner der reflexiven Moderne," *Zeitschrift für Soziologie* 26/6（1997）: 393-413。

156 将底层作为文化生活形式，有细致的研究，参见 Joan Williams, *White Working Class. Overcoming Class Cluelessness in America*（Boston,2017）; Friederike Bahl, *Lebensmodelle in der Dienstleistungsgesellschaft*（Hamburg,2014）; Bude, *Die Ausgeschlossenen*; Heinz Bude 等（Hg.）, *Über Leben im Umbruch. Am Beispiel Wittenberge: Ansichten einer fragmentierten Gesellschaft*（Hamburg,2011）。关于底层的青年，有的论著很有启发性，参见 Stefan Wellgraf, *Hauptschüler. Zur gesellschaftlichen Produktion von Verachtung*（Bielefeld,2012）; Moritz Ege, *Ein Proll mit Klasse. Mode, Popkultur und soziale Ungleichheiten unter jungen Männern in Berlin*（Frankfurt/M.,2013）。

157 参见 Michèle Lamont, *The Dignity of Working Men. Morality and the Boundaries of Race, Class, and Immigration*（New York, London,2000）。

158 参见 Bahl, *Lebensmodelle*。

159 用英国社会学家 Goos、Manning 和 Salomon 的话说，这是一些 lousy jobs，在晚现代劳动的两极分化格局中，它与高端人才的 lovely jobs 明显相反。参见 Marten Goos, Alan Manning, Anna Salomons, "Job Polarization in Europe," *American Economic Review. Papers & Proceedings* 99（2009）: 58-63。

160 参见 Bude, *Überleben im Umbruch*。

161 参见 Bourdieu, *Die feinen Unterschiede*，第 585 页及后。

162 这一情况下的婚恋也不是后浪漫主义的"自我实现"式恋爱关系（甚至 power

couples），而是实用的一起过日子。

163 参见 Skeggs, *Class, Self, Culture*, 第 96 页及后。英国描写这一差异时所用的词是 respectable 和 rough working class。

164 在德国，是"底层文化"这个标题；英国用的词则是 chaws，参见 Ege, *Proll mit Klasse*； 以 及 Owen Jones, *Chavs. The Demonization of the Working Class*（London,2011）。

165 这一角度的清晰分析见 Williams, *White Working Class*。

166 这一去值当然也是有历史的，参见 Richard Sennett, Jonathan Cobb, *The Hidden Injuries of Class*（New York,1972）。

167 参 见 Eva Barlösius, Elfriede Feichtinger, Barbara Köhler（Hg.）, *Ernährung in der Armut- gesundheitliche, soziale und kulturelle Folgen in der Bundesrepublik Deutschland*（Berlin,1995）; Richard Wilkinson, *Unhealthy Societies. The afflictions of inequality*（London, New York,1996）。

168 参见 Skeggs, *Class, Self, Culture*, 第 96 页及后。关于肥胖问题参见 Eva Barlösius, *Dicksein.Wenn der Körper das Verhältnis zur Gesellschaft bestimmt*（Frankfurt/ M.,2014）。

169 参见 Putnam, *Our Kids*, 第 46 页及后。详细论述见 Lareau, *Unequal Childhoods*。关于移民底层的教育参见 Didier Lapeyronnie, *Ghetto urbain. Ségrégation, violence, pauvreté en France aujourd'hui*（Paris,2008）, 第 439 页及后。

170 参见 Putnam, *Our Kids*, 第 135 页及后。

171 关于缩小的城市参见 Karina M. Pallagst, Thorsten Wiechmann, Cristina Martinez-Fernandez（Hg.）, *Shrinking Cities. International Perspectives and Policy Implications*（New York,2015）。同时，大都市里存在一个更广大的底层（服务类职业，大部分移民底层），与知识中产及顶层并存。

172 参见 Skeggs, *Class, Self, Culture*, 第 96 页及后。

173 参 见 Philipp Staab, *Macht und Herrschaft in der Servicewelt*（Hamburg,2014）; Arlie Russel Hochschild, *Strangers in Their Own Land. Anger and Mourning on the American Right*（New York,2016）。底层中的种族主义、性别主义及反同性恋倾向总是被不断地谈论，法国现在有两份民族志体现了这一点，参见 Didier Eribon, *Rückkehr nach Reims*（Berlin,2016）; Édouard Louis, *Das Ende von Eddy*（Frankfurt/M.,2015）。

174 参 见 Ronald Inglehart, Pippa Norris, "Trump, Brexit and the Rise of Populism. Economic Have-Nots and Cultural Backlash," HKS Working Paper Nr. RWP 16-026, Kennedy School of Government, Harvard University, August 2016, https://ssrn.com/ abstract=2818659,Accessed 12 June 2017。关于右翼民粹的政治特点见第六章第二节，第 293—296 页。

175 以前就有论著，关注了 19 世纪的关于底层的负面话语以及底层对阶级危机的恐惧，参见 Louis Chevalier, *Classes laborieuses et classes dangereuses à Paris, pendant la première moitié du XIXe siècle*（Paris,1978）。

176 参见 Bahl, *Lebensmodelle*; Staab, *Macht und Herrschaft*; Wellgraf, *Hauptschüler*; Savage, *Social Class*, 第 133 页及后；Hochschild, *Strangers in Their Own Land*。极端的例子是所谓"白人垃圾"，它也成了文化上的惯用语，参见 John Hartigan, *Odd Tribes. Toward a Cultural Analysis of White People*（Durham,2005）; Nancy Isenberg, *White Trash. The 400-Year Untold History of Class in America*（New York,2016）。显然，阶层低的主体（痛苦地）认为自己是一个阶级，而阶层高的主体感觉不到阶级性：（新）中产认为他们的生活方式（包括政治态度）都是正常的、价值上无可质疑的，觉得这些没有阶级性。特权阶层对阶级是无感的。

177 参 见 Rolf Becker,Wolfgang Lauterbach（Hg.）, *Bildung als Privileg. Erklärungen und Befunde zu den Ursachen der Bildungsungleichheit*（Wiesbaden,2010）。当代 Eribon 和 Louis 的"教育小说"（见本章，注释 180）也通过描写个人这种脱离的经历而获得了戏剧性。

178 参 见 Dietrich Helms（Hg.）, *Keiner wird gewinnen. Populäre Musik imWettbewerb*（Bielefeld,2006）。

179 参见 Walter Miller, "Lower Class Culture as a Generating Milieu of Gang Delinquency," *Journal of Social Issues* 14/3（1958）：5-20。

180 参见 Ege, *Proll mit Klasse*; Wellgraf, *Hauptschüler*; Marc Dietrich, Martin Seeliger（Hg.）, *Deutscher Gangsta-Rap. Sozial-und kulturwissenschaftliche Beiträge zu einem Pop-Phänomen*（Bielefeld,2012）。

181 参见 Bethany Bultman, *Redneck Heaven. Portrait of a Vanishing Culture*（New York u. a., 1996）; Hochschild, *Strangers in Their Own Land*。关于"普通人"伦理观念的变化，其中"性格"（Charakter）这个概念有重要的作用。参见 Williams, *White Working Class*, 第 25 页及后。

182 参 见 Olaf Groh-Samberg, "Sorgenfreier Reichtum. Jenseits von Konjunktur und Krise," *DIW Wochenbericht* 76/35（2009）：590-612；Chrystia Freeland, "The Rise of the New Global Elite," *The Atlantic*, Januar/Februar 2011，https://www.theatlantic.com/magazine/archive2011/01/the-rise-of-thenew-global-elite/308343/,Accessed 12 June 2017；Ralf Dahrendorf, "Die Globale Klasse und die neue Ungleichheit," *Merkur* 54（2000）：1057-1068。

183 新上层通过居住和旅行展现生活方式的一种做法就是在国际性杂志上展示自己的房子、居室和旅行地，比如 AD（*Architectural Digest*）、*Wallpaper* 或 *Monocle*。

184 创意明星在某些情况下，能够有意识地打破知识中产的自律原则风格。

185 在某些领域，比如都市的房地产市场，上层是直接的甚至更强的竞争者，这会让另一些人感到自己的弱势。

186 在 SINUS 的阶层研究中，"接受 – 实用型"和"市民性中层"属于老中产，这里面可能至少包括一部分"保守主流"。参见 SINUS-Milieustudie unter,http://www.sinus-institut. de/fileadmin/user_data/sinus-institut/Bilder/sinus-mileus–2015/2015–09–23_Sinus-Beitrag_b4p2015_lide.pdf, Accessed 12 June 2017。

187 关于非知识中产的一些特征参见 David Goodhart, *The Road to Somewhere*, 第二章及第五至第八章。关于中产阶层的整体论述参见 Schimank 等 , *Statusarbeit*。关于普通市 民 的 传 统 参 见 Heinz Schilling, *Kleinbürger. Mentalität und Lebensstil*（Frankfurt/ M.,2003）；亦可参见 Williams, *White Working Class* 中与老中产有关的一些论述。

188 尤其是德国，它长期以来都有职业教育的传统，与学术教育并驾齐驱，所以德国的非知识中产比美国、英国的地位更稳定。

189 包括那些与知识阶层共事的工种，比如某些健康行业和教育行业（心理辅导师、教育工作者、小众生意），以及一些正在提升专业技能的人。

190 法国自 20 世纪 90 年代以来就在发展的"国民阵线"、2016 年英国脱欧，都可以追溯到新（白人）底层与农村老中产的联盟上。总体上，一再被提到的西方"中产危机"涉及的就是老中产，参见 Steffen Mau, *Lebenschancen.Wohin driftet die Mittelschicht?*（Berlin,2012）。

191 流行文化是典型例子，尤其受新中产青年一代的推崇。参见 Skeggs, *Class, Self, Culture*, 第 105 页及后。

192 这一元素似乎在 2016 年起到了某种作用，当时唐纳德·特朗普当选美国总统。

第六章　分殊的自由主义和文化本质主义：政治的转型

1 参见 David Harvey, *Eine kurze Geschichte des Neoliberalismus*（Zürich,2007）。

2 社会民主法团主义范式有一个保守版本（例如在阿登纳和戴高乐政府时期），所以它能作为共同的基本预设涵盖整个左/右谱系。根据 Jan-Werner Müller 的观点，甚至可以认为基督教民主 – 保守派政党作为法团主义调控政治的承载者，自 1945 年后变得更有影响力，参见 Jan-Werner Müller Müller, *Das demokratische Zeitalter. Eine politische Ideengeschichte Europas im 20. Jahrhundert*（Berlin,2013），第四章。

3 参见 Peter Wagner, *A Sociology of Modernity. Liberty and Discipline*（London,1994），pp.73– 122; Scott Lash, John Urry, *The End of Organized Capitalism*（Cambridge,1987），pp.17– 83; Pierre Rosanvallon, *Gesellschaft der Gleichen*（Hamburg,2013）；代 表 性 的 著 作 还 有 Thomas Etzemüller, *Die Romantik der Rationalität. Alva & Gunnar Myrdal-Social Engineering in Schweden*,（Bielefeld,2010）。

4　关于这一背景的概述参见 Lash，Urry，*End of Organized Capitalism*，Wagner，*Sociology of Modernity*。

5　晚现代自由主义的这一双重架构很容易看清（在左右分野的框架下会引起误解，比如全为"社会民主的新自由主义化"以及"保守派的社会政治自由化"）。新自由主义的这一双重架构更多的是一种外部认知，就是说从激进左翼或激进右翼的眼光来看（并经常招致批评），也许并非偶然。参见 Jean-Claude Michéa，*Das Reich des kleineren Übels. Über die liberale Gesellschaft*（Berlin,2014）。

6　参见 Bob Jessop，*The Future of the Capitalist State*（Cambridge,2002），第 95 页及后。关于新古典自由主义的分析亦可见 Thomas Biebricher（Hg.），*Der Staat des Neoliberalismus*（Baden-Baden,2016）；Gerhard Willke，*Neoliberalismus*（Frankfurt/M.,2003）。

7　参见 Nikolas S. Rose，*Governing the Soul. The Shaping of the Private Self*（London,1999）。

8　在这一点上要提醒一下，关于晚现代社会的经济化（见上文第二章第二节）已经做过详细论述，不能将之简单理解为国家政策的结果。我们已经看到，这一进程在经济领域和其他领域（数字媒体互动、宗教市场）都已经在自主进行，有自己的节奏。竞争力国家在一些自己可以直接或间接干预的领域（教育、福利、健康）支持并深化这一市场化进程，并在话语建设上为这一进程补充养料。

9　参见 Terry Flew，*Global Creative Industries*（Cambridge,2013），第 131 页及后；以英国为例的批判性论著见 Robert Hewison，*Cultural Capital. The Rise and Fall of Creative Britain*（London,2014）。

10　参见第二章第二节，第 95—97 页。

11　参见 Samuel Moyn，*The Last Utopia. Human Rights in History*（Cambridge,2010）。

12　参见 Shannon Harper，Barbara Reskin，"Affirmative Action at School and on the Job,"*Annual Review of Sociology* 31/1（2005）：357–379; Ulrike Hormel，Albert Scherr（Hg.），*Diskriminierung. Grundlagen und Forschungsergebnisse*（Wiesbaden,2010）。

13　参见 Alban Knecht，*Lebensqualität produzieren. Ressourcentheorie und Machtanalyse des Wohlfahrtsstaats*（Wiesbaden,2010）。

14　参见 Steven Vertovec，"Diversity‹ and the Social Imaginary,"*European Journal of Sociology* 53/3（2012）：287–312; Monika Salzbrunn，*Vielfalt-Diversität*（Bielefeld,2014）。

15　参见 Bruno Baur，*Biodiversität*（München,2010）。

16　在国际层面上，这一发展过程最清楚的体现是联合国教科文组织的《世界文化多样性宣言》（2001），它的宗旨就是保护文化的异质表现以及扶持族群性 - 文化群体。

17　参见 Helmut K. Anheier，Yudhishthir Raj Isar（Hg.），*Heritage, Memory and Identity*（London，Thousand Oaks,2011）。

18 参见 George Yúdice, *The Expediency of Culture. Uses of Culture in the Global Era* (Durham, London,2003)。

19 参见 Salzbrunn, *Vielfalt-Diversität*; Regine Bendl, *Diversität und Diversitätsmanagement* (Wien, 2012); Günther Vedder 等 (Hg.), *Fallstudien zum Diversity Management* (München,2011)。

20 关于这一进程，我有过更详细的、有不同侧重的论述，见 Andreas Reckwitz, *Die Erfindung der Kreativität. Zum Prozess gesellschaftlicher Ästhetisierung* (Berlin,2012)，第七章。

21 参 见 Helmut K. Anheier, Yudhishthir Raj Isar (Hg.), *Cities, Cultural Policy, and Governance* (London, Thousand Oaks,2012)。

22 参 见 Roland Robertson, "Glokalisierung. Homogenität und Heterogenität in Raum und Zeit," Ulrich Beck (Hg.), *Perspektiven der Weltgesellschaft* (Frankfurt/M.,1992), pp.192–220。

23 关于对此政治理念的这种理解参见 Michel Foucault, *Sicherheit, Territorium, Bevölkerung. Geschichte der Gouvernementalität I.Vorlesungen am Collège de France 1977–1978* (Frankfurt/M.,2004)。

24 概述性论著参见 Allen J. Scott, *AWorld in Emergence. Cities and Regions in the 21st Century* (Cheltenham, 2012); Paul Knox (Hg.), *Atlas of Cities*, Princeton (Oxford, 2014)。

25 参见 Theo Hilpert, *Die funktionelle Stadt. Le Corbusiers Stadtvision-Bedingungen, Motive, Hintergründe* (Braunschweig,1978)。

26 参见 Robert Imrie, Mike Raco (Hg.), *Urban Renaissance? New Labour, Community and Urban Policy* (Bristol,2003)。

27 参 见 Martina Löw, *Soziologie der Städte* (Frankfurt/M.,2008); Helmut Berking, Martina Löw (Hg.), Die *Eigenlogik der Städte. NeueWege für die Stadtforschung* (Frankfurt/ M., New York,2008)。

28 关于这一区别参见 Yi-Fu Tuan, *Space and Place. The Perspective of Experience* (Minneapolis, 1977)。

29 因此不足为怪，晚现代城市的复兴经常凭借工业化现代（市民城市）或以前反工业标准化运动时期（大都市、景观社区）的建筑、利用模式和审美。

30 关于这一进程的案例研究参见 Sharon Zukin, *Loft Living. Culture and Capital in Urban Space* (New Brunswick,2014); Richard D. Lloyd, *Neo-Bohemia. Art and Commerce in the Postindustrial City* (New York,2010)。

31 参见 Paul M. Bray, "The New Urbanism. Celebrating the City," *Places* 8/4 (1993): 56–65。

32 详 见 Mónica Montserrat Degen, *Sensing Cities. Regenerating Public Life in Barcelona and*

Manchester（London,2009）。

33 城市圈子，特别是知识阶层对独异化的要求，还有一个证据：自 20 世纪 80 年代起大型城市建设项目引起了公众强烈的关注（比如围绕柏林城市宫重建、法兰克福老城和德累斯顿老城重修的争论）。这都涉及一座城市的"真"和"不真"。

34 这种独异化可走的途径，可以是独特的整体建筑风格和街道，异质、丰富的空间用途，或与历史有关的缤纷的图像语言。

35 参见上文，第五章第二节，第 221—223 页。

36 Richard Florida 详细分析了这个视角，参见 Richard Florida, *Cities and the Creative Class*（New York, 2005）；及其著 *Who's your City?How the Creative Economy is Making Where to Live the Most Important Decision of Your Life*（New York,2008）。

37 参见 Reinhard Bachleitner, H. Jürgen Kagelmann（Hg.）, *Kultur/Städte/Tourismus*（München,2003）。

38 对此有各个不同的视角，其中可参见 Charles Landry, *The Creative City. A Toolkit for Urban Innovators*（London,2008）；StephanieHemelryk Donald u. a.（Hg.）, *Branding Cities. Cosmopolitanism, Parochialism and Social Change*（New York,2009）；John Punter（Hg.）, *Urban Design and the British Urban Renaissance*（London,2010）；Löw, *Soziologie der Städte*。

39 关于这一视角参见建筑师 Anna Klingmann, *Brandscapes. Architecture in the Experience Economy* [Cambridge（Mass.）,2007]；关于创意景观参见 Bastian Lange, *Räume der Kreativszene. Culturpreneurs und ihre Orte in Berlin*（Bielefeld,2007）；关于高雅文化参见 Kylie Message, *New Museums and the Making of Culture*（Oxford, 2006）。

40 参见 Sharon Zukin, *Naked City. The Death and Life of Authentic Urban Places*（Oxford, 2011）。

41 参见第二章第二节第 107—111 页。

42 参见第二章第二节，第 98—101 页。

43 要注意的是，与创意经济相似，城市的质性特色也可能因此被转译为量性，即所谓城市排行。参见上文第二章第二节，第 111—115 页。

44 这一问题的一方面参见 Harald Simons, LukasWeiden, *Schwarmstädte. Eine Untersuchung zu Umfang, Ursache, Nachhaltigkeit und Folgen der neuenWanderungsmuster in Deutschland*（Berlin,2015）；另一方面参见 Philipp Oswalt（Hg.）, *Schrumpfende Städte, Bd. I: Internationale Untersuchung*（Ostfildern-Ruit, 2004）。

45 参见 Chris Anderson, *The Long Tail. Nischenprodukte statt Massenmarkt: Das Geschäft der Zukunft*（München,2011）。

46 对于后者，也许德国的格尔列茨（Görlitz）算一个例子。

47 关于城市经济中的乡村问题参见 Scott,*World in Emergence*, 第 145 页及后。

48 在这些问题中有很多被放在格调化（Gentrifizierung）的概念下去讨论，参见 Loretta

Lees, Tom Slater, ElvinWyly（Hg.），*The Gentrification Reader*（New York,2010）。威尼斯这座城市也许算"杀伤力过大"一个特别鲜明的例子，参见纪录片 *Venedig Prinzip*（2012, 导演：Andreas Pichler）。

49　关于新共同体见第四章第二节，第181页及后。

50　参见 Michel Maffesoli, *Le temps des tribus. Le déclin de l' individualisme dans les sociétés de masse*（Paris,1988）。

51　参 见 Manuel Castells, *The Power of Identity. The Information Age: Economy, Society, and Culture*, 第 2 卷（Malden, Oxford,1997）；简明扼要的论著见 Benjamin Barber, *Jihad vs. McWorld: How Globalism and Tribalism are Reshaping the World*（New York,1995）。

52　社群主义这个概念经历了较长的政治理论讨论[参见系列报告 Axel Honneth（Hg.）, *Kommunitarismus. Eine Debatte über die moralischen Grundlagen moderner Gesellschaften*（Frankfurt/M., New York,1995）], 不过我将之用在社会学领域，而且不以之为标准。我将 community 和"新共同体"作为同义词使用。

53　关 于 共 同 体 的 经 典 模 式 参 见 Ferdinand Tönnies, *Gemeinschaft und Gesellschaft. Grundbegriffe der reinen Soziologie*（Berlin,1979）；新共同体理论更多样一些，参见 Roberto Esposito, *Communitas. Ursprung und Wege der Gemeinschaft*（Berlin,2004）。

54　经典论著见 Mary Douglas, *Ritual, Tabu und Körpersymbolik. Sozialanthropologische Studien in Industriegesellschaft und Stammeskultur*（Frankfurt/M.,1998）；Robert Wuthenow, *Meaning and Moral Order. Explorations in Cultural Analysis*（Berkeley u. a.,1989）；Bernhard Giesen, *Kollektive Identität. Die Intellektuellen und die Nation II*（Frankfurt/M.,1999）。

55　这 是 一 个 经 典 主 题，参 见 Maurice Halbwachs, *Das kollektive Gedächtnis*（Frankfurt/M.,1991）；Pierre Nora, *Zwischen Geschichte und Gedächtnis*（Frankfurt/M.,1990）。

56　人们可以问，共同体的形成除了文化本质主义以外有没有其他形式，能不能有其他形式。社会哲学一直在研究这个问题，例如 Jean-Luc Nancy, *Die undarstellbare Gemeinschaft*（Stuttgart,1988）。那里所设想的异质共同体理想模型却符合我上文描述的"异质合作"模型。见第三章第一节，第128页及后。

57　参见 Benedict Anderson, *Imagined Communities. Reflections on the Origin and Spread of Nationalism*（London,1991）。关于这一主题参见 Eric Hobsbawm, Terence Ranger（Hg.）, *The Invention of Tradition*（Cambridge,1984）。

58　参见 Eric Hobsbawm, *Nations and Nationalism since 1780. Programme, Myth, Reality*（Cambridge,1992）。

59　原则性的论述参见 Fredrik Barth, *Ethnic Groups and Boundaries. The Social Organization of Cultural Difference*（Long Grove,1998）；新近的讨论参见 Richard Jenkins, *Rethinking Ethnicity. Arguments and Explorations*（London,1997）。

60 参见 Cornel West, *Race Matters*（Boston,2001）；Anthony Appiah, Henry Louis Gates（Hg.）, *Identities*（Chicago,1995）。

61 参见 David Skrentny, *The Minority Rights Revolutions*（Cambridge, London,2009）。关于身份认同政治的概述参见 Mary Bernstein, "Identity Politics," *Annual Review of Sociology* 31/1（2005）：47-74。

62 自文化化机制自 20 世纪 70 年代以来在美国的所谓族群复兴框架下尤其明显。白人群体也发现了自己的历史根源，发现自己群体有独异性的来源，诸如意大利、爱尔兰、希腊或斯堪的那维亚裔美国人。参见 Matthew Frye Jacobson, *Roots Too. White Ethnic Revival in Post-Civil Rights America*（Cambridge, London,2008）。

63 参见 Kevin Kenny, *Diaspora*（Oxford,2013）。

64 这一问题领域有一系列的案例研究，很有启发性，关于德国的情况参见 Sigrid Nökel, *Die Töchter der Gastarbeiter und der Islam. Zur Soziologie alltagsweltlicher Anerkennungspolitiken. Eine Fallstudie*（Bielefeld,2002）；Sabine Mannitz, *Die verkannte Integration. Eine Langzeitstudie unter Heranwachsenden aus Immigrantenfamilien*（Bielefeld,2006）。

65 关于这一问题的正确分析见 Werner Schiffauer, *Parallelgesellschaften.Wie viel Wertekonsens braucht unsere Gesellschaft?*（Bielefeld,2008）。

66 有许多证据表明，这种均质化活动受益于特定的社会状况和空间条件：在空间上属于社会底层，会导致文化上的对内封闭，参见 Didier Lapeyronnie, *Ghetto urbain. Ségrégation, violence, pauvreté en France aujourd'hui*（Paris,2008）。

67 关于这一视角参见 Steven Vertovec, *Super-Diversity*（London,2015）；关于杂糅参见 Jan Nederveen Pieterse, "Globalization as Hybridization," Mike Featherstone, Scott Lash, Robert Robertson（Hg.）, *Global Modernities*（London,1995）, pp.45-68。

68 经典的政治理论方面的论著见 Will Kymlicka, *Multicultural Odysseys. Navigating the New International Politics of Diversity*（Oxford,2007）。

69 参见 Étienne Balibar, Immanuel Wallerstein, *Rasse, Klasse, Nation. Ambivalente Identitäten*（Hamburg,1992）；Mark Terkessidis, *Die Banalität des Rassismus. Migranten zweiter Generation entwickeln eine neue Perspektive*（Bielefeld,2014）。

70 经典论著见 Frantz Fanon, *Schwarze Haut, weiße Masken*（Frankfurt/M.,1985）。

71 经典论著参见 Anderson, *Imagined Communities*; Hobsbawm, *Nations*; Ernest Gellner, *Encounters with Nationalism*（Oxford,1994）。

72 关于这一主题参见 Armin Nassehi, "Zum Funktionswandel von Ethnizität im Prozeß gesellschaftlicher Modernisierung: Ein Beitrag zur Theorie funktionaler Differenzierung," *Soziale Welt* 41/3（1990）：261-282。

73 详见 Montserrat Guibernau, *The Identity of Nations*（Cambridge,2007）。

74 除了魁北克之外还有其他地区的民族运动，比如西班牙（加泰罗尼亚、巴斯克地区）、英国（苏格兰）和比利时（弗兰德斯地区），较和缓的情况有意大利（威尼斯）和法国（科西嘉）。

75 这两种情况也可以从阶级斗争的角度去理解：一方是不流动的老中产 / 底层，另一方是流动性强的新中产。两方都有可能支持地区性运动。

76 苏格兰可以作为两种情况的例子：真正的苏格兰反对全球主义的英格兰，同时也是欧洲的苏格兰反对局限于地区的英格兰。

77 参见 Sebastian Conrad, "Der Ort der Globalgeschichte," *Merkur* 68（2014）：1096-1102。这也包括俄罗斯，它属于发展中国家。

78 新中华中心论经常强调中国的儒学根本，即注重教养、鲜明的工作理念、集体利益高于个人利益，以及社会生活的和谐。俄罗斯的自文化化的基底是斯拉夫传统，建立在东正教之上，强调家庭价值以及"民族主体"与自然空间的紧密关联。关于俄罗斯参见 Felix Philipp Ingold, "Russlands eurasische Geopolitik," *Merkur* 70（2016）：5-18; Katharina Bluhm, "Machtgedanken," *Mittelweg 36* 25/6（2016）：56-75。关于中国参见 China William Callahan, "Sino-Speak. Chinese Exceptionalism and the Politics of History," *Journal of Asian Studies* 71/1（2012）：33-55。

79 俄罗斯作者 Aleksandr Dugin 持尤其明晰的反西方观点，参见 Aleksandr Dugin, *Die vierte politische Theorie*（London,2013）。

80 参见 Hans Joas, Klaus Wiegandt（Hg.），*Säkularisierung und die Weltreligionen*（Frankfurt/M.,2007）；还有 Roland Robertson, "Humanity, Globalization and Worldwide Religious Resurgence. A Theoretical Exploration," *Sociological Analysis* 46/3（1985）：219-242。

81 参见 Hartmut Zinser, *Der Markt der Religionen*（München,1997）。

82 参见 Hubert Knoblauch, "Das unsichtbare Neue Zeitalter. 'New Age', privatisierte Religion und kultisches Milieu," *Kölner Zeitschrift für Soziologie und Sozialpsychologie* 41/3（1989）：504-525。

83 关于当代原教旨主义最好的分析来自 Olivier Roy, *Heilige Einfalt. Über die politischen Gefahren entwurzelter Religionen*（München,2010）；亦可参见 Martin Riesebrodt, *Rückkehr der Religionen? Zwischen Fundamentalismus und "Kampf der Kulturen"*（München,2000）；Thomas Meyer, *Was ist Fundamentalismus? Eine Einführung*（Wiesbaden,2011）。

84 于是有一些德国的基督教徒也转向了萨拉菲主义，拉美的天主教地区，新教入教人数在增加。关于宗教，通过社会话语在发生着异文化化，以至于宗教被说成某种新的种族性：这样一来所有进入欧洲的土耳其或北非移民，都成了"伊斯兰文化圈"的代表。

85 参见 Max Weber, "Zwischenbetrachtung: Theorie der Stufen und Richtungen religiöser Weltablehnung «," *Gesammelte Aufsätze zur Religionssoziologie*（1920），Bd. I（Tübingen,1983），pp.536-573。

86 Martin Riesebrodt 分析揭示（在其著作 *Rückkehr der Religionen* 中，第 59 页及后），失去道德主流身份的部分老中产，以及地位下降的底层如何成了宗教原教旨主义的主要支持者群体。可以推测，新中产的宗教理念与之相比，会在非原教旨主义的"新宗教"或正规教会中实现。

87 参见 Roy, *Heilige Einfalt*。

88 在特定情况下，宗教共同体可能采取少数派文化性共同体的形式，有其"宗教性身份认同"，在身份政治的多元文化体制内要求获得文化性权利。宗教、族群、民族身份认同的交叉确实是一个问题。参见 Roy, *Heilige Einfalt*。

89 例如法国的国民阵线，奥地利自由党（FPÖ），荷兰 Fortuijn 和 Wilders 领导的党派，匈牙利青年民主主义者联盟（Fidesz）。概述性论著参见 RuthWodak, Majid Khosravinik, Brigitte Mral（Hg.），*Right Wing Populism in Europe. Politics and Discourse*（London, New York,2013）。

90 参见 Julian Bruns, Kathrin Glösl, Natascha Strobl, *Die Identitären. Handbuch zur Jugendbewegung der neuen Rechten in Europa*（Münster,2014）。

91 关于"分野"理论参见 Seymour Martin Lipset, Stein Rokkan, "Cleavage Structures, Party Systems and Voter Alignments. An Introduction," *Party Systems and Voter Alignments. Cross-National Perspectives*（New York, London,1967），p.164。

92 之后，主要候选人获得的"真"赋值也会受到重视。

93 参见 Hans Peter Kriesi 等, "Globalization and the Transformation of the National Political Space: Six European Countries Compared," *European Journal of Political Research* 45（2006）: 921–956; Peter deWilde, Ruud Koopmans, Michael Zürn, *The Political Sociology of Cosmopolitanism and Communitarism. Representative Claims Analysis, WZB Discussion Paper* SP IV 2014–102（Berlin,2014）。

94 在此我遵循 Jan-Werner Müller 对民粹主义的解读，参见 Jan-Werner Müller, *Was ist Populismus? Ein Essay*（Berlin,2016），但我会在文化本质主义的方向上有所发挥。

95 作为民粹主义民主的思想先驱，卡尔·施密特（Carl Schmitt）对这一点描述得非常清楚："民主首先必须要包括均质性，第二——必要的话——清除或毁灭异质。"见 Carl Schmitt, *Die geistesgeschichtliche Lage des heutigen Parlamentarismus*（Berlin,2010），p.14。

96 关于均质性的这一"社会"理解，很能代表左翼民粹主义。

97 参照 George Orwell 的观点，Jean-Claude Michéa 运用了这一概念。Michéa 想用这一概念解释左翼民粹主义，但它看来更能体现右翼民粹主义的特点。参见 Michéa, *Das Reich des kleineren Übels*。

98 参见 Mark Terkessidis, *Kulturkampf. Volk, Nation, der Westen und die neue Rechte*（Köln,1995）。

99 这些政策中的一些具体内容（比如贸易限制）并不一定是"右翼民粹主义"，左翼或主张调控的自由派也可能有这样的政策。它们只是因为相应的"框架"（framing）才是右翼民粹的。所以不奇怪，右翼民粹政党最重要的两个选民群体，是自认为在现代化进程和文化化进程中失败的人：新（非移民）底层和老中产。参见 Ronald Inglehart, Pippa Norris, "Trump,Brexit and the Rise of Populism. Economic Have-Nots and Cultural Backlash," HKS Working Paper Nr. RWP 16-206; Sylvain Barone, Emmanuel Négrier, "Voter Front National en Milieu Rural: Une Perspective Ethnographique," Silvain Crépon, Aleksandré Dézé, Nonna Mayer（Hg.）, *Les Faux-Semblant Du Front National. Sociologie d'un parti politique*（Paris,2015）, pp.417-434。

100 参见 Terkessidis, *Kulturkampf*。

101 然而还有第二种可能：少数派群体认同可能不排外，而是有了结合力。这样一来，社群就不是文化本质主义的，而且在超级多样性（super-diversity）的意义上，主体可以加入多个集体，它们并不互相排斥。这种格局不符合新共同体的理想模式，而是符合上文说过的异质合作模式。

102 这一关联在宗教原教旨主义和右翼民粹主义那里都得到证实。参见本章注释 87 和 100。

103 对此已有了哲学上的争论，参见 Charles Taylor, *Multikulturalismus und die Politik der Anerkennung V*（Frankfurt/ M.,1993）。

104 比如对这一斗争格局进行了说明的有 Aleksandr Dugin, *Vierte politische Theorie*。

105 参见 Arthur Schlesinger, *The Disuniting of America. Reflections on a Multicultural Society*（New York,1998）。关于这一争论参见 Guibernau, *Identity of Nations*, 第 3 章和第 7 章；亦见 Mark Lilla, "The End of Identity Liberalism," *The New York Times*,18 November 2016。这一文章引起了许多讨论。

106 参见 Dieter Thränhardt, "Integrationsrealität und Integrationsdiskurs," *Aus Politik und Zeitgeschichte* 46-47（2010）：16-21。

107 参见 Terry Eagleton, *The Idea of Culture*（Oxford,2000）。

108 关于新自由主义的这种批判性争论自 2008 年金融危机以来更加深入，参见 Thomas Piketty, *Das Kapital im 21. Jahrhundert*（München,2014）；Wolfgang Streeck, *Gekaufte Zeit. Die vertagte Krise des demokratischen Kapitalismus*（Berlin,2015）。

109 此类讨论参见 David Goodhart, *The Road to Somewhere. The Populist Revolt and the Future of Politics*（London, 2017）。

110 关于恐怖行径参见 Thomas Kron, *Reflexiver Terrorismus*（Weilerswist,2015）；Michael Frank, Kirsten Mahlke（Hg.）, *Kultur und Terror. Zeitschrift für Kulturwissenschaften I*（2010）。关于杀戮行径参见 Heiko Christians, *Amok. Geschichte einer Ausbreitung*（Bielefeld,2008）；以及 Joseph Vogl, "Der Amokläufer," Daniel Tyradellis（Hg.）, *Figuren der Gewalt*（Zürich,2014）, pp.13-18。关于这一主题总的论著见 Martin Altmeyer, *Auf*

der Suche nach Resonanz. Wie sich das Seelenleben in der digitalen Moderne verändert（Göttingen,2016），第 135 页及后。

111 参见 Norbert Elias, *Über den Prozeß der Zivilisation. Soziogenetische und Psychogenetische Untersuchungen*（Frankfurt/M.,1990）；另参见 Zygmunt Bauman, *Moderne und Ambivalenz. Das Ende der Eindeutigkeit*（Hamburg, 1992）。

112 这一点涉及家庭暴力，比如父母和孩子之间、侮辱性的语言暴力、责难 / 辱骂等。

113 参见 Cas Wouters, *Informalisierung. Norbert Elias' Zivilisationstheorie und Zivilisationsprozesse im 20. Jahrhundert*（Opladen,1999）。

114 有一种关于暴力的社会学研究并不从社会结构对其进行解释，而是认真关注其内在形式，参见 Trutz von Trotha, "Zur Soziologie der Gewalt," *Soziologie der Gewalt*（Sonderheft 37 der Kölner Zeitschrift für Soziologie und Sozialpsychologie）（Wiesbaden,1997），pp.9–56。

115 指 2001 年世贸大楼恐袭事件、2011 年瑞典玉特亚（Utøya）岛屠杀事件以及 2015 年巴黎巴塔克兰剧院袭击事件。

116 参见第四章第二节，第 184 页。

117 参见 Walter Benjamin, "Zur Kritik der Gewalt," *Gesammelte Schriften*, Bd.II.I（Frankfurt/M.,1999），pp.179–203。此处在第 197 页。

118 正是出于这个原因，暴力自 20 世纪 80 年代以来也在媒体、流行文化和艺术界被大范围公开表现——比如关于虐待儿童的报道、一些关心暴力现象的电游甚至电影（包括流行的动作片，还有巧妙地审美化表现的电影，比如迈克尔·哈内克或昆汀·塔伦蒂诺的作品）。

119 这一准确的表述出自 Jan Philipp Reemtsma，参见其著 *Gewalt als Lebensform. Zwei Reden*（Stuttgart, 2016）。然而，晚现代竟然也有（受认可的）牺牲者独异性，参见 Klaus Günther, "Ein Modell legitimen Scheiterns ——Der Kampf um Anerkennung als Opfer," Axel Honneth, Ophelia Lindemann, Stephan Voswinkel（Hg.），*Strukturwandel der Anerkennung. Paradoxien sozialer Integration in der Gegenwart*（Frankfurt/M.,2012），pp.185–248。

结语：普适危机？

1　参见 Francis Fukuyama, *The End of History and the Last Man*（New York,1992）[德文版：*Das Ende der Geschichte. Wo stehen wir?*（München,1992）]。

2　参见 Reinhart Koselleck, "Fortschritt," Otto Brunner,Werner Conze, 其著 *Geschichtliche Grundbegriffe*, Bd. 2（Stuttgart,1975），pp.351–423; Jürgen Habermas, "Die Moderne—ein unvollendetes Projekt," Wolfgang Welsch（Hg.），*Wege aus der Moderne. Schlüsseltexte der Postmoderne-Diskussion*（Stuttgart, 1988），pp.177–192。

3　参 见 John Urry, *Sociology beyond Societies. Mobilities for the Twenty-first Century*（London, New York, 2000）；对此概念，我也进行了详细的展开，见 *Die Erfindung der Kreativität. Zum Prozess gesellschaftlicher Ästhetisierung*（Berlin,2012）。

4　详见上文，第三章第五节、第 119—122 页、第 144—149 页、第 191—198 页、第 249—265 页。关于"认同"这个概念的综述参见 Axel Honneth, *Kampf um Anerkennung. Zur moralischen Grammatik sozialer Konflikte*（Frankfurt/M.,1994）。

5　这些问题中有几个，已经有人有过洞见，参见 Michael Young, *The Rise of the Meritocracy*（London,1958）。

6　详见第三章第二节，第五章第二节，第 241—245 页。

7　参 见 Sighard Neckel, Greta Wagner（Hg.），*Leistung und Erschöpfung. Burnout in der Wettbewerbsgesellschaft*（Berlin,2013）。

8　参见第四章第二节，第六章第二节，第 184 页及后，第 296—300 页。

9　在 Ingolfur Blühdorn 称为"模拟民主"（simulative Demokratie）的框架下，政治的戏剧性表现成了晚现代政治的核心，对它的标准又是"真"。参见 Ingolfur Blühdorn, *Simulative Demokratie. Neue Politik nach der postdemokratischen Wende*（Berlin,2013）。

10　这也是国家有高额债务的原因（还有部分消费者的债务），关于较新的债务史参见 Wolfgang Streeck, *Gekaufte Zeit. Die vertagte Krise des demokratischen Kapitalismus*（Berlin,2015）。

11　参见 Pierre Rosanvallon, *Die Gesellschaft der Gleichen*（Hamburg,2013）。

12　Terry Eagleton 试图为当代创建一种理念，将文化作为普适和通用的，参见其著 *The Idea of Culture*（Oxford, 2000）。

13　参 见 Reinhart Koselleck, "Krise," Otto Brunner,Werner Conze, Reinhart Koselleck（Hg.），*Geschichtliche Grundbegriffe* Bd. 3（Stuttgart,1982），pp.617–650。

14　参见第六章第二节，第 293—296 页。

15　参见理论简述：Sabine Hark, Rahel Jaeggi, Ina Kerner, Hanna Meißner, Martin Saar, "Das umkämpfte Allgemeine und das neue Gemeinsame. Solidarität ohne Identität," *Feministische Studien* 33（2015）：99–103。

16　更进一步的方案认为，独异性社会只需要一种社会政策，它能超出简单的社会保障，改善个人实现自我的机会，为了这个目的而支持普适性产品（比如教育、安全）。参见 Amartya Sen, *Die Idee der Gerechtigkeit*（München,2010）。

17　富有启发性的著作参见 Robert Fuller, *Somebodies or Nobodies. Overcoming the Abuse of Rank*（Gabriola Island,2003）。另一种有趣的研究方法见 David Goodhart, *The Road to Somewhere. The Populist Revolt and the Future of Politics*（London,2017）。仅靠教育普及显然不能解决这个问题，精英主义精神反而会在其中得到强化，因为那些求学不

成功的人，边缘化风险更高。参见 Young, *Meritocracy*。

18 比如跨性别运动就是这种情况，参见 Jami Taylor, Donald Haider-Markel（Hg.），*Transgender Rights and Politics: Groups, Issue Framing, and Policy Adoption*（Ann Arbor,2014）。

19 富于启发的著作见 Adam Phillips, *Missing Out. In Praise of the Unlived Life*（London,2012）；Rainer Funk, *Der entgrenzte Mensch.Warum ein Leben ohne Grenzen nicht frei, sondern abhängig macht*（Gütersloh,2011）。

20 参见 David Brooks, *The Road to Character*（New York,2015）。

21 参见 Silke Helfrich（Hg.）, *Commons. Für eine neue Politik jenseits von Markt und Staat*（Bielefeld, 2012）。总的来说，在这层关系上关键是我们称为"异质协作"的社会形式要继续发展下去，在这种形式中，共同的东西自然会产生于独异性之中。

22 有些观察者谈到"后自由主义"的必要性，但我还想继续使用自由主义这个词，它的去边界化和分殊性我认为不应消除，而是需要更新。如今，调控的自由主义最大的竞争对手，却的确是后自由的：就是反自由化的右翼民粹主义。参见上文，第六章第二节，第293—296页。

参考文献

Adam, Barbara, *Time and Social Theory*, Cambridge 1990.

Aertsen, Jan, Andreas Speer (Hg.), *Individuum und Individualität im Mittelalter*, Berlin 1996.

Albrecht, Clemens, »Die Substantialität bürgerlicher Kultur«, in: Heinz Bude, Joachim Fischer, Bernd Kauffmann (Hg.), *Bürgerlichkeit ohne Bürgertum. In welchem Land leben wir?*, München 2010, S. 131-144.

Alkemeyer, Thomas, Gunter Gebauer, Bernhard Boschert, Robert Schmidt (Hg.), *Aufs Spiel gesetzte Körper. Aufführungen des Sozialen in Sport und populärer Kultur*, Konstanz 2003.

Alkemeyer, Thomas, Kristina Brümmer, Rea Kodalle, Thomas Pille (Hg.), *Ordnung in Bewegung. Choreographien des Sozialen. Körper in Sport, Tanz, Arbeit und Bildung*, Bielefeld 2009.

Altmeyer, Martin, *Auf der Suche nach Resonanz. Wie sich das Seelenleben in der digitalen Moderne verändert*, Göttingen 2016.

Amin, Ash (Hg.), *Post-Fordism. A Reader*, Oxford 1996.

Anderson, Benedict, *Imagined Communities. Reflections on the Origin and Spread of Nationalism*, London 1991.

Anderson, Chris, *The Long Tail. Nischenprodukte statt Massenmarkt: Das Geschäft der Zukunft*, München 2011.

Anderson, Chris, *Makers. The New Industrial Revolution*, New York 2012.

Anheier, Helmut K., Yudhishthir Raj Isar (Hg.), *Heritage, Memory and Identity*, London, Thousand Oaks 2011.

Anheier, Helmut K., Yudhishthir Raj Isar (Hg.), *Cities, Cultural Policy and Governance*, London, Thousand Oaks 2012.

Appiah, Anthony, Henry Louis Gates (Hg.), *Identities*, Chicago 1995.

Arnold, Matthew, *Culture and Anarchy*, Cambridge 1946.

Aron, Raymond, *Die industrielle Gesellschaft: 18 Vorlesungen*, Frankfurt/M. 1964.

Arsel, Zeynep, Jonathan Bean, »Taste Regimes and Market-Mediated Practice«, in: *Journal of Consumer Research* 39/5 (2013), S. 899-917.

Assmann, Aleida, *Mnemosyne. Formen und Funktionen kultureller Erinnerung*, Frankfurt/M. 1993.

Augé, Marc, *Orte und Nicht-Orte. Vorüberlegungen zu einer Ethnologie der Einsamkeit*, Frankfurt/M. 1994.

Austin, Rob, Lee Devin, *Artful Making. What Managers Need to Know About How Artists Work*, Upper Saddle River 2003.

Autor, David H., Lawrence F. Katz, Melissa F. Kearney, »The Polarization of the U.S. Labor Market«, in: *American Economic Review* 96/2 (2006), S. 189-194.

Bachleitner, Reinhard, H. Jürgen Kagelmann (Hg.), *Kultur/Städte/Tourismus*, München 2003.

Bachmann-Medick, Doris, *Cultural Turns. Neuorientierungen in den Kulturwissenschaften*, Hamburg 2006.

Bachtin, Michael, *Rabelais und seine Welt. Volkskultur als Gegenkultur* [1940/1965], Frankfurt/M. 1987.

Badinter, Elisabeth, *Ich bin Du. Die neue Beziehung zwischen Mann und Frau oder Die androgyne Revolution*, München 1987.

Baethge, Martin, »Arbeit, Vergesellschaftung, Identität. Zur zunehmenden normativen Subjektivierung der Arbeit«, in *Soziale Welt* 42/1 (1991), S. 6-19.

Bahl, Friederike, *Lebensmodelle in der Dienstleistungsgesellschaft*, Hamburg 2014.

Balibar, Étienne, Immanuel Wallerstein, *Rasse, Klasse, Nation. Ambivalente Identitäten*, Hamburg 1992.

de Bandt, Jacques, Jean Gadrey, *Relations de service, marchés de services*, Paris 1998.

Banks, Mark, *The Politics of Cultural Work*, New York 2007.

Barber, Benjamin, *Jihad vs. McWorld: How Globalism and Tribalism are Reshaping the World*, New York 1995.

Barck, Karlheinz, Peter Gente, Heidi Paris, Stefan Richter (Hg.), *Aisthesis. Wahrnehmung heute oder Perspektiven einer neuen Ästhetik. Essais*, Leipzig 1998.

Barlösius, Eva, Elfriede Feichtinger, Barbara Köhler (Hg.), *Ernährung in der Armut. Gesundheitliche, soziale und kulturelle Folgen in der Bundesrepublik Deutschland*, Berlin 1995.

Barney, Darin, *The Network Society*, Cambridge 2004.

Barone, Sylvain, Emmanuel Négrier, »Voter Front National en Milieu Rural: Une Perspective Ethnographique«, in: Silvain Crépon, Aleksandré Dézé, Nonna Mayer (Hg.), *Les Faux-Semblant Du Front National. Sociologie d'un parti politique*, Paris 2015, S. 417-434.

Barth, Fredrik, *Ethnic Groups and Boundaries. The Social Organization of Cultural Difference*, Long Grove 1998.

Barthes, Roland, *Die Sprache der Mode*, Frankfurt/M. 1985.

Basáñez, Miguel E., *A World of Three Cultures. Honor, Achievement and Joy*, New York 2016.

Bataille, Georges, *Die Aufhebung der Ökonomie*, München 1975.

Bätschmann, Oskar, *Ausstellungskünstler. Kult und Karriere im modernen Kunstsystem*, Köln 1997.

Baudrillard, Jean, *Symbolic Exchange and Death*, London 1993.

Bauman, Zygmunt, *Moderne und Ambivalenz. Das Ende der Eindeutigkeit*, Hamburg 1992.

Bauman, Zygmunt, *Liquid Modernity*, Cambridge 2000 (dt.: *Flüchtige Moderne*, Frankfurt/M. 2003).

Baur, Bruno, *Biodiversität*, München 2010.

Baym, Nancy, »Interpersonal Life online«, in: Leah Lievrouw, Sonia Livingstone (Hg.), *The Handbook of New Media*, London 2006, S. 35-54.

Beck, Ulrich, »Jenseits von Stand und Klasse?«, in: Reinhard Kreckel (Hg.), *Soziale Ungleichheiten* (= Soziale Welt, Sonderband 2), Göttingen 1983, S. 35-74.

Beck, Ulrich, *Risikogesellschaft. Auf dem Weg in eine andere Moderne*, Frankfurt/M. 1986.

Becker, Howard Saul, *Outsiders. Studies in the Sociology of Deviance*, New York 1963.

Becker, Howard Saul, *Art Worlds*, Berkeley 1984.

Becker, Rolf, Wolfgang Lauterbach (Hg.), *Bildung als Privileg. Erklärungen und Befunde zu den Ursachen der Bildungsungleichheit*, Wiesbaden 2010.

Beckert, Jens, Patrik Aspers (Hg.), *The Worth of Goods. Valuation and Pricing in the Economy*, Oxford 2011.

Beckert, Jens, »The Transcending Power of Goods: Imaginative Value in the Economy«, in: ders., Patrik Aspers (Hg.), *Worth of Goods*, S. 106-130.

Beckert, Jens, Christine Musselin (Hg.), *Constructing Quality. The Classification of Goods in Markets*, Oxford 2013.

Belasco, Warren J., *Appetite for Change. How the Counterculture Took on the Food Industry*, New York 1990.

Bell, Daniel, *The Coming of Post-Industrial Society: A Venture in Social Forecasting*, New York 1973.

Bell, Daniel, *The Cultural Contradictions of Capitalism*, New York 1976.

Bendl, Regine, *Diversität und Diversitätsmanagement*, Wien 2012.

Benjamin, Walter, »Das Kunstwerk im Zeitalter seiner technischen Reproduzierbarkeit« [1936], in: *Gesammelte Schriften*, Bd. I.2, Frankfurt/M. 1991, S. 471-507.

Benjamin, Walter, »Zur Kritik der Gewalt« [1921], in: *Gesammelte Schriften*, Bd. II.1, hrsg. von Rolf Tiedemann und Hermann Schweppenhäuser, Frankfurt/M. 1991, S. 179-203.

Berghoff, Hartmut, Jörg Sydow (Hg.), *Unternehmerische Netzwerke. Eine historische Organisationsform mit Zukunft?*, Stuttgart 2007.

Berking, Helmuth, Martina Löw (Hg.), *Die Eigenlogik der Städte. Neue Wege für die Stadtforschung*, Frankfurt/M., New York 2008.

Berlin, Isaiah, *Die Wurzeln der Romantik*, Berlin 2004.

Bernstein, Mary, »Identity Politics«, in: *Annual Review of Sociology* 31/1 (2005), S. 47-74.

Bhatti, Anil, Dorothee Kimmich, Albrecht Koschorke, Rudolf Schlögl, Jürgen Wertheimer, »Ähnlichkeit. Ein kulturtheoretisches Paradigma«, in: *Internationales Archiv für Sozialgeschichte der Literatur* 36/1 (2011), S. 261-275.

Biebricher, Thomas (Hg.), *Der Staat des Neoliberalismus*, Baden-Baden 2016.

Bilton, Chris, *Management and Creativity. From Creative Industries to Creative Management*, Malden u. a. 2006.

von Bismarck, Beatrice, Jörn Schafaff, Thomas Weski (Hg.), *Cultures of the Curatorial*, Berlin 2012.

Blühdorn, Ingolfur, *Simulative Demokratie. Neue Politik nach der postdemokratischen Wende*, Berlin 2013.

Bluhm, Katharina, »Machtgedanken«, in: *Mittelweg 36* 25/6 (2016), S. 56-75.

Blumenberg, Hans, *Die Legitimität der Neuzeit*, Frankfurt/M. 1973.

Blumenberg, Hans, *Schriften zur Technik*, Berlin 2015.

Böhme, Gernot, *Atmosphäre. Essays zur neuen Ästhetik*, Frankfurt/M. 1995.

Bohrer, Karl Heinz, *Der romantische Brief*, München, Wien 1987.

Bohrer, Karl Heinz, *Das absolute Präsens. Die Semantik ästhetischer Zeit*, Frankfurt/M. 1994.

Bollenbeck, Georg, *Bildung und Kultur. Glanz und Elend eines deutschen Deutungsmusters*, Frankfurt/M. 1994.

Boltanski, Luc, Ève Chiapello, *Der neue Geist des Kapitalismus*, Konstanz 2003.

Boltanski, Luc, Arnaud Esquerre, *Enrichissement. Une critique de la marchandise*, Paris 2017.

Bonß, Wolfgang, *Vom Risiko. Unsicherheit und Ungewißheit in der Moderne*, Hamburg 1995.

Bourdieu, Pierre, »Ökonomisches Kapital, kulturelles Kapital, soziales Kapital«, in: Reinhard Kreckel (Hg.), *Soziale Ungleichheiten* (= Soziale Welt, Sonderband 2), Göttingen 1983, S. 183-198.

Bourdieu, Pierre, *Die feinen Unterschiede. Kritik der gesellschaftlichen Urteilskraft*, Frankfurt/M. 1989.

Bourdieu, Pierre, *Die Regeln der Kunst. Struktur und Genese des literarischen Feldes*, Frankfurt/M. 1999.

Bourdieu, Pierre, Jean-Claude Passeron, *Die Erben. Studenten, Bildung und Kultur*, Konstanz 2007.

Bourdieu, Pierre, *Kunst und Kultur. Der Markt der symbolischen Güter. Schriften zur Kultursoziologie*, Konstanz 2011.

Brackert, Helmut, Fritz Wefelmeyer (Hg.), *Kultur. Bestimmungen im 20. Jahrhundert*, Frankfurt/M. 1990.

Brand, Klaus-Werner (Hg.), *Die neue Dynamik des Bio-Markts*, München 2006.

Braudel, Fernand, *Sozialgeschichte des 15.-18. Jahrhunderts*, Bd. 2: *Der Handel*, München 1986.

Bray, Paul M., »The New Urbanism. Celebrating the City«, in: *Places* 8/4 (1993), S. 56-65.

Bredies, Katharina, *Gebrauch als Design. Über eine unterschätzte Form der Gestaltung*, Bielefeld 2014.

Brighenti, Andrea Mubi, *Visibility in Social Theory and Social Research*, Basingstoke 2010.

Bröckling, Ulrich, Susanne Krasmann, Thomas Lemke (Hg.), *Gouvernementalität der Gegenwart. Studien zur Ökonomisierung des Sozialen*, Frankfurt/M. 2000.

Bröckling, Ulrich, Susanne Krasmann, Thomas Lemke (Hg.), *Glossar der Gegenwart*, Frankfurt/M. 2004.

Bröckling, Ulrich, *Das unternehmerische Selbst. Soziologie einer Subjektivierungsform*, Frankfurt/M. 2007.

Brooks, David, *Bobos in Paradise: The New Upper Class and How They Got There*, New York 2000.

Brooks, David, *The Road to Character*, New York 2015.

Brown, Tim, *Change by Design. How Design Thinking Transforms Organizations and Inspires Innovation*, New York 2009.

Bruns, Axel, *Blogs, Wikipedia, Second Life, and Beyond. From Production to Produsage*, New York 2008.

Bruns, Julian, Kathrin Glösel, Natasha Strobl, *Die Identitären. Handbuch zur Jugendbewegung der neuen Rechten in Europa*, Münster 2014.

Brusco, Sebastiano, »The Emilian Model. Productive Decentralisation and Social Integration«, in: *Cambridge Journal of Economics* 6/2 (1982), S. 167-182.

Bude, Heinz, *Die Ausgeschlossenen. Das Ende vom Traum der gerechten Gesellschaft*, München 2008.

Bude, Heinz, *Bildungspanik. Was unsere Gesellschaft spaltet*, Bonn 2011.

Bude, Heinz (Hg.), *Überleben im Umbruch. Am Beispiel Wittenberge: Ansichten einer fragmentierten Stadt*, Hamburg 2011.

Bude, Heinz, *Gesellschaft der Angst*, Hamburg 2014.

Bull, Michael, *Sound Moves. iPod Culture and Urban Experience*, London, New York 2007.

Bultman, Bethany, *Redneck Heaven. Portrait of a Vanishing Culture*, New York u. a. 1996.

Burkhard, Markus, *Digitale Datenbanken. Eine Medientheorie im Zeitalter von Big Data*, Bielefeld 2015.

Burns, Tom, George M. Stalker, *The Management of Innovation*, Oxford 1994.

Busemann, Hanna, *Das Phänomen Marke. Betrachtung und Analyse aktueller markensoziologischer Ansätze*, Saarbrücken 2007.

Caillois, Roger, *Die Spiele und die Menschen. Maske und Rausch*, Stuttgart 1960.

Callahan, William, »Sino-Speak. Chinese Exceptionalism and the Politics of History«, in: *Journal of Asian Studies* 71/1 (2012), S. 33-55.

Callon, Michel (Hg.), *Laws of the Markets*, Oxford 1998.

Callon, Michel, Cécile Méadel, Vololona Rabeharisoa, »The Economy of Qualities«, in: *Economy and Society* 31/2 (2002), S. 194-217.

Canter, David, »Offender Profiling and Investigative Psychology«, in: *Journal of Investigative Psychology and Offender Profiling* 1/1, (2003), S. 1-15.

Carrier, James G. (Hg.), *Ethical Consumption. Social Value and Economic Practice*, New York 2015.

Castells, Manuel, *The Rise of the Network Society. The Information Age: Economy, Society and Culture*, Bd. 1, Cambridge 1996 (dt.: *Der Aufstieg der Netzwerkgesellschaft. Das Informationszeitalter. Wirtschaft – Gesellschaft – Kultur*, Bd. 1, Opladen 2001).

Castells, Manuel, *The Power of Identity. The Information Age: Economy, Society, and Culture*, Bd. 2, Malden 1997 (dt.: *Die Macht der Identität. Das Informationszeitalter. Wirtschaft – Gesellschaft – Kultur*, Bd. 2, Opladen 2002).

Castells, Manuel, *The Internet Galaxy. Reflections on the Internet, Business, and Society*, Oxford u. a. 2003.

Caves, Richard, *Creative Industries: Contracts Between Art and Commerce*, Cambridge (Mass.) u. a. 2000.

Ceruzzi, Paul, *A History of Modern Computing*, Cambridge 2003.

Chandler jr., Alfred D., *The Visible Hand. The Managerial Revolution in American Business*, Cambridge 1977.

Chevalier, Louis, *Classes laborieuses et classes dangereuses à Paris, pendant la première moitié du XIXe siècle*, Paris 1978.

Christensen, Jens, *Global Experience Industries*, Aarhus 2009.

Christians, Heiko, *Amok. Geschichte einer Ausbreitung*, Bielefeld 2008.

Ciompi, Luc, *Die emotionalen Grundlagen des Denkens. Entwurf einer fraktalen Affektlogik*, Göttingen 1997.

Coates, Del, *Watches Tell More Than Time. Product Design, Information, and the Quest for Elegance*, New York, London 2003.

Cohen, H. Floris, *Scientific Revolution. A Historiographical Inquiry*, Chicago 1994.

Cohen, Jared, *Die Vernetzung der Welt*, Hamburg 2013.

Conrad, Sebastian, »Der Ort der Globalgeschichte«, in: *Merkur* 68/12 (2014), S. 1096-1101.

Counihan, Carol (Hg.), *Food and Culture. A Reader*, New York 2008.

Crary, Jonathan, *Aufmerksamkeit. Wahrnehmung und moderne Kultur*, Frankfurt/M. 2002.

Crouch, Colin, *Das befremdliche Überleben des Neoliberalismus. Postdemokratie II*, Berlin 2011.

Currid, Elizabeth, *The Warhol Economy. How Fashion, Art, and Music Drive New York City*, Princeton 2007.

Dahrendorf, Ralf, »Die globale Klasse und die neue Ungleichheit«, in: *Merkur* 54/619 (2000), S. 1057-1068.

Davies, Rosamund, Gauti Sigthorsson, *Introducing the Creative Industries: From Theory to Practice*, Los Angeles 2013.

Degen, Mónica Montserrat, *Sensing Cities. Regenerating Public Life in Barcelona and Manchester*, London 2009.

Deleuze, Gilles, Félix Guattari, *Tausend Plateaus. Schizophrenie und Kapitalismus II*, Berlin 1992.

DeSoucey, Michaela, Isabelle Techoueyres, »Virtue and Valorization. ›Local Food‹ in the United States and France«, in: David Inglis, Debra Gimlin (Hg.), *The Globalization of Food*, London 2013, S. 81-96.

Deuze, Mark, *Media Work*, Cambridge u. a. 2007.

Dewey, John, *Theory of Valuation* (1939), Chicago 1972.

Diederichsen, Diedrich, »Kreative Arbeit und Selbstverwirklichung«, in: Christoph Menke, Juliane Rebentisch (Hg.), *Kreation und Depression. Freiheit im gegenwärtigen Kapitalismus*, Berlin 2010, S. 118-128.

Diederichsen, Diedrich, Anselm Franke (Hg.), *The Whole Earth. Kalifornien und das Verschwinden des Außen*, Berlin 2013.

Diederichsen, Diedrich, *Über Pop-Musik*, Köln 2014.

Dietrich, Marc, Martin Seeliger (Hg.), *Deutscher Gangsta-Rap. Sozial- und kulturwissenschaftliche Beiträge zu einem Pop-Phänomen*, Bielefeld 2012.

van Dijck, José, *The Culture of Connectivity. A Critical History of Social Media*, Oxford, New York 2013.

Donald, Stephanie Hemelryk, Eleonore Kofman, Catherine Kevin (Hg.), *Branding Cities. Cosmopolitanism, Parochialism and Social Change*, New York 2009.

Dormer, Peter, *Design since 1945*, London 1993.

Douglas, Mary, *Food in the Social Order*, New York 1984.

Douglas, Mary, *Ritual, Tabu und Körpersymbolik. Sozialanthropologische Studien in Industriegesellschaft und Stammeskultur*, Frankfurt/M. 1998.

Drucker, Peter, *Post-capitalist Society*, New York 1993.

Duckworth, Angela, Christopher Peterson, Michael Matthews, Dennis Kelly, »Grit: Perseverance and Passion for Long-term Goals«, in: *Journal of Personality and Social Psychology* 92/6 (2007), S. 1087-1101.

Duffet, Mark, *Understanding Fandom. An Introduction to the Study of Media Fan Culture*, New York 2013.

Dugin, Aleksandr, *Die vierte politische Theorie*, London 2013.

van Dülmen, Richard (Hg.), *Die Entdeckung des Ich. Die Geschichte der Individualisierung vom Mittelalter bis zur Gegenwart*, Köln 2001.

Durkheim, Émile, *Die elementaren Formen des religiösen Lebens* [1912], Frankfurt/M. 1981.

van Dyk, Silke, Stephan Lessenich (Hg.), *Die jungen Alten. Analysen einer neuen Sozialfigur*, Frankfurt/M. 2009.

Eagleton, Terry, *The Idea of Culture*, Oxford 2000.

Eco, Umberto, *Das offene Kunstwerk*, Frankfurt/M. 1973.

Ege, Moritz, *Ein Proll mit Klasse. Mode, Popkultur und soziale Ungleichheiten unter jungen Männern in Berlin*, Frankfurt/M. 2013.

Ehrenberg, Alain, *Le culte de la performance*, Paris 1991.

Ehrenberg, Alain, *Das erschöpfte Selbst. Depression und Gesellschaft in der Gegenwart*, Frankfurt/M. 2004.

Elias, Norbert, *Die höfische Gesellschaft. Untersuchungen zur Soziologie des Königtums und der höfischen Aristokratie* [1969], Frankfurt/M. 1983.

Elias, Norbert, *Über den Prozeß der Zivilisation. Soziogenetische und Psychogenetische Untersuchungen* [1939], Frankfurt/M. 1990.

English, Bonnie, *A Cultural History of Fashion in the Twentieth Century. From the Catwalk to the Sidewalk*, Oxford, New York 2007.

English, James F., *The Economy of Prestige. Prizes, Awards, and the Circulation of Cultural Value*, Cambridge 2005.

Eribon, Didier, *Rückkehr nach Reims*, Berlin 2016.

Esping-Anderson, Gøsta, *Changing Classes. Stratification and Mobility in Post-Industrial Societies*, London 1993.

Esposito, Elena, *Die Verbindlichkeit des Vorübergehenden. Paradoxien der Mode*, Frankfurt/M. 2004.

Esposito, Roberto, *Communitas. Ursprung und Wege der Gemeinschaft*, Berlin 2004.

Etzemüller, Thomas, *Die Romantik der Rationalität. Alva & Gunnar Myrdal – Social Engineering in Schweden*, Bielefeld 2010.

Faludi, Susan, *Männer – das betrogene Geschlecht*, Reinbek 2001.

Fanon, Frantz, *Schwarze Haut, weiße Masken*, Frankfurt/M. 1985.

Featherstone, Mike, *Consumer Culture and Postmodernism*, London (u. a.) 1991.

Feifer, Maxine, *Going Places. The Ways of the Tourist from Imperial Rome to the Present Day*, London 1985.

Ferry, Luc, *Leben lernen. Eine philosophische Gebrauchsanweisung*, München 2009.

Feyerabend, Paul, *Wider den Methodenzwang*, Frankfurt/M. 1993.

Fischer-Lichte, Erika (Hg.), *Performativität und Ereignis*, Tübingen 2003.

Fitoussi, Jean-Paul, Pierre Rosanvallon, *Le nouvel âge des inégalités*, Paris 1996.

Flaßpöhler, Svenja, *Wir Genussarbeiter. Über Freiheit und Zwang in der Leistungsgesellschaft*, München 2011.

Flew, Terry, *The Creative Industries. Culture and Policy*, Los Angeles (u. a.) 2012.

Flew, Terry, *Global Creative Industries*, Cambridge 2013.

Florida, Richard, *The Rise of the Creative Class. And How it's Transforming Work, Leisure, Community and Everyday Life*, New York 2002.

Florida, Richard, *Creative Cities and the Creative Class*, New York u. a. 2005.

Florida, Richard, *Who's your City? How the Creative Economy is Making Where to Live the Most Important Decision of Your Life*, New York 2008.

Floridi, Luciano, *Information. A Very Short Introduction*, New York 2010.

Floridi, Luciano, *Die 4. Revolution. Wie die Infosphäre unser Leben verändert*, Berlin 2015.

Foucault, Michel, *Überwachen und Strafen. Die Geburt des Gefängnisses*, Frankfurt/M. 1976.

Foucault, Michel, »Was ist Aufklärung?«, in: Eva Erdmann, Rainer Forst, Axel Honneth (Hg.), *Ethos der Moderne: Foucaults Kritik der Aufklärung*, Frankfurt/M. 1990, S. 35-54.

Foucault, Michel, *Sicherheit, Territorium, Bevölkerung. Geschichte der Gouvernementalität I. Vorlesungen am Collège de France 1977-1978*, Frankfurt/M. 2004.

Foucault, Michel, *Die Geburt der Biopolitik. Geschichte der Gouvernementalität II. Vorlesungen am Collège de France 1978-1979*, Frankfurt/M. 2004.

Foucault, Michel, *Die Anormalen*, Frankfurt/M. 2007.

Fourastié, Jean, *Les Trente Glorieuses, ou la révolution invisible de 1946 à 1975*, Paris 1979.

Franck, Georg, *Ökonomie der Aufmerksamkeit. Ein Entwurf*, München 1998.

Franck, Georg, *Mentaler Kapitalismus. Eine politische Ökonomie des Geistes*, München 2005.

Frank, Manfred, Anselm Haverkamp (Hg.), *Individualität*, München 1988.

Frank, Michael, Kirsten Mahlke (Hg.), *Kultur und Terror. Zeitschrift für Kulturwissenschaften* 1 (2010).

Frank, Robert, Philipp Cook, *The Winner-Take-All-Society: Why the Few on the Top Get so Much More Than the Rest of Us*, New York 2010.

Frank, Thomas, *Listen, Liberal. Or, What Ever Happened to the Party of the People?*, New York 2016.

Frede, Frederik, Tim Seifert, Torsten Bergler (Hg.), *Freunde von Freunden. Friends of Friends*, Berlin 2014.

Freeland, Chrystia, »The Rise of the New Global Elite«, in: *The Atlantic* (Januar/Februar 2011).

Freiberger, Paul, Michael Swane, *Fire in The Valley. The Making of the Personal Computer*, New York 1999.

Frisby, David, *Fragments of Modernity. Theories of Modernity in the Work of Simmel, Kracauer and Benjamin,* Cambridge 1985.

Frith, Jordan, *Smartphones as Locative Media,* Cambridge 2015.

Fuchs, Mathias, Sonia Fizek, Paolo Ruffino, Niklas Schrape (Hg.), *Rethinking Gamification,* Lüneburg 2014.

Fukuyama, Francis, *The End of History and the Last Man,* New York 1992 (dt.: *Das Ende der Geschichte. Wo stehen wir?,* München 1992).

Fuller, Robert, *Somebodies or Nobodies. Overcoming the Abuse of Rank,* Gabriola Island 2003.

Fumagalli, Andrea, Stefano Lucarelli, »A Model of Cognitive Capitalism: A Preliminary Analysis«, in: *European Journal of Economic and Social Systems* 20/1 (2007), S. 117-133.

Funk, Rainer, *Der entgrenzte Mensch. Warum ein Leben ohne Grenzen nicht frei, sondern abhängig macht,* Gütersloh 2011.

Funken, Christiane, Jan-Christoph Rogge, Sinje Hörlin, *Vertrackte Karrieren. Zum Wandel der Arbeitswelten in Wirtschaft und Wissenschaft,* Frankfurt/M. 2015.

Galbraith, John Kenneth, *The Affluent Society,* Boston 1969.

GamesCoop, *Theorien des Computerspiels,* Hamburg 2012.

Gardner, Howard, Katie Davis, *The App Generation. How Today's Youth Navigate Identity, Intimacy, and Imagination in a Digital World,* New Haven 2013.

Gay, Paul du, *Consumption and Identity at Work,* London 1996.

Gay, Paul du, Michael Pryke (Hg.), *Cultural Economy: Cultural Analysis and Commercial Life,* London 2002.

Gay, Peter, *Bürger und Bohème. Kunstkriege des 19. Jahrhunderts,* München 1999.

Gebhard, David, »William Wurster and His Californian Contemporaries. The Idea of Regionalism and Soft Modernism«, in: Marc Treib (Hg.), *An Everyday Modernism. The Houses of William Wurster,* Berkeley 1995, S. 164-183.

Gebhardt, Winfried, *Fest, Feier und Alltag. Über die gesellschaftliche Wirklichkeit des Menschen und ihre Deutung,* Frankfurt/M. 1987.

Gebhardt, Winfried, Ronald Hitzler, Michaela Pfadenhauer (Hg.), *Events. Soziologie des Außergewöhnlichen,* Opladen 2000.

von Gehlen, Dirk, *Mashup. Lob der Kopie,* Berlin 2011.

von Gehlen, Dirk, *Eine neue Version ist verfügbar. Wie die Digitalisierung Kunst und Kultur verändert,* Berlin 2013.

Gelhardt, Andreas, *Kritik der Kompetenz,* Zürich 2011.

Gellner, Ernest, *Encounters with Nationalism,* Oxford 1994.

Gerhardt, Volker, *Pathos und Distanz. Studien zur Philosophie Friedrich Nietzsches,* Stuttgart 1988.

Gibson, James, *Die Sinne und der Prozeß der Wahrnehmung,* Bern 1973.

Giddens, Anthony, *The Consequences of Modernity,* Cambridge 1990.

Giddens, Anthony, *Modernity and Self-Identity. Self and Society in the Late Modern Age,* Stanford 1991.

Giedion, Siegfried, *Die Herrschaft der Mechanisierung. Ein Beitrag zur anonymen Geschichte,* Hamburg 1994.

Giesen, Bernhard, *Nationale und kulturelle Identität,* Frankfurt/M. 1996.

Giesen, Bernhard, *Kollektive Identität. Die Intellektuellen und die Nation II,* Frankfurt/M. 1999.

Gilmore, James H., Joseph Pine, *Authenticity: What Consumers Really Want,* Boston 2007.

von Glasenapp, Helmut, *Die fünf Weltreligionen. Hinduismus, Buddhismus, chinesischer Universismus, Christentum, Islam,* München 1986.

Glatter, Jan, Daniela Weber, »Die mediale Konstruktion des Stereotyps Szeneviertel in Reiseführern«, in: Karlheinz Wöhler, Andreas Pott, Vera Denzer (Hg.), *Tourismusräume. Zur soziokulturellen Konstruktion eines globalen Phänomens,* Bielefeld 2010, S. 43-66.

Goffman, Erving, *Stigma. Über Techniken der Bewältigung beschädigter Identität,* Frankfurt/M. 1976.

Goldthorpe, John, David Lockwood, Frank Bechhofer, Jennifer Platt, *The Affluent Worker in the Class Structure,* London 1969.

Goodhart, David, *The Road to Somewhere. The Populist Revolt and the Future of Politics,* London 2017.

Goodman, Nelson, *Sprachen der Kunst. Entwurf einer Symboltheorie,* Frankfurt/M. 1998.

Goodman, Richard Alan, Lawrence Peter Goodman, »Some Management Issues in Temporary Systems: A Study in Professional Development and Manpower – The Theater Case«, in: *Administrative Science Quarterly* 21/3 (1976), S. 494-501.

Goody, Jack, »Industrial Food. Towards a Development of a World Cuisine«, in: ders., *Cooking, Cuisine and Class. A Study in Comparative Sociology,* Cambridge 1982, S. 154-190.

Goos, Marten, Alan Manning, Anna Salomons, »Job polarization in Europe«, in: *American Economic Review* 99/2 (2009), S. 58-63.

Gottdiener, Mark, *The Theming of America. Dreams, Media Fantasies, and Themed Environments,* Boulder 2001.

Grabher, Gernot, »Ecologies of Creativity. The Village, the Group, and the Heterarchic Organisation of the British Advertising Industry«, in: *Environment and Planning A* 33/2 (2001), S. 351-374.

Graebner, William, *The Engineering of Consent. Democracy and Authority in Twentieth-Century America,* Madison 1987.

Gramsci, Antonio, *Selections from the Prison Notebooks,* hrsg. von Quintin Hoare, Geoffrey Nowell Smith, New York 1971.

Granovetter, Mark S., »The Strength of Weak Ties«, in: *American Journal of Sociology* 78/6 (1973), S. 1360-1380.

Gratton, Lynda, *The Shift. The Future of Work is Already Here,* London 2011.

Grauel, Jonas, *Gesundheit, Genuss und gutes Gewissen. Über Lebensmittelkonsum und Alltagsmoral,* Bielefeld 2013.

Graw, Isabelle, »Der Wert der Ware Kunst. Zwölf Thesen zu menschlicher Arbeit, mimetischem Begehren und Lebendigkeit«, in: *Texte zur Kunst* 88 (2012), S. 31-60.

Gray, Jonathan, Cornel Sandvoss, C. Lee Harrington (Hg.), *Fandom. Identities and Communities in a Mediated World,* New York 2007.

Greiner, Ulrich, *Schamverlust. Vom Wandel der Gefühlskultur,* Reinbek 2014.

Grigg, Joanna, *Portfolio Working. A Practical Guide to Thriving in the Changing Workplace,* London 1997.

Groh-Samberg, Olaf, »Sorgenfreier Reichtum. Jenseits von Konjunktur und Krise«, in: *DIW Wochenbericht* 76/35 (2009), S. 590-612.

Groys, Boris, *Über das Neue. Versuch einer Kulturökonomie,* Frankfurt/M. 1999.

Guibernau, Montserrat, *The Identity of Nations,* Cambridge 2007.

Gumbrecht, Hans Ulrich, Karl Ludwig Pfeiffer (Hg.), *Stil. Geschichten und Funktionen eines kulturwissenschaftlichen Diskurselements,* Frankfurt/M. 1986.

Gumbrecht, Hans Ulrich, *Diesseits der Hermeneutik. Die Produktion von Präsenz,* Frankfurt/M. 2004.

Gumbrecht, Hans Ulrich, *Präsenz*, Berlin 2012.

Günther, Klaus, »Ein Modell legitimen Scheiterns – Der Kampf um Anerkennung als Opfer«, in: Axel Honneth, Ophelia Lindemann, Stephan Voswinkel (Hg.), *Strukturwandel der Anerkennung. Paradoxien sozialer Integration in der Gegenwart*, Frankfurt/M. 2012, S. 185-248.

Habermas, Jürgen, »Arbeit und Interaktion: Bemerkungen zu Hegels Jenenser ›Philosophie des Geistes‹«, in: ders., *Technik und Wissenschaft als »Ideologie«*, Frankfurt/M. 1968, S. 9-47.

Habermas, Jürgen, »Die Moderne – ein unvollendetes Projekt«, in: Wolfgang Welsch (Hg.), *Wege aus der Moderne. Schlüsseltexte der Postmoderne-Diskussion*, Stuttgart 1988, S. 177-192.

Hafeneger, Benno, *Jugendbilder. Zwischen Hoffnung, Kontrolle, Erziehung und Dialog*, Opladen 1995.

Halbwachs, Maurice, *Das kollektive Gedächtnis* [1939], Frankfurt/M. 1991.

Han, Byung-Chul, *Hyperkulturalität. Kultur und Globalisierung*, Berlin 2005.

Han, Byung-Chul, *Im Schwarm. Ansichten des Digitalen*, Berlin 2013.

Hand, Martin, *Ubiquitous Photography*, Cambridge 2012.

Handy, Charles B., *The Age of Unreason*, London u. a. 1989.

Hannerz, Ulf, »Two Faces of Cosmopolitanism: Culture and Politics«, in: *Statsvetenskaplig Tidskrift* 107/3 (2005), S. 199-213.

Hansen, Mark, »Medien des 21. Jahrhunderts, technisches Empfinden und unsere originäre Umweltbedingung«, in: Erich Hörl (Hg.), *Die technologische Bedingung. Beiträge zur Beschreibung der technischen Welt*, Berlin 2011, S. 365-409.

Hark, Sabine, Rahel Jaeggi, Hanna Meißner, Martin Saar (Hg.), »Das umkämpfte Allgemeine und das neue Gemeinsame. Solidarität ohne Identität«, in: *Feministische Studien* 33/1 (2015), S. 99-103.

Harper, Shannon, Barbara Reskin, »Affirmative Action at School and on the Job«, in: *Annual Review of Sociology* 31/1 (2005), S. 357-379.

Harris, Cheryl, Alison Alexander (Hg.), *Theorizing Fandom. Fans, Subculture and Identity*, Cresskill 1998.

Harrison, Rob, Terry Newholm, Deirdre Shaw (Hg.), *The Ethical Consumer*, London 2005.

Hartigan, John, *Odd Tribes. Toward a Cultural Analysis of White People*, Durham 2005.

Hartmann, Michael, *Der Mythos von den Leistungseliten*, Frankfurt/M., New York 2002.

Harvey, David, *The Condition of Postmodernity. An Enquiry into the Origins of Cultural Change*, Oxford 1989.

Harvey, David, *Eine kurze Geschichte des Neoliberalismus*, Zürich 2007.

Häseler, Jens, »Original/Originalität«, in: Karlheinz Barck (Hg.), *Ästhetische Grundbegriffe*, Bd. 4, Stuttgart 2002, S. 638-655.

Hausherr, Sven, Nina Trippel (Hg.), *CEECEE Berlin* (2 Bde.), Berlin 2014.

Häußermann, Hartmut, Walter Siebel, *Dienstleistungsgesellschaften*, Frankfurt/M. 1995.

Hays, Priya, *Advancing Healthcare Through Personalized Medicine*, Boca Raton 2017.

Hebdige, Dick, *Subculture. The Meaning of Style*, London 1979.

Heidegger, Martin, »Die Zeit des Weltbildes«, in: ders., Gesamtausgabe, Bd. 5, *Holzwege*, Frankfurt/M. 1977, S. 69-96.

Hein, Dieter, Andreas Schulz, *Bürgerkultur im 19. Jahrhundert. Bildung, Kunst und Lebenswelt*, München 1996.

Heinich, Nathalie, *L'Élite artiste. Excellence et singularité en régime démocratique*, Paris 2005.

Heintz, Bettina, »Nummerische Differenz. Überlegungen zu einer Soziologie des (quantitativen) Vergleichs«, in: *ZfS* 39/3 (2010), S. 162-181.

Helfrich, Silke, Heinrich-Böll-Stiftung (Hg.), *Commons. Für eine neue Politik jenseits von Markt und Staat*, Bielefeld 2012.

Helms, Dietrich (Hg.), *Keiner wird gewinnen. Populäre Musik im Wettbewerb*, Bielefeld 2006.

Hendrick, Harry, »Die sozialinvestive Kindheit«, in: Meike Sophia Baader, Wolfgang Eßer, Wolfgang Schröer (Hg.), *Kindheiten in der Moderne. Eine Geschichte der Sorge*, Frankfurt/M. 2014, S. 456-491.

Henze, Valeska, *Das schwedische Volksheim. Zur Struktur und Funktion eines politischen Ordnungsmodells*, Berlin 1999.

Hepp, Andreas, Marco Höhn, Jeffrey Wimmer (Hg.), *Medienkultur im Wandel*, Konstanz 2010.

Hesmondhalgh, David, Sarah Baker, *Creative Labour. Media Work in Three Cultural Industries*, London, New York 2011.

Hesmondhalgh, David, *The Cultural Industries*, Los Angeles u. a. 2013.

Hettling, Manfred, »Bürgerliche Kultur – Bürgerlichkeit als kulturelles System«, in: Peter Lundgreen (Hg.), *Sozial-und Kulturgeschichte des Bürgertums. Eine Bilanz des Bielefelder Sonderforschungsbereichs (1986-1997)*, Göttingen 2000, S. 319-340.

van Heur, Bas, *Creative Networks and the City. Towards a Cultural Political Economy of Aesthetic Production*, Bielefeld 2010.

Hewison, Robert, *Cultural Capital. The Rise and Fall of Creative Britain*, London 2014.

Hilferding, Rudolf, *Organisierter Kapitalismus. Referate und Diskussionen vom Sozialdemokratischen Parteitag 1927 in Kiel*, Kiel 1927.

Hilpert, Theo, *Die funktionelle Stadt. Le Corbusiers Stadtvision – Bedingungen, Motive, Hintergründe*, Braunschweig 1978.

Hobsbawm, Eric, Terence Ranger, *The Invention of Tradition*, Cambridge 1984.

Hobsbawm, Eric, *Nations and Nationalism since 1780. Programme, Myth, Reality*, Cambridge 1992.

Hobsbawm, Eric, *The Age of Extremes. The Short Twentieth Century 1914-1991*, London 1994.

Hochschild, Arlie Russell, *The Time Bind. When Work Becomes Home and Home Becomes Work*, New York 1997 (dt.: *Keine Zeit. Wenn die Firma zum Zuhause wird und zu Hause nur Arbeit wartet*, Opladen 2002).

Hochschild, Arlie Russell, *Das gekaufte Herz. Die Kommerzialisierung der Gefühle*, Frankfurt/M. 2006.

Hochschild, Arlie Russell, *Strangers in Their Own Land. Anger and Mourning on the American Right*, New York 2016.

Hohnsträter, Dirk (Hg.), *Konsum und Kreativität*, Bielefeld 2016.

Holland, John, *Hidden Order. How Adaption Builds Complexity*, Reading (Mass.) 1995.

Holm, Andrej, »Die Karawane zieht weiter – Stationen der Aufwertung in der Berliner Innenstadt«, in: Mario Pschera, Cagla Ilk, Cicek Bacik (Hg.), *Intercity Istanbul-Berlin*, Berlin 2010, S. 89-101.

Honneth, Axel, *Kampf um Anerkennung. Zur moralischen Grammatik sozialer Konflikte*, Frankfurt/M. 1994.

Honneth, Axel (Hg.), *Kommunitarismus. Eine Debatte über die moralischen Grundlagen moderner Gesellschaften*, Frankfurt/M., New York 1995.

Horkheimer, Max, Theodor W. Adorno, *Dialektik der Aufklärung. Philosophische Fragmente*, Frankfurt/M. 1988 [1947].

Hörl, Erich, »Die technologische Bedingung. Zur Einführung«, in: ders. (Hg.), *Die technologische Bedingung. Beiträge zur Beschreibung der technischen Welt*, Berlin 2011, S. 7-53.

Hormel, Ulrike, Albert Scherr (Hg.), *Diskriminierung. Grundlagen und Forschungsergebnisse*, Wiesbaden 2010.

Hörning, Karl H., *Doing Culture. Neue Positionen zum Verhältnis von Kultur und sozialer Praxis*, Bielefeld 2004.

Howkins, John, *The Creative Economy. How People Make Money From Ideas*, London 2001.

Hughes, Thomas Parke, *Die Erfindung Amerikas. Der technologische Aufstieg in den USA seit 1870*, München 1991.

Hurrelmann, Klaus, Erik Albrecht, *Die heimlichen Revolutionäre. Wie die Generation Y unsere Welt verändert*, Weinheim 2014.

Hüther, Gerald, Uli Hauser, *Jedes Kind ist hoch begabt. Die angeborenen Talente unserer Kinder und was wir daraus machen*, München 2012.

Hutter, Michael, *Ernste Spiele. Geschichten vom Aufstieg des ästhetischen Kapitalismus*, Paderborn 2015.

Ihde, Don, *Technology and Lifeworld. From Garden to Earth*, Bloomington u. a. 1996.

Illouz, Eva, *Warum Liebe weh tut. Eine soziologische Erklärung*, Berlin 2011.

Imrie, Robert, Mike Raco (Hg.), *Urban Renaissance? New Labour, Community and Urban Policy*, Bristol 2003.

Inglehart, Ronald, *The Silent Revolution. Changing Values and Political Styles Among Western Publics*, Princeton 1977.

Inglehart, Ronald, *Modernization and Postmodernization. Cultural, Economic and Political Change in 43 Countries*, Princeton 1997.

Inglehart, Ronald, Pippa Norris, »Trump, Brexit and the Rise of Populism. Economic Have-Nots and Cultural Backlash«, HKS Working Paper, Nr. RWP16-026, Kennedy School of Government, Harvard University, August 2016.

Inglis, David, Debra Gimlin (Hg.), *The Globalization of Food*, London 2013.

Ingold, Felix Philipp, *Russlands eurasische Geopolitik*, in: *Merkur* 70/811 (2016), S. 5-18.

Isenberg, Nancy, *White Trash. The 400-Year Untold History of Class in America*, New York 2016.

Izenberg, Gerald N., *Impossible Individuality*, Princeton 1992.

Jacobs, Jane, *The Death and Life of Great American Cities. The Failure of Current Planning*, New York 1961.

Jacobs, Sue-Ellen, Wesley Thomas, Sabine Lang (Hg.), *Two-Spirit People: Native American Gender Identity, Sexuality, and Spirituality*, Urbana 1997.

Jacobson, Matthew Frye, *Roots too: White Ethnic Revival in Post-Civil Rights America*, Cambridge 2008.

Jager, Michael, *Class Definition and the Aesthetics of Gentrification. Victoriana in Melbourne*, in: Neil Smith, Peter William (Hg.), *Gentrification of the City*, London u. a. 1986, S. 78-91.

Jameson, Fredric, *Postmodernism, or the Cultural Logic of Late Capitalism*, Durham 1991.

Jansen, Stephan A., Stephan Schleissing (Hg.), *Konkurrenz und Kooperation: interdisziplinäre Zugänge zur Theorie der Co-opetition*, Marburg 2000.

Jenkins, Richard, *Rethinking Ethnicity. Arguments and Explorations*, London 1997.

Jensen, Rolf, *How the Coming Shift from Information to Imagination Will Transform Your Business*, New York 2001.

Jessop, Bob, *The Future of the Capitalist State*, Cambridge 2002.

Joas, Hans, Klaus Wiegandt (Hg.), *Säkularisierung und die Weltreligionen*, Frankfurt/M. 2007.

Jones, Owen, *Chavs. The Demonization of the Working Class*, London 2011.

Julier, Guy, *The Culture of Design*, London (u. a.) 2000.

Junge, Matthias, Götz Lechner (Hg.), *Scheitern. Aspekte eines sozialen Phänomens*, Wiesbaden 2004.

Kalkowski, Peter, Otfried Mickler, *Antinomien des Projektmanagements. Eine Arbeitsform zwischen Direktive und Freiraum*, Berlin 2009.

Kant, Immanuel, *Kritik der reinen Vernunft* [1787], Frankfurt/M. 1992.

Kant, Immanuel, *Kritik der Urteilskraft* [1790], Frankfurt/M. 1992.

Karpik, Lucien, *Valuing the Unique. The Economics of Singularities*, Princeton 2010 (dt.: *Mehr Wert. Die Ökonomie des Einzigartigen*, Frankfurt/M., New York 2011).

Kelleter, Frank (Hg.), *Populäre Serialität. Narration – Evolution – Distinktion*, Bielefeld 2012.

Kelley, Tom, *The Art of Innovation. Lessons in Creativity from IDEO, Americas Leading Design Form*, New York 2001.

Kenny, Kevin, *Diaspora. A Very Short Introduction*, Oxford 2013.

Kerscher, Gottfried, *Architektur als Repräsentation. Spätmittelalterliche Palastbaukunst zwischen Pracht und zeremoniellen Voraussetzungen. Avignon – Mallorca – Kirchenstaat*, Tübingen u. a. 2000.

Kimmel, Michael, *The Gendered Society*, New York u. a. 2000.

Kippele, Flavia, *Was heißt Individualisierung? Die Antworten soziologischer Klassiker*, Opladen 1998.

Kirkham, Pat, *Charles and Ray Eames: Designers of the Twentieth Century*, Cambridge 1995.

Klein, Gabriele (Hg.), *Tango in Translation. Tanz zwischen Medien, Kulturen, Kunst und Politik*, Bielefeld 2009.

Klein, Maury, *The Flowering of the Third America. The Making of an Organizational Society, 1850-1920*, Chicago 1993.

Klingmann, Anna, *Brandscapes. Architecture in the Experience Economy*, Cambridge (Mass.) 2007.

Knecht, Alban, *Lebensqualität produzieren. Ressourcentheorie und Machtanalyse des Wohlfahrtsstaats*, Wiesbaden 2010.

Knellessen, Olaf, Giaco Schiesser, Daniel Strassberg (Hg.), *Serialität. Wissenschaft, Künste, Medien*, Wien, Berlin 2015.

Knoblauch, Hubert, »Das unsichtbare Neue Zeitalter. ›New Age‹, privatisierte Religion und kultisches Milieu«, in: *Kölner Zeitschrift für Soziologie und Sozialpsychologie* 41/3 (1989), S. 504-525.

Knorr-Cetina, Karin, Urs Bruegger, »Traders' Engagement with Markets. A Postsocial Relationship«, in: *Theory, Culture & Society* 19/5-6 (2002), S. 161-185.

Knox, Paul (Hg.), *Atlas of Cities*, Princeton, Oxford 2014.

Koelbl, Herlinde, *Das Deutsche Wohnzimmer*, München 1980.

Köhler, Andrea, *Scham. Vom Paradies zum Dschungelcamp*, Springe 2017.

Kohli, Martin, »Gesellschaftszeit und Lebenszeit. Der Lebenslauf im Strukturwandel der Moderne«, in: Johannes Berger (Hg.), *Die Moderne – Kontinuitäten und Zäsuren*, Göttingen 1986, S. 183-204.

König, René, Miriam Rasch (Hg.), *Society of the Query Reader. Reflections on Web Search*, Amsterdam 2014.

Koppetsch, Cornelia (Hg.), *Körper und Status. Zur Soziologie der Attraktivität*, Konstanz 2000.

Koppetsch, Cornelia, *Das Ethos der Kreativen. Eine Studie zum Wandel von Arbeit und Identität am Beispiel der Werbeberufe*, Konstanz 2006.

Kopytoff, Igor, »The Cultural Biography of Things. Commoditization as Process«, in: Arjun Appadurai (Hg.), *The Social Life of Things. Commodities in Cultural Perspective*, Cambridge 1986, S. 64-91.

Koschorke, Albrecht, *Wahrheit und Erfindung. Grundzüge einer Allgemeinen Erzähltheorie*, Frankfurt/M. 2012.

Koselleck, Reinhart, »Fortschritt«, in: Otto Brunner, Werner Conze, ders. (Hg.), *Geschichtliche Grundbegriffe*, Bd. 1, Stuttgart 1975, S. 351-423.

Koselleck, Reinhart, *Vergangene Zukunft. Zur Semantik geschichtlicher Zeiten*, Frankfurt/M. 1979.

Koselleck, Reinhart, »Krise«, in: Otto Brunner, Werner Conze, ders. (Hg.), *Geschichtliche Grundbegriffe*, Bd. 3, Stuttgart 1982, S. 617-650.

Kraemer, Klaus, *Der Markt der Gesellschaft. Zu einer soziologischen Theorie der Marktvergesellschaftung*, Opladen 1997.

Krajewski, Markus, (Hg.), *Projektemacher. Zur Produktion von Wissen in der Vorform des Scheiterns*, Berlin 2004.

Krämer, Hannes, *Die Praxis der Kreativität. Eine Ethnographie kreativer Arbeit*, Bielefeld 2014.

Kratzer, Nick, *Arbeitskraft in Entgrenzung. Grenzenlose Anforderungen, erweiterte Spielräume, begrenzte Ressourcen*, Berlin 2003.

Krieger, Verena, *Was ist ein Künstler? Genie – Heilsbringer – Antikünstler. Eine Ideen- und Kunstgeschichte des Schöpferischen*, Köln 2007.

Kriesi, Hanspeter, Edgar Grande, Romain Lachat, Martin Dolezal, Simon Bornschier, Timotheus Frey, »Globalization and the Transformation of the National Political Space: Six European Countries Compared«, in: *European Journal of Political Research 45/6* (2006), S. 921-956.

Kristeva, Julia, *Powers of Horror. An Essay on Abjection*, New York 1982.

Kron, Thomas, Martin Horáček, *Individualisierung*, Bielefeld 2009.

Kron, Thomas, *Reflexiver Terrorismus*, Weilerswist 2015.

Kruse, Horst H. (Hg.), *From Rags to Riches. Erfolgsmythos und Erfolgsrezepte in der amerikanischen Gesellschaft*, München 1973.

Kucklick, Christoph, *Die granulare Gesellschaft. Wie das Digitale unsere Gesellschaft auflöst*, Berlin 2014.

Kuhlen, Rainer, Artikel »Allgemeines/Besonderes«, in: Joachim Ritter (Hg.), *Historisches Wörterbuch der Philosophie*, Bd. 1, Basel 1971, S. 181-183.

Kuhn, Thomas, *Die Struktur wissenschaftlicher Revolutionen*, Frankfurt/M. 1967.

Kumar, Krishan, *Prophecy and Progress. The Sociology of Industrial and Post-Industrial Society*, New York 1978.

Kurtz, Thomas, Michaela Pfadenhauer (Hg.), *Soziologie der Kompetenz*, Wiesbaden 2010.

Kurzweil, Ray, *The Singularity is Near. When Humans Transcend Biology*, New York 2005.

Kymlicka, Will, *Multicultural Odysseys. Navigating the New International Politics of Diversity*, Oxford 2007.

Labadi, Sophia, »World Heritage, Authenticity and Post-Authenticity«, in: dies., Colin Long (Hg.), *Heritage and Globalization*, London 2010, S. 66-84.

Laclau, Ernesto, »Was haben leere Signifikanten mit Politik zu tun?«, in: ders., *Emanzipation und Differenz*, Wien 2010, S. 65-78.

Lahire, Bernard, *La Culture des individus. Dissonances culturelles et distinction de soi*, Paris 2004.

Lambert, Joe, *Digital Storytelling. Capturing Lives, Creating Community*, New York 2013.

Lamont, Michèle, *The Dignity of Working Men. Morality and the Boundaries of Race, Class, and Immigration*, Cambridge 2000.

Lamont, Michèle, »Toward a Comparative Sociology of Valuation and Evaluation«, in: *Annual Review of Sociology* 38 (2012), S. 201-221.

Landow, George, *Hyper-Text-Theory*, Baltimore 1994.

Landry, Charles, *The Creative City: A Toolkit for Urban Innovators*, London 2008.

Lange, Bastian, *Räume der Kreativszene. Culturpreneurs und ihre Orte in Berlin*, Bielefeld 2007.

Lapeyronnie, Didier, *Ghetto urbain. Ségrégation, violence, pauvreté en France aujourd'hui*, Paris 2008.

Lareau, Anette, *Unequal Childhoods. Class, Race, and Family Life*, Berkeley 2003.

Larkin, Brian, »The Politics and Poetics of Infrastructure«, in: *Annual Review of Anthropology* 42/1 (2013), S. 327-343.

Lasch, Christopher, *The Culture of Narcissism. American Life in an Age of Diminishing Expectations*, New York 1979.

Lash, Scott, John Urry, *The End of Organized Capitalism*, Cambridge 1987.

Lash, Scott, Sam Whimster (Hg.), *Max Weber, Rationality and Modernity*, London 1987.

Lash, Scott, John Urry, *Economy of Signs and Space*, London u. a. 1994.

Lash, Scott, Celia Lury, *Global Culture Industry. The Mediation of Things*, Cambridge (u. a.) 2007.

Latour, Bruno, *Eine neue Soziologie für eine neue Gesellschaft. Einführung in die Akteur-Netzwerk-Theorie*, Frankfurt/M. 2007.

Laux, Henning, *Soziologie im Zeitalter der Komposition. Koordinaten einer integrativen Netzwerktheorie*, Weilerswist 2014.

Law, John, *Organizing Modernity. Social Ordering and Social Theory*, Oxford 1993.

Lazzarato, Maurizio, »Immaterial Labor«, in: Paolo Virno, Michael Hardt (Hg.), *Radical Thought in Italy: A Potential Politics*, Minneapolis 1996, S. 133-148.

Lears, T. J. Jackson, *Fables of Abundance. A Cultural History of Advertising America*, New York 1993.

Lees, Loretta, Tom Slater, Elvin Wyly (Hg.), *The Gentrification Reader*, New York 2010.

Legnaro, Aldo, »Performanz«, in: Ulrich Bröckling, Susanne Krasmann, Thomas Lemke (Hg.), *Glossar der Gegenwart*, Frankfurt/M. 2004, S. 204-209.

Leinberger, Paul, Bruce Tucker, *The New Individualists. The Generation after the Organization Man*, New York 1991.

Leiris, Michel, *Die eigene und die fremde Kultur. Ethnologische Schriften 1*, Frankfurt/M. 1985.

Leistert, Oliver, Theo Röhle (Hg.), *Generation Facebook. Über das Leben im Social Net*, Bielefeld 2011.

Lepecki, André, *Singularities. Dance in the Age of Performance*, London 2016.

Lévi-Strauss, Claude, *Das Ende des Totemismus*, Frankfurt/M. 1965.

Lévi-Strauss, Claude, *Mythologica I. Das Rohe und das Gekochte*, Frankfurt/M. 1983.

Liessmann, Konrad Paul, *Das Universum der Dinge. Zur Ästhetik des Alltäglichen*, Wien 2010.

Lilla, Mark, »The End of Identity Liberalism«, in: *The New York Times*, 18.11.2016.

Link, Jürgen, *Versuch über den Normalismus. Wie Normalität produziert wird*, Wiesbaden 1999.

Lipovetsky, Gilles, *L'esthétisation du monde. Vivre à l'âge du capitalisme artiste*, Paris 2013.

Lipset, Seymour Martin, Stein Rokkan, »Cleavage Structures, Party Systems and Voter Alignments: An Introduction«, in: dies. (Hg.), *Party Systems and Voter Alignments. Cross-National Perspectives*, New York, London 1967, S. 1-64.

Lister, Martin, *New Media. A Critical Introduction*, London 2009.

Livingstone, Sonia, Ranjana Das, »The End of Audiences? Theoretical Echoes of Reception Amidst the Uncertainties of Use«, in: John Hartley, John Burgess, Axel Bruns (Hg.), *A Companion to New Media Dynamics*, Oxford 2013, S. 104-121.

Lloyd, Richard D., *Neo-Bohemia. Art and Commerce in the Postindustrial City*, New York 2010.

Lockwood, Thomas (Hg.), *Design Thinking. Integrating Innovation, Customer Experience and Brand Value*, New York 2009.

Lorey, Isabell, Klaus Neundlinger (Hg.), *Kognitiver Kapitalismus*, Wien 2012.

Louis, Édouard, *Das Ende von Eddy*, Frankfurt/M. 2015.

Löw, Martina, *Soziologie der Städte*, Frankfurt/M. 2008.

Luhmann, Niklas, *Legitimität durch Verfahren*, Frankfurt/M. 1969.

Luhmann, Niklas, »Komplexität«, in: ders., *Soziologische Aufklärung. Aufsätze zur Theorie der Gesellschaft 2*, Opladen 1975, S. 204-220.

Luhmann, Niklas, *Die Wissenschaft der Gesellschaft*, Frankfurt/M. 1992.

Lupton, Deborah, *The Quantified Self. A Sociology of Self-Tracking Cultures*, Cambridge 2016.

Lutter, Mark, »Soziale Strukturen des Erfolgs. Winner-take-all-Konzentrationen und ihre sozialen Entstehungskontexte auf flexiblen Arbeitsmärkten«, in: *Kölner Zeitschrift für Soziologie und Sozialpsychologie* 65/4 (2013), S. 597-622.

Lutz, Ronald, *Laufen und Läuferleben. Zum Verhältnis von Körper, Bewegung und Identität*, Frankfurt/M. 1989.

Lyotard, Jean-François »Das Erhabene und die Avantgarde«, in: *Merkur* 34/424 (1984), S. 151-164.

MacCannell, Dean, *The Tourist. A New Theory of the Leisure Class*, Berkeley 1976.

MacGregor, Neil, *Geschichte der Welt in 100 Objekten*, München 2011.

Maffesoli, Michel, *Le temps des tribus. Le déclin de l'individualisme dans les sociétés de masse*, Paris 1988.

Mainzer, Klaus, »Singulär/Singularität« in: Joachim Ritter, Karlfried Gründer (Hg.), *Historisches Wörterbuch der Philosophie*, Bd. 9, Basel 1995, S. 798-808.

Makropoulos, Michael, *Modernität und Kontingenz*, München 1997.

Makropoulos, Michael, »Massenkultur als Kontingenzkultur. Artifizielle Wirklichkeiten zwischen Technisierung, Ökonomisierung und Ästhetisierung«, in: Harm Lux (Hg.), *… lautloses irren – ways of worldmaking, too …*, Berlin 2003, S. 151-173.

Mannitz, Sabine, *Die verkannte Integration. Eine Langzeitstudie unter Heranwachsenden aus Immigrantenfamilien*, Bielefeld 2006.

Manovich, Lev, *The Language of New Media*, Cambridge 2001.

Manovich, Lev, *Software Takes Command*, New York 2013.

Manske, Alexandra, »Zum ungleichen Wert von Sozialkapital. Netzwerke aus einer Perspektive sozialer Praxis«, in: Jörg Lüdicke, Martin Diewald (Hg.), *Soziale Netzwerke und soziale Ungleichheit. Zur Rolle von Sozialkapital in modernen Gesellschaften*, Wiesbaden 2007, S. 135-162.

Manske, Alexandra, *Kapitalistische Geister in der Kultur- und Kreativwirtschaft. Kreative zwischen wirtschaftlichem Zwang und künstlerischem Drang*, Bielefeld 2016.

Mareis, Claudia, *Theorien des Designs zur Einführung*, Hamburg 2014.

Maslow, Abraham H., »A Theory of Human Motivation«, in: *Psychological Review* 50 (1943), S. 370-396.

Maslow, Abraham H., *Motivation and Personality*, New York 1954.

Maslow, Abraham H., *Toward a Psychology of Being*, New York 1968.

Massumi, Brian, *Parables for the Virtual. Movement, Affect, Sensation*, Durham, NC 2002.

Mau, Steffen, *Lebenschancen. Wohin driftet die Mittelschicht*, Berlin 2012.

Mau, Steffen, *Das metrische Wir. Über die Quantifizierung des Sozialen*, Berlin 2017.

Mayer-Schönberger, Viktor, Kenneth Cukier, *Big Data. A Revolution That Will Transform How We Live, Work, and Think*, London 2013 (dt.: *Big Data. Die Revolution, die unser Leben verändern wird*, München 2013).

McClintock, Anne, *Imperial Leather. Race, Gender and Sexuality in the Colonial Contest*, New York 1995.

McRobbie, Angela, *British Fashion Design. Rag Trade or Image Industry?*, London 1998.

McRobbie, Angela, *Be Creative. Making a Living in the New Culture Industries*, Cambridge 2016.

Menger, Pierre-Michel, *Kunst und Brot. Die Metamorphosen des Arbeitnehmers*, Konstanz 2006.

Menger, Pierre-Michel, *La différence, la concurrence et la disproportion. Sociologie du travail créateur*, Paris 2014.

Menger, Pierre-Michel, *The Economics of Creativity. Art and Achievement under Uncertainty*, Cambridge (Mass.) 2014.

Merton, Robert King, »The Matthew Effect in Science«, in: *Science* 158/3810 (1968), S. 56-63.

Merton, Robert King, *The Sociology of Science. Theoretical and Empirical Investigations* [1973], Chicago (u. a.) 1998.

Message, Kylie, *New Museums and the Making of Culture*, Oxford 2006.

Meyer, Thomas, *Was ist Fundamentalismus? Eine Einführung*, Wiesbaden 2011.

Michéa, Jean-Claude, *Das Reich des kleineren Übels. Über die liberale Gesellschaft*, Berlin 2014.

Milanović, Branko, *Die ungleiche Welt. Migration, das Eine Prozent und die Zukunft der Mittelschicht*, Berlin 2016.

Miller, Vincent, *Understanding Digital Culture*, Los Angeles, London 2011.

Miller, Walter, »Lower Class Culture as a Generating Milieu of Gang Delinquency«, in: *Journal of Social Issues* 14/3 (1958), S. 5-20.

Mintz, Steven, Susan Kellog, *Domestic Revolutions. A Social History of American Family Life*, New York 1988.

Mirzoeff, Nicholas, *An Introduction to Visual Culture*, London u. a. 1999.

Mishra, Pankaj, *Aus den Ruinen des Empires. Die Revolte gegen den Westen und der Wiederaufstieg Asiens*, Frankfurt/M. 2013.

Mixa, Elisabeth, »I feel good! Über Paradoxien des Wohlfühl-Imperativs im Wellness-Diskurs«, in: dies., Sarah Miriam Pritz, Markus Tummeltshammer, Monica Greco (Hg.), *Un-Wohl-Gefühle. Eine Kulturanalyse gegenwärtiger Befindlichkeiten*, Bielefeld 2016, S. 95-132.

Moebius, Stephan, *Die Zauberlehrlinge. Soziologiegeschichte des Collège de Sociologie (1937-1939)*, Konstanz 2006.

Moldaschl, Manfred, Günter Voß (Hg.), *Subjektivierung von Arbeit*, München, Mering 2002.

Morin, Edgar, *The Stars*, Minneapolis 2005.

Moscovici, Serge, *Versuch über die menschliche Geschichte der Natur*, Frankfurt/M. 1982.

Moulier Boutang, Yann, *Le capitalisme cognitif. La nouvelle grande transformation*, Paris 2007.

Moyn, Samuel, *The Last Utopia. Human Rights in History*, Cambridge 2010.

Müller, Jan-Werner, *Das demokratische Zeitalter. Eine politische Ideengeschichte Europas im 20. Jahrhundert*, Berlin 2013.

Müller, Jan-Werner, *Was ist Populismus? Ein Essay*, Berlin 2016.

Müller-Hilmer, Rita, *Gesellschaft im Reformprozess*, Friedrich-Ebert-Stiftung/TNS Infratest Sozialforschung 2006.

Mundhenke, Florian, Fernando Ramos Arena, Thomas Wilke (Hg.), *Mashups. Neue Praktiken und Ästhetiken in populären Medienkulturen*, Wiesbaden 2015.

Muniesa, Fabian, »A Flank Movement in the Understanding of Valuation«, in: Lisa Adkins, Celia Lury (Hg.), *Measure and Value*, Malden 2012, S. 24-38.

Muniesa, Fabian, Claes-Fredrik Helgesson, »Valuation Studies and the Spectacle of Valuation«, in: *Valuation Studies* 1/2 (2013), S. 119-123.

Muniesa, Fabian, *The Provoked Economy. Economic Reality and the Performative Turn*, London 2014.

Murcott, Anne (Hg.), *The Handbook of Food Research*, London 2013.

Murray, Susan, Laurie Ouellette (Hg.), *Reality TV. Remaking Television Culture*, New York 2009.

Nachtwey, Oliver, *Die Abstiegsgesellschaft. Über das Aufbegehren in der regressiven Moderne*, Berlin 2016.

Nancy, Jean-Luc, *Die undarstellbare Gemeinschaft*, Stuttgart 1988.

Nassehi, Armin, »Zum Funktionswandel von Ethnizität im Prozeß gesellschaftlicher Modernisierung: Ein Beitrag zur Theorie funktionaler Differenzierung«, in: *Soziale Welt* 41/3 (1990), S. 261-282.

Neckel, Sighard, *Flucht nach vorn. Die Erfolgskultur der Marktgesellschaft*, Frankfurt/M., New York 2008.

Neckel, Sighard, Greta Wagner (Hg.), *Leistung und Erschöpfung. Burnout in der Wettbewerbsgesellschaft*, Berlin 2013.

Nelson, Ted, *Literary Machines. The Report On, and Of, Project Xanadu Concerning Word Processing, Electronic Publishing, Hypertext, Thinkertoys, Tomorrow's Intellectual Revolution, and Certain Other Topics Including Knowledge, Education and Freedom*, Sausalito 1987.

Neustadt, Jeannette, *Ökonomische Ästhetik und Markenkult. Reflexionen über das Phänomen Marke in der Gegenwartskunst*, Bielefeld 2011.

Newcombe, Suzanne, »The Development of Modern Yoga. A Survey of the Field«, in: *Religion Compass* 3/6 (2009), S. 986-1002.

Nipperdey, Thomas, *Wie das Bürgertum die Moderne fand*, Berlin (West) 1988.

Noble, David F., *America by Design. Science, Technology and the Rise of Corporate Capitalism*, New York 1979.

Nökel, Sigrid, *Die Töchter der Gastarbeiter und der Islam. Zur Soziologie alltagsweltlicher Anerkennungspolitiken. Eine Fallstudie*, Bielefeld 2002.

Nora, Pierre, *Zwischen Geschichte und Gedächtnis*, Berlin 1990.

Nullmeier, Frank, *Politische Theorie des Sozialstaats*, Frankfurt/M., New York 2000.

Nullmeier, Frank, »Wettbewerbskulturen«, in: Michael Müller, Thilo Raufer, Dariuš Zifonun (Hg.), *Der Sinn der Politik. Kulturwissenschaftliche Politikanalysen*, Konstanz 2002, S. 157-176.

Nünning, Vera, Ansgar Nünning (Hg.), *Erzähltheorie transgenerisch, intermedial, interdisziplinär*, Trier 2002.

O'Neill, Paul, *The Culture of Curating and the Curating of Culture(s)*, Cambridge 2012.

von Osten, Marion (Hg.), *Norm der Abweichung*, Zürich 2003.

Oswalt, Phillip (Hg.), *Schrumpfende Städte*, Bd. 1: *Internationale Untersuchung*, Ostfildern-Ruit 2004.

Ott, Michaela, *Affizierung. Zu einer ästhetisch-epistemischen Figur*, München 2010.

Pallagst, Karina M., Thorsten Wiechmann, Cristina Martinez-Fernandez (Hg.), *Shrinking Cities. International Perspectives and Policy Implications*, New York 2015.

Pariser, Eli, *Filter Bubbles. Wie wir im Internet entmündigt werden*, München 2012.

Park, Hyung Yu, »Heritage Tourism. Emotional Journeys into Nationhood«, in: *Annals of Tourism Research* 37/1 (2010), S. 116-135.

Parker, Martin, *Organizational Culture and Identity. Unity and Division at Work*, London u. a. 2000.

Parkins, Wendy, Geoffrey Craig, *Slow Living*, Oxford 2006.

Parsons, Talcott, *Gesellschaften. Evolutionäre und kompetitive Perspektiven*, Frankfurt/M. 1986.

Passoth, Jan-Hendrik, *Technik und Gesellschaft. Sozialwissenschaftliche Techniktheorien und die Transformation der Moderne*, Wiesbaden 2008.

Passoth, Jan-Hendrik, Josef Wehner (Hg.), *Quoten, Kurven und Profile. Zur Vermessung der sozialen Welt*, Wiesbaden 2013.

Pearlman, Alison, *Smart Casual. The Transformation of Gourmet Restaurant Style in America*, Chicago 2013.

Perez, Carlota, »Technological Revolutions and Techno-Economic Paradigms«, in: *Cambridge Journal of Economics* 34/1 (2010), S. 185-202.

Peters, Meike, *Eat in my Kitchen. To Cook, to Bake, to Eat, and to Treat*, München 2016.

Peters, Thomas, Robert Waterman, *In Search of Excellence: Lessons from America's Best Run Companies*, New York 1982.

Peterson, Richard A., Roger M. Kern, »Changing Highbrow Taste. From Snob to Omnivore«, in: *American Sociological Review*, 61/5 (1996), S. 900-907.

Peterson, Richard A., »In Search of Authenticity«, in: *Journal of Management Studies* 42/5 (2005), S. 1083-1098.

Phillips, Adam, *Missing Out. In Praise of the Unlived Life*, London 2012.

Pias, Claus, *Computer-Spiel-Welten*, München 2002.

Picot, Arnold, Ralf Reichwald, Rolf T. Wigand, *Die grenzenlose Unternehmung. Information, Organisation und Management. Lehrbuch zur Unternehmensführung im Informationszeitalter*, Wiesbaden 1996.

Pieterse, Jan Nederveen, »Globalization as Hybridization«, in: Mike Featherstone, Scott Lash, Roland Robertson (Hg.), *Global Modernities*, London 1995.

Piketty, Thomas, *Das Kapital im 21. Jahrhundert*, München 2014.

Pikulik, Lothar, *Romantik als Ungenügen an der Normalität. Am Beispiel Tiecks, Hoffmanns, Eichendorffs*, Frankfurt/M. 1979.

Pine, Joseph B., James H. Gilmore, *The Experience Economy: Work is Theatre and Every Business is a Stage*, Boston 1999.

Piore, Michael J., Charles F. Sabel, *The Second Industrial Divide: Possibilities for Prosperity*, New York 1984.

Pollan, Michael, *Cooked. A Natural History of Transformation*, New York 2014.

Pollesch, René, »Lob des alten litauischen Regieassistenten im grauen Kittel«, in: Christoph Menke, Juliane Rebentisch (Hg.), *Kreation und Depression. Freiheit im gegenwärtigen Kapitalismus*, Berlin 2010, S. 243-249.

Pongratz, Hans, Günter Voß, *Arbeitskraftunternehmer. Erwerbsorientierungen in entgrenzten Arbeitsformen*, Berlin 2003.

Pörksen, Bernhard, Wolfgang Krischke (Hg.), *Die Casting-Gesellschaft. Die Sucht nach Aufmerksamkeit und das Tribunal der Medien*, Köln 2010.

Posch, Waltraud, *Projekt Körper. Wie der Kult um die Schönheit unser Leben prägt*, Frankfurt/M. 2009.

Poster, Mark, *The Second Media Age*, Cambridge 1995.

Pott, Andreas, *Orte des Tourismus. Eine raum- und gesellschaftstheoretische Untersuchung*, Bielefeld 2007.

Potts, Jason, Paul Ormerod, Stuart Cunningham, John Hartley, »Social Network Markets: A New Definition of the Creative Industries«, in: *Journal of Cultural Economics* 32/3 (2008), S. 167-185.

Powell, Walter W., »Neither Market nor Hierarchy. Network Forms of Organization«, in: *Research in Organizational Behaviour* 12 (1990), S. 295-336.

Pradtke, André, *Casting Shows als Märkte für Marktpotenziale*, Marburg 2014.

Pratt, Andy, »Creative Cities. Cultural Industries and the Creative Class«, *Geografiska Annaler: Series B – Human Geography* 90/2 (2008), S. 107-117.

Prebish, Charles S., Martin Baumann (Hg.), *Westward Dharma. Buddhism Beyond Asia*, Berkeley 2002.

Pricken, Mario, *Die Aura des Wertvollen. Produkte entstehen im Unternehmen, Werte im Kopf. 80 Strategien*, Erlangen 2014.

Punter, John (Hg.), *Urban Design and the British Urban Renaissance*, London 2010.

Putnam, Robert, *Our Kids. The American Dream in Crisis*, New York 2015.

Raschke, Joachim, »Politik und Wertewandel in den westlichen Demokratien«, in: *Aus Politik und Zeitgeschichte* 36 (1980), S. 23-45.

Rasfeld, Margret, Stephan Breidenbach, *Schulen im Aufbruch. Eine Anstiftung*, München 2014.

Raunig, Gerald, *Fabriken des Wissens*, Zürich 2012.

Ravasi, Davide, Violina Rindova, Ileana Stigliani, »Valuing Products as Cultural Symbols. A Conceptual Framework and Empirical Illustration«, in: Jens Beckert, Patrik Aspers (Hg.), *Worth of Goods*, S. 297-318.

Ray, Krishnendu, *Ethnic Restaurateur*, London 2016.

Ray, Paul, Sherry Ruth Anderson, *The Cultural Creatives. How 50 Million People are changing the World*, New York 2000.

Rebentisch, Juliane, *Theorien der Gegenwartskunst*, Hamburg 2013.

Reckwitz, Andreas, *Die Transformation der Kulturtheorien. Zur Entwicklung eines Theorieprogramms*, Weilerswist 2000.

Reckwitz, Andreas, »Grundelemente einer Theorie sozialer Praktiken. Eine sozialtheoretische Perspektive«, in: *Zeitschrift für Soziologie* 32/4 (2003), S. 282-301.

Reckwitz, Andreas, *Das hybride Subjekt. Eine Theorie der Subjektkulturen von der bürgerlichen Moderne zur Postmoderne*, Weilerswist 2006.

Reckwitz, Andreas, *Subjekt*, Bielefeld 2008.

Reckwitz, Andreas, »Der Ort des Materiellen in den Kulturtheorien. Von sozialen Strukturen zu Artefakten«, in: ders. *Unscharfe Grenzen. Perspektiven der Kultursoziologie*, Bielefeld 2008, S. 131-156.

Reckwitz, Andreas, *Die Erfindung der Kreativität. Zum Prozess gesellschaftlicher Ästhetisierung*, Berlin 2012.

Reckwitz, Andreas, »Ästhetik und Gesellschaft – ein analytischer Bezugsrahmen«, in: ders., Sophia Prinz, Hilmar Schäfer (Hg.), *Ästhetik und Gesellschaft. Grundlagentexte aus Soziologie und Kulturwissenschaften*, Berlin 2015, S. 13-52.

Reckwitz, Andreas, »Praktiken und ihre Affekte«, in: ders., *Kreativität und soziale Praxis*, Bielefeld 2016, S. 97-114.

Reemtsma, Jan Philipp, *Gewalt als Lebensform. Zwei Reden*, Stuttgart 2016.

Reese, Stephen, Lou Rutigliano, Kideuk Hyun, Jaekwan Jeong, »Mapping the Blogosphere. Professional and Citizen-based Media in the Global News Arena«, in: *Journalism 8/3* (2007), S. 235-261.

Reich, Robert, *The Work of Nations. Preparing Ourselves for 21st-Century Capitalism*, New York 1991.

Reichert, Ramón, *Die Macht der Vielen. Über den neuen Kult der digitalen Vernetzung*, Bielefeld 2013.

Rheinberger, Hans-Jörg, *Experiment, Differenz, Schrift. Zur Geschichte epistemischer Dinge*, Marburg 1992.

Rheingold, Howard, *The Virtual Community. Homesteading on the Electronic Frontier*, Cambridge 2000.

Rhodes, Gillian, Leslie Zebrowitz (Hg.), *Facial Attractiveness. Evolutionary, Cognitive, and Social Perspectives*, Westport 2002.

Riesebrodt, Martin, *Rückkehr der Religionen? Zwischen Fundamentalismus und ›Kampf der Kulturen‹*, München 2000.

Riesman, David, *The Lonely Crowd. A Study of the Changing American Character* [1949/ 1961], New Haven 2001 (dt.: *Die einsame Masse. Eine Untersuchung der Wandlungen des amerikanischen Charakters*, Hamburg 1958).

Rifkin, Jeremy, *The Age of Access. The New Culture of Hypercapitalism*, New York 2000.

Rifkin, Jeremy, *The Zero Marginal Cost Society. The Internet of Things, the Collaborative Commons, and the Ecplise of Capitalism*, New York 2014.

Robertson, Roland, JoAnn Chirico, »Humanity, Globalization and Worldwide Religious Resurgence. A Theoretical Exploration«, in: *Sociological Analysis 46/3* (1985), S. 219-242.

Robertson, Roland, »Glokalisierung: Homogenität und Heterogenität in Raum und Zeit«, in: Ulrich Beck (Hg.), *Perspektiven der Weltgesellschaft*, Frankfurt/M. 1992, S. 192-220.

Robinson, Ken, Lou Aronica, *Creative Schools. The Grassroots Revolution That's Transforming Education*, New York 2016.

Rogers, Richard George, *Towards an Urban Renaissance*, London 1999.

Rojek, Chris, *Celebrity*, London 2001.

Rosa, Hartmut, *Beschleunigung. Die Veränderung der Zeitstrukturen in der Moderne*, Frankfurt/M. 2005.

Rosa, Hartmut, *Resonanz. Eine Soziologie der Weltbeziehung*, Berlin 2016.

Rosanvallon, Pierre, *Die Gesellschaft der Gleichen*, Hamburg 2013.

Rose, Nikolas S., *Governing the Soul. The Shaping of the Private Self*, London 1999.

Rosen, Emanuel, *The Anatomy of Buzz. How to Create Word-of-Mouth Marketing*, New York 2002.

Rosen, Sherwin, »The Economics of Superstars«, in: *American Economic Review 71/5* (1981), S. 845-858.

Roßler, Gustav, *Der Anteil der Dinge an der Gesellschaft. Sozialität – Kognition – Netzwerke*, Bielefeld 2015.

Roth, Lutz, *Die Erfindung des Jugendlichen*, München 1983.

Roy, Olivier, *Heilige Einfalt. Über die politischen Gefahren entwurzelter Religionen*, München 2010.

Ryan, Camille, Julie Siebens, »Educational Attainment in the United States: 2009«, in: *U. S. Census Bureau* (Februar 2012).

Safranski, Rüdiger, *Nietzsche. Biographie seines Denkens*, München 2000.

Salenbacher, Jürgen, *Creative Personal Branding. The Strategy to Answer: What's Next*, Amsterdam 2013.

Salzbrunn, Monika, *Vielfalt – Diversität*, Bielefeld 2014.

Sammer, Petra, *Storytelling. Die Zukunft von PR und Marketing*, Köln 2014.

Sassen, Saskia, »Dienstleistungsökonomien und die Beschäftigung von MigrantInnen in Städten«, in: Klaus Schmals (Hg.), *Migration und Stadt. Entwicklungen, Defizite und Potentiale*, Opladen 2000, S. 87-114.

Saussure, Ferdinand de, *Grundfragen der allgemeinen Sprachwissenschaft* [1916], Berlin 1967.

Savage, Mike, *Social Class in 21st Century*, London 2015.

Schäfer, Alfred, Christiane Thompson (Hg.), *Spiel*, Paderborn 2014.

Schäfer, Hilmar (Hg.), *Praxistheorie. Ein soziologisches Forschungsprogramm*, Bielefeld 2016.

Schäfer, Robert, *Tourismus und Authentizität: Zur gesellschaftlichen Organisation von Außeralltäglichkeit*, Bielefeld 2015.

Schatzki, Theodore, *Social Practices. A Wittgensteinian Approach to Human Activity and the Social*, Cambridge 1996.

Schelsky, Helmut, »Die Bedeutung des Schichtungsbegriffs für die Analyse der gegenwärtigen deutschen Gesellschaft«, in: ders., *Auf der Suche nach Wirklichkeit. Gesammelte Aufsätze*, Düsseldorf u. a. 1965, S. 331-336.

Scherer, Michael, »Inside the Secret World of the Data Crunchers. Who Helped Obama Win«, in: *Time*, 7.11.2012.

Schiffauer, Werner, *Parallelgesellschaften. Wie viel Wertekonsens braucht unsere Gesellschaft? Für eine kluge Politik der Differenz*, Bielefeld 2008.

Schilling, Heinz, *Kleinbürger. Mentalität und Lebensstil*, Frankfurt/M., New York 2003.

Schimank, Uwe, Steffen Mau, Olaf Groh-Samberg, *Statusarbeit unter Druck? Zur Lebensführung der Mittelschichten*, Weinheim 2014.

Schimank, Uwe, »Lebensplanung!? Biografische Entscheidungspraktiken irritierter Mittelschichten«, in: *Berliner Journal für Soziologie* 25 (2015), S. 7-31.

Schirrmacher, Frank (Hg.), *Technologischer Totalitarismus: Eine Debatte*, Berlin 2015.

Schlegel, Friedrich, *Über das Studium der griechischen Poesie* [1797], Paderborn 1982.

Schlesinger, Arthur, *The Disuniting of America. Reflections on a Multicultural Society*, New York 1998.

Schluchter, Wolfgang, *Die Entwicklung des okzidentalen Rationalismus. Eine Analyse von Max Webers Gesellschaftsgeschichte*, Tübingen 1979.

Schmid, David, *Natural Born Celebrities. Serial Killers in American Culture*, Chicago 2005.

Schmid, Wilhelm, *Philosophie der Lebenskunst. Eine Grundlegung*, Frankfurt/M. 2003.

Schmidt, Eric, Jared Cohen, *Die Vernetzung der Welt. Ein Blick in unsere Zukunft*, Reinbek 2013.

Schmitt, Carl, *Die geistesgeschichtliche Lage des heutigen Parlamentarismus* [1923], Berlin 2010.

Schroer, Markus, »Visual Culture and the Fight for Visibility«, in: *Journal for Theory of Social Behaviour* 44/2 (2013), S. 206-228.

Schroer, Markus, »Soziologie der Aufmerksamkeit. Grundlegende Überlegungen zu einem Theorieprogramm«, in: *KZfSS* 66/2 (2014) S. 193-218.

Schröter, Susanne, *FeMale. Über Grenzverläufe zwischen Geschlechtern*, Frankfurt/M. 2002.

Schultz, Duane, *Growth Psychology. Models of the Healthy Personality*, New York 1977.

Schultz, Tanjev, Klaus Hurrelmann (Hg.), *Die Akademiker-Gesellschaft. Müssen in Zukunft alle studieren?*, Weinheim 2013.

Schulz, Stefan, *Redaktionsschluss. Die Zeit nach der Zeitung*, München 2016.

Schulz-Buschhaus, Ulrich, »Klassik zwischen Kanon und Typologie – Probleme um einen Zentralbegriff der Literaturwissenschaft«, in: *Arcadia* 29/1 (1994), S. 67-77.

Schulze, Gerhard, *Die Erlebnisgesellschaft. Kultursoziologie der Gegenwart*, Frankfurt/M. 1992.

Schulze, Gerhard, *Die beste aller Welten. Wohin bewegt sich die Gesellschaft im 21. Jahrhundert?*, München 2003.

Schütz, Alfred, *Der sinnhafte Aufbau der sozialen Welt. Eine Einleitung in die verstehende Soziologie* [1932], Konstanz 2004.

Schütz, Alfred, Thomas Luckmann, *Strukturen der Lebenswelt*, Frankfurt/M. 1984.

Scott, Allen J., *A World in Emergence. Cities and Regions in the 21ˢᵗ Century*, Cheltenham 2012.

Selke, Stefan, *Life-Logging. Wie die digitale Selbstvermessung unsere Gesellschaft verändert*, Berlin 2014.

Semmelhack, Elizabeth, *Out of the Box. The Rise of Sneaker Culture*, New York 2015.

Sen, Amartya, *Die Idee der Gerechtigkeit*, München 2010.

Sennett, Richard, Jonathan Cobb, *The Hidden Injuries of Class*, New York 1972.

Sennett, Richard, *The Corrosion of Character. The Personal Consequences of Work in the New Capitalism*, New York, London 1998 (dt.: *Der flexible Mensch. Die Kultur des neuen Kapitalismus*, München 2001).

Sennett, Richard, *Zusammenarbeit. Was unsere Gesellschaft zusammenhält*, Berlin 2012.

Shackle, George, *Epistemics and Economics. A Critique of Economic Doctrines*, London 1972.

Sheller, Mimi, »Automotive Emotions«, in: *Theory, Culture & Society* 21/4-5 (2004), S. 221-242.

Shenhav, Yehouda, *Manufacturing Rationality. The Engineering Foundations of the Managerial Revolution*, Oxford 1999.

Shih, Clara, *The Facebook Era. Tapping Online Social Networks to Market, Sell, and Innovate*, Upper Saddle River u. a. 2011.

Shilling, Chris, *The Body in Technology, Culture and Society*, London 2005.

Shirky, Clay, *Here Comes Everybody. The Power of Organizing Without Organizations*, London 2008.

Shirky, Clay, *Cognitive Surplus. Creativity and Generosity in a Connected Age*, London 2010.

Simanowski, Roberto, *Facebook-Gesellschaft*, Berlin 2016.

Simmel, Georg, *Philosophie des Geldes* [1900], Gesamtausgabe Bd. 6, Frankfurt/M. 1989.

Simmel, Georg, *Soziologie. Untersuchungen über die Formen der Vergesellschaftung* [1908], Frankfurt/M. 1992.

Simmel, Georg, »Soziologie der Konkurrenz« [1903], in: ders., *Aufsätze und Abhandlungen 1901-1908*, Bd. 1, Gesamtausgabe Bd. 7, Frankfurt/M. 1995, S. 221-246.

Simmel, Georg, »Der Begriff und die Tragödie der Kultur« [1911/1912], in: ders., *Aufsätze und Abhandlungen 1909-1918*, Bd. 1, Gesamtausgabe Bd. 12, Frankfurt/M. 2001, S. 194-223.

Simmel, Georg, »Die historische Formung« [1917/1918], in: ders., *Aufsätze und Abhandlungen 1909-1918*, Bd. 2, Gesamtausgabe Bd. 13, Frankfurt/M. 2000, S. 321-361.

Simondon, Gilbert, *Die Existenzweise technischer Objekte*, Zürich 2012.

Simons, Harald, Lukas Weiden, *Schwarmstädte – eine Untersuchung zu Umfang, Ursache, Nachhaltigkeit und Folgen der neuen Wanderungsmuster in Deutschland*, Berlin 2015.

Skeggs, Beverley, *Class, Self, Culture*, London, New York 2004.

Skrentny, John David, *The Minority Rights Revolutions*, Cambridge, London 2009.

de Solla Price, Derek J., *Little Science, Big Science*, New York 1963.

Somsen, Geert J., »A History of Universalism: Conceptions of Internationality of Science from the Enlightenment to the Cold War«, in: *Minerva* 46/3 (2008), S. 361-379.

Spreen, Dierk, *Upgradekultur. Der Körper in der Enhancement-Gesellschaft*, Bielefeld 2015.

Staab, Philipp, *Macht und Herrschaft in der Servicewelt*, Hamburg 2014.

Stäheli, Urs, *Spektakuläre Spekulationen. Das Populäre der Ökonomie*, Frankfurt/M. 2007.

Stalder, Felix, Christine Mayer, »Der zweite Index. Suchmaschinen, Personalisierung, Überwachung«, in: Konrad Becker, Felix Stalder (Hg.), *Deep Search. Politik des Suchens jenseits von Google*, Innsbruck 2010, S. 112-131.

Stalder, Felix, *Kultur der Digitalität*, Berlin 2016.

Stampfl, Nora, *Die verspielte Gesellschaft. Gamification oder Leben im Zeitalter des Computerspiels*, Hannover 2012.

Star, Susan Leigh, »The Ethnography of Infrastructure«, in: *American Behavioral Scientist* 43/3 (1999), S. 377-391.

Stearns, Peter N., *American Cool. Constructing a Twentieth Century Emotional Style*, New York 1994.

Stehr, Nico, Richard Ericson (Hg.), *The Culture and Power of Knowledge. Inquiries into Contemporary Societies*, Berlin, New York 1992.

Steinbrink, Malte, Andreas Pott, »Global Slumming. Zur Genese und Globalisierung des Armutstourismus«, in: Karlheinz Wöhler, Andreas Pott, Vera Denzer (Hg.), *Tourismusräume. Zur soziokulturellen Konstruktion eines globalen Phänomens*, Bielefeld 2010, S. 247-270.

Stern, Martin, »Heldenfiguren im Wagnissport. Zur medialen Inszenierung wagnissportlicher Erlebnisräume«, in: Thomas Alkemeyer u. a. (Hg.), *Aufs Spiel gesetzte Körper. Aufführungen des Sozialen in Sport und populärer Kultur*, Konstanz 2003, S. 37-54.

Stern, Martin, *Stil-Kulturen. Performative Konstellationen von Technik, Spiel und Risiko in neuen Sportpraktiken*, Bielefeld 2010.

Stichweh, Rudolf, *Inklusion und Exklusion. Studien zur Gesellschaftstheorie*, Bielefeld 2005.

Stinchcombe, Arthur L., »Some Empirical Consequences of the Davis-Moore Theory of Stratification«, in: *American Sociological Review* 28/5 (1963), S. 805-808.

Streeck, Wolfgang, *Gekaufte Zeit. Die vertagte Krise des demokratischen Kapitalismus*, Berlin 2015.

Stroobants, Marcelle, *Savoir-faire et compétence au travail. Une sociologie de fabrication des aptitudes*, Brüssel 1993.

Tauschek, Markus (Hg.), *Kulturen des Wettbewerbs, Formationen kompetitiver Logiken*, Münster u. a. 2012.

Taylor, Charles, *Sources of The Self. The Making of Modern Identity*, Cambridge 1989 (dt.: *Quellen des Selbst. Die Entstehung der neuzeitlichen Identität*, Frankfurt/M. 1994).

Taylor, Charles, *Multikulturalismus und die Politik der Anerkennung*, Frankfurt/M. 1993.

Taylor, Charles, *Das Unbehagen an der Moderne*, Frankfurt/M. 1995.

Taylor, Jami, Donald Haider-Markel (Hg.), *Transgender Rights and Politics: Groups, Issue Framing, and Policy Adoption*, Ann Arbor 2014.

Tenorth, Heinz-Elmar, *Geschichte der Erziehung. Einführung in die Grundzüge ihrer neuzeitlichen Entwicklung*, Weinheim 2010.

Terkessidis, Mark, *Kulturkampf. Volk, Nation, der Westen und die neue Rechte*, Köln 1995.

Terkessidis, Mark, *Die Banalität des Rassismus. Migranten zweiter Generation entwickeln eine neue Perspektive*, Bielefeld 2004.

Thévoz, Michel, *Art Brut. Kunst jenseits der Kunst*, Aarau 1990.

Thomä, Dieter, *Puer robustus. Eine Philosophie des Störenfrieds*, Berlin 2016.

Thomas, William Isaac, Dorothy Swaine Thomas, *The Child in America. Behavior Problems and Programs*, New York 1928.

Thompson, Michael, *Rubbish Theory. The Creation and Destruction of Value*, Oxford 1979.

Thornton, Sarah, *33 Künstler in 3 Akten*, Frankfurt/M. 2015.

Thränhardt, Dieter, »Integrationsrealität und Integrationsdiskurs«, in: *Aus Politik und Zeitgeschichte* 46-47 (2010), S. 16-21.

Thrift, Nigel, *Knowing Capitalism*, London u. a. 2005.

Thrift, Nigel, »A Perfect Innovation Engine. The Rise of the Talent World«, in: Jacqueline Best, Matthew Paterson (Hg.), *Cultural Political Economy*, New York, London 2010, S. 197-222.

Tichi, Cecella, *Shifting Gears. Technology, Literature, Culture in Modernist America*, Chapel Hill 1987.

Tönnies, Ferdinand, *Gemeinschaft und Gesellschaft. Grundbegriffe der reinen Soziologie* (1887), Berlin 1979.

Toulmin, Stephen E., *Kosmopolis. Die unerkannten Aufgaben der Moderne*, Frankfurt/M. 1994.

Traue, Boris, *Das Subjekt der Beratung. Zur Soziologie einer Psycho-Technik*, Bielefeld 2010.

Trilling, Lionel, *Sincerity and Authenticity*, Cambridge, London 1972.

von Trotha, Trutz, »Zur Soziologie der Gewalt«, in: ders. *Soziologie der Gewalt* (= Sonderheft 37 der *KZfSS*), Wiesbaden 1997, S. 9-56.

Tuan, Yi-Fu, *Space and Place. The Perspective of Experience*, Minneapolis 1977.

Turkle, Sherry, *Life on the Screen. Identity in the Age of the Internet*, New York 1995 (dt.: *Leben im Netz. Identität in Zeiten des Internets*, Reinbek 1998).

Turkle, Sherry, *Evocative Objects. Things We Think With*, Cambridge 2011.

Turner, Victor, *Das Ritual. Struktur und Anti-Struktur*, Frankfurt/M. 1989.

Ullrich, Wolfgang, *Alles nur Konsum. Kritik der warenästhetischen Erziehung*, Berlin 2013.

Ullrich, Wolfgang, *Siegerkunst. Neuer Adel, teure Lust*, Berlin 2016.

Urban, Wayne J., Jennings L. Wagoner, *American Education. A History*, London 2008.

Urry, John, *Sociology beyond Societies. Mobilities for the Twenty-First Century*, London, New York 2000.

Urry, John, *The Tourist Gaze. Leisure and Travel in Contemporary Societies*, London 1990.

Valentine, James, *Attractiveness of New Communities to Industries and Workers: A Comparative Study of the Midwest and Sunbelt New Communities in the United States of America*, Saarbrücken 2012.

Vannini, Phillip, Patrick J. Williams (Hg.), *Authenticity in Culture, Self and Society*, Farnham 2009.

Vedder, Günther, Elisabeth Göbel, Florian Krause (Hg.), *Fallstudien zum Diversity Management*, München 2011.

Verganti, Roberto, *Design Driven Innovation. Changing the Rules of Competition by Radically Innovating What Things Mean*, Boston 2009.

Vertovec, Steven, »›Diversity‹ and the Social Imaginary«, in: *European Journal of Sociology* 53/3 (2012), S. 287-312.

Vertovec, Steven, *Super-Diversity*, London 2015.

Vogl, Joseph, »Der Amokläufer«, in: Daniel Tyradellis (Hg.), *Figuren der Gewalt*, Zürich 2014, S. 13-18

Volbers, Jörg, *Performative Kultur. Eine Einführung*, Wiesbaden 2014.

Vormbusch, Uwe, »Karrierepolitik. Zum biografischen Umgang mit ökonomischer Unsicherheit«, in: *Zeitschrift für Soziologie* 38/4 (2009), S. 282-299.

Vormbusch, Uwe, »Taxonomien des Flüchtigen. Das Portfolio als Wettbewerbstechnologie der Marktgesellschaft«, in: Jan-Hendrik Passoth, Josef Wehner (Hg.), *Quoten, Kurven und Profile*, Wiesbaden 2013, S. 47-68.

Voswinkel, Stephan, »Anerkennung der Arbeit im Wandel. Zwischen Würdigung und Bewunderung«, in: Ursula Holtgrewe, Stephan Voswinkel, Gabriele Wagner (Hg.), *Anerkennung und Arbeit*, Konstanz 2000, S. 39-61.

Voswinkel, Stephan, *Welche Kundenorientierung? Anerkennung in der Dienstleistungsarbeit*, Berlin 2005.

Wagner, Peter, *A Sociology of Modernity. Liberty and Discipline*, London 1994.

Walter, Franz, *Im Herbst der Volksparteien? Eine kleine Geschichte von Aufstieg und Rückgang politischer Massenintegration*, Bielefeld 2009.

Ward, Janet, *Weimar Surfaces. Urban Visual Culture in 1920s Germany*, Berkeley 2001.

Warnke, Martin, *Theorien des Internet*, Hamburg 2011.

Weber, Alfred, »Prinzipielles zur Kultursoziologie. (Gesellschaftsprozeß, Zivilisationsprozeß und Kulturbewegung)«, in: *Archiv für Sozialwissenschaft und Sozialpolitik* 47/1 (1920/1921), S. 1-49.

Weber, Max, *Wirtschaft und Gesellschaft. Grundriß einer verstehenden Soziologie* [1921/1922], Tübingen 1980.

Weber, Max, »Vorbemerkung«, in: ders., *Gesammelte Aufsätze zur Religionssoziologie* [1920], Bd. 1, Tübingen 1988, S. 1-16.

Weber, Max, »Zwischenbetrachtung: Theorie der Stufen und Richtungen religiöser Weltablehnung«, in: ders., *Gesammelte Aufsätze zur Religionssoziologie* [1920], Bd. 1, Tübingen 1988, S. 536-573.

Wellgraf, Stefan, *Hauptschüler. Zur gesellschaftlichen Produktion von Verachtung*, Bielefeld 2012.

Wellman, Barry, »Physical Place and Cyberspace. The Rise of Networked Individualism«, in: Leigh Keeble, Brian Loader (Hg.), *Community Informatics. Shaping Computer-Mediated Social Relations*, London, New York 2000, S. 17-42.

West, Cornel, *Race Matters*, Boston 2001.

Wetzel, Dietmar, *Soziologie des Wettbewerbs. Eine kultur- und wirtschaftssoziologische Analyse*, Wiesbaden 2013.

Wheaton, Belinda, *The Cultural Politics of Lifestyle Sports*, London 2013.

Whimster, Sam, »The Secular Ethic and the Culture of Modernism«, in: ders., Scott Lash (Hg.), *Max Weber. Rationality and Modernity*, London 1987, S. 259-290.

Whitman, Walt, »Song of Myself« [1881-1882], in: ders., *Leaves of Grass. The »Deathbed« Edition* (eBook), New York 2005, S. 74-250.

Whyte, William H., *The Organization Man*, New York 1956.

de Wilde, Peter, Ruud Koopmans, Michael Zürn, *The Political Sociology of Cosmopolitanism and Communitarism. Representative Claims Analysis*, WZB Discussion Paper SP IV 2014-102, Berlin 2014.

Wildförster, Ricarda, Sascha Wingen, *Projektmanagement und Probleme. Systemische Perspektiven auf Organisationsberatung und Begleitforschung*, Heidelberg 2001.

Wilkinson, Richard, *Unhealthy Societies. The Afflictions of Inequality*, London, New York 1996.

Williams, Joan, *White Working Class. Overcoming Class Cluelessness in America*, Boston 2017.

Williams, Raymond, *Culture and Society, 1780-1950*, London 1958.

Willke, Gerhard, *Neoliberalismus*, Frankfurt/M., New York 2003.

Windolf, Paul, *Expansion and Structural Change. Higher Education in Germany, the United States and Japan, 1870-1990*, Boulder u. a. 1997.

Wittel, Andreas, »Toward a Network Sociality«, in: *Theory, Culture & Society* 18/6 (2001), S. 51-76.

Wodak, Ruth, Majid Khosravinik, Brigitte Mral, (Hg.), *Right Wing Populism in Europe: Politics and Discourse*, London 2013.

Woodmansee, Martha, *Author, Art, and Market. Rereading the History of Aesthetics*, New York 1994.

Wouters, Cas, *Informalisierung. Norbert Elias' Zivilisationstheorie und Zivilisationsprozesse im 20. Jahrhundert*, Opladen 1999.

Wuthenow, Robert, *Meaning and Moral Order. Explorations in Cultural Analysis*, Berkeley, Los Angeles, London 1989.

Yanagihara, Hanya, *Ein wenig Leben*, Berlin 2015.

Yankelovich, Daniel, *New Rules. Searching for Self-Fulfillment in a World Turned Upside Down*, New York 1981.

Young, Edward, *Conjectures on Original Composition* [1759], Manchester 1918.

Young, Michael, *The Rise of the Meritocracy*, London 1958.

Yúdice, George, *The Expediency of Culture: Uses of Culture in the Global Era*, Durham, London 2003.

van Zanten, Agnès, »A Good Match: Appraising Worth and Estimating Quality in School Choice«, in: Jens Beckert, Christine Musselin (Hg.), *Constructing Quality. The Classification of Goods in Markets*, Oxford 2013, S. 77-99.

Ziemer, Gesa, *Komplizenschaft. Neue Perspektiven auf Kollektivität*, Bielefeld 2013.

Zinser, Hartmut, *Der Markt der Religionen*, München 1997.

Zuboff, Shoshana, James Maxmin, *The Support Economy. Why Corporations are Failing Individuals and the Next Episode of Capitalism*, London 2004.

Zukin, Sharon, *Naked City. The Death and Life of Authentic Urban Places*, Oxford 2011.

Zukin, Sharon, *Loft Living. Culture and Capital in Urban Change*, New Brunswick u. a. 2014.

索 引

（页码为原书页码，即本书边码）

图书在版编目(CIP)数据

独异性社会：现代的结构转型 / (德) 安德雷亚斯
·莱克维茨 (Andreas Reckwitz) 著；巩婕译. -- 北京:
社会科学文献出版社, 2024.1
ISBN 978-7-5228-2761-2

Ⅰ.①独… Ⅱ.①安… ②巩… Ⅲ.①社会结构 - 研
究 Ⅳ.①C912

中国国家版本馆CIP数据核字（2023）第216310号

独异性社会：现代的结构转型

著　　者 / 〔德〕安德雷亚斯·莱克维茨（Andreas Reckwitz）
译　　者 / 巩　婕

出 版 人 / 冀祥德
组稿编辑 / 段其刚
责任编辑 / 阿迪拉木·艾合麦提　周方茹
责任印制 / 王京美

出　　版 / 社会科学文献出版社·联合出版中心（010）59367151
　　　　　　地址：北京市北三环中路甲29号院华龙大厦　邮编：100029
　　　　　　网址：www.ssap.com.cn
发　　行 / 社会科学文献出版社（010）59367028
印　　装 / 北京盛通印刷股份有限公司

规　　格 / 开　本：889mm×1194mm　1/32
　　　　　　印　张：14.25　字　数：350千字
版　　次 / 2024年1月第1版　2024年1月第1次印刷
书　　号 / ISBN 978-7-5228-2761-2
著作权合同
登 记 号 / 图字01-2018-7146号
定　　价 / 98.00元

读者服务电话：4008918866